Biographie und Religion

Monika Wohlrab-Sahr, Soziologin und evangelische Theologin, arbeitet als wissenschaftliche Assistentin am Institut für Soziologie der Erziehung an der Freien Universität Berlin.

Monika Wohlrab-Sahr (Hg.)

Biographie und Religion

Zwischen Ritual und Selbstsuche

Campus Verlag
Frankfurt/New York

Die Deutsche Bibliothek – CIP-Einheitsaufnahme

Biographie und Religion: zwischen Ritual und Selbstsuche /
Monika Wohlrab-Sahr (Hg.). – Frankfurt/Main; New York:
Campus Verlag, 1995
ISBN 3-593-35292-3
NE: Wohlrab-Sahr, Monika [Hrsg.]

Das Werk einschließlich aller seiner Teile ist urheberrechtlich geschützt.
Jede Verwertung ist ohne Zustimmung des Verlags unzulässig. Das gilt
insbesondere für Vervielfältigungen, Übersetzungen, Mikroverfilmungen und die
Einspeicherung und Verarbeitung in elektronischen Systemen.
Copyright © 1995 Campus Verlag GmbH, Frankfurt/Main
Druck und Bindung: KM-Druck, Groß-Umstadt
Gedruckt auf säurefreiem und chlorfrei gebleichtem Papier.
Printed in Germany

Inhalt

Monika Wohlrab-Sahr
Einleitung 9

I. Biographie und Religion
Theoretische Perspektiven

Ulrich Oevermann
Ein Modell der Struktur von Religiosität 27
Zugleich ein Strukturmodell von Lebenspraxis und von sozialer Zeit

Armin Nassehi
Religion und Biographie 103
Zum Bezugsproblem religiöser Kommunikation in der Moderne

Alois Hahn
Identität und Biographie 127

II. Biographie und die Kirchen
Von der konfessionellen Biographie zur Biographisierung des Rituals

Michael N. Ebertz
Die Erosion der konfessionellen Biographie 155

Rainer Böhm
Biographie und Ritual 180
Biographie in der Perspektive kirchlicher Amtshandlungen

Isolde Karle
Seelsorge als Thematisierung von Lebensgeschichte...............198
Gesellschaftsstrukturelle Veränderungen als Herausforderung der evangelischen Seelsorgetheorie

III. "Auf der Suche nach..."
Religiöse Orientierungsmuster in modernen Biographien

Albrecht Schöll
"Ich glaube nicht, daß ich nicht an Gott glaube..." 221
Zur Funktion religiöser Deutungsmuster in der Adoleszenzphase

Klaus Hartmann
"Es könnte auch Religion sein..." 243
Religiöse Orientierungen in biographischen Konstruktionen von Managern

Sighard Neckel
Zwischen gläubiger Anpassung und habitueller Distanz..........265
Ostdeutsche Pfarrer als Politiker - zwei biographische Fallstudien

Monika Wohlrab-Sahr
Das Unbehagen im Körper und das Unbehagen in der Kultur .285
Überlegungen zum Fall einer Konversion zum Islam

Die Autorinnen und Autoren..312

Monika Wohlrab-Sahr

Einleitung

1. Biographie und Religion
   - zwischen Ritual und Selbstsuche

Die Frage nach dem Zusammenhang von Religion und Biographie begleitet die Geschichte der literarischen und wissenschaftlichen Beschäftigung mit Religion nahezu seit ihren Anfängen. Zwar ist die Reflexion der eigenen Biographie erst in modernen Gesellschaften ein weit verbreitetes Phänomen, doch sie begegnet uns vereinzelt auch schon in alten Quellen. Beispiele dafür finden sich bereits in vorchristlichen Texten, etwa im Buch Hiob: Wo die göttliche Ordnung von "Tun und Ergehen" außer Kraft gesetzt ist, setzt - bei der Suche nach Gründen - das Nachdenken über die Biographie ein.

Analytisch lassen sich zwei Formen des Zusammenhangs von Biographie und Religion unterscheiden, die *empirisch* jedoch meist miteinander verkoppelt sind. Einmal wird Religion - als Ritual - im Kontext lebensgeschichtlicher Übergänge relevant, erfüllt also primär eine *lebensgeschichtlich-ordnende Funktion*. Ein anderes Mal kommt der Religion eine stärker *reflexive Funktion* zu, d.h. sie wird zum Motiv oder zum Mittel der *Selbstthematisierung*.

1.1. Zur lebensgeschichtlich-ordnenden Funktion von Religion

Wo Religion eine vorwiegend ordnende Funktion erfüllt, die Abschnitte des "institutionalisierten" Lebenslaufs (Kohli 1985) symbolisch markiert und damit zur Integration in gesellschaftliche Ablaufmuster beiträgt, kann die Bewältigung der vollzogenen lebensgeschichtlichen "Passagen" sicher auch zum Anlaß biographischer Reflexion werden. Es werden aber gleichzeitig - durch die rituelle Form und die mitgelieferten Interpretationen - Deutungsmuster zur Verfügung gestellt, die das potentiell Krisenhafte des Übergangs begrenzt halten und es als Vollzug eines überindividuellen Ablaufs ausweisen.

Religion kommt dabei vor allem in ihrer institutionellen Form in den Blick: als Ritus, der solche Übergänge formt und symbolisiert; als Kirche, die für diese Ritualisierungen einen dauerhaften Rahmen bereitstellt. Diese Funktion läßt sich vermutlich für die meisten existierenden Religionen nachweisen, ob es sich um Übergänge in Altersklassen im Kontext von Stammesgesellschaften handelt oder um die auch in unserer gegenwärtigen Gesellschaft noch immer stark nachgefragten kirchlichen Kasualhandlungen beim Eintritt in neue und beim Abschied von bisherigen Lebensphasen: Adoleszenz (Konfirmation bzw. Firmung), Paarbildung (Hochzeit), Elternschaft (Taufe), Tod und Verwitwung (Beerdigung). In gewisser Weise kann man in diesen Passagen den institutionalisierten Ausdruck der Grundfragen jedes Mythos - wer bin ich, woher komme ich, wohin gehe ich - erkennen (s. dazu Ulrich Oevermann in diesem Band) - Fragen, deren Unsicherheitspotential jedoch gleichzeitig gebändigt wird, indem die "Passanten" eingereiht werden in den Kreis derer, die dieselben Übergänge schon vollzogen haben.

Wie unverändert groß diese Funktion der (kirchlich verfaßten) Religion auch heute noch ist, zeigen jüngste Umfragen, nach denen es genau diese "Leistung" der Ritualisierung von Übergängen ist, die Kirchenmitglieder von ihrer Kirche erwarten (EKD 1993). Auch Personen, denen die christlichen Glaubensinhalte längst fremd geworden sind, nutzen die gebotenen Möglichkeiten, um der Passage, die sie gerade durchlaufen, eine angemessene Form zu geben. Der Kirchenraum scheint dafür, etwa gegenüber dem rein funktionalen Standesamt, oft immer noch den adäquateren Rahmen zu bieten, wenn es für die "Nutzer" häufig auch mehr um das Ritual als solches und die dadurch ausgedrückte Relevanz des Ereignisses geht als um die "von Amts wegen" damit verbundene christliche Bedeutungszuschreibung. Entsprechend schöpfen die Beteiligten, um "ihr" Ritual auszuschmücken, auch zunehmend aus einem breiten Fundus literarischer Angebote, seien es Texte von Hermann Hesse, Antoine de Saint-Exupéry, Leo Lionni - oder wie auch immer die "Lieferanten" heißen mögen. Die Leistungen der Kirchen scheinen jedenfalls dort am meisten gefragt, wo es gilt, die Stationen des institutionalisierten Lebenslaufs und vor allem des Familienzyklus 'abzusegnen'. Das heißt aber auch: sie werden vor allem dort in Anspruch genommen, wo Lebensverläufe sich noch in relativ stabilen Bahnen bewegen.

1.2. Zur reflexiven Funktion der Religion

Historisch und je nach Gesellschaftsstruktur unterschiedlich ist allerdings, in welchem Maß an den Übergängen des Lebenslaufs "biographische Reflexion" einsetzt: inwieweit diese also Anlaß werden für individuelle Bilanzierung und für die Entwicklung von Zukunftsperspektiven. Es ist deutlich, daß die Grenzen zur lebensgeschichtlich-ordnenden Funktion der Religion fließend sind. Gerade der Verweis darauf, daß die Übergänge des Lebens auch potentielle "Krisen" darstellen, in denen Altes beendet werden muß und Neues im Entstehen ist, macht deutlich, daß sie auch biographisch reflektiert und gestaltet werden müssen. Dies zeigt sich in pointierter Weise im Zusammenhang mit kirchlichen Kasualhandlungen und den ihnen vorausgehenden bzw. sie begleitenden Seelsorgegesprächen. Oft ist es gerade die Tatsache, daß bei den kirchlichen Ritualen das *Besondere der persönlichen Biographie* stärkere Berücksichtigung findet, die ihnen den Vorzug vor den 'säkularen' Angeboten gibt (dazu Rainer Böhm in diesem Band). Insofern bedienen sich die Kirchenmitglieder zwar einerseits einer "marktgängigen" Serviceleistung zur Ausgestaltung lebensgeschichtlicher Übergänge, suchen aber dabei doch zunehmend nach einer Form, die im Institutionellen das Individuell-Biographische akzentuiert.

Dennoch ist der Akzent bei der zweiten Variante des Zusammenhangs zwischen Biographie und Religion anders gesetzt. Hier geht es um Prozesse der Selbstthematisierung und Selbstbeobachtung, die durch bestimmte Gehalte einer Religion (etwa Hoffnung auf Erlösung oder Furcht vor Strafe und darin enthalten das Problem der Bewährung) in Gang gesetzt werden, sowie um die *dafür* bereitgestellten Institutionen (s. dazu Alois Hahn 1982 und in diesem Band).

Als ein Beispiel für solche Formen des reflexiven Bezugs auf die Lebensgeschichte wurde oben bereits das Buch Hiob genannt[1]. Die Weisheitsliteratur, zu der das Buch Hiob zu zählen ist, läßt im Vergleich zu älteren Texten des Alten Testaments bereits einen Individualisierungsprozeß erkennen. Zeigte sich Gott vorher in der Geschichte *des Volkes* Israel, so wird er nun in der Aufrechterhaltung einer moralischen Ordnung erkennbar, in der das "Ergehen" *des Einzelnen* mit seinem "Tun" direkt korrespondiert. Im Fall Hiob ist diese moralische Ordnung außer Kraft gesetzt. Angesichts des Leidens eines "Gerechten" steht der von Gott garantierte Zusammenhang von "Tun und Ergehen" prinzipiell in Frage. Die Krise, in die Hiob dadurch gerät, veranlaßt ihn zur Reflexion seines Lebens. Da er sich der Gottgefälligkeit seiner Lebensführung sicher ist, sich aber dennoch einem leidvollen Schicksal ausgesetzt sieht, ist sein Glaube an eine von Gott garantierte moralische Ordnung grundlegend erschüttert. Für seine Freunde jedoch, die mit ihm streiten, steht die Gültigkeit dieses Tun-Ergehens-Zusammenhangs noch außer Frage. Also muß es in Hiobs Biographie verborgene Verfehlungen geben, die der Grund für das von Gott verhängte Unglück sind.

Der hier bereits angedeutete Zusammenhang von Religion und Selbstbeobachtung bzw. Selbstkontrolle wurde bekanntermaßen später von Max Weber (1920) am Beispiel der protestantischen

Sekten im 16. und 17. Jahrhundert untersucht. Dort ist es die Unsicherheit im Hinblick auf das künftige Heil, das "Bewährungsproblem" (Ulrich Oevermann in diesem Band), das die genaue Beobachtung und Kontrolle der eigenen Lebensführung provoziert, in der Hoffnung, doch Indizien für das Auserwähltsein ausfindig zu machen. In diesem Zusammenhang, aber auch schon früher - so zeigt Hahn (1982; Hahn/Willems 1993) - verschieben sich allmählich Formen und Funktion von Institutionen wie Beichte und Bekenntnis. Sie entwickeln sich weg von der Entlastung von biographischer Vergangenheit durch die ritualisierte Beichte hin zu Formen des Bekenntnisses mit dem Charakter systematischer Selbsterforschung.

2. Rituelle Ordnung versus Reflexivität: Eine Arbeitsteilung zwischen Kirchen und "neuen religiösen Bewegungen" ?

Auch wenn Schelsky (1957) in den 50er Jahren in der Kommunikation in den Kirchen die "Institutionalisierung der Dauerreflexion" zu erkennen glaubte, scheint doch die *reflexive Funktion* der Religion - im Unterschied zur *lebensgeschichtlich-ordnenden* - im institutionalisierten Kontext der Kirchen mittlerweile eher randständig geworden zu sein. Vielleicht aber sind solche selbstreflexiven Thematisierungen generell eher in kleineren (Gesinnungs-)Gemeinschaften - Sekten und spirituellen Gruppen aller Art - zuhause als in großen, bürokratischen Organisationen, wie es die Kirchen sind. Luckmann (1991) spricht in diesem Zusammenhang von einer zunehmenden Kluft zwischen dem offiziellen (durch die Kirchen repräsentierten) Modell von Religion und den tatsächlich existierenden subjektiven Systemen "letzter Bedeutung".

Ganz im Sinne von Weber, der gezeigt hat, wie sich die "protestantische Ethik" von ihrem religiösen Ausgangspunkt entfernt, ja letztlich sogar zu dessen Zerstörung beiträgt, scheint die biographisch-reflexive Dimension der Religion in den christlichen Kirchen heute überwiegend in Bereichen vertreten, die für die Selbstdefinition der Organisation nicht zentral sind. Wo sie aber Einzug hält, werden schnell theologische Bedenken laut. Das zeigt etwa der in beiden Kirchen geführte Streit um das Enneagramm, einer alten Weisheitslehre mit unklarer, möglicherweise sufistischer Herkunft. Das Enneagramm erfreut sich - auch in kirchlichen Kreisen - zunehmender Beliebtheit bei jenen, die sich daran machen, ihren eigenen Persönlichkeitstypus zu bestimmen oder andere entsprechend zu typisieren. Gerade diese Beliebtheit wirft aber auf Seiten der Theologen die Frage nach dem "Eigentlichen" des christlichen Glaubens im Unterschied zu anderen spirituellen Lehren und nach dem Verhältnis zwischen Glaubensinhalten und spiritueller Selbsterfahrung auf.

Auch in Teilen der kirchlichen Erwachsenenbildung oder in kirchlichen Frauengruppen wird, angeregt etwa durch die Beschäftigung mit feministischer Theologie, biographische Reflexion zum Thema. Dabei scheint jedoch der Bezug auf die konkrete Tradition des Christentums einer generellen Beschäftigung mit dem eigenen Lebensentwurf zu weichen, die sich unterschiedlicher religiöser oder spiritueller Quellen bedient. Wo die christliche Tradition noch als Ausgangspunkt dient, wie etwa beim "Bibliodrama"[2], liefert sie, ähnlich wie auch Märchen oder mythische Erzählungen aus anderen kulturellen Traditionen, vor allem Material für die Beschäftigung mit den "Archetypen" menschlicher Existenz. Ein explizit christlicher, erst recht ein konfessioneller Bezug ist dabei oft eher störend. Insofern orientieren sich diese Formen der Reflexion der eigenen Biographie gerade *nicht* an einer (konfessionell definierten) "christlichen Lebensführung", sondern sind gekennzeichnet durch einen radikalen Selbstbezug, der alle geeigneten Quellen nutzt. Auch dies ein Indiz für die Erosion der konfessionellen Biographie (dazu Michael Ebertz in diesem Band). Mittlerweile werden allerdings auch in den christlichen Kirchen Stimmen laut, die in den beschriebenen Phänomenen eine zeitgemäße Form der Verbindung von Selbsterkenntnis und Glauben sehen, weil "Menschen heute von alten dogmatischen Glaubenssätzen nichts mehr hören wollten, sondern Gott auf neuen Wegen suchten".[3]

Auch die anhaltende Resonanz auf den Paderborner Theologen Eugen Drewermann läßt sich wohl auf diesem Hintergrund erklären: er findet nicht nur Zustimmung als *Individualist*, der gegen die Mühlen der *Institution* Katholische Kirche kämpft, sondern auch, weil er eine *mythologisch-psychologische Form religiöser Selbstthematisierung* verkörpert gegenüber den allzu starr und allzu konfessionell eng gewordenen Prinzipien einer katholischen Lebensführung.

Stillschweigend vollzieht sich eine Art Arbeitsteilung: Während die Kirchen den äußeren Rahmen für religiös inszenierte Übergangsriten bieten, zeigt sich die reflexiv-biographische Dimension der Religion - sofern sie nicht gänzlich in der Psychokultur oder einer säkularisierten Leistungsethik aufgegangen ist - eher in den verschiedenen Formen von Esoterik und neuer Spiritualität oder auch in den Anleihen aus Religionen fremder Kulturen. Dort werden Tun-Ergehens-Zusammenhänge revitalisiert, indem etwa akribisch den biographischen Ursachen gesundheitlicher Probleme nachgeforscht wird. Mit dem einen relevanten Unterschied zu Hiob: daß nämlich die Stelle, die dort "Gott" als Strafender einnahm, hier merkwürdig selbstbezüglich und diffus bleibt: "es" rächt sich, wenn man nicht rechtzeitig auf die Signale des Körpers lauscht, nicht aufmerksam genug in sich hineinhört. Oder es wird - wie Stenger (1993) es für den okkulten Kontext generell als typisch erachtet - durch die *Eliminierung des Zufalls* die eigene Biographie unter dem Blickwinkel des "Weges", der "Führung" oder "Fügung" rekonstruiert[4].

Man kann diese Formen von Spiritualität, ähnlich wie den moralischen Rigorismus weltanschaulicher Gesinnungsgemeinschaften, auch als Strategien der *Wiederverzauberung* des eigenen Lebens betrachten, in dem Sinne, daß hier "Gesamtordnungen" konstruiert werden, in denen die Biographie mit der "Welt" - oft unter Umgehung eines Begriffs von Gesellschaft[5] - direkt verklammert ist. Insofern findet man hier eigentümlich ambivalente Formen von Individualisierung: Einerseits ist das eigene Ich uneingeschränktes Zentrum aller Reflexion, gleichzeitig aber versucht man sich von den vielfältigen Selbststeuerungszumutungen zu entlasten durch den Rekurs auf geheime, okkulte Logiken.

3. Säkularisierung und Individualisierung

Lange Zeit schien die Rede von der "Säkularisierung" das Verhältnis von Religion und moderner Gesellschaft am besten auf den Begriff zu bringen. Mittlerweile wird stattdessen häufiger von einer Individualisierung religiöser Orientierungen gesprochen (Gabriel 1992). Vor allem in den Gesellschaftstheorien, die Modernisierung als einen Prozeß zunehmender Ausdifferenzierung eigenständiger sozialer Teilbereiche verstehen (vgl. Berger 1988) und Säkularisierung als eine Konsequenz dieses Prozesses begreifen, ist mit dieser Betrachtung freilich stets auch eine bestimmte Perspektive auf das Verhältnis von Individuum und Gesellschaft verbunden. Denn wenn die Gesellschaft durch Prozesse ständiger *Trennung* charakterisiert ist, stellt sich nicht nur das Problem, wie unter solchen Bedingungen überhaupt noch ein sozialer Zusammenhalt möglich ist. Sondern es stellt sich auch die Frage, wie sich für das Individuum, das sich notwendigerweise in verschiedenen sozialen Teilbereichen bewegt, angesichts der unterschiedlichen Anforderungen und Regeln noch eine *Einheit* herstellen kann. Diese Funktion der Einheitsstiftung wurde aber klassischerweise der Religion zugeschrieben.

Nun können in einer nach Funktionsbereichen differenzierten Gesellschaft "Religion" oder "Kirche" sicherlich *keinen* Gesamtsinn und keine Lebensordnung mehr repräsentieren, die für alle Bereiche und alle Personen gleichermaßen Gültigkeit besitzen. Es wird daher immer mehr zur Aufgabe jedes Einzelnen, in der Reflexion auf seine Biographie solche Integrationsleistungen selbst zu erbringen, d.h. ein Deutungsmuster für das eigene Leben zu finden, das unterschiedlichste Erfahrungen zu integrieren vermag (dazu Armin Nassehi in diesem Band). Die oben bereits erwähnten Versuche, mit Hilfe des "Enneagramms" dem eigenen Persönlichkeitstypus auf die Spur zu kommen, zeugen von solchen Bemühungen. Dieser Sachverhalt ist auch gemeint, wenn etwa Luckmann (1980:172) "Säkularisierung" als einen Terminus begreift, der zwar die moderne Sozialstruktur adäquat charakterisiere, nicht aber das moderne Individuum.

Versteht man Säkularisierung in diesem Sinne, also *nicht* als Bedeutungsverlust des Religiösen schlechthin, sondern als Verlust des Deutungsmonopols von Kirchen und traditionellen Religionsgemeinschaften, so geht dies Hand in Hand mit der These zunehmender Individualisierung. Dann aber kommt der Beschäftigung mit Biographie - als dem Ort, an dem solche Integrationsleistungen erbracht werden müssen - sowohl in gesellschaftstheoretischer Hinsicht als auch für die Religionssoziologie eine Schlüsselstelle zu.

Doch heute ist es nicht mehr einfach ein "gutes, gottgefälliges" Leben nach klar zu definierenden Kriterien "christlicher" Lebensführung, über die sich ohne weiteres "gelungenes Leben" und eine "sinnvolle" Biographie herstellen. Die Bedingungen für individuelle Sinnsuche sind komplexer geworden, sie erfordern eher die Fähigkeit zur Neudefinition, zum Offenhalten von Perspektiven (dazu Albrecht Schöll in diesem Band) und zur Unsicherheitstoleranz (vgl. Wohlrab-Sahr 1993), als die Entfaltung und Entwicklung eines klar umrissenen "Charakters", z.B. einer "christlichen Persönlichkeit".

Die Biographie- oder Persönlichkeitskonzepte, von denen theologische Ansätze und Seelsorgetheorien ausgehen, scheinen solche neuen Anforderungen allerdings oft wenig zu berücksichtigen, auch wenn Vorstellungen von einer "christlichen Persönlichkeit" mittlerweile häufig durch psychoanalytisch orientierte Konzeptionen abgelöst worden sind. Dabei stellt sich die Frage, ob solche Konzeptionen an den gesellschaftlichen Veränderungsprozessen, wie sie etwa mit dem Stichwort "Individualisierung" markiert sind, nicht vorbei gehen (Isolde Karle in diesem Band).

Dennoch sind die Problemstellungen, die in bestimmten entwicklungspsychologischen oder psychoanalytischen Theorien im Zentrum stehen, in einer durch Individualisierungstendenzen charakterisierten Gesellschaft nicht einfach hinfällig: etwa die Annahme, daß Personen im Verlauf ihrer Entwicklung eine Reihe strukturell vorgegebener Krisen zu bewältigen haben, und daß die Art dieser Bewältigung von entscheidender Bedeutung dafür ist, welchen Grad an persönlicher Autonomie sie in ihrem Leben erlangen. Wesentlich in diesem Zusammenhang sind die Auseinandersetzung mit der Herkunftsfamilie und die Ablösung vom Elternhaus, aber auch der Umgang mit dem Dilemma, als Schüler oder Studierende von gesellschaftlichen Anforderungen relativ freigesetzt zu sein und sich doch in dieser Zeit zu einem verantwortlichen Mitglied dieser Gesellschaft entwickeln zu sollen (dazu Schöll in diesem Band). Im Umgang mit diesen Krisen und Dilemmata bildet sich so im Lauf der Zeit eine "Struktur der Biographie" bzw. eine Form der Identität heraus, die zwar prinzipiell offen, aber nicht mehr beliebig veränderbar ist. Dieser Grundgedanke ist sicher gegenüber solchen Ansätzen zu verteidigen, die in postmoderner Manier ein gänzlich ahistorisches Konzept von "Patchwork-Identitäten" propagieren. In diesem Sinne ist auch der Versuch Ulrich Oevermanns (in diesem Band) zu verstehen, ein *Modell der Struktur von Religiosität* zu entwickeln, das gleichzeitig *Grundbedingungen des Bildungsprozesses des Subjekts und seines Verhältnisses zu Sozialität und Gesellschaft* expliziert. Oevermann verankert sein Strukturmodell von Religiosität in der sequentiellen Strukturiertheit jeder Lebenspraxis und der darin implizierten Dialektik von Endlichkeit und Unendlichkeit.

Aus dem Bewußtsein der Endlichkeit, so Oevermann, das sich im Hinblick auf den Tod, aber auch im Hinblick auf die Irreversibilität von alltäglichen Entscheidungen artikuliert, resultiert zwingend das Problem der Bewährung. Die Grundfragen des Mythos - wer bin ich, woher komme ich, wohin gehe ich - gelten insofern nicht nur in Bezug auf das Ganze des Lebens, sondern generell für alle Entscheidungssituationen, denen damit - strukturell gesehen - der Charakter von Krisen zukommt, auch wenn sie als solche von den handelnden Subjekten nur in Ausnahmefällen wahrgenommen werden.

Im Bewährungsproblem sieht Oevermann die universelle Struktur von Religiosität begründet. Die Religionsentwicklung kann auf diesem Hintergrund als sich radikalisierende Artikulation dieser Bewährungsdynamik betrachtet werden. Im Verlauf dieser Entwicklung verblassen schließlich die religiösen Inhalte, ohne daß dadurch die Struktur und Dynamik von Religiosität verschwände.

Die Bewährungsproblematik ist allerdings nur aushaltbar, wenn dem Einzelnen positive Kriterien der Bewährung und praktisch wirksame Anzeichen davon zur Verfügung stehen - ein Problem, das Weber am Beispiel der Protestantischen Ethik entfaltet hat. Insofern erfordert die Bewährungsdynamik einen Bewährungsmythos, der wiederum einer suggestiven Evidenz bedarf. Bewährungsmythos und Evidenzsicherung erfüllen im Hinblick auf das universelle Bewährungsproblem universelle Funktionen, sind aber jeweils kulturspezifisch inhaltlich ausgeformt. So zeigt Oevermann in einer Interpretation der Sündenfall-Geschichte des Alten Testamemtes, wie bereits den frühen Texten der jüdisch-christlichen Tradition die Konstruktion einer nicht-stillstellbaren Bewährung implizit ist, aus der nicht nur vereinzelte säkulare Praktiken, sondern Säkularisierung als Dynamik einer Habitusformation hervorgeht.

Wenn aber die Bewährungsdynamik sich weiter radikalisiert und gleichzeitig die religiösen Bewährungsmythen und evidenzsichernden Vergemeinschaftungsformen an Bedeutung verlieren, verschärft sich für den Einzelnen das Problem, wie er die Frage nach dem Sinn seines Lebens beantworten kann. Die Einschätzung aktueller Formen von Religiosität und Esoterik entscheidet sich dann nicht zuletzt an der Frage, wie das Bewährungsproblem beantwortet wird und wie sich dabei Religiosität und Sozialität vermitteln. Ob es sich bei den zur Diskussion stehenden Phänomenen um "Religionen der Daseinsverabschiedung" (Schöll 1992) handelt, in denen "Berufsjugendliche" sich aus der Gesellschaft abmelden und Übergangszustände auf Dauer gestellt werden, oder ob sich dahinter möglicherweise höhere Stufen biographischer Reflexivität mit durchaus lebenspraktischem Bezug verbergen (Schöll in diesem Band).

Klaus Hartmann (in diesem Band) behandelt dieses Thema am Beispiel des Zusammenhangs von Berufsbiographien und religiösen Orientierungen von Managern - einer Gruppe, die durch die Verpflichtung auf ökonomische Rationalität gleichzeitig einen maximalen Kontrast zu den Jugendlichen darstellen, die Schöll ins Zentrum gerückt hat. Deutlich werden dabei die engen Zusammenhänge zwischen (berufs)biographischem Muster und religiöser Orientierung. Die empirischen Befunde Hartmanns legen die These nahe, daß zunehmende Individualisierungstendenzen die Bezüge zu außerchristlicher Spiritualität verstärken und die christliche Tradition in den Hintergrund treten läßt.

Einen interessanten Kontrast zu den Fallstudien über die Religiosität von Managern liefert die Analyse Sighard Neckels (in diesem Band), in der es um das säkulare Engagement kirchlicher Amtsträger geht: um protestantische Pfarrer in Ostdeutschland, die nach der politischen "Wende" in die Politik gegangen sind. Auch hier zeigen sich deutliche Parallelen zwischen biographischer Identität und der jeweiligen Form protestantischer Orientierung. Gleichzeitig wirft die Analyse ein Licht darauf, in welchem Maße in der DDR-Gesellschaft gerade innerhalb oppositioneller Gruppen (gezwungenermaßen) hochintegrierte Lebensmodelle konserviert wurden, die durch die Vereinigung unausweichlich zersetzt werden und auch bei Protestanten manche "katholische Sehnsucht" aufkommen lassen. In diesem Zusammenhang stellt sich auch die Frage, ob die in oppositionellen Gruppen verbreitete Enttäuschung nicht auch Resultat eines "Entzauberungsprozesses" ist, der einem an Ganzheitsidealen orientierten Lebensentwurf die Grundlage entzieht, in dem Biographie und Politik zu einer Einheit verschmelzen, die der Totalität des Staates gegenübergestellt wird.

Um eine "Wende" im Sinne radikaler Veränderungsprozesse geht es auch bei einem anderen Thema, das zum Bereich "*Bio-*

graphie und Religion" klassischerweise dazugehört: bei der Konversion. Auf dem Hintergrund gesteigerter Komplexität und höherer Reflexivitätszumutungen stellen sich allerdings Formen der Konversion heute vielfach anders dar, als es die früher gängige Gleichsetzung von "Konversion" und "Bekehrung" vermuten ließ.

Bereits in den 70er Jahren charakterisierte Jones (1976) Konversionen eher als Formen des Identitätsmanagements, denn als Beispiele für einen radikalen persönlichen Wandel. Solchem Identitätsmanagement oder generell: der Bewältigung von Unsicherheiten der Biographie steht heute ein Fundus spiritueller und religiöser Ausdrucksformen aus aller Welt zur Verfügung, der die alte Form der "Bekehrung" nahezu anachronistisch erscheinen läßt. Dabei stellt sich allerdings die Frage, was die aus anderen Kulturen entliehenen religiösen Inhalte, Praktiken und Symbole - etwa das islamische "Kopftuch" - im westlichen Kontext an Sinn transportieren und für welche biographischen und kulturellen Problemstellungen sie dort eine 'Lösung' darstellen (dazu Monika Wohlrab-Sahr in diesem Band). Damit wäre ein Bogen geschlagen zur Frage Oevermanns nach den Struktureigenschaften von Religiosität und - damit verbunden - nach den Bedingungen des Bildungsprozesses des Subjekts und seines Verhältnisses zu Sozialität und Gesellschaft. Als Frage formuliert: Welche typischen Lösungen für strukturell vorgegebene Krisen und Dilemmata werden in den vorhandenen religiösen Angeboten präferiert bzw. in ihnen gefunden, und in welcher Weise verzahnen sich solche Lösungen mit gesellschaftlichen Problemlagen? In der Herausarbeitung dieses Zusammenhangs in einer vergleichenden Perspektive liegt vielleicht künftig eine der wesentlichen Aufgaben für eine Religionssoziologie, die gesellschaftstheoretisch fundiert ist. Die vorliegende Aufsatzsammlung[6] stellt dafür erste Analysen und Überlegungen zur Diskussion.

Anmerkungen

1 Alttestamentliche Wissenschaftler datieren das Buch Hiob in die nachexilische Zeit Israels, zwischen dem 5. und 4. Jh. v. Chr. (s. Kaiser ⁴1978:344ff.).
2 Es handelt sich dabei um eine mit biblischen Texten arbeitende Variante des Psychodramas.
3 So der "Strömungsbeauftragte" der Evangelisch-lutherischen Landeskirche in Bayern, Bernhard Wolf, sinngemäß zitiert in Winter (1994).
4 Hier zeigen sich gewisse Parallelen zur Psychoanalyse, in der ebenfalls alle Lebensäußerung als Ausdruck von - oft unbewußten - Intentionen interpretiert werden.
5 So Schöll (1992) im Hinblick auf die Weltanschauung der Neo-Sannyasins des Bhagwan Shree Rajneesh.
6 Ein Teil der Artikel, die in diesem Band versammelt sind, basiert auf Vorträgen, die im September 1993 bei der Jahrestagung der Sektion Biographieforschung in der DGS "Biographien in Institutionen" gehalten wurden. Es handelt sich um die Beiträge von Böhm, Hartmann, Nassehi, Neckel und Oevermann.

Literatur

Berger, Johannes: "Modernitätsbegriff und Modernitätskritik in der Soziologie", in: *Soziale Welt* 39 (1988), S. 224-236
EKD (Hg.): *Fremde Heimat Kirche. Ansichten ihrer Mitglieder*, Hannover 1993.
Gabriel, Karl: *Christentum zwischen Tradition und Postmoderne*, Freiburg i.Br., Basel, Wien 1992
Hahn, Alois: "Zur Soziologie der Beichte und anderer Formen institutionalisierter Bekenntnisse. Selbstthematisierung und Zivilisationsprozeß", in: *Kölner Zeitschrift für Soziologie und Sozialpsychologie* 34 (1982), S. 408-434.
Hahn, Alois/Willems, Herbert: "Schuld und Bekenntnis in Beichte und Therapie", in: J. Bergmann/A. Hahn/Th. Luckmann (Hg.), *Religion und Kultur*, Sonderheft 33 der Kölner Zeitschrift für Soziologie und Sozialpsychologie, Opladen 1993, S. 309-330.
Jones, R. Kenneth: "Paradigm Shifts and Identity Theory: Alternation as a Form of Identity Management", in: H. Mol (Hg.), *Identity and Religion*, Beverly Hills 1978, S. 59-82.

Kaiser, Otto: *Einleitung in das Alte Testament. Eine Einführung in ihre Ergebnisse und Probleme*, Gütersloh [4]1978.

Kohli, Martin: "Die Institutionalisierung des Lebenslaufs. Historische Befunde und theoretische Argumente", in: *Kölner Zeitschrift für Soziologie und Sozialpsychologie* 37 (1985), S. 1-29.

Luckmann, Thomas: "Säkularisierung - ein moderner Mythos?", in: ders., *Lebenswelt und Gesellschaft: Grundstrukturen und geschichtliche Wandlungen*, Paderborn, München, Wien, Zürich 1980, S. 161-172.

Luckmann, Thomas: *Die unsichtbare Religion*, Frankfurt/M. [1]1991.

Oevermann, Ulrich: "Eine exemplarische Fallrekonstruktion zum Typus versozialwissenschaftlichter Identitätsformation", in: H.-G. Brose/B. Hildenbrand (Hg.), *Vom Ende des Individuums zur Individualität ohne Ende*, Opladen 1988, S. 243-286.

Schelsky, Helmut: "Ist die Dauerreflexion institutionalisierbar?", in: ders. (Hg.), *Auf der Suche nach Wirklichkeit. Gesammelte Aufsätze*, Düsseldorf/Köln 1965 (zuerst 1957), S. 250-275.

Schöll, Albrecht: *Zwischen religiöser Revolte und frommer Anpassung. Die Rolle der Religion in der Adoleszenzkrise*. Münster 1992.

Stenger, Horst: *Die soziale Konstruktion okkulter Wirklichkeit. Eine Soziologie des "New Age"*, Opladen 1993.

Weber, Max: "Die protestantische Ethik und der Geist des Kapitalismus", in: ders., *Gesammelte Aufsätze zur Religionssoziologie* I, Tübingen [9]1988 (zuerst 1920), S. 17-206.

Winter, Albrecht: "Ihr Typ ist gefragt. Ist Selbsterkenntnis ein Weg zu Gott und eine Voraussetzung für den christlichen Glauben? - In den Kirchen wird weiter um das Enneagramm gestritten", in: Deutsches Allgemeines Sonntagsblatt 35 (1994), S. 19.

Wohlrab-Sahr, Monika: *Biographische Unsicherheit. Formen weiblicher Identität in der "reflexiven Moderne": Das Beispiel der Zeitarbeiterinnen*, Opladen 1993.

I. Biographie und Religion

Theoretische Perspektiven

Ulrich Oevermann

Ein Modell der Struktur von Religiosität

Zugleich ein Strukturmodell
von Lebenspraxis und von sozialer Zeit

1. Vorbemerkung

Daß der Säkularisierungsprozeß unaufhaltsam voranschreitet, scheint zumindest durch die gröbsten empirischen Befunde zweifelsfrei gedeckt zu sein. Die Zahl der Kirchenaustritte hat sich jüngst noch einmal merklich gesteigert, so daß in den beiden in der Bundesrepublik dominanten Kirchen, deren öffentliche Bedeutung ohnehin stetig zurückgeht, zu der verzweifelten, den Säkularisierungsprozeß in sich strukturell vorantreibenden Strategie gegriffen worden ist, Marketing-Firmen mit prokirchlichen PR-Kampagnen zu beauftragen. Die religiöse Botschaft soll so mit Hilfe einer Werbung, die "life-style" als "message" propagiert, am "Markt" der "Akzeptanzen" positioniert werden.

Die Kirchenaustritte werden gehäuft von der statistischen Gruppe der gut verdienenden, gut ausgebildeten, "single" und in urbanen Milieus lebenden, auf dem ersten stabilen Plateau ihrer qualifizierten Berufskarriere angelangten jüngeren Leute vollzogen. Gleichwohl gewinnen auf der anderen Seite - und gerade auch in dieser Bezugsgruppe - weiterhin esoterische, auf Selbsterfahrung und Selbstverwirklichung gerichtete, häufig Elemente fernöstlicher Religionen inkorporierende "Angebote" der "Sinnkrisenbewältigung" an Einfluß. Die "Sinnfrage" scheint in aller Munde zu sein. Fundamentalistische Gesinnungsaufrüstungen sind an vielen gesellschaftlichen Orten zu lokalisieren; Klage über Werteverluste und Moraldefizite wird korrelativ dazu allenthalben geführt. In die Pfadfinder-Organisation drängen Jugendliche so sehr, daß kurzfristig ein Aufnahmestopp vorgenommen werden mußte.

In dieser unübersichtlichen Lage macht sich für die zeitdiagnostisch ohnehin nicht übermäßig ergiebige Soziologie das Fehlen einer genügend allgemeinen, von der Theologie begriffsanalytisch und methodologisch hinreichend unabhängigen, aber auch gegenüber den inhaltlichen Fragen des Dogmas nicht berührungsängstlichen empirischen Religionssoziologie schmerzlich bemerkbar.[1] Zwar ist von Thomas Luckmann (1963) in einer viel beachteten Schrift und mit großer verbindlicher Wirkung schon vor längerem eine Religionssoziologie eingeklagt worden, die sich sowohl von einer empiristisch verengten Kirchengemeindesoziologie als auch von einem Religionsbegriff zu emanzipieren habe, der auf die institutionell verankerte Kirchenreligiosität reduziert ist. Und Joachim Matthes (1993) hat jüngst diese programmatischen Forderungen zur Grundlegung einer Religionssoziologie mit guten Gründen noch weiter radikalisiert. Aber worin diese analytisch eigenständige Religionssoziologie material zu bestehen habe, wie sie zu prozedieren habe und was ihre konkreten materialen Fragen seien, das ist offen geblieben und über die recht leere, von Durkheim her schon bekannte Programmatik nicht wesentlich hinausgelangt, Religion sei in ihrer allgemeinen gesellschaftlichen Funktion der Sinngebung soziologisch zu thematisieren.[2]

Worin das "Eigentliche" von Religion und Religiosität besteht, wie dessen Universalität und die kulturspezifische Spielbreite historisch-konkreter Erscheinungsformen zu bestimmen sei, wird substantiell nicht beantwortet. So liest sich vieles letztlich mehr als ein Herbeischwören der fraglos konstitutiven Bedeutsamkeit von Religion denn als deren durchgeführte Explikation und Begründung. Es fehlt vor allem eine schlüssige Ableitung der postulierten Universalität von Religiosität aus den konstitutionstheoretischen Begriffen der Soziologie, obwohl die unauflösliche Verknüpfung einer soziologischen Konstitutionstheorie mit der Grundbegrifflichkeit der Religionssoziologie vollkommen zu Recht ins Feld geführt wird. Funktionsbestimmungen bleiben demgegenüber notwendigerweise in schlechter Allgemeinheit stecken und schließen an der Sache nicht viel auf.

Die Unzulänglichkeiten beginnen schon damit, daß nicht stabil zwischen der Struktur von Religiosität und den Inhalten der Religion unterschieden wird, beides ja der Religion als gesellschaftlicher Institution noch jeweils vorgeordnet. Sie setzen sich darin fort, daß die Kategorie des "Sinns" in systematischer Äquivokation verwendet wird. Solange aber "Sinn" als die Lebenspraxis konkret füllender Sinn vom Begriff des "Sinns" in methodologisch-konstitutionstheoretischer Verwendung für regelgenerierten Bedeutungszusammenhang und innerhalb dieser letzteren Verwendung wiederum zwischen "subjektiv gemeintem Sinn" und objektivem Sinn nicht klar geschieden ist[3], wird es eine Religionssoziologie, die ihre Erfahrungswissenschaftlichkeit nicht durch Reduktion auf uninteressante empiristische Kirchengemeinde-Sozialforschung erkauft, stabil nicht geben. Ohne diese gefestigten Unterscheidungen nämlich wird es nicht möglich sein, die für die Religionssoziologie zentralen und charakteristischen *Gemeinsamkeiten und Differenzen zwischen Religion als Dogma und einer Gesellschaftstheorie* festzuhalten.

Mit der Gesellschaftstheorie *teilt* die Religion als Dogma die Funktion, für das Ganze, die Totalität des humanen Lebens sowohl in der historisch-konkreten Erscheinungsform der eigenen Gesellschaftlichkeit als auch in der Universalität der Menschengattung einschränkungslos zuständig sein zu müssen. In scharfer *Differenz* zur Religion als Dogma und Funktion hat die Gesellschaftstheorie diese Fragen nach den Konstitutionsbedingungen des Ganzen *nicht praktisch* in Erfüllung einer Sinngebungsfunktion, *sondern methodisch-erfahrungswissenschaftlich* in systematischer Erklärungsabsicht und unvoreingenommener Distanz zu jeglicher praktischen Sinngebung zu beantworten.

Wenn diese notwendige scharfe Trennungslinie zwischen praktischen und methodischen Fragen und Operationen nicht gezogen wird, werden letztlich auch die erfahrungswissenschaftlichen Untersuchungen der Fragen, die rein inhaltlich, vom propositionalen Gehalt her weitgehende Gemeinsamkeiten mit den innerreligiösen Dogmen und Glaubensbeständen aufweisen, mit den theologisch-dogmatischen und glaubenspraktischen Thematisierungen ineinanderfließen. Sind sie doch theoriesprachlich aus der sinnsuchenden lebenspraktischen Perspektivität abgeleitet und nicht eigens konstitutionstheoretisch begründet worden. Entsprechend werden dann auch die Konstitutionsbedingungen der Lebenspraxis selbst nicht mehr eigens expliziert, sondern gehen stillschweigend als bloße Paraphrase eines Praxisproblems in der theoretischen Formulierung auf.[4]

Das ist innerhalb der Religionssoziologie paradigmatisch der Fall, wo Religiosität und auf sie bezogen Religion von vornherein entweder (1) als Verkörperung eines *Grunderlebnisses* oder einer Grunderfahrung oder (2) als Erfüllung oder Befriedigung eines elementaren, anthropologisch tiefsitzenden *Bedürfnisses* angesetzt worden sind. Das erste liegt paradigmatisch in der Religionstheorie von Rudolf Otto (1929) vor, in der mit dem Zentralbegriff des "Numinosen" Religion aus einer nicht weiter analytisch auflösbaren, quasi-metaphysischen Basalerfahrung hergeleitet wird. Dieser erlebniszentrierte Ansatz paraphrasiert letztlich nur - in sich selbst irrational - einen mit der Perspektive des sich erlebenden Lebens gegebenen vor-rationalen Erfahrungsmodus, ohne die Konstitution dieser Perspektive zuvor begrifflich bestimmt zu haben. Für den zweiten, bedürfnisorientierten Ansatz, den innerhalb der Sozialwissenschaften verbreitetsten, können exemplarisch die religionssoziologischen Beiträge von Peter L. Berger (1967) stehen. In ihnen wird Religion letztlich auf anthropologisch invariante Grundbefindlichkeiten und -bedürfnisse zurückgeführt. Religiosität und religiöse Inhalte sind dann Sinnstiftungen, die das überforderte Subjekt bei der Bewältigung existentieller Krisen entlasten.

Während die Kategorie des Erlebens die Praxisperspektivität unter dem Gesichtspunkt der *Subjektivität* dieser Perspektive thematisiert, mithin Religion unter dem Gesichtspunkt der subjektiven Erfahrung des Verhältnisses zur Welt, faßt die Kategorie des Bedürfnisses dieses Verhältnis zusätzlich unter dem allgemeineren Aspekt des *biologischen Lebens* überhaupt. Entsprechend wird hier der Religion vor allem die Funktion der thematisch ordnenden und durch gemeinschaftlichen Konsens geltenden Begründung von Lebensweisen zugewiesen, die zwar auf basale biologische Zusammenhänge bezogen sind, aber selbst biologisch offen geworden und nicht mehr programmiert sind: Paarbildung, Geburt, Umgang mit dem Tode, Nachwuchssicherung, Bewältigung von Lebenskrisen, usf..

Diese Ansätze vermögen von vornherein die Konstitution von Religiosität und entsprechend von Religion nur unter dem begrenzten Gesichtskreis der subjektiv bewußtseinsfähigen Fraglichkeiten und gattungsspezifischen anthropologisch-residualen Funktionserfordernisse zu erfassen. Sie geraten mithin mit der Krise der Religiosität durch Säkularisierung selbst in die methodisch-begriffliche Krise, aus der heraus sie ihren Gegenstandsverlust in der Regel mit theoretischen Konservativismen der Kulturkritik oder mit Diagnosen voll Endzeitdüsternis kompensieren.

Hier soll ein ganz anderer Ansatz gewählt werden. Statt aus der je schon gegebenen Perspektivität der Lebenspraxis heraus inhaltlich zentrale lebenspraktische Fragen zum Ausgangspunkt der Kategorienbildung zu machen, soll die *explizite Bestimmung der Lebenspraxis selbst* in ihren *strukturellen* Konstitutionsbedingungen zugrundegelegt werden. So soll gezeigt werden, daß Religiosität spezifisch soziologisch erst als Gegenstand konstituiert wird, wenn sie als integrale Komponente von Lebenspraxis zur Geltung gebracht worden ist. Dies wiederum liegt erst dann wirklich vor, wenn die Ableitung in sich schlüssig expliziert worden ist und nicht in einer petitio principii der bloß formalen Zuordnung einer "Grund- oder Urfunktion" sich erschöpft.

Die Universalität von Religiosität ist dann nicht mehr der Unterstellung einer anthropologisch invarianten Grundausstattung geschuldet, die entweder auf einen trivialen Biologismus hinausläuft oder empiristisch in einer banalen klassifikatorischen Feststellung von kulturübergreifenden Gemeinsamkeiten der menschlichen Gattung stehenbleibt, sondern eine Funktion der zwingend universalen, die Lebenspraxis konstituierenden Sachgesetzlichkeit. In dieser Universalität sind zugleich die Säkularisierung - als "Verdampfen" spezifisch religiöser Inhalte und Institutionen - sowie die Bewahrung und Kontinuität der ursprünglich in religiösen Inhalten aufgehenden Struktur von Religiosität im vollständig säkularisierten Subjekt zur Synthese gebracht. Zwischen säkularisierter Biographie und Person einerseits und entwickelter Struktur der Religiosität andererseits besteht kein Gegensatz mehr, vielmehr handelt es sich dabei um eine spezifische, differenzierte späte Stufe der Entwicklung von Religiosität selbst. Entsprechend wird hier unter dem universellen Modell der Struktur von Religiosität nicht eine statische Invariante verstanden, sondern eine sich transformierende, dynamische Strukturgesetzlichkeit, an der sich universelle Struktureigenschaften ablesen lassen.

Zugleich basiert dieses Modell auf einem *Modell von Lebenspraxis* und formuliert dessen Implikationen unter dem Gesichtspunkt der *Bewährungsdynamik*. Es kann deshalb nicht nur für die Religionssoziologie im engeren Verständnis eine strukturtheoretische Analytik abgeben, sondern auch für die Biographie- und Lebenslaufforschung als Bezugsrahmen dienen. Dies gilt vor allem dort, wo es darauf ankommt, endlich von der bloßen Problem-Verschlagwortung der "Individualisierungstheorie" wegzukommen und an diese Stelle eine *Theorie* zu setzen, in der das objektiv gegebene Strukturproblem von *Individuierung* und die darauf bezogene objektive Strukturgesetzlichkeit von Individuierungsprozessen im Mittelpunkt einer spezifisch soziologischen Betrachtung stehen.

2. Die Ableitungsbasis für das Modell: Die Kategorie der Endlichkeit

Vorgelegt werden soll also ein *heuristisches Modell der Struktur von Religiosität*, das die universellen Minimaleigenschaften religiöser Haltungen so expliziert, daß die einzelkulturübergreifenden gemeinsamen Züge des Verhältnisses von Subjekten zum ihre Praxis füllenden Lebenssinn darin als minimal notwendig erscheinen, und zugleich diese Züge als theoretisch bestimmte Eigenschaften einer unvermeidbaren, konstitutionslogisch notwendigen Praxisform abgeleitet sind. Religion als je historisch-kulturell konkrete, spezifische Konfiguration von Glaubensinhalten und -praktiken ist darauf zu beziehen, nicht umgekehrt die Struktur von Religiosität daraus abzuleiten. Die je spezifischen historischen Konfigurationen weisen in ihrer - einer historischen Entwicklung und einer kulturellen Variation geschuldeten - Verschiedenheit durchaus auch Gemeinsamkeiten auf. Aber diese werden durch die universellen Struktureigenschaften der Religiosität als Funktion von Lebenspraxis überhaupt bedingt und nicht durch invariante anthropologische Vorbedingungen oder Grundausstattungen.

Zugleich explizieren diese universellen Struktureigenschaften von Religiosität Grundbedingungen des Bildungsprozesses des Subjekts und seines Verhältnisses zu Sozialität und Gesellschaft.

Dieses heuristische Modell ist nicht einfach am Schreibtisch ausgedacht worden, sondern über theorieimmanente Konstruktionserwägungen hinaus sowohl durch vergleichende Interpretation von konkreten Textfassungen von Mythen und Dogmen[5] als auch durch die fallrekonstruktive Bearbeitung biographischer Interviews[6] und die materiale Analyse von Erscheinungsformen der gegenwärtigen Esoterik- und New-Age-"Welle" (Gärtner 1991) angestoßen worden. Seine Formulierung dient der analytischen Vorbereitung systematischer materialer Untersuchungen zum Zusammenhang von Habitusformationen und Erscheinungsformen von Religiosität in der gegenwärtigen Gesellschaft. Im folgenden geht es zunächst um den Versuch einer allgemeinen Ableitung des Modells und im Anschluß daran um exemplarische materiale Füllungen.

Im Mittelpunkt der Ableitung steht die *Dialektik von Endlichkeit und Unendlichkeit*. Der Ableitungszusammenhang setzt ein mit der einfachen Feststellung, daß der *Übergang von Natur zu Kultur*, neben anderen wichtigen Transformationsdimensionen, vor allem durch die *Emergenz der Sprachlichkeit und des darin konstituierten regelgeleiteten Handelns* geprägt ist. Die mit der Sprachlichkeit grundsätzlich in die Welt getretene Bedeutungsfunktion und die darin eingebettete grundsätzliche Aufspaltung von Welt in *präsente und repräsentierende Wirklichkeit* zieht die parallele Differenz von im *Hier und Jetzt einer Praxis* unmittelbar gegebener Wirklichkeit im Wahrnehmungs- und Handlungsfeld dieser Praxis einerseits und einer diese Wirklichkeit überschreitenden *hypothetisch konstruierten Welt von Möglichkeiten* andererseits nach sich. Von Möglichkeiten, die als solche gleichwohl integraler und konstitutiver Bestandteil der empirischen Wirklichkeit des handelnden Menschen und damit auch der darauf bezogenen Erfahrungswissenschaften sind.

Entlang dieser grundlegenden Differenz entfalten sich alle weiteren erkenntnistheoretisch zentralen Distinktionen nicht als erkenntnis- oder gegenstandslogische, sondern als handlungslogische Dualismen, an vorderster Stelle jener unüberspringbare Hiatus von Praxis und Theorie bzw. Methode.

Die Konstruierbarkeit hypothetischer Welten, zugleich die abstrakten, die sinnliche Gegebenheit transzendierenden Bedeutungswelten, zieht nun logisch zwingend ein Bewußtsein der Endlichkeit des Lebens, das der Praxis zugehört, nach sich. Man kann sogar sagen, daß sich erst im Bewußtsein dieser Endlichkeit des eigenen Lebens das Subjekt als Subjekt endgültig konstituiert.

Die Endlichkeit des eigenen Lebens kann zunächst den uns heute wenig dramatisch erscheinenden Inhalt annehmen, daß vor unserer Geburt selbstverständlich schon Leben bzw. der Wirklichkeitsraum gegeben war, in den unser Leben getreten ist, und auch nach unserem Lebensende das Leben, dessen Form das unsere angehört, weitergehen wird. Das Leben vor unserem Lebensanfang ist auf die einfachste Weise repräsentiert durch unsere Eltern, das nach unserem Lebensende durch das Leben unserer Kinder. Denn wie es schon biologisch selbstverständlich ist, daß unsere Eltern vor uns lebten, so gehört es schon zum biologischen Wesen der Nachkommenschaft, daß sie die Elterngeneration überlebt.

Schon hier setzt die unhintergehbare Dreifaltigkeit der Existenzfrage einer Lebenspraxis ein: Wer bin ich, woher komme ich, wohin gehe ich? Es ist jene Dreifaltigkeit von Fragen, deren notwendige Beantwortung letztlich auch, bezogen auf das Kollektiv wie auf das Individuum, die universelle Funktion des Mythos konstituiert.

Allein schon diese einfache Ausformung des Endlichkeitsbewußtseins, das sich in der dreifachen Identitätsfrage verlängert, reicht aus, um logisch zwingend korrelativ dazu die Kategorie der Grenzüberschreitung, der Überschreitung der Endlichkeit zu errichten und außerdem die Knappheit und Begrenztheit, damit die Wertigkeit der konkreten Praxiszeit als Quelle lebenspraktischen Handlungsdrucks zu Bewußtsein zu bringen.

Es sind dann nur noch wenige Reflexionsschritte erforderlich, damit die am eigenen Leben ablesbare Endlichkeit und die kehrseitig dazu notwendig markierte Überschreitung dieser Endlichkeit auf die jeweils nächsten einbettenden Praxis-Räume übertragen wird: die des eigenen Stammes, der eigenen Familie, des eigenen Milieus, der eigenen Siedlung oder Gemeinde, der eigenen politischen Vergemeinschaftung, der eigenen Kultur, der Menschheit, des Universums und schließlich der gesamten Schöpfung. Spätestens hier muß, wenn nur ein hinreichend universalisiertes und expliziertes Konzept von Schöpfung oder Kosmos überhaupt vorliegt, das Bewußtsein der Endlichkeit des Lebens in ein universalistisches Konzept der Endlichkeit des Diesseits und kehrseitig dazu das Konzept der Überschreitung dieser Endlichkeit in ein universalistisches Konzept der Unendlichkeit des Jenseits oder der Ewigkeit umschlagen.

An dieser Stelle muß dann auch ein partikularer Mythos der Entstehung der eigenen Gruppe oder Kultur und des Seelen- und Leibverbleibs nach dem Tode durch ein universalistisches Dogma der Welterschaffung und der Erlösung in Form des Überlebens im Jenseits abgelöst werden. Die magische und mythische Religion der rituellen Praxis muß sich in die dogmatische Religion eines verinnerlichten Glaubens transformieren. Danach kann es dann logisch als nächste Steigerung nur noch die vollständige Verdiesseitigung bzw. Säkularisierung durch methodische Rationalisierung von Bewußtseinsinhalten der Transzendenz oder die "Residualisierung" von Glaubenspositionen aufgrund logischer Unentscheidbarkeit geben. Es ergibt sich als zentrale Folgefrage, was auf der strukturellen Ebene aus der ursprünglichen Transzendenzstelle wird.

Diese Dialektik von Endlichkeit und Unendlichkeit, von Diesseits und Jenseits des Lebens liegt nicht nur am Grunde jeglicher Erscheinungsform von Religiosität, sondern sie erzwingt universell Religiosität. So ist selbst dort noch diese erzwungene Struktur von Religiosität nachweisbar, wo tatsächlich die säkularisierende Verdiesseitigung der Identitätsformationen so weit gediehen ist, daß alle religiösen Inhalte dieser Formationen getilgt sind.

3. Die Verankerung der Ableitung im Modell von Lebenspraxis als widersprüchlicher Einheit von Entscheidungszwang und Begründungsverpflichtung

Damit diese These befestigt und besser expliziert werden kann, empfiehlt es sich, den schon wie selbstverständlich gebrauchten Begriff der Lebenspraxis näher zu beleuchten (Oevermann 1985). Mit dem Bewußtsein der Endlichkeit des eigenen Lebens konstituiert sich nämlich auch das, was hier als die nicht reduzierbare Eigenlogik von Lebenspraxis gilt.

Mit der Konstruierbarkeit hypothetischer Welten eröffnet sich zwangsläufig die Welt von Handlungsalternativen, jeweils bezogen auf ein gegebenes Hier und Jetzt einer konkreten Praxis. Kehrseitig zu dieser durch sprachlich konstituierte Bedeutung und durch Reflexion eröffneten "Spielräumigkeit" und Wahlmöglichkeit emergiert gleichursprünglich der Zwang zur Entscheidung. Wenn man verschiedene Wohnungsangebote eingeholt hat, muß man sich bald für eines entscheiden, sonst verliert man alle. Genau jene "Argumente", mit denen das Hier und Jetzt einer Praxis konstruierend überschritten und ein Spielraum von Möglichkeiten eröffnet wurde, so daß ein unhintergehbarer Entscheidungszwang entstand, sind es auch, die die bindende Verpflichtung nach sich ziehen, die Entscheidung, zu der man gezwungen war, auch als vernünftig - und das heißt, als "rationaler" im Vergleich zu den anderen Wahlmöglichkeiten - begründen zu können.

Das ist solange kein Problem, wie tatsächlich in der Entscheidungssituation selbst schon die Begründungsargumente evident vorliegen und nur noch eingesetzt werden müssen. Aber in dem Maße, in dem diese Evidenz gegeben ist, liegen auch keine wirklichen Wahlmöglichkeiten mehr vor, weil ja die offensichtlich irrationalen Alternanten von vornherein nicht ernsthaft zum Entscheidungsspielraum gehören.

Wenn also der durch hypothetische Konstruktion von Möglichkeiten eröffnete Handlungsspielraum tatsächlich offen sein soll, muß er zugleich die bis dahin gültigen Entscheidungskriterien und -regeln auch wirklich überschreiten; dann muß evident sein, daß die durch Argumente eröffneten Möglichkeiten sich nicht im Sinne eines etablierten "Richtig-Falsch"-Kalküls entscheiden lassen, sondern neue Begründungsargumente erforderlich sind.

Nun sträubt sich gegen diese Konstruktion unser wissenschaftlich-methodisches Bewußtsein sehr schnell. Und noch die Theorien der Entscheidung, wie sie etwa in der wissenschaftlichen Ökonomie oder in der Theorie von "rational choice" als Prämissen dienen, geben ja Kunde von diesem Widerstreben, indem sie die tatsächliche Offenheit der Entscheidung mit der Konstruktion der Mechanismen, wie Entscheidungen getroffen werden, sogleich wieder schließen. Wenn nämlich letztlich der Entscheidungsvorgang mit irgendwelchen Varianten von jeweils schon unterstellbaren Wertpräferenzen erklärt wird, dann ist im Grunde die Offenheit der Entscheidungssituation vorab schon wieder geschlossen und die Realdialektik des Übergangs in krisenhaften Entscheidungssituationen in einer immunisierenden Modellsubsumtion getilgt worden.

Damit zusammen hängt eine Tendenz der Verminderung der handlungslogisch-kategorialen Differenz zwischen Praxis und Wissenschaft, zwischen lebenspraktischer Entscheidungssituation und wissenschaftlich-methodischer Problemlösung. Es werden nämlich szientifizierend die Entscheidungssituationen der Alltagspraxis dem Modell der methodischen Hypothesenüberprüfung angenähert, und es wird dann so getan, als ob in der Alltagspraxis Entscheidungssituationen sich durch rationale Anwendung bewährter Wissensbestände und bewährter Schlußprozeduren bewältigen ließen.

Aber diese Prämisse ist nicht einmal mit einer haltbaren Forschungslogik der Erfahrungswissenschaften selbst vereinbar, denn sie wäre dort nur dann ein ernsthafter Kandidat, wenn man vom prinzipiellen Kriterium der abschließenden Bewährtheit eines Wissensbestandes ausgehen könnte; also von der Verifikation von Gesetzeshypothesen. Die Offenheit der Zukunft, die für die unter Entscheidungszwang sich konstituierende autonome Lebenspraxis prägend ist, reicht also bis in die in sich unpraktische Forschungssituation hinein, indem sie dort als grundsätzlich nicht ausschließbare Möglichkeit des Auftauchens von Falsifikatoren in der empirischen Wirklichkeit festgehalten werden muß, zumindest dann, wenn Erfahrungswissenschaft sich nicht von vornherein dogmatisieren und immunisieren will gegen Kritik.

Diese Offenheit gilt nun aber erst recht für lebenspraktisch unmittelbar relevante Entscheidungssituationen. Für Situationen, in denen der Entscheidungszwang tatsächlich existiert, weil das zwar wissenschaftlich-rational konstruierbare Entscheidungsproblem nicht vertagt werden kann (im Unterschied zu einer unklaren Hypothesen-Überprüfungs-Situation) und sich überhaupt erst aus der Perspektivität der je konkreten Lebenspraxis heraus konstituiert.

Solche einfachen, aber eben erfahrungswissenschaftlich grundsätzlich nicht, oder doch nur am Rande bzw. unter Sonderbedingungen beantwortbaren Fragen der Lebenspraxis wie: soll ich X heiraten oder nicht, sollen wir, X und Y, noch Kinder zeugen oder nicht, können hier als Beispiele dienen. Die damit bezeichneten Offenheiten bzw. Möglichkeitsspielräume müssen geschlossen werden und zwar so, daß der Anspruch auf Begründbarkeit im Modell der praktischen Vernunft dabei aufrechterhalten wird, obwohl eine vernünftige Begründung im Modell eines methodisierbaren "Richtig-Falsch"-Kalküls im krisenhaften Moment der Entscheidung nicht in Anspruch genommen werden kann.

Es ist nun genau diese notwendig widersprüchliche Einheit von Entscheidungszwang und Begründungsverpflichtung, die der Konstitution der Autonomie der Lebenspraxis, die immer eine je konkrete ist, zugrundeliegt. In diesem Modell ist natürlich auch eine Entscheidung durch Zufall ausgeschlossen. Sie wäre in zentralen Fragen der Lebensführung nicht nur explizit irrational im Sinne der Verleugnung von Autonomie als Lebensaufgabe, sondern auch die Sittlichkeit der Sozialität zerstörend. Würde man z.B. nachträglich seinem Ehepartner eröffnen, man habe über die Heiratsentscheidung letztlich gewürfelt, so würde man der gemeinsamen Lebenspraxis damit ihren bindenden Grund entziehen und zugleich den Partner entwürdigen. Dieser könnte dann über ein daraus folgendes Scheidungsbegehren, sollte er darüber noch im Zweifel sein, seinerseits nicht würfeln, wenn er nicht die Verletzung seiner Würde und der Sittlichkeit der Sozialität als solche reproduzieren will. Einfacher formuliert: Der in seiner Würde verletzte Partner kann nicht zurückwürfeln, sondern nur zurückschlagen.

Indem in genuinen Entscheidungskrisen das Subjekt sich dem Entscheidungszwang beugt und eine Entscheidung bewußt vollzieht, d.h.: die damit verbundene Begründungsverpflichtung auf sich nimmt, indem also das Subjekt in dieser Weise bewußt und verantwortlich in seine offene Zukunft hinein lebt und sie durch autonome Entscheidung schließt, vollzieht es seinen Bildungsprozeß und bildet seine Lebensgesetzlichkeit[7] heraus. Es formt so zugleich sein Strukturpotential der Autonomie in einen je manifesten Grad von Autonomie um, es vollzieht seinen Individuierungsprozeß in der bewußten Stellungnahme gegenüber dem objektiv vorgegebenen Individuierungsproblem.

Stellt man sich den biographischen Verlauf[8] in dieser Weise als eine Verkettung von Entscheidungskrisen vor, dann wird sofort deutlich, daß mit den bewußt wahrgenommenen Entscheidungen in eine offene Zukunft natürlich nicht nur diese Zukunft gewonnen oder erobert worden ist, sondern zugleich im Sinne der unerbittlichen Logik des "point of no return", der Endgültigkeit von Festlegungen und der Unwiederbringlichkeit von verworfenen Möglichkeiten, Weichen gestellt und potentiell Verluste in Kauf genommen worden sind. Ihnen gegenüber steht die Konturierung der im Vollzug sich bildenden Fallstrukturgesetzlichkeit als Zeichenkonfiguration, Charakteristik oder Charakter (Oevermann 1993b). In dieser Logik des "point of no return" nun bemerkt man dieselbe Endlichkeit, die wir schon eingangs behandelt haben.

Dieser Zusammenhang läßt sich nun weiter für ein Strukturmodell von Religiosität ausbeuten.

Zunächst ist festzustellen, daß der Tod, der ja im Bewußtsein der Endlichkeit des Lebens permanent antezipiert werden kann und muß, gemäß der Abstraktheit unseres Modells nur der extremste "point of no return" ist, gewissermaßen die Endgültigkeit in der Verkettung von Endgültigkeiten. Spätestens in der gedanklichen Vorwegnahme des sicheren eigenen Todes muß jedem Subjekt die unerbittliche Logik des "point of no return" und die darin liegende Dialektik von Wahlfreiheit und Verantwortung, das "Zur-Autonomie-Verurteilt-Sein" zu Bewußtsein kommen. Daß die daraus resultierende Zeitknappheit und Riskanz der diesseitigen Lebensführung dann analog für jede Entscheidungskrise gilt, ist daraufhin nur ein kleiner Reflexionsschritt. Eine weitere, in der Praxis selbst nicht mehr anzustellende, aber für die soziologische Strukturanalyse zentrale Überlegung zeigt dann, daß diese Analogie formell nicht nur für die an das Krisenbewußtsein des Subjekts gebundenen Entscheidungskrisen gilt, sondern auch für jegliche Sequenzstelle im lebenspraktischen Handlungsablauf, also auch für diejenigen, an denen routinisiert gehandelt wird.

4. Die Methode der Sequenzanalyse als Modell von Lebenspraxis

Daß auch an diesen Sequenzstellen potentiell Entscheidungskrisen im Sinne subjektiver Verunsicherung und expliziten Entscheidungszwangs jederzeit "ausbrechen" können, wird im für die objektive Hermeneutik zentralen Methodenmodell der Sequenzanalyse deutlich.[9] In ihm nämlich werden an jeder Sequenzstelle die gemäß geltender Regeln möglichen Anschlüsse (und - wenn nötig - möglichen Vorläufer) - also objektiven Wahlmöglichkeiten - gedankenexperimentell konstruiert und erst dann auf dieser Folie die tatsächlich erfolgte Fortführung der Sequenz betrachtet, die erst so ihre charakteristische Kontur erhält.

Eine Einführung in die Sequenzanalyse kann und soll hier nicht erfolgen. Aber da sie für das Strukturmodell von Religiosität von grundlegender Bedeutung ist, muß sie wenigstens in den wesentlichen Zügen zur Geltung gebracht werden. Das soll exemplarisch an der ganz kurzen, typischen Interaktionssequenz der Begrüßung geschehen.[10] Ich unterscheide in der Sequenzanalyse zwischen *Regeln*, die wie ein Algorithmus operieren und an einer gegebenen Sequenzstelle den Spielraum sinnlogisch möglicher Anschlüsse erzeugen bzw. festlegen (*Parameter I*), und dem Ensemble von Faktoren, Dispositionen und Motiven, die für eine gegebene Handlungsinstanz welchen Aggregierungsniveaus auch immer, eine Lebenspraxis also, determinieren, *welche Auswahl aus dem Spielraum von Anschlußmöglichkeiten tatsächlich getroffen wird (Parameter II)*. Dieses Ensemble von Faktoren gehört einer Lebenspraxis kraft ihres geschichtlichen Bildungsprozesses an und bestimmt ihre Fallstrukturgesetzlichkeit.

Wenn eine Person A eine andere Person B begrüßt, dann ist durch geltende Regeln (Parameter I) schon vor dem tatsächlichen Handeln von B die Bedeutung ihrer Reaktion festgelegt. Sie kann zurückgrüßen, dann geht sie im Sinne der Reziprozität eine verpflichtende Praxisbindung mit A ein. Sie kann das Zurückgrüßen verweigern, dann ist klargestellt, daß eine angesonnene gemeinsame Praxisbindung explizit vermieden werden soll, was einer Feindschaft gleichkommt. Sie kann, um dieser Entscheidung zu entgehen, so tun, als ob sie das Begrüßt-Werden nicht bemerkt habe (also ein "Fremder" geblieben ist), dann hat sie die Entscheidung allerdings nur vertagt und ist das Risiko eingegangen, daß ihre Täuschung durchschaut wird. Es ist sogar möglich, daß das Nicht-Bemerken einer Begrüßung im Sinne einer Selbst-Täuschung wie bei einer Fehlleistung durch das Unbewußte motiviert wurde.

Welchen dieser durch Regeln generierten Anschlüsse die Person B nun faktisch selegiert, ist eine Funktion ihrer Fallstrukturgesetzlichkeit (Parameter II), die sich im lebensgeschichtlichen Vollzug von Entscheidungen und in der Übernahme von tradierten Entscheidungsroutinen gebildet hat. *Die Fallstrukturgesetzlichkeit einer konkreten Lebenspraxis läßt sich also letztlich nur sequenzanalytisch - jeweils bezogen auf einen Verlaufsausschnitt, eine Szene etwa - durch die lückenlose Rekonstruktion ihrer Selektionen auf der Folie der jeweils an jeder Sequenzstelle explizierten Wahlmöglichkeiten ermitteln.* Natürlich können die Fallstrukturgesetzlichkeiten ihrerseits zum Ausgangspunkt von Regeln werden. Das ist typischerweise der Fall für einbettende, höher aggregierte Fallstrukturgesetzlichkeiten z.B. von ganzen Milieus großer Geltungsreichweite. Der Gehalt ihrer Fallstrukturgesetzlichkeit operiert natürlich bezogen auf das in ihm sässige individuelle Mitglied wie eine bedeutungserzeugende Regel. Dennoch bleibt die *analytisch grundlegende Differenz von Regel und Prinzip* (vgl. auch Kuhn 1977) davon unberührt. Die Regelhaftigkeit der Regel kommt der Operationsweise eines Algorithmus gleich und sie wird dem Prinzip im Maße von dessen routinisierter Anwendung zuteil. Konstitutionslogisch gesehen können Praxisformen Normen, Erwartungen und Maximen nur ausformen, weil sie auf der Grundlage von regelgenerierten Bedeutungen und dadurch eröffneten Handlungsspielräumen begründete Entscheidungen zu treffen haben.

Mit dieser grundlegenden Differenzierung der Parameter I und II bzw.

von Regel und Prinzip respektive von *Regel und Fallstrukturgesetzlichkeit* ist die Sequenzanalyse der objektiven Hermeneutik fest im *Strukturalismus* verankert. Der Übergang von Natur zu Kultur vollzieht sich für den Strukturalismus nicht wie für die Handlungstheorien in der Emergenz von Erwartung, Wertung, Normierung oder Typisierung, sondern in der Emergenz von regelgeleitetem Handeln und der Erzeugung von objektivem Sinn durch Regeln. Auch zur Systemtheorie ist in dieser Hinsicht eine scharfe Unterscheidungslinie gezogen. In Luhmanns Theorie etwa erscheint durchaus ein Analogon zur Sequenzanalyse im Zusammenhang von Kontingenz und Selektion in der Verkettung von Handlungen. Aber dieser Zusammenhang wird auf die Grundbegriffe von Erwartung und Erwartungs-Erwartung gegründet, auf eine Begrifflichkeit also, die genau dadurch geprägt ist, daß in ihr die Differenz zwischen Parameter I und II, zwischen Regel und subjektivem Motiv getilgt ist, wodurch zwangsläufig wiederum die für den Strukturalisten im regelgeleiteten Handeln erst konstituierte Subjektivität zum - in sich unbegriffenen - Konstituens wird wie in den Handlungstheorien auch.

Die *strikte Beachtung der Differenz der Parameter I und II* in der Sequenzanalyse führt zu einem strukturanalytischen Vorgehen, in dem auch an jenen Sequenzstellen, die vom Subjekt in seinem praktischen Handeln routinisiert weitergeführt werden - und das ist der Regelfall - die eröffneten, aber wie selbstverständlich aufgrund der Fallstrukturgesetzlichkeit nicht gewählten Handlungsmöglichkeiten expliziert werden. Dadurch wird methodisch genau das getan, was das Subjekt bzw. die Lebenspraxis, würde es bzw. sie aus seiner bzw. ihrer Praxis reflexiv heraustreten, in eine Krise bringen würde. Komplementär dazu lassen sich in diesem Modell bewußte Entscheidungen als Unterfall des allgemeinen, durch Faktoren des Parameters II determinierten Selektionsprozesses bestimmen; und zwar als jener Unterfall, in dem potentiell eine bis dahin sich routinisiert reproduzierende Fallstrukturgesetzlichkeit sich transformieren *kann*. Innerhalb dieses Unterfalles wiederum sind jene bewußten Entscheidungen, die auf eine Krisenkonstellation erfolgen, die Ausgangspunkte manifester Fallstrukturtransformationen.

Der *Säkularisierungsprozeß* ist nun wesentlich dadurch geprägt, daß die auf die Krisenerfahrung zurückgehenden, bewußten Entscheidungsbelastungen für das konkrete Subjekt zunehmen. Anders ausgedrückt: daß diese Entscheidungsbelastungen mit ihren komplementären offenen Handlungsspielräumen für alle Lebenspraxen sich universalisieren und nicht mehr nur für einige herausgehobene gelten. Aus dieser Umwälzung der Mechanismen der Selektion von Handlungsoptionen von Traditionsentlastung auf Ich-Leistung kann nun aber nicht gefolgert werden, die vormodernen, traditionalistischen Zeitalter seien solche gewesen, in denen die im Modell der Lebenspraxis entwickelte Entscheidungslogik noch nicht aufzufinden gewesen sei, und mithin handle es sich bei der unterstellten Universalität des Modells von Lebenspraxis nur um eine weitere der vielen kulturzentrischen Rückprojektionen einer spezifisch modernen Ausprägung. Vielmehr zeigen gerade die frühen Mythen und magischen Praktiken und die späteren vormodernen Kodifizierungen religiöser Dogmen, indem sie die Aufgabe der Krisenbewältigung und Entscheidungsentlastung durch die Stiftung eines vereinigenden Bandes zwischen diesseitiger Praxis und jenseitiger Transzendenz wie selbstverständlich geltend verbürgen, wie sehr die Zukunftsoffenheit der Lebenspraxis als widersprüchliche Einheit von Entscheidungszwang und Begründungsverpflichtung universell für die Kultur als solche gilt. Aus demselben Grunde stellt sich daher die rationalisierende und säkularisierende Auflösung religiöser und mythischer Dogmen und Praktiken nicht nur als eine Befreiung von fesselnden Traditionen, sondern zugleich auch als eine Belastung der Verantwortlichkeit der nunmehr auch manifest, nicht nur latent autonomen Lebenspraxis dar (Dersch/Oevermann 1994).

5. Krise, Charisma und Bewährung

Für die weitere Ableitung ist also der scheinbare Grenzfall der Krise und der darin erfolgenden bewußten Entscheidung als Ausgangspunkt einer Fallstrukturtransformation der analytische Normalfall. Konstitutionstheoretisch können wir nämlich nicht vom

Routinefall als dem Normalfall ausgehen und ihn zum Ausgang der Kategorienbildung machen. Schon eine einfache Überlegung zeigt, daß auch dann der Routinefall dasjenige Gebilde ist, das auf den Krisenfall reagiert und ihn verhindert, wenn man weiterhin davon ausgeht, daß der Krisenfall bezogen auf Häufigkeit und auf lebenspraktische Erwartung der dramatische, außeralltägliche Ausnahmefall bleibt. Konstitutionstheoretisch ist also der Krisenfall und nicht der Routinefall der Normalfall, auch wenn es sich lebenspraktisch in subjektiver Perspektivität umgekehrt verhält.[11]

Der Krisenfall wirft nun ein für die Soziologie und das Gesamt der Humanwissenschaften äußerst interessantes und zentrales Folgeproblem auf: Wie kann die ins praktisch Zukunftsoffene erfolgende Emergenz der unvorhersehbaren Auflösung einer echten Krise, die systematische Erzeugung des seinem Wesen nach unvorhersehbaren Neuen also, gesetzeswissenschaftlich erklärt werden?

An dieser Frage stößt die subjektivistische Theorieperspektive jeglicher Handlungstheorie unweigerlich an ihre Grenze[12] und entbirgt ihre Aporie, die in der Zugrundelegung der in sich der Praxis zugehörigen Perspektivität einer Ja-Nein-Stellungnahme oder irgendeines Rationalitäts-Modells impliziert ist. Daß eine Extra-Abteilung von "Theorien des sozialen Wandels" aufgemacht und vor die Klammer gezogen wird, löst diese Aporie nicht, sondern drückt sie durch Aussonderung des Normalfalls "Krise" nur gültig aus. Und auch die alte neukantianische Unterscheidung von Gesetzeswissenschaften und Wirklichkeitswissenschaften ist nicht wirklich überwunden, solange nicht diese Frage mit dem Rückgriff auf die Annahme einer sich ins Zukunftsoffene transformierenden und fortzeugend bildenden, je historisch einzigartigen und *zugleich* allgemeine Geltung beanspruchenden Fallstrukturgesetzlichkeit als eines vollgültigen Unterfalles von Gesetzmäßigkeit strukturalistisch beantwortet wird.

Die Antwort kann nur eine Form annehmen, in der einerseits das systematisch erzeugte Neue seinem *Inhalte* nach seine Unvorhersehbarkeit behält, andererseits aber der *Prozeß*, in dem diese Erzeugung erfolgt, eine Gesetzmäßigkeit aufweist, so daß das inhaltlich Unvorhersehbare sich nachträglich als motiviert und vorbereitet rekonstruieren läßt. In dieser schon bei G.H. Mead entwickelten *Dialektik von Emergenz und Determination* ist die rationale Planbarkeit der Zukunft und damit die kausale oder sinnlogische Rückführung zukünftiger nicht-routinisierter, krisenlösender Praxis auf subjektive Zielsetzungen grundsätzlich überwunden, ohne daß deshalb residual dieser Krisenprozeß zur Irrationalität einfach deklariert werden kann. Vielmehr tritt an diese Stelle die Rückführung besagter Emergenzen auf Strukturgesetzlichkeiten, die von vornherein die Bewußtseinsfähigkeit des rational handelnden Subjekts überschreiten.

Die Frage ist also, worin die Motiviertheit und Systematik in der Erzeugung des Neuen besteht. Die Möglichkeiten einer darauf bezogenen Theorie können hier nicht geprüft werden[13]. Für den hiesigen Zusammenhang reicht es aus, dieses Problem exponiert zu haben und in Anspruch zu nehmen, daß eine Krisenentscheidung nach dem Modell des Zufalls und entsprechend eine Reduktion der Dialektik von Emergenz und Determination in der Entstehung des Neuen auf die Logik des Zufallsgenerators von vornherein ausscheiden. Es genügt hier darauf zu verweisen, daß mit einer solchen Reduktion die strukturelle Autonomie humaner Lebenspraxis dogmatisch von vornherein geleugnet wäre. In der nicht-zufälligen, motivierten Erzeugung des Neuen kommt nun die Autonomie der Lebenspraxis zu sich selbst. Darin läßt sich analytisch die *Seite der inneren Motiviertheit der konkreten, spontan emergierenden Entscheidungsinhalte von der Seite der objektiven Ablaufstruktur des krisenhaften Prozesses*, gewissermaßen der *pragmatischen Grundgestalt dieses Prozesses*, in der sich die Gesetzmäßigkeit der systematischen Erzeugung des Neuen material verkörpert, *unterscheiden*. Nur diese letztere soll im weiteren hier betrachtet werden.

Zunächst ist festzuhalten, daß, wie immer auch die faktisch erfolgende krisenlösende Entscheidung inhaltlich motiviert und vorbereitet sein mag, sie im Horizont der bis dahin geltenden Überzeugungen und bewährten Routinen als *nicht-rational* allein deshalb gelten muß, weil eingeführte Rationalitätsmaßstäbe sie nicht zu rechtfertigen vermögen, wenn es sich überhaupt um eine offene Entscheidungssituation handeln soll. Diese *Nicht-Rationa-*

lität aber undialektisch mit *Irrationalität* im üblichen Sinne gleichzusetzen, wäre nur haltbar, wenn die Möglichkeit, daß sich je in der Zukunft bewährende materiale Rationalität aus der Emergenz des krisenhaft generierten Neuen entfaltet, von vornherein geleugnet würde und damit die Möglichkeit von Geschichte überhaupt. In dieser Offenheit also, die sich als Unentschiedenheit darüber fortsetzt, ob eine Entscheidung sich als material rational oder als irrational erweisen wird, die aber zugleich eine Bedingung der Möglichkeit der zukünftigen materialen Rationalität ist, in deren Licht ja die vorausgehende, bis zum Eintritt der Krise geltende jeweilige Rationalität zur überwundenen und damit zur Irrationalität gerät, ist die *dialektische Frage nach dem Dritten zwischen Rationalität und Irrationalität aufgeworfen.* Dem Dritten, das es vermag, die *Bindungskraft* für eine Entscheidung aufzubringen, die einerseits nicht mehr der verbürgten Rationalität entspricht, ohne schon andererseits eine neue argumentativ einlösen zu können. Darin ist die Stelle markiert, *an der die Logik des besseren Argumentes krisenhaft außer Kraft gesetzt ist*, um später um so machtvoller materialisiert zu werden.

Dieses Dritte, worin sich die Autonomie der Lebenspraxis von der Latenz zur Manifestation transformiert, fülle ich mit dem Begriff des *Charisma*, wie ihn Max Weber entwickelt hat. In der Herrschaftssoziologie Webers vertritt der Typus der charismatischen Herrschaft ebenfalls ein Drittes, das die historische Abfolge der Gegensätzlichkeit von traditional und legal (bzw. rational) überschreitet. Es wäre als solches schon mißverstanden, wenn es, als Außeralltäglichkeit verdinglicht reduziert auf Irrationalität,[14] seinerseits historisiert und nicht universell der Alltäglichkeit routinisierter Herrschaftsformen gegenübergestellt würde. Man muß nun nur den Begriff des Charisma aus der Enge der herrschaftssoziologischen Typologisierung herauslösen und seinen strukturellen Bedeutungskern verallgemeinert verwenden, so daß er sich auch für die Benennung jenes Dritten eignet, das hier anvisiert wird als eine Ablaufstruktur der Autonomie der Lebenspraxis generell.

Der Begriff des Charisma wird hier nicht substantiierend eingesetzt, um die innere verborgene Motivierung oder quasi-stofflich den inneren Keim des konkreten Inhalts einer Neues produzierenden Krisenlösung zu bezeichnen, sondern soll auf der Ebene der pragmatischen Ablaufgestalt des krisenlösenden Prozesses dessen Strukturgesetzlichkeit fassen. *Charismatisch soll dann die spezifische Qualität einer aus mehreren unterscheidbaren Phasen bestehenden Ablaufgestalt heißen, in der ein argumentativ unbegründbarer Vorschlag zur Krisenlösung gleichwohl einen prinzipiellen Anspruch auf Begründbarkeit in der Zukunft erhebt und mit diesem Anspruch erfolgreich Glaubwürdigkeit bei einer Gefolgschaft erlangt.* Die Verwendung geschieht hier allerdings so verallgemeinert, daß die Aufspaltung in Führer und Gefolgschaft innerhalb einer kohärenten Lebenspraxis, z.B. innerhalb einer konkreten Person, vorliegen kann und parallel zur allgemeinen Dialektik von Emergenz und Determination für die Polarität der Phasen von emergentem Entscheidungsinhalt und Rekonstruktion dieses Entscheidungsinhalts steht. Man muß nun nur hinzufügen, daß das Charismatische als pragmatische Ablaufgestalt seinerseits einen historischen Entwicklungsprozeß durchläuft. Davon wäre die für die Webersche Religionssoziologie wichtige Unterscheidung von ekstatischem und ethischem Prophetentum *eine* Stufenausprägung.

Das Charismatische verkörpert als vorläufige Einlösung der Programmatik des "Dritten" jenseits der undialektischen Dichotomie von Rationalität und Irrationalität also sowohl die Spontaneität des argumentationslosen Überzeugt-Seins von etwas Postivem, Krisenlösendem angesichts einer Krise vorausgehender bewährter Überzeugungen, als auch die Verpflichtung auf die Geltung von etwas Allgemeinem, das sich in diesem Überzeugt-Sein zuverlässig verbirgt und nachträglich durch Rekonstruktion argumentativ einzuholen ist.

Diese Vorklärung sollte ausreichen, um unmißverständlich darzutun, daß der Begriff des Charisma hier weder zur mystifizierenden Einführung eines irgendwie stofflich oder magisch substantiierten Kraftfeldes, noch zirkulär zur wissenssoziologisch-relativistischen Einführung eines entsprechenden sozialen Typisierungsproduktes herhalten muß, sondern eine eigenlogische pragmatische Ablaufgestalt der sozialen Wirklichkeit meint. Ihrer hat sich auch der Charismatiker immer schon zu bedienen, er produziert sie nicht erst je neu kraft seines vorgeblichen Charisma.

Im Anschluß an diese Klärung können wir nun die bei Weber nachlesbaren Momente charismatischer Herrschaft als Phasen des Ablaufs übernehmen:

1. Ganz zu Anfang ist eine Eröffnungsphase anzusetzen, die so bei Weber von der erfolgreichen Gefolgschaftsbildung bezüglich eines Krisen-Lösungsversprechens nicht genügend unterschieden ist und die erst in der pragmatistischen Umformulierung sich aufdrängt. Die Einleitung des charismatischen Prozesses ist nämlich eigenlogisch auf eine erfolgreiche Markierung der Differenz dessen, was nun kommt, als sich von der laufenden Alltagsnormalität abhebende Außeralltäglichkeit angewiesen. Schon dafür muß also erfolgreich Gefolgschaft hergestellt werden in dem schlichten Sinne, daß ein "Publikum" zuhört oder zusieht, d.h. sich in die als außeralltäglich annoncierte Praxis einbinden läßt. Diese Einbindung kann suggeriert werden durch Verweis auf dramatische Stigmatisierungen einer Initiierungsinstanz, durch emotionalisierende massensuggestive Techniken oder durch sonst erfolgreichen, sich selbst erfüllenden Vollzug.

2. Die initiale Phase hat zum Inhalt, daß entweder auf eine durch externe Zeichen der Realität schon unabweisbar wahrzunehmende Krise Bezug genommen oder eine solche Krise durch Problematisierung des Bestehenden erfolgreich durch einen Charismatiker "suggeriert" wird.

3. Bezogen auf diese zum authentischen Ausdruck gebrachte Krise muß ein Lösungsvorschlag formuliert werden, der sich zwar nicht lückenlos argumentativ einlösen läßt, aber dennoch rhetorisch positiviert[15] wie selbstverständlich Glaubwürdigkeit für sich in Anspruch nimmt, bzw. diese im suggestiv erfolgreichen Annoncement selbst herstellt.

4. Diese Glaubwürdigkeit muß letztlich durch die Erzeugung einer konkreten nennenswerten Gefolgschaft in ihrer Evidenz verbürgt werden. Unter diesem Gesichtspunkt wird die Gefolgschaft aufgrund eines krisenlösenden Vorschlags von jener Gefolgschaft analytisch unterschieden, die den charismatischen Ablaufprozeß in jeder seiner Phasen als erfolgreiche Suggestivität ausweist.

5. Schließlich ist der auf diese Weise als glaubwürdig geltende Vorschlag zur Krisenlösung einem permanenten Prozeß der praktischen Bewährung[16] ausgesetzt, wobei letztlich schon die erfolgreiche Krisendiagnose initialer Bestandteil dieses Bewährungsprozesses ist. In dem Maße, in dem diese Bewährung anhält und ein "record" von bestandenen Bewährungsproben angeführt und erinnert werden kann, vollzieht sich die Veralltäglichung der Krisenlösung. Sie wird allmählich zur Routine. Zum Bewährungsprozeß gehört wesentlich die nachträgliche, außerhalb des unmittelbaren Praxisdrucks vorgenommene Rekonstruktion des Grades und vor allem der möglichen Gründe einer Bewährung oder eines Scheiterns. Im Falle anhaltender Bewährung wie im Falle eines Scheiterns fügt diese Rekonstruktion aus Anlaß eines naturwüchsigen, unbegründeten und spontan erfolgenden Versprechens auf Krisenlösung dem kollektiven Erfahrungswissen Wesentliches hinzu. Somit sorgt der Prozeß des Charismatischen zumindest dafür, daß neue Ideen und Erfindungen sich praktisch bewähren können, daß also Pluralisierung maximiert wird.

Der Vorteil dieser Konstruktion des Charismatischen als pragmatischer Ablaufgestalt liegt m.E. darin, daß damit eine dialektische Verbindung zwischen einer materialen Mechanik der Neuerung und einer in die praktische Bewährung und die von ihr erzwungene Rekonstruktion eingelassenen argumentationslogisch und methodisch bestimmten Überprüfungskomponente hergestellt ist. Mit dieser Verbindung ist der schlechte, undialektische Dualismus von irrationaler, einer zufälligen Mutation gleichenden Veränderung einerseits und einer rational entwickelten bzw. abgeleiteten Erfindung andererseits überwunden. Zudem kann gemäß diesem Modell der Prozeß der charismatischen Krisenbewältigung an verschiedenen Stellen scheitern: Schon bei der initialen Gefolgschaftsbildung, der Eröffnung der charismatischen Praxis selbst, kann die Ablaufgestalt im Keim ersticken, so wie wenn es einem Redner nicht gelingt, sich Gehör zu verschaffen. Der Prozeß der Bewährung kann aber auch bis zur langfristigen Erprobung einer erfolgreich glaubwürdig gemachten Krisenlösung anhalten. Scheitern und Bewährung stehen sich in jeder Phase polar gegenüber, und die Bewährung ist letztlich ein materialer, kumulativer, in sich selbst zukunftsoffener Prozeß, dessen Nicht-Abbruch gewissermaßen einen idealen Grenzfall darstellt.

Prototyp dieses pragmatistischen Modells des charismatischen Prozesses ist die entwickelte prophetische Praxis des Alten Testamentes.

6. Krisenlösung, Bewährungsprozeß und soziale Zeit - Rückkehr zum Moment der Endlichkeit

Die *Theorie des Charisma als pragmatischer Ablaufgestalt* gibt zugleich eine Zuspitzung des Modells der Autonomie von Lebenspraxis generell ab, indem sie dessen konstitutionstheoretischen Normalfall - die Bewältigung der zu Bewußtsein kommenden, d.h. die eingeschliffenen Überzeugungen zerbrechenden Krisenkonstellation - in den Mittelpunkt stellt. In dieser zur Bewährungsdynamik zwingend überleitenden Zuspitzung ist ein eigenlogisches Modell von sozialer Zeit verborgen. Dessen Explikation kann uns nun bei der weiteren Ableitung des Modells der Struktur von Religiosität weiterhelfen, weil es den Ausgangspunkt des Bewußtseins der Endlichkeit des Lebens strukturtheoretisch deutlicher vor Augen bringt.

Dieses verborgene Modell sozialer Zeit ergibt sich aus zwei Implikationen der bisherigen Argumentation:

1. Das Methoden-Modell der Sequenzanalyse schmiegt sich an die elementare sequentielle Strukturiertheit der sozialen Realität an. Dabei handelt es sich bei dem, was in den von der objektiven Hermeneutik analysierten Protokollen zum Ausdruck kommt, natürlich trivialerweise immer um Äußerungen von Lebenspraxen. Nur in Grenzfällen kommt in einem sozialwissenschaftlichen Datum nur eine einzelne Lebenspraxis zum Ausdruck, in der Regel mehrere simultan. Die Grundform des protokollierten sequentiellen Ablaufs ist die soziale Kooperation. Jede solche kooperative konkrete Praxis hat natürlich ebenso wie eine einem Subjekt korrespondierende Lebenspraxis als ausgedehnte Sequenz einen Anfang und ein Ende. Sie bedarf spezifischer Sequenzelemente der Eröffnung und Beschließung, wobei diese in der Mehrzahl der Fälle aus mehrfach gestaffelten, hierarchisierten Rahmungen bestehen. Das Gerahmte selbst ist dann die sich vollziehende Praxis in einer *eröffneten Praxis-Räumlichkeit und einer Praxis-Zeitlichkeit.* Durch die Rahmung wird zugleich eine konkrete Praxis in eine übergeordnete, einbettende Praxis eingefügt, so daß man sagen kann, daß jede Eröffnung zugleich auch immer einen beschließenden Charakter bezüglich einer vorausgehenden Praxis als Teil einer gemeinsamen einbettenden Praxisform hat.

Aber nicht immer ist diese Rahmung gefüllt. Sie kann leer bleiben, wie z.B. im einfachen Falle einer bloßen wechselseitigen Begrüßung im Vorübergehen. Darin fallen Eröffnung und Beschließung zusammen, ohne daß es zu einer materialen Füllung der eröffneten Praxis-Räumlichkeit und Praxis-Zeitlichkeit kommt.

In diesem Modell lassen sich die *soziale Zeitlichkeit und die soziale Räumlichkeit* grundsätzlich vermittelt über den synthetisierenden Begriff der Sequentialität ineinander überführen: die ausgedehnte Sequentialität der Praxisform ist zugleich Praxis-Räumlichkeit und Praxis-Zeitlichkeit.

Entsprechend hat die Endlichkeit, auf die das für die Religiosität konstitutive Bewußtsein der Endlichkeit referiert, zugleich einen sozialräumlichen wie sozialzeitlichen Sinn. Es zeigt sich nun aber - und das ist hier entscheidend - daß davon im spezifisch eigenlogischen Sinne der Soziologie erst innerhalb dieses Modells von Eröffnung und Beschließung der Sequentialität einer je konkreten Praxisform die Rede sein kann.

Demgegenüber sind m.E. alle Redeweisen von sozialer Zeit oder sozialem Raum nur pseudo-soziologische Konstruktionen, wenn sie - wie das gemeinhin üblich ist - letztlich in nichts anderem bestehen, als in der in sich trivialen Feststellung einer vom physikalischen Metrum der Zeit und des Raumes abweichenden je subjektiven Einteilung. Denn diese Konzeptualisierung der subjektiven Rhythmisierung bzw. Topologisierung von physikalischer Zeit und physikalischem Raum führt auch dann, wenn sie zweifelsfrei auf eine Funktion des reflexiven Bewußtseins des handelnden Subjekts verweisen kann, keineswegs eine eigenständige, nicht reduzierbare Dimension von spezifisch sozialer Zeit oder sozialem Raum ein. Sie bleibt grundsätzlich als subjektiver Reflex auf die physikalische Zeit und den physikalischen Raum bezogen und ist nur das Ergebnis einer residualen Ableitung ohne eigene innere Strukturiertheit. Daran ändert sich grundsätzlich auch nichts, wenn auf soziale Konventionen kollektiv geltender und durch gemeinschaftlichen Konsens gestifteter wissensmäßiger Metrisierungen von Zeit und Raum verwiesen wird. Denn auch diese kollektive In-Geltung-Setzung einer von der naturwissenschaftlichen Metrisierung abweichenden sozialen Einteilung führt per se noch nicht über das Charakteristische einer residualen Ableitung des - auf der Wissensebene - zeichenvermittelt Repräsentierenden aus dem repräsentierten Physikalischen hinaus.[17]

Eine nicht-reduzierbare, eigenlogische soziale Zeitlichkeit und Räumlichkeit liegt erst vor, wenn auch die wissensmäßig *repräsentierte* Zeitlichkeit und Räumlichkeit nicht mehr in der physikalischen, sondern in einer sozialen Zeitlichkeit und Räumlichkeit kategorial konstituiert ist. Genau das aber liegt in den bisherigen - letztlich wissenssoziologisch verkürzten - Theorien sozialer Räumlichkeit und Zeitlichkeit m.E. nicht vor.

Demgegenüber haben wir im Konzept der Sequenziertheit von Praxisformen und ihrer Rahmung durch Prozeduren der Eröffnung und Beschließung grundsätzlich eine solche eigenlogische Kategorisierung einer spezifisch sozialen inneren Struktur von Räumlichkeit und Zeitlichkeit vor uns. Gegenstand wissensmäßiger Repräsentanzen von Praxiszeit und Praxisräumlichkeit kann nicht mehr physikalische Ausdehnung sein, sondern er muß in der sequentiellen Struktur konkreter Praxis bestehen. Das Bewußtsein der Endlichkeit und - darauf fußend - der Knappheit der Ressourcen und der Wertigkeit des Handelns ist aus dieser Praxis-Strukturiertheit bezogen, nicht aus der physikalischen Ausgedehntheit von Raum und Zeit und erst recht nicht aus der Transzendentalität der reinen Formen der Anschauung.

2. Diese Eigenlogik sozialer Zeitlichkeit und sozialer Räumlichkeit erweist sich stärker noch unter einem ergänzenden zweiten Gesichtspunkt. Hier zeigt sich, daß soziale Zeit nicht mehr durch ein Nacheinander bloß äußerlicher formeller Abfolgesequentialität sich konstituiert. Vielmehr bildet sich die innere, eigenlogische Strukturiertheit sozialer Zeit als eine zugleich sozialräumliche hierarchische Verschachtelung *von zwei Oppositionen.*

In der *ersten grundlegenden Opposition* stehen sich Gegenwart einerseits und Vergangenheit und Zukunft andererseits gegenüber.

Die Gegenwart ist der Modus des schon eingangs erwähnten Hier und Jetzt der Lebenspraxis, zugleich damit der Modus des unmittelbar im Handlungs- und Wahrnehmungsfeld eines Praxis-Zentrums Gegebenen. Die Gegenwärtigkeit ist also eine notwendige Gegebenheitsweise der Positionalität des Lebens (als Erstheit im Sinne von Ch.S. Peirce), der Zentriertheit der Lebenspraxis. Anders ausgedrückt: Im zeitlichen *Präsens* ist die unmittelbare *Präsenz* des Zusammenhangs von Lebensmitte (Erstheit) und der im Hier und Jetzt des Handlungs- und Wahrnehmungsfeldes gegebenen Wirklichkeit (Zweitheit) existent. Bei Ch.S. Peirce wird dieser Zusammenhang im Begriff der Zweitheit bzw. der Indexikalität gefaßt: als "brute fact" wirkt die Realität auf die Lebensmitte ein, die in der Erstheit des Ikon als Qualität, als unmittelbare, nicht reduzierbare Subjektivität schon immer vorauszusetzen ist. Ohne Vermittlung auf der Ebene der Drittheit im Sinne von Peirce sind Erstheit und Zweitheit die Momente der Gegenwärtigkeit, des Zusammenhangs von *Präsens* und Präsenz. Als solche sind sie, nimmt man G.H. Mead zu Hilfe, erfahrbar nur in der Krise, im Zusammenbruch der Überzeugungen. Diese hoben, solange sie sich bewährten, auf der Ebene der Drittheit durch gelingende Vermittlung, d.h. durch die Synthesis von *Repräsentanz* der Welt und des Hier und Jetzt (*Präsens(z)*) der sich vollziehenden Praxis, die Subjektivität in der Geltung des Allgemeinen und im routinisierten Gelingen der geplanten Handlung auf.

Entsprechend sind Vergangenheit und Zukunft die Modi der Vermittlung, der zeichenvermittelt erinnerten und rekonstruierten Gegenwart von *einst.*[18] Die Zukunft wird aus der durch Rekonstruktion vergegenwärtigten Vergangenheit durch Verallgemeinerung und hypothetische Konstruktion gewonnen. Vergangenheit und Zukunft sind also beide die Modi der zeichenvermittelten Repräsentanz von Welt und mithin der hypothetischen Konstruktion, die wir schon als Bedingung der Möglichkeit für das Bewußtsein der Endlichkeit des Lebens kennen.

In diese grundlegende Opposition von Gegenwart als Sphäre des nur in der Krise erfahrbaren Hier und Jetzt der Lebenspraxis, als Sphäre der charismatischen Entscheidung also, des Schmerzes und der Erfüllung durch "brute facts", zugleich auch als Sphäre der aller Kognition zugrundeliegenden ästhetischen Erfahrung, und von *Vergangenheit und Zukunft als Sphäre der Rekonstruktion* und der darauf ruhenden hypothetischen Konstruktion von Welt, der zeichenvermittelten Repräsentanz und Interpretation von Welt, der Sphäre der in sich abstrakten Bedeutungswelten, ist erst die *zweite Opposition von Vergangenheit und Zukunft eingebettet.* Man sieht also: das formelle bloße Nacheinander der Zeitlichkeit oder räumliche Hintereinander der Handlungsschritte wird in dieser Modellbildung substituiert durch eine dialektische Struktur von hierarchisch verschachtelten Oppositionen. In ihnen ist das bloße Nacheinander gänzlich aufgebrochen worden und erscheint als eine nachträgliche Ordnungsoperation des in dieser dialektischen Zeitstruktur konstituierten erkennenden Bewußtseins.

Diese dialektische Struktur läßt sich nun auch leicht mit dem zuerst behandelten sequenzanalytischen Zugriff auf Praxiszeit und Praxisräumlichkeit zusammenfügen. Denn ohne die Explikation der Struktureigenschaften der spezifisch regelgenerierten Sequentialität von Praxis wäre die begriffliche Durchführung des dialektischen Verhältnisses von Gegenwart einerseits und Vergangenheit und Zukunft andererseits nicht möglich, weil das Hier und Jetzt der nur subjektiv und nur als Krise erfahrbaren Unmittelbarkeit von Praxis sich sequenzanalytisch, wie wir schon gesehen haben, als konstitutionslogischer Normalfall theoretisch an *jeder* Sequenzstelle abbildet. Es bedarf deshalb aus konstitutionstheoretischer Sicht einer eigenen, nachgeordneten Theorie, damit die Bedingungen bestimmt werden, unter denen jeweils durch Sequenzierungsregeln markierte Sequenzstellen ausnahmsweise subjektiv zu Krisenerfahrungen werden, an denen Entscheidungen zu treffen sind, in denen sich die latente strukturelle Autonomie potentiell zu einer manifesten, angeeigneten Autonomie transformieren kann. *Genau diese beständig mögliche Transformation erzwingt Religiosität, weil sie Charismatisierung und Bewährung erzwingt.* Das muß noch näher beleuchtet werden.

1. Zwar sind eröffnende und beschließende Sequenzstellen eigens markiert und herausgehoben in der Strukturierung von Praxis-Verläufen, z.B. in der Form von Begrüßungen, von Applaus, von Ritualen, usw.. Und sie sind insofern von den "normalen" Sequenzstellen einer sich vollziehenden, eröffneten und noch nicht beschlossenen Praxis deutlich unterschieden. Aber dennoch müssen auf einer höheren Abstraktionsstufe Eröffnung und Beschließung als generelle, der Sequentialität geschuldete Aspekte *jeder* Sequenzstelle betrachtet werden. Das läßt sich anschaulich so ausdrücken, daß an jeder Sequenzstelle mit einem konkreten Akt oder einer konkreten Äußerung ein durch vorausgehende Sequenzstellen eröffneter Spielraum zumindest partiell geschlossen wird und zugleich durch die lebenspraktische Autonomie der Selektion von Möglichkeiten neue Spielräume eröffnet werden, die später in Richtung der Herstellung einer kohärenten Ausdrucksgestalt bzw. einer kohärenten Praxis zu schließen sind. An der Kunstform des Films läßt sich diese Gleichzeitigkeit von Eröffnung und Beschließung an jeder Sequenzstelle besonders eindrücklich studieren, weil in ihr die Herstellung authentischer fiktionaler Realität durch die Beherrschung der "Sequenzierungslogik" des in sich abstrakten Ausdrucksmaterials bewerkstelligt wird (Tykwer 1992).

Rein formal in Begriffen dieser "Sequenzierungslogik" schießen also in jeder Sequenzstelle, die als solche reine Gegenwart bedeutet, mit dem Aspekt der Beschließung der Praxiszeit-Modus der Vergangenheit und mit dem Aspekt der Eröffnung der Praxiszeit-Modus der Zukunft zusammen. Rein formal ist also jede Sequenzstelle in sich eine Synthesis von Gegenwart einerseits und Vergangenheit sowie Zukunft andererseits, somit eine Synthesis von Unmittelbarkeit und Vermittlung, als Praxis sozusagen vermittelte Unmittelbarkeit.

2. Damit hängt zusammen, daß die *temporalen Modi* von Gegenwart, Vergangenheit und Zukunft *in einer doppelten Konstellation* auftreten bzw. zu sehen sind.

a) Zum einen bezeichnen sie *Momente von Praxis bzw. von Handeln*, die als solche nicht selbst-genügsam eine Praxisform bilden, sondern als deren konstitutive Momente sich zu ihr zusammenschließen. Dieser Zusammenhang ist ein dialektischer: grundlegend geprägt durch die elementare Polarität von Gegenwart auf der einen und Vergangenheit und Zukunft auf der anderen Seite. Diese gibt in sich das praxiszeitliche und -räumliche Gehäuse ab für die Polarität von Unmittelbarkeit und Vermitteltheit, von Hier und Jetzt der Lebenspraxis und hypothetisch konstruierter Welt. Dieser Polarität entspricht die grundsätzliche kategoriale Verschiedenheit von Lebenspraxis und ihrer Perspektivität einerseits und zeichenvermittelter, wissensförmiger Repräsentanz von Welt andererseits. Adorno hat diese kategoriale Verschiedenheit als diejenige zwischen der Sphäre des Nicht-Identischen und der Identität - anders ausgedrückt: der sinnlichen und der begrifflichen Erkenntnis - im Auge gehabt. Dieser kategorialen Verschiedenheit korrespondiert eine grundsätzliche Unüberspringbarkeit des Hiatus zwischen der Lebenspraxis selbst und der erkenntnismäßigen Repräsentanz von Welt, getreu dem Prinzip der Widerspruchsfreiheit. Diese Repräsentanz ist das Ergebnis einer Rekonstruktion der unmittelbaren, auf der Ebene der Zweitheit situierten Begegnung der Praxis-Mitte mit der Welt, so wie die Vergangenheit das Ergebnis der Rekonstruktion einer emergenten Gegenwart darstellt, in deren Begriffen die Zukunft hypothetisch konstruiert wird.

"Unüberspringbarkeit" meint, daß es kategorial eine unaufhebbare Differenz zwischen den beiden durch einen kategorialen Graben getrennten Sphären gibt, vergleichbar der Differenz zwischen Plus und Minus.

Dennoch muß es natürlich zugleich einen *dialektischen Übergang* zwischen den beiden prinzipiell geschiedenen Sphären geben, wenn die ganze Rede von dieser Verschiedenheit überhaupt sinnvoll sein soll. Dieser Übergang stellt sich nun her in der als Protokoll und Text der unmittelbaren Praxis, als deren objektiver Spur gewissermaßen, jeweils vorliegenden Objektivierung qua Ausdrucksgestalt. Das Subjekt der Praxis kann nur in der rekonstruierenden Rückwendung zu dieser Ausdrucksgestalt, im Grenzfall eine Erinnerung, ein erinnerter Traum, im artikulierten Fall eine materialisierte Spur, seine spontane, emergente Krisenentscheidung letztlich sich vergegenwärtigen. Dem Humanwissenschaftler stehen ebenfalls als relevantes Datum letztlich nur solche Objektivierungen der Praxis in Ausdrucksgestalten zur Verfügung. Im Unterschied zur Praxis sind sie für den Sozialwissenschaftler[19] auch dann von Belang, wenn keine Krisenerfahrung, sondern routinisierte Praxis vorliegt, in der sich das praktische Subjekt selbst für die Protokolle bzw. objektivierten Ausdrucksgestalten seines Handelns ebenso nicht interessiert. Anders ausgedrückt: Das Subjekt der Praxis muß unter Bedingungen der subjektiv erfahrenen Krise paradigmatisch zum Sozialwissenschaftler seiner selbst werden, insofern es sich subjektiv interpretierend und rekonstruierend über die Ausdrucksgestalten seines Krisenverhaltens beugen muß, wenn es an der Begründungsverpflichtung seiner Krisenentscheidung festhalten will.

Die Frage ist nun nur, ob der Sozialwissenschaftler bezogen auf diesen praktischen Ausnahmefall, von dem wir schon wissen, daß er konstitutionstheoretisch als Normalfall anzusehen ist, von der Wirklichkeit als für ihn relevantes Datum nur das subjektiv angeeignete Ergebnis der praktischen Rekonstruktion, das prinzipiell erfragbar ist, abnimmt. Oder ob er, in genauer Beobachtung des Krisenfalles, die grundlegende Differenz zwischen subjektiv gemeintem Sinn der angeeigneten praktischen Rekonstruktion und objektivem Sinn der der Rekonstruktion zugrundeliegenden objektivierenden Ausdrucksgestalt durchhält, bzw. überhaupt erst realisiert. Und ob er dann seinerseits die subjektiv angeeignete praktische Rekonstruktion der Krisenerfahrung nicht einfach per intentionalem Gehalt übernimmt, sondern explizit aus der vorausgehenden methodischen Rekonstruktion des objektiven Sinns des Berichts über Operation und Ergebnis der praktischen Rekonstruktion hypothetisch erschließt. Sobald er das konsequent tut, wie es die objektive Hermeneutik vorschlägt, dreht sich der methodologische Blickwinkel gegenüber der Perspektive der Praxis um 180 Grad. In ihm werden dann auch methodisch für den Fall der Routinehandlung die in der Praxis hinreichend zur Deckung gekommenen subjektiven, intentional als Wissen repräsentierten Überzeugungen und die objektiven Sinnstrukturen des protokollierten Handelns strikt auseinandergehalten, so daß *auch für diesen Routinefall* ein das subjektiv Repräsentante bloß paraphrasierendes Interpretieren, also ein bloßes Nachvollziehen des subjektiv gemeinten Sinnes, methodologisch unzulässig ist.[20]

Immer wieder ist also die für die objektive Hermeneutik grundlegende Differenz zwischen objektivem und subjektiv gemeintem Sinn hier hintergrundsthematisch. Sie kann uns nun nützlich sein bei der Klärung der Frage nach dem Übergang von der Unmittelbarkeit des Hier und Jetzt zur Rekonstruktion der Gegenwart als Vergangenheit und der Konstruktion ihrer objektiven Möglichkeiten als Zukunft. Die grundlegende Verschiedenheit zwischen der unmittelbaren Gegenwart und der Vermitteltheit von Vergangenheitsrekonstruktion und Zukunftsentwurf, zwischen den Polen des Hier und Jetzt einer Praxis und der Sphäre der Konstruktion hypothetischer Welten und - davon abgeleitet - zwischen Praxis und methodischer Erkenntnis ist so anzusetzen, daß der zweite Pol nicht als objektivierte Ausdrucksgestalt gefaßt ist, sondern als je subjektiv repräsentierte und angeeignete Rekonstruktion dessen, was in der Ausdrucksgestalt zum Ausdruck gekommen ist.[21]

Zwischen diesen beiden Polen ist ein Übergang bzw. eine Überbrückung nicht praktisch, sondern nur methodisch möglich auf der Basis von Ausdrucksgestalten und deren latenter Sinnstruktur. Der Übergang wird methodisch betreten in der Rekonstruktion dieser Sinnstruktur. Aber wie im strukturisomorphen Fall der Auslegung des Kunstwerkes die Rekonstruktion von dessen Sinnstruktur die ästhetische Suggestivität von dessen sinnlicher Präsenz nie einholen kann, so kann auch hier die Rekonstruktion der latenten Sinnstruktur die Unmittelbarkeit der Praxis, anders ausgedrückt: die Vergangenheit als ereignishafte Gegenwart nie direkt zum Gegenstand haben.

Somit fügen sich wiederum - parallel zur dialektischen Trias der Momente von Gegenwart und Vergangenheit sowie Zukunft - die Momente des unmittelbar gegebenen Hier und Jetzt, des Kerns von Praxis also, der subjektiv verfügbaren Handlungsintentionalität und der objektivierenden Ausdrucksgestalt dieser Praxis zu einer dialektischen Einheit, die erst die Handlung als solche ergibt.

Daraus folgt aber auch, daß die auf eine subjektiv erfahrene Krisenkonstellation antwortende Handlung, obwohl als Ganze gesehen dominant der Unmittelbarkeit und dem Modus von Gegenwart zugehörig, immer schon die Momente von Vergangenheit und Zukunft und damit Vermitteltheit in sich trägt. Anders ausgedrückt: Nur unter der Bedingung des grundsätzlich im Bewußtsein präsenten Horizontes von hypothetischer Konstruierbarkeit von Welt, von sprachlich konstituierter Bedeutung also, läßt sich die Gegenwart als unmittelbare Grundspannung von Lebensmitte (Erstheit) und dem Hier und Jetzt des Wahrnehmungs- und Handlungsfeldes (Zweitheit) bestimmen und erfahren. Die Erstheit als logische Stelle der Praxismitte ist - als Moment - für sich genommen nicht einmal Gegenwart, sondern punktuelle Unendlichkeit, Naturverwurzeltheit, also noch ohne Praxiszeit- und -raumstruktur. Erst in der Zweitheit, im Zusammenhang und Zusammenprall der Lebensmitte mit einem Hier und Jetzt im Wahrnehmungs- und Handlungsfeld der mit der Erstheit gesetzten Perspektivität stellt sich Gegenwart als Moment her. Ein Gegenüber-Verhältnis liegt also schon vor. Im Modus der Drittheit dann, d.h. unter der Bedingung der Rekonstruktion dieser Gegenwart als motivierter Vergangenheit und der daraus resultierenden Konstruktion zukünftiger Möglichkeiten, wenn die Endlichkeit zwingend zu Bewußtsein gekommen, rückläufig zum praktischen Folgeproblem und damit zwingend die Kategorie der Unendlichkeit konstruiert worden ist, wird die Erstheit als Moment in ihrer extremen Punktualität bzw. bloßen perspektivischen Zentriertheit bestimmbar. Und es wird insofern zu ihr zurückgekehrt, als die Momente von Endlichkeit und Unendlichkeit, die in dieser ungeschieden schon vorlagen, explizit als kategoriale Differenz in jener wieder auftauchen, während sie in der Zweitheit zur Unmittelbarkeit der Gegenwart, d.h. zur Plötzlichkeit geschrumpft und kristallisiert waren.

b) Andererseits sind natürlich, nachdem konstitutionstheoretisch die zeitlichen und räumlichen Modi von Gegenwart, Vergangenheit und Zukunft als Momente einer kompletten Handlung bestimmt worden sind, *diese Modi im einfachen Modell des Nach- und Hintereinander Zuordnungen in Zeit und*

Raum für komplette Handlungen als Synthesis der Momente von Gegenwart, Vergangenheit und Zukunft. Wenn eine Praxis als vergangene erinnert wird, dann erweist sich in dieser Rekonstruktion zwingend, daß sie schon in ihrer Gegenwart eine komplette Handlung als Synthesis der drei Zeitmomente war. Kehrseitig dazu erscheint auch die Vergangenheit nachträglich als ursprünglich in die Zukunftsoffenheit sich vollziehende unmittelbare Gegenwart. Aber die vorgeordnete Konstitution der drei Zeit- und Raummodi als *Momente* der kompletten praktischen Handlung bleibt auch in dieser zweiten Verwendung von Gegenwart, Vergangenheit und Zukunft insofern noch bestehen, als eine komplette Synthesis der Handlung in der Gegenwart ihres Vollzugs und damit die zur Gegenwart differente Vergangenheit und Zukunft für das handelnde Subjekt *als dialektischer Zusammenhang* unmittelbar nicht erfahrbar sind. Die Gegenwart als Moment und als Modus der Unmittelbarkeit ist umgekehrt wiederum nur an der kompletten Handlung in der Gegenwart und hier am konstitutionstheoretischen Normalfall der Krise erfahrbar. An der als Vergangenheit erinnerten kompletten Handlung, die als solche nur mittels der Rekonstruktion vor Augen treten kann, ist diese Erfahrbarkeit grundsätzlich getilgt: das ursprünglich unmittelbar gegebene Hier und Jetzt der kompletten Handlung in der Gegenwart der Lebenspraxis ist unwiederbringlich verloren, nur noch aus seinen Spuren als abstrakte Bedeutung rekonstruierbar.

Aber es bleibt auch das folgende festzuhalten: Selbst in der schärfsten Krise ist die Unmittelbarkeit als subjektive Grenzerfahrung letztlich immer noch auf die strukturelle Einbettung des erfahrenden Bewußtseins in die Synthesis der kompletten Handlung angewiesen, also auch in die Konstitution des Bewußtseins durch sprachliche Regeln und die durch sie ermöglichte hypothetische Konstruktion von Welt eingebettet. Sie bleibt also für das rekonstruierende Bewußtsein Schein, aufscheinende Plötzlichkeit, deren die begrifflich organisierte Rekonstruktion nur durch nachträgliche Rekonstruktion der hinterlassenen Spuren habhaft werden kann, ohne je die Unerreichbarkeit des Aufscheinenden selbst dadurch aufheben zu können. Deshalb ist auch das Handeln in der schärfsten Krise nicht eine Reduktion auf das bloße *Moment der Gegenwart*, es bringt nur die Gegenwart als konstitutiven Pol der Handlungsstruktur zu Bewußtsein. Umgekehrt ist auch die glatteste Routine nicht vollständig jeglicher Unmittelbarkeit und damit jeglichen Krisenpotentials entkleidet. Es kommt nur subjektiv aufgrund des glatten Verlaufs nicht zu Bewußtsein, aber die in sich unpraktische, künstlich naive und insofern verfremdende sequenzanalytische Rekonstruktionsmethodologie fördert dieses Potential als Hintergrundstruktur zutage. So bleibt die Dialektik von Emergenz und Determination grundsätzlich bezüglich jeder Handlung erhalten. Nur in der tatsächlichen krisenhaften Erzeugung des Neuen entfaltet sie ihre Dynamik so, daß auch die Bewußtseinstätigkeit des praktisch handelnden Subjekts davon ergriffen wird.

7. Das abgeleitete Modell der Struktur von Religiosität

Die an die Sache selbst sich anschmiegende Sequenzanalyse und die von daher sich entfaltende Theorie der Lebenspraxis mit den Komponenten einer Theorie der systematischen Erzeugung des Neuen und der Theorie sozialer Zeit und sozialen Raumes ermöglichen es, die subjektiven, auf irgendein Erlebnis oder ein Bedürfnis antwortenden Entwürfe, die der Religion und der Religiosität unterlegt werden, auf eine *strukturelle Grundlage* zu stellen. Die Konstitutionsbedingungen von Lebenspraxis und deren innere Strukturiertheit als sequentielle Praxis-Zeitlichkeit und Praxis-Räumlichkeit liegen universell den kulturspezifischen Ausprägungen der Bewältigung der Bewährungsproblematik zugrunde, erst sie können die Universalität von Religiosität und die Kulturspezifizität von religiösen Inhalten wirklich erklären. Diese Verknüpfung von Endlichkeitsbewußtsein, Krise und Bewährungsproblem im Modell der Lebenspraxis gilt unabhängig von der wissensmäßigen Selbstkategorisierung der Praxis in einer historisch je konkreten Kultur oder Religion. Sie liegt deshalb jeder spezifischen Kultur strukturell zugrunde.

Entscheidend an diesem Erklärungsmodell ist die Explikation des inneren Zusammenhangs von Endlichkeit, Krise und Bewährungsproblem in der inneren Strukturiertheit der autonomen Lebenspraxis. Der strukturellen, in verschiedenen historisch konkreten Kulturen und Religionen unterschiedlich manifesten Autonomie der Lebenspraxis steht die Nicht-Stillstellbarkeit des Bewährungsproblems gegenüber. Indem das hier vorgestellte Modell die Krise konstitutionstheoretisch zum Normalfall erhebt und damit das praktische Bewußtsein von der Krise als Ausnahmezustand gewissermaßen durchstößt, hat es zugleich eine Explikation der Nicht-Stillstellbarkeit des Bewährungsproblems geleistet und damit dessen Dynamik expliziert. Diese Dynamik und Nicht-Stillstellbarkeit der Bewährungsproblematik bringt es mit sich, daß sie grundsätzlich nicht auf die Bewährung vor der radikalsten Endlichkeit, dem Tode, beschränkt bleibt, sondern letztlich an jeder Sequenzstelle der Praxis-Zeitlichkeit und -räumlichkeit sich reproduziert. Je weiter der universalhistorische Rationalisierungsprozeß vorangeschritten ist, je stärker das Spannungsband zwischen Individuum und Gesellschaft gestrafft ist, desto mehr muß diese Bewährungsdynamik ins tägliche Bewußtsein des Subjekts der Praxis treten. *Die Religionsentwicklung stellt sich auf dieser Folie einer universellen Struktur der Religiosität dar als eine Entwicklung der zunehmenden Artikulation dieser Bewährungsdynamik, vor deren Radikalisierung schließlich die religiösen Inhalte in ihrer Funktion der Herstellung eines gewissen Grades von Erlösungshoffnung und -gewißheit selbst verdampfen, ohne daß dadurch die Struktur und Dynamik von Religiosität verschwände.*

In der dialektischen Trias von Gegenwart hier und der Opposition von Vergangenheit und Zukunft dort taucht die Dreifaltigkeit von Fragen, die wir eingangs in der Untersuchung des Bewußtseins der Endlichkeit des Lebens schon kennengelernt haben, wieder auf: Wer bin ich - in der Krise, in der ich mich entscheiden muß? Woher komme ich - d.h. welches sind die zunächst unbegriffenen Gründe, die mich der Vernünftigkeit meiner Entscheidung sicher machten? Wohin gehe ich - d.h. welches sind die noch nicht absehbaren Folgen, die aus der Weichenstellung dieser Entscheidung sich ergeben werden? Diese dreifaltige Frage, die durch den Herkunfts- und Bewährungsmythos beantwortet werden muß, stellt sich konstitutionstheoretisch nicht nur im Angesicht des Todes, sondern an jeder Sequenzstelle. Die triadische innere Struktur der Praxiszeit liegt dieser Dreifaltigkeit, die den Mythos erzeugt, von vornherein konstitutiv zugrunde. Daß sie zunächst in allen Kulturen bezogen auf die dramatischsten Sequenzstellen, die Geburt und den Tod, artikuliert wird, ist nicht weiter zu verwundern. Mit der fortschreitenden Rationalisierung differenziert sie sich aus, und in der modernen Leistungsethik z.B. liegt sie immer differenzierter für die einzelnen Lebensabschnitte und biographischen Zäsuren vor.

Am Schluß der Ableitung braucht das abgeleitete Modell der Struktur von Religiosität nur noch in seinen wesentlichen Eigenschaften benannt zu werden, so wie man eine reife Frucht nur noch zu pflücken braucht. Es besteht aus drei sequentiell in einer dynamischen Abfolge aufeinander bezogenen Problemen, die sich auseinander zwangsläufig ergeben und in einem kohärenten Zusammenhang eine Lösung erfahren müssen, die ihrerseits kulturell und sogar individuell stark variieren kann.

1. Wegen des grundsätzlich gegebenen Bewußtseins von der Endlichkeit der Praxis - in ihren iterativen Einbettungen von der kleinsten Sequenzstelle bis zur gesamten Lebensspanne - liegt unhintergehbar das *Bewährungsproblem* der offenen Zukunft und einer darauf bezogenen nicht stillstellbaren Unsicherheit, also die Permanenz der potentiellen Krise vor; radikalisiert in der Antezipation des Todes, dramatisch in der Entscheidungskrise und praktisch unbemerkt in der unpraktischen Explikation der Sequenzanalyse von Routinehandlungen.

Dieses Problem der Bewährung kann grundsätzlich nicht endgültig gelöst werden, ebenso wenig wie Gesetzeshypothesen endgültig verifiziert werden können. Es stellt sich mit jeder Krisenlösung von neuem in der von da an eröffneten Möglichkeit des Scheiterns der zur Routine gewordenen Krisenlösung. Jeder subjektive Glaube, die Bewährung sei endgültig gesichert, bedeutet deren automatischen Verlust, der einem dogmatisierenden Schließen der Offenheit von Geschichte gleichkommt. Die Paradoxie der Bewährungslogik und -dynamik besteht darin, daß in dem Maße, in dem die Aufgabe der Bewährung ernsthaft gelöst werden soll, die Unerfüllbarkeit dieses Ideals anerkannt werden muß, und in dem Maße, in dem diese Unerfüllbarkeit eingesehen wird, dem Ideal um so mehr nachgestrebt werden muß. Diese Paradoxie[22] ist die Modellformel für das, was die Psychologen intrinsische Motivation nennen und was im Leistungsmotiv, definiert als Konkurrenz mit einem selbst gesetzten Gütekriterium, ebenfalls wiederzuerkennen ist.

Man sieht hier schon die Kontinuität zwischen religiösen Mythen und den Motivstrukturen der säkularisierten Lebenspraxis. Das Bewährungsproblem kann magisch beschworen, in religiösen

Erlösungsdogmen oder in säkularisierten Ethiken der Lebensführung bewältigt werden. Es kann also in Form magischer Bemächtigung, auf religiöse Heilslehren bezogenen Erlösungsstrebens oder säkularisierten Autonomiestrebens angegangen werden. Es kann spezifisch religiös gefaßt sein als Bewährung vor transzendenten Mächten, als Gehorsam gegenüber göttlichen Geboten, als Gesetzestreue oder säkularisiert als Erfolg im nicht endenden Kampf um die Souveränität der Lebensgestaltung. Hier wird für das Argument der Kontinuität zwischen spezifisch religiösen und säkularisierten Formen der Bewältigung der Bewährungsproblematik die einfache Beobachtung wieder wichtig, daß auch der vollkommen der Transzendenz zugewandte, inhaltlich und nicht nur strukturell religiöse Mensch für seine Bewährung im Jenseits nur die Bewährung im Diesseits zur Verfügung hat. Das gilt auch für extrem weltabgewandte, jegliche Werkheiligkeit verdammende Gnadenlehren.

2. Dennoch kann der Mensch, je radikaler ihm die Paradoxie der Bewährungsproblematik zu Bewußtsein kommt, diese praktisch lebbar nur aushalten, wenn ihm positive Kriterien der Bewährung und praktisch wirksame Anzeichen davon zur Verfügung stehen, wenn er sich rückblickend und vorblickend auf einen "record" bzw. eine Agenda von Bewährungen verbindlich berufen kann. Die nicht stillstellbare Bewährungsdynamik erfordert also einen *Bewährungsmythos*, der grundsätzlich über Herkunft und Zukunft sowie die aktuelle Identität der eigenen Lebenspraxis verbindlich so Auskunft geben kann, daß darin die Unverwechselbarkeit der eigenen Lebenspraxis verbürgt ist. Der (Bewährungs-)Mythos muß also die berühmten drei Fragen - Wer bin ich (sind wir)? Woher komme ich (kommen wir)? Wohin gehe ich (gehen wir)? - verbindlich und unverwechselbar für eine konkrete Lebenspraxis beantworten. Darin besteht seine universelle Funktion. Wir haben in diesem Gebilde also wieder eine Dialektik von Universalismus (universelle Funktion der Beantwortung der drei Fragen) und Partikularismus bzw. Historizität (Unverwechselbarkeit des Inhalts der Antwort für eine bestimmte konkrete Lebens-

praxis) vorliegen. Für magische Kulturen sind die verschiedensten Typen konkreter Herkunftserzählungen bekannt. Dogmatisch ausgestaltete Religionen gründen sich zwingend auf systematisierte Schöpfungs- und Erlösungsmythen, und a-religiöse, säkularisierte Kulturen stellen an die Stelle solcher Mythen auf eine diesseitige Autonomie bezogene Ethiken, z.B. Leistungsethiken.

Unter diesem Gesichtspunkt sind die in der gegenwärtigen Soziologie vielfach so eigentümlich als genuine milieuspezifische Muster der Lebensführung mißverstandenen "Lebensstile" als pseudo-authentische, gekaufte Bewährungsmuster, die individuelle Exklusivität sichern sollen, deshalb so interessant, weil sie strukturell Ausdruck der Bewährungsproblematik sind, aber dem vom Individuierungszwang überforderten Subjekt die Möglichkeit der Flucht vor der Bewährungsdynamik durch die Subsumtion unter gekaufte, kulturindustriell standardisierte Exklusivität suggerieren.

Mit den Antworten des Bewährungsmythos ist die Bewährungsdynamik zwar nicht stillgestellt, aber der Umgang mit ihr praktisch lebbar gemacht worden.

3. Der Mythos bedarf, damit er diese Kraft der glaubwürdigen "Beruhigung" des Lebens in der Bewährungsdynamik, somit auch die Kraft der hinreichenden Selbst-Charismatisierung für die Bewältigung von Krisen ausüben kann, einer *suggestiven Evidenz*. Da sie per definitionem der krisenhaften Entscheidungslogik nicht argumentativ erzeugt oder begründet, sondern allenfalls ausgekleidet werden kann, muß diese Evidenz durch ein kollektives Verbürgt-Sein, durch eine *vergemeinschaftende Gefolgschaft* gesichert werden.[23]

Die *erste* Komponente der Struktur von Religiosität bezieht sich auf eine universell geltende Strukturbedingung. Die *zweite* Komponente, der Bewährungsmythos, erfüllt bezogen auf die erste, universelle Komponente eine universelle Funktion, tritt aber notwendig als je konkrete kulturelle Ausformung, zu einer konkreten Vergemeinschaftung unverwechselbar gehörend, in Erscheinung. Die *dritte* Komponente wiederum ist je kulturspezifisch inhaltlich ausgeformt, zugleich aber durch einen universal geltenden Typus gekennzeichnet.

Was Luckmann mehrfach gefordert, m.E. aber in der Programmatik belassen hat, ist mit diesem Strukturmodell in expliziter Ableitung durchgeführt: *Indem nämlich dieses Strukturmodell von Religiosität auch für den vollständig säkularisierten Menschen gilt, liegt die Begründung einer Religionssoziologie vor, die nicht mit dem Gegenstand institutionalisierter religiöser Betätigung und geglaubter explizit religiöser Schöpfungs- und Erlösungsvorstellungen verschwindet.* Im Gegenteil: Es zeigt sich auf der Folie dieses Modells gerade, daß Säkularisierung nicht einfach im Verblassen religiösen Glaubens und religiöser Inbrunst zugunsten religiöser Indifferenz besteht, auch nicht in der Wegrationalisierung von Vorstellungen über außerempirische Welten, sondern daß diese Prozesse des "Verblassens" oder der "Entzauberung" gepaart sind mit einer Radikalisierung der ursprünglich in religiösen Konstruktionen artikulierten Bewährungsdynamik.[24] Säkularisierung bedeutet also gerade nicht, diese Bewährungsdynamik zum Verschwinden zu bringen. Sie wird mit der universalhistorischen Rationalisierung vielmehr verschärft. Entsprechend erfährt die Struktur der Religiosität in Gestalt der Bewährungsdynamik mit der Säkularisierung, d.h. mit dem Verblassen von Religionen als Institutionen und Glaubenssystemen, zugleich eine Kontinuität. Ja mehr noch: die säkulare Ausformung der Bewährungsdynamik kann als Radikalisierung einer ursprünglich religiös artikulierten Dynamik angesehen werden, so daß das Subjekt der vollständig säkularisierten Gesellschaft, jenes Subjekt, das vollständig davon überzeugt ist, daß es ein Leben nach dem irdischen Tode, nach dem Ende der Lebenspraxis, nicht mehr gibt, weder wieder zum "Heiden" noch zum religiös indifferenten Menschen wird. Es wird vielmehr zu einer Person, deren Religiosität sich strukturell radikalisiert hat, insofern sie die zuvor entlastenden religiösen Glaubensinhalte und Praktiken abgestreift und korrelativ dazu die Bewährungsdynamik verinnerlicht und sich zu eigen gemacht hat. Sie hat deren Bewältigung gewissermaßen ihren Ich-Leistungen einverleibt.

Damit wäre dieses Strukturmodell geeignet, die Schein-Kontroverse zwischen dem Pro und Contra der Säkularisierungsthese aufzuheben.

Stillschweigend habe ich die Geltung von Webers Rationalisierungstheorie im Vorausgehenden schon unterstellt. Ihre spezifische Dialektik besteht ja u.a. darin, daß die Säkularisierung der Religion in sich religiös systematisch motiviert ist und daß diese universalhistorisch bedeutsame Motivierung wiederum auf die jüdisch-christliche Religionstradition beschränkt ist. Entsprechend gälte bezüglich des hiesigen Modellvorschlages, daß die spezifisch jüdisch-christliche Tradition, indem sie durch die - von ihr selbst entfachte - Säkularisierung zum Verschwinden gebracht wird, die - von ihr artikulierte - Bewährungsdynamik im modernen Subjekt als säkularisierte Religiosität strukturell um so radikaler weiterleben läßt. Das soll jetzt näher beleuchtet werden.

8. Eine Exemplifizierung und Überprüfung des Modells anhand von Grundzügen der jüdisch-christlichen Mythologie

Max Weber hat bekanntlich seine grundlegende Erkenntnis des besonderen Rationalisierungspotentials der Religion des antiken Judentums und der von ihr ausgehenden unaufhaltsamen Rationalisierungsdynamik primär auf die spezifische Strukturlogik des in sich rationalen und eine universalistische Gesetzesethik institutionalisierenden Bundes der zwölf Stämme Israels mit dem personalisierten Gott Jahwe gestützt. Er hat dabei die Eigenlogik des Schöpfungs- und Erlösungsmythos erstaunlich wenig ausgebeutet und sich der Schriftüberlieferung eher zur Rekonstruktion historisch realer Verhältnisse bedient.

Hier soll, obwohl eine Analyse in der nötigen Detailliertheit unterbleiben muß[25], der jüdisch-christliche Herkunfts- und Erlösungsmythos in seiner latenten Sinnstruktur unter dem Gesichtspunkt untersucht werden, welche spezifische Artikulation das Bewährungsproblem darin erfährt und was daraus folgt.[26]

Die folgenden Zusammenhänge fallen nach einer detaillierten Sequenzanalyse des Textes besonders auf:

1. Der Schöpfergott ist strikt monotheistisch konstruiert. Das fällt schon ganz am Anfang ins Auge, wenn der Beginn mit der Erschaffung von Himmel und Erde durch Gott gesetzt wird, und dabei die Frage, die in allen Vorläufern des Monotheismus im alten Ägypten nicht stillgestellt werden kann, wer denn diesen Schöpfergott geschaffen habe, gar nicht mehr auftaucht. In den ägyptischen Kosmogonien verweist die Standardformel "beim ersten Mal" darauf, daß die Anfangsfrage sich beständig in einen infiniten Regress der Begründung des Anfangs des Anfangs auflösen muß, und sich diese Auflösung durch die willkürliche Wahl eines ersten Anfangs nur scheinbar stoppen läßt. Dagegen ist der jüdische monotheistische Schöpfergott einer, der als allmächtiger einfach da ist und aufgrund seiner Allmacht die Frage nach seinem Erschaffen-Werden gar nicht erst zuläßt. Die Frage ist gewissermaßen durch den suggestiven Vollzug der Allmacht erstickt. Allmacht ist hier nicht kontemplativ vergegenwärtigte Transzendenz, sondern praktische Vollzugsgesetzlichkeit.

Das setzt sich fort, indem der Schöpfergott nach der anfänglichen Schöpfung der Welt nicht etwa in den Ruhestand tritt, sondern einerseits weiterhin tätig über sie wacht, z.B. als Gesetzgeber, Verheißer, Bestrafer usf., und sie andererseits seinem Abbild, dem Menschen, zur tätigen Verwaltung und Fortführung überantwortet. Diese konsequente monotheistische Konstruktion setzt nun die folgende elementare paradoxale Dynamik frei: Je allmächtiger ein einziger Gott konstruiert wird, desto unberührbarer, durch sinnliche Wahrnehmung unerreichbarer muß er gelten, desto mehr verschwindet er im Abstrakten, bis er schließlich, als abstraktes Gesetz verinnerlicht, sich gänzlich auflöst und sich gerade dabei vollendet. Der Bezugspunkt der Säkularisierung ist also schon im konsequenten Monotheismus als Potential angelegt. Das geht noch weiter: "Der sinnlichen Wahrnehmung entzogen" bedeutet auch, daß dieser Gott, bevor er aufgrund seiner Allmacht ganz verschwunden ist, nur noch in der Abstraktion der Sprachlichkeit und hier in der besonders abstrakten Form der Schriftsprachlichkeit sich offenbart, vermittelt über die prophetische Praxis, deren eine Dimension immer die innere Transformation von Vision bzw. Traumbild in die Rede, dann in die Schrift ist. In der monotheistischen Konstruktion ist also die Verschmelzung des Göttlichen mit der abstrakten, ebenfalls sinnlich nicht wahrnehmbaren, sprachlich konstituierten Bedeutungswelt vorgeprägt, wie sie dann radikal ja auch in dem berühmten Anfang des Johannes-Evangeliums zum Ausdruck gebracht wird.

Daß der Monotheismus als solcher schon keimhaft die Bewährungsdynamik freisetzt, kann man auch daran ablesen, daß das gesamte Alte Testament von der Warnung vor dem Abfall von dem einzigen Gott und dem Rückfall in die Vielgötterei durchzogen ist. Der Monotheismus ist also faktisch schwer einzuhalten, aber dennoch muß an ihm festgehalten werden, wenn die Religionsentwicklung einmal seine Stufe erreicht hat. Er verhält sich also strukturaffin zur Bewährungsdynamik: Die Bewährung ist ein unerreichbares Ideal, aber man muß dennoch an ihr festhalten.

2. Diese die Regelarchitektonik der Sprache verkörpernde Abstraktheit des allmächtigen Gottes wiederholt sich in der dialogischen Grundstruktur des Schöpfungsprozesses. Der Schöpfergott verhält sich nicht wie ein manipulierender Handwerker oder Ingenieur, sondern er spricht, d.h. er wendet sich an "jemanden". Dann geschieht etwas, das den ursprünglichen Befehl erfüllt, und abschließend evaluiert er die Befehlsausführung. Der Schöpfungsprozeß ist also von Anfang an durch ein Gegenüber-Verhältnis und eine darin sich vollziehende dialogische Bewegungsgesetzlichkeit geprägt. Anders ausgedrückt: der monotheistisch konstruierte Gott ist nicht eine monologisch operierende verdinglichte Figur, sondern gerade aufgrund seiner Allmacht eingelas-

sen in die Abstraktheit einer immer schon gegebenen Bewegungsgeseztlichkeit, die der kooperativen Praxisform entspricht.

3. Sakrales und Profanes bilden eine dialektische Einheit und stehen sich nicht, wie in der Religionswissenschaft von M. Eliade, klassifikatorisch dichotom gegenüber. Der siebte, geheiligte Ruhetag ist der Tag, an dem zugleich die Schöpfung vollendet wird und der Schöpfergott sich ausruht. Die geheiligte Ruhe ist also Bestandteil der Einheit der Schöpfung. Die Schöpfung ist selbst ein Urbild von real dialektischer Praxis.

4. Der sozialisatorisch die Autonomie der Lebenspraxis stiftenden ödipalen Triade wird indirekt an *drei Stellen* in überraschender Weise Rechnung getragen. Zum einen wird, nachdem in der Version des Jahwisten die Frau erschaffen ist, die narrative Sequenz wie selbstverständlich unterbrochen, um die generalisierende Kommentierung einzufügen: "Darum verläßt der Mann Vater und Mutter und bindet sich an seine Frau, und sie werden ein Fleisch."

Diese Durchbrechung der Sequenz ist deshalb so aufschlußreich, weil ja in der konkreten Lesart der mythischen Erzählung bis zu diesem Punkt Adam und Eva als irdisch elternloses, direkt von Gott erschaffenes Paar gelten müssen, für die nun aber - gewissermaßen von außen in die Erzählsequenz hineinspringend - wie selbstverständlich unterstellt wird, daß sie Vater und Mutter hatten, die sie, um sich als Paar zu konstituieren, verlassen müssen.

Darin wird der elementaren Strukturlogik Rechnung getragen, daß Mann und Frau, um als Paar Kinder zu zeugen und zu sozialisieren, also Eltern sein zu können, zuvor sich als Kinder - sich autonomisierend - von ihren Eltern abgelöst haben müssen.

Zum anderen steckt darin nicht nur wie selbstverständlich der Rekurs auf die aus zwei diffusen Sozialbeziehungen (der Gattenbeziehung und der Eltern-Kind-Beziehung) als widersprüchliche Einheit synthetisierte ödipale Triade, sondern mehr noch die Drei-Generationen-Verschachtelung von drei ödipalen Triaden als Minimal-Modell vollgültiger humaner Sozialität. Diese Verschachtelung ergibt neben der Bedeutung der Zahl 3 für die drei Strukturstellen der ödipalen Triade die Bedeutung der Zahl 7 für die sieben Strukturstellen in ihr: vier Großeltern, zwei Eltern und ein Ego. Die Heiligung des siebten Tages der Schöpfung, aus der sich zugleich die Tageszahl der Woche ergibt, könnte nun wie folgt erklärt werden. Im Unterschied zu den Zeiteinteilungen von Tag, Monat und Jahr ist der Wochenzyklus von sieben Tagen sinnlich anschaulich nicht erfahrbar und abstrakt. Dennoch hat er, wie die Vergeblichkeit des Bemühens in der Französischen Revolution, rationalisierend eine 10-Tage-Woche wegen der Rationalität des Dezimal-Systems einzuführen, bezeugt, offensichtlich eine innere Evidenz, die auf eine Naturbasis nicht zurückgeführt werden kann. Unterstellt man die oben explizierte Bedeutung der Zahl 7 für die Konstitution von Sozialität, dann ließe sich die zum Zyklus der 7-Tage-Woche führende Heiligung des siebten Tages als Ruhetag als kollektiv unbewußter Ausdruck dieser Bedeutung erklären.

Schließlich wird von Adam ausgesagt, daß er sein Weib "erkannte" und damit gemeint, daß er die sexuelle Vereinigung mit ihr vollzog. In diesem Ausdruck "erkennen" ist schon die über die reine Biologie der Paarung hinausgehende personalisierte, affektiv reziproke Gattenbeziehung als notwendige Voraussetzung der Autonomie erzeugenden ödipalen Triade enthalten.

5. Von entscheidender Bedeutung ist jedoch die in sich komplexe mythische Erzählung vom Sündenfall und der Vertreibung aus dem Paradies. Allein zur Ausleuchtung des architektonisch außerordentlich aufschlußreichen inneren Zusammenhangs dieser Konstruktion lohnte es sich auch heute noch, ein ganzes Buch zu schreiben, denn diese Architektonik artikuliert in bewunderungswürdiger Dichte und Präzision die uns interessierende Bewährungsdynamik.

Bekanntlich wird dem ersten Menschen der Garten Eden zur Verfügung gestellt, von dessen Früchten er, ohne etwas dafür tun zu müssen, leben kann. In die Mitte dieses Gartens, so wird der

Leser bzw. Hörer informiert, setzte der Schöpfergott die zwei näher bezeichneten Bäume des Lebens und der Erkenntnis von Gut und Böse.

Dem Menschen wird nun verboten, vom Baum der Erkenntnis zu essen. Über den Baum des Lebens wird ihm nichts mitgeteilt, so daß der aufmerksame Hörer bzw. Leser stutzig werden muß, was es mit dem auf sich haben wird, wozu er überhaupt eigens erwähnt worden ist. Als Strafe für die Übertretung des Verbotes wird der Tod angedroht ("wenn X, wirst du sterben").

Hier beginnt die entscheidende Dialektik der Konstruktion. Denn wenn die Übertretung des Verbotes, also der Ungehorsam des ersten Menschen gegenüber seinem Schöpfergott, Voraussetzung dafür ist, in die Erkenntnis von Gut und Böse zu gelangen, kehrseitig dazu also die Einhaltung des Gebotes, der Gehorsam, die Ignoranz von Gut und Böse fortsetzt, dann ist a) der Ungehorsam ethisch nicht zurechenbar als bewußt gewähltes Böses, also im ethisch aufgeklärten Sinne auch keine Sünde, dann ist b) der von Gott gewollte Zustand widersprüchlich, weil der Schöpfergott einerseits vom Menschen verlangt, die Erkenntnis, mit der ein wesentlicher Teil der Lücke zwischen Abbild bzw. Ebenbild, also der Schöpfung gemäß göttlichem Modell, und dem Naturzustand vor dem "Sündenfall" gefüllt werden könnte, zu meiden, er andererseits aber damit, daß er den verbotenen Baum in die Mitte des Gartens stellt, die Möglichkeit der Abweichung von diesem gewünschten Zustand selbst herstellt (Wurzel der Theodizee des Leidens). Dieser Widerspruch läßt sich nur aufheben und zur Synthese bringen, wenn man als die eigentliche Absicht des Schöpfergottes unterstellt, daß er den von ihm geschaffenen Menschen vor eine Bewährungsprobe stellen will und zwar vor eine doppelte: Er kann sich bewähren im Gehorsam, dann bleibt er allerdings im bewußtlosen Naturzustand, in dem er reflexiv gar nicht realisieren kann, daß er sich bewährt hat. Diese Bewährung käme also der erfolgreichen Dressur eines Hundes gleich. Sie läge außerhalb der Bewährungsdynamik der Kultur. Er kann sich aber auch im Ungehorsam bewähren und damit *selbst* aus dem bewußtlosen Naturzustand herausbegeben in die

Autonomie, die minimal möglich ist aufgrund der Erkenntnis von Gut und Böse, d.h. der Ermöglichung der Konstruktion von Alternanten des Handelns und der begründbaren autonomen Entscheidung zwischen ihnen. Die Versuchung, die der Schöpfergott durch die Gleichzeitigkeit von Verbot und Zur-Verfügung-Stellen des Baums der Erkenntnis herstellt, ist also gewissermaßen die erste Zukunftsoffenheit des Menschen, mit deren Bewältigung er sich potentiell in die Autonomie katapultieren kann. D.h., nicht der Schöpfergott stellt die Autonomie der Lebenspraxis her, er stiftet nur die Bedingung der Möglichkeit dafür. Der erschaffene Mensch *kann*, aber muß sie nicht in einem initialen Akt der Autonomisierung per Ungehorsam wählen.

Die vom Schöpfungsmythos gebotene Konstruktion kann also nur so gelesen werden, daß letztlich der Schöpfergott insgeheim - auf der Ebene der Struktur, nicht des Inhaltes - die Bewährung herbeiführen wollte, die nur im Ungehorsam bestehen konnte, der paradigmatisch den Weg in die Autonomie und die Bewährungsdynamik öffnete. So gesehen ist also mit dem Verbot nicht der Sündenfall, sondern der Befreiungsfall ermöglicht. Es verhält sich im Schöpfungsmythos wie in der realen Ontogenese. Nur durch Ungehorsam gegenüber den Eltern kann letztlich die Ablösung von ihnen und der Weg in die Autonomie gebahnt werden. Aber die Ablösung bleibt immer mit einem Schuldgefühl verbunden. Die Konstruktion der Genesis enthält also *eine Art produktive Beziehungsfalle*, mit der dem Menschen der Weg in die Autonomie ermöglicht wird.

Indem aber der Ungehorsam zugleich als durch die Bewährung zur Autonomie hin erzwungener Abfall von Gott gelten muß, hat sich gewissermaßen dieser Gott tendenziell schon mit dem Vollzug dieser Bewährung abgeschafft, denn dem Abfall korrespondiert kehrseitig die Verinnerlichung der sittlichen Verpflichtung.[27]

Schließlich muß die Erkenntnis von Gut und Böse schon an dieser Stelle als kategorial verschieden von einer bloß kognitiven Leistung des "Dinge Erkennens" angesehen werden, denn diese Leistung wird dem Menschen erst an späterer Stelle der mythischen Erzählung vermittelt. Als sich vollziehender Ungehorsam, der die wirkliche erste Bewährung in die offene Zukunft hinein chiffriert, ist die Erkenntnis von Gut und Böse in sich ein Praxisvollzug. Dem entspricht, daß im Unterschied zum ethischen Urteil die Erfüllung der Sittlichkeit bzw. das moralische Handeln einen praktischen Vollzug darstellt, also eine Funktion der autonomen Lebenspraxis ist und deshalb auch nicht durch theoretische Anleitung oder hypothetische Konstruktion sich herstellen läßt. Sittlichkeit und Moral erkennt man nicht am Reden und Urteilen, sondern am praktischen Handeln und seinen objektiven Konsequenzen. Auch darin liegt eine Affinität des Schöpfungsmythos zur Bewährungsdynamik.

Erst jetzt wird dem ersten Menschen, einem Mann, eine Frau erschaffen. Als Folgefrage ergibt sich, wie sie in die Kenntnis des Verbotes gelangt. Jedenfalls wird darüber in der Genesis explizit nichts ausgeführt.

Die im Verbot implizierte bewußtlose Naturzuständigkeit des Menschen vor dem Ungehorsam wird ergänzt dadurch, daß das erste Menschenpaar nackt war wie die Tiere, aber sich wie diese nicht voreinander schämte. D.h. der Geschlechtsakt konnte rein biologisch vollzogen, aber die Paarbildung als sittliche Bindung noch nicht wahrgenommen werden.

Nun erfolgt die sogenannte Versuchung durch die Schlange. Sie ist gewissermaßen der erste Hermeneut, denn sie erfragt zum einen die genaue Bedeutung des Verbotes von Eva, die zu diesem Zeitpunkt durch Adam im Sinne des bewußtlosen Gehorsams instruiert worden ist. Wiederum wird der Baum des Lebens nicht thematisiert. Nachdem Eva das Verbot und die Sanktion wiedergegeben hat, interpretiert die Schlange den Schöpfergott und zeiht ihn implizit der Lüge. Sterben würden Adam und Eva nicht, vielmehr wisse Gott, daß ihnen dann die Augen übergehen würden, und sie wie Gott würden im Stande der Erkenntnis von Gut und Böse. Die Schlange vertritt also die soziologisch-strukturale Position des Sündenfalls als Befreiungsfall und macht sich zum Protagonisten der zur Autonomie führenden Bewährung im Ungehorsam. Sie ist das Medium der Befreiung und bedient sich dabei der Frau, der bekanntlich dann der Mann, von Eva zur Befreiung verführt, nur folgt.

Der Widerspruch zwischen göttlicher Sanktion und der Leugnung dieser Sanktion durch die Schlange ist nun entscheidend. Hätte die Schlange ihrerseits als Ausgeburt des Bösen tatsächlich nur gelogen, dann wäre die ganze Erzählung in sich zusammengebrochen und gegenstandslos. Es muß also an ihrem Widerspruch rein erzähllogisch gesehen etwas Wahres sein. Hätte dann der Schöpfergott gelogen beim Aussprechen seiner Sanktion? Das wäre ebenfalls inkohärent und mit dem ganzen Duktus der mythischen Erzählung nicht vereinbar.

Bleibt nur als drittes, daß beide, der Schöpfergott und die Schlange, mit dem Verlust des Lebens, mit "Sterben", jeweils etwas anderes meinen. Sofort erinnert sich der Rezipient der Erzählung, daß da noch ein zweiter Baum, der Baum des Lebens, in der Mitte des Gartens stand, von dem aber weder Adam noch Eva etwas mitgeteilt worden war. Und wir erinnern uns, daß ja der Schöpfergott offensichtlich, gemäß der Sinnstruktur der Erzählung, den Menschen zur Autonomie verführen wollte. Fast könnte man meinen, daß er alles dramaturgisch so eingefädelt hat, daß die Schlange ihren vorprogrammierten Auftritt haben konnte. Nur sehen wir dann natürlich sofort, daß es der Autor der Erzählung ist, der diese Inszenierung konstruiert hat.[28]

Mit dem Ungehorsam verlassen Eva und Adam tatsächlich - als Folge der Erkenntnis von Gut und Böse, d.h. der Initiation in die widersprüchliche Einheit von Entscheidungszwang und Begründungsverpflichtung - den bewußtlosen Naturzustand und werden sich schamhaft ihrer geschlechtlichen Verschiedenheit bewußt. D.h. die Sexualität als Ausgangspunkt der sozialen Kooperation transformiert sich in die elementare Form von Sittlichkeit und von Individuierung.

Die weiteren Einzelheiten der Entdeckung des Ungehorsams durch den Schöpfergott, die alle darauf verweisen, daß nunmehr die Autonomie des Menschen für ihn zu einer unberechenbaren Größe geworden ist, lasse ich hier aus und konzentriere mich auf den Abschluß der Konstruktion.

Bevor die Sanktion des Todes wahrgemacht wird, spricht der Schöpfergott andere Strafen aus. Sie haben alle die zentralen Polaritäten einer autonomen Lebenspraxis zum Inhalt, die als Teildimensionen in die Bewährungsdynamik eingehen: die Ambivalenz von Lust und Schmerz, von Geburt und Leiden, von Leben und Tod, von Not und Überleben. Ambivalenzen also, die sich letztlich zu derjenigen von Unabhängigkeit und Verantwortlichkeit, von Freiheit und Notwendigkeit in der Autonomie verdichten.

Der allmächtige Schöpfergott tut so, als sei er vom Ungehorsam überrascht worden. Indem er nachträglich den Ungehorsam, den wir als die eigentliche erste Bewährung betrachtet haben, als unerwünscht deklariert - dadurch, daß er die Schlange für ihre Verführungstat verflucht, die Frau damit bestraft, daß sie für ihr sexuelles Verlangen die Schmerzen der Geburt gewärtigen muß, dem Mann den Ackerboden als widerständig verflucht, ihm damit die Lebensnot als zu bewältigende gegenüberstellt und für das Ende dieser Mühsal den irdischen Tod als Rückkehr zur ursprünglichen irdischen Stofflichkeit, zum Staube, auferlegt - qualifiziert er den Ungehorsam als Scheitern und den Gehorsam als verfehlte Bewährung. Er gerät also in Widerspruch zum Sinn der Herstellung der Bedingung der Möglichkeit der genuinen Bewährung, müßte sich entsprechend auch fragen lassen, warum und für wen er den Baum der Erkenntnis überhaupt in die Mitte des Gartens gesetzt hat und realisiert gleichzeitig - auf der strukturellen Ebene seines Handelns - konsequent in dieser Widersprüchlichkeit jene Bedingung der Möglichkeit.

Mit dieser Verfluchung bzw. Weissagung bekundet der Schöpfergott nach dem die Strukturlogik der freien Entscheidung initiierenden Ungehorsam, daß es für den Menschen besser gewesen wäre, ihn nicht zu begehen. Aber was wäre dann gewesen? Das erste Menschenpaar hätte ohne Erkenntnis von Gut und Böse unerwacht im bewußtlosen Naturzustand gelebt wie ein höheres Tier, bestenfalls als Kind Gottes im Stande einer naturhaften Unschuld, die es nicht durch moralisch-sittliche Bewährung, sondern durch Vermeidung von Autonomie im dumpfen Gehorsam sich erhalten hätte, gewissermaßen wie Parsifal als reiner Tor. Kann ein Schöpfergott, der den Menschen als sein Abbild erschafft, dies wirklich wollen?

Wenn nicht, wie kann er umgekehrt die Autonomie des Menschen erschaffen, die tatsächlich in der Freisetzung der paradoxalen Bewährungsdynamik eine auch geschichtsphilosophisch nicht schließbare, offene Zukunft enthält; die sich tatsächlich immer wieder selbst erschafft in jeder Ontogenese? Eine solche Autonomie wäre ja, wenn sie als solche strukturell selbstwidersprüchlich durch den Schöpfungsakt vorprogrammiert, in Konformität mit Geboten durch Gehorsam erreichbar wäre, immer schon sofort wieder zerstört oder hätte die manipulative Grundform einer *pathogenen Beziehungsfalle* nach dem Muster "Sei spontan".

Diese einfachen Kontraste zeigen also, daß der Schöpfergott, wenn er genuin an der Entstehung eines autonomen Subjekts interessiert war, geradezu genial, aber für ihn selbst - und vielleicht auch für die Natur - mit tragischem Ausgang, mit der Ermöglichung des frei machenden Ungehorsams den Weg zu dieser Struktur, die wir als Bewährungsdynamik gefaßt haben, frei gemacht hat. Wenn aber diese Ermöglichung des Ungehorsams, die Freisetzung der autonomisierenden Ontogenese im Übergang von Natur zu Kultur, nicht wieder zu einer Art pädagogischem Experiment im Schonraum göttlich allmächtiger Protektion zurücksinken soll, dann muß man auch die Konsequenz ziehen, daß sich kehrseitig zur paradoxalen Bewährungsdynamik der Schöpfergott mit der initialen Ermöglichung dieses Übergangs von der Natur zur Kultur der autonomen Lebenspraxis "in the long run" selbst abgeschafft hat. Der unerwünschte, aber unvermeidbare Abfall von Gott war davon nur der Anfang, die vollständige Säkularisierung ist davon das unaufhörliche Ende. Die Paradoxie der Bewährungsdynamik setzt sich darin fort, daß der historische Mensch erst einmal diesen Schöpfungsmythos, vermittelt über den Glauben an den allmächtigen Gott und den unbedingten Gehorsam ihm gegenüber, inbrünstig glauben muß, um von der in ihm artikulierten Dialektik der Entzweiung und der Bewährungsdynamik mit dem langfristigen Säkularisierungseffekt überhaupt erreicht zu werden, wenn anders die Befreiung unter gleichzeitiger Fesselung durch die Sittlichkeit nicht zu erlangen ist.

Der jüdische Schöpfungsmythos enthält also die Logik der Entzweiung bzw. Entfremdung als Konstitutivum der Menschwerdung, sofern man darunter die Entstehung der autonomen Lebenspraxis versteht. Er ist damit auch das Urbild für den Entfremdungsbegriff bei Hegel und die Traumatisierungslehre bei Freud. So wie bei Hegel Entfremdung nicht pathogen, ein zu Vermeidendes, sondern ein für die Autonomie der Lebenspraxis Konstitutives ist, so sind auch bei Freud Urverdrängung und frühe latente Traumatisierung in der Bewältigung der Entwicklungskrisen nicht per se pathogen, sondern für die Persönlichkeitsentwicklung konstitutiv und notwendig. Das heißt umgekehrt nicht, daß aus dieser Entzweiungs-Dialektik per se das Heil erwüchse. Sie ist vielmehr auch die eigenlogische Quelle von Krankheit und Leid.

Was aus der in der Entzweiungs-Dialektik freigesetzten Bewährungs-Dynamik faktisch wird, ist nicht eine Funktion irgendeiner mechanisch wirkenden Determination, einer biologischen oder gesellschaftlichen Bedingtheit, sondern entscheidet sich in der nachträglichen Bearbeitung der latenten Traumatisierung, des ursprünglichen Abfalls von Gott als Chiffre, der ursprünglichen Entzweiung, durch jene sich sukzessive in der Ontogenese und in der Individuierung bildende Autonomie, deren Bildung durch die latente Traumatisierung des "Abfalls von Gott", des ursprünglichen Ungehorsams überhaupt erst initial ermöglicht wurde.[29]

Gerade indem der Schöpfergott den Menschen nach seinem befreienden Ungehorsam dem verfluchten Ackerboden und damit der täglichen Lebensnot aussetzt, wird er vom pädagogischen "Kontrolletti", der er geblieben wäre, wenn er nachträglich den Ungehorsam, sich selbst verleugnend, belohnt hätte, zum authentisch innerhalb der freigesetzten Bewährungsdynamik Agierenden. Aber gerade damit auch setzt er schon den langfristigen Säkularisierungsprozeß als Legat der Bewährungsdynamik mit in Gang.

Denn natürlich gehört es zu dieser Artikulation der Bewährungsdynamik im Schöpfungsmythos, daß die bis heute durchgehaltene theologische Lesart, beim Ungehorsam des "Sündenfalls" handele es sich um eine ethisierbare Schuld eines schon schuldfähigen Subjekts, woraufhin logischerweise erst die gehorsame Rückkehr zu Gott identisch wird mit der Rückkehr zur ethischen Unschuld, sich gemessen an der mit ihr nicht kompatiblen objektiven Bedeutung des Textes des Schöpfungsmythos in genau jener Bewährungsdynamik säkularisierend selbst aufbrauchen muß, von deren Freisetzung sie selbst ein Bestandteil war und ist.[30]

Daß der Schöpfergott nach diesen Verfluchungen seine Androhung der Todesstrafe in Gestalt des Verlustes des irdischen Lebens wahrmachen will, ist schon durch die Verfluchungen selbst ausgeschlossen, die ja nur glaubwürdig sind unter der Bedingung, daß das irdische, durch Bewährungsdynamik in Mühsal zu führende Leben auch weitergeführt wird. Das setzt sich darin fort, daß der Schöpfergott sogar noch nachträglich für die durch die vom Sündenfall hervorgebrachte Nacktheits-Scham notwendig gewordene Kleidung sorgt ("..machte Adam und seiner Frau Röcke aus Fellen und bekleidete sie damit"), sich also als Helfer in den neuen Existenzbedingungen betätigt.

Hat damit ausschließlich die Schlange recht und entpuppt sich der Schöpfergott als Lügner? Natürlich nicht. Aber wodurch bleibt der Schöpfergott mit seiner ursprünglichen Strafandrohung "wirst du sterben" glaubwürdig? Nur durch eine auf den ersten Blick überraschend schwache und umwegige Operation. Er stellt zunächst fest, daß der Mensch geworden sei wie er selbst, im Stande der Erkenntnis von Gut und Böse. Jetzt bestehe die Gefahr, so sagt der Schöpfergott zu sich selbst (in sich ein eigentümliches Sich-Hinein-Versetzen der Autoren des Schöpfungsmythos in die Gedanken des allmächtigen Gottes), daß dieser wie er selbst gewordene Mensch auch noch vom Baum des Lebens in der Mitte des Gartens essen könne und dann "ewig lebt". Um dieses Risiko zu vermeiden, vertreibt er das Menschenpaar aus dem Garten Eden, aus dem Paradies, das er durch die Engel mit dem Flammenschwert bewachen läßt, damit eine Rückkehr zum Baum des Lebens nicht möglich ist.

Dieses Ende des Sündenfalls ist nun für die Artikulation der Bewährungsdynamik von zentraler Bedeutung.

1. Beide, die Schlange und der Schöpfergott, haben am Ende Recht. Im Sinne des diesseitigen, irdischen, endlichen Lebens sterben Adam und Eva als Folge des Ungehorsams nicht. Im Gegenteil: mit der Vertreibung aus dem Paradies treten sie überhaupt erst in ihr selbstverantwortlich zu führendes diesseitiges Leben als autonome Subjekte ein.[31] Aber dennoch hat auch der Schöpfergott Recht behalten mit seiner Todesandrohung, wenn man unterstellt, daß vor dem Ungehorsam das Leben nicht endlich war und aufgrund des Ungehorsams als Straffolge endlich wurde ("wirst du sterben").

2. Daß der Gott dies Sterben im Sinne des Verlustes der Unendlichkeit verstanden hatte, geht daraus hervor, daß die Vertreibung aus dem Paradies mit der zu vermeidenden Gefahr des Essens vom Baum des Lebens begründet wird, womit die Erlangung des "ewigen Lebens" explizit gemeint ist. Nur dadurch, daß diese Möglichkeit besteht, bleibt die ursprüngliche Todesandrohung, die sich in der Vertreibung aus dem Paradies realisieren kann, glaubwürdig. Zugleich wird so aber auch erreicht, daß der vom Schöpfergott angedrohte Lebensverlust im Sinne der diesseitigen Autonomie bzw. des Lebens in der Bewährungsdynamik ein Lebensgewinn ist. Wiederum setzt sich die Entzweiung der Gehorsamsbewährung, die eine Pseudo-Bewährung ist, und der Autonomisierungsbewährung darin fort. Man kann hier von einem Trick sprechen, weil das Setzen des Baumes des Lebens in die Mitte des Gartens ursprünglich überhaupt nicht motiviert war, und auch Adam und Eva von seiner Existenz und von einem auf ihn bezogenen Verbot nichts mitgeteilt worden war. Erzähllogisch hat die ursprüngliche Erwähnung dieses Baumes zu Beginn also nur die Funktion, die Glaubwürdigkeit der Strafandrohung für den "Sündenfall" zu erhalten. Gerade durch diesen Trick wird aber der Sündenfall zu einem wirklichen Selbst-Befreiungsfall in die nicht stillstellbare Bewährungsdynamik hinein.

3. Instruktiv ist die nähere Betrachtung der möglichen Bedeutungen von "unendlichem" und "ewigem Leben". Wir hatten zunächst festgehalten, daß der Schöpfergott seine Strafandrohung als Verlust der "Unendlichkeit" des Lebens gemeint hatte. Dabei muß er aber, das gehört zur genialen Architektonik des Schöpfungsmythos, zwei ganz unterschiedliche Bedeutungen von "Unendlichkeit" im Auge gehabt haben. Als er Adam das Verbot, vom Baum der Erkenntnis zu essen, ankündigte und es mit der Drohung "wirst du sterben" bewehrte, konnte nur eine Unendlichkeit im naturwüchsigen Sinne des Fehlens eines Bewußtseins der Endlichkeit des diesseitigen, biologischen Lebens gemeint sein. Denn Adam wußte ja noch gar nichts vom Baum des Lebens. Damit ist klar, daß die Strafandrohung zunächst nur heißen kann: Dann wirst du dir der Endlichkeit deines Lebens bewußt, wenn nicht magisch unterstellt werden soll, daß im Garten Eden generell auch biologisch ein Leben ohne Tod herrschte.

Man kann nun sogar noch weiter gehen und unterstellen, daß das Bewußtsein von Gut und Böse ein Bewußtsein der Endlichkeit des Lebens einschließen muß. Im Sinne unseres Modells von Lebenspraxis ist das eine ohne das andere nicht möglich. Insofern ist es vollkommen gerechtfertigt, wenn der erste Mensch über den Baum des Lebens zunächst nicht informiert wurde. Er hätte, bevor er in der Erkenntnis von Gut und Böse sich tatsächlich befand, mit dieser Information gar nichts anfangen können. Denn wenn man den einzigen Sinn unterstellt, den Adam sich vom Leben als Gut der Unendlichkeit zu diesem Zeitpunkt seiner Karriere machen konnte, dann besaß er ja diese Unendlichkeit im Sinne des Naturzustandes eines fehlenden Bewußtseins von der Endlichkeit des Lebens schon.

Sinn machte diese Information also erst, nachdem er schon im Stande der Erkenntnis von Gut und Böse war. Unter dieser Bedingung ergibt sich die zweite Bedeutung von Unendlichkeit des Lebens, die der Schöpfergott mit seiner Strafandrohung ebenfalls meinte. Wenn nämlich vom Baum des Lebens gegessen wird und dieses von Gott aus gesehen unbedingt zu verhindernde Essen einen einen Unterschied machenden Effekt haben soll, dann kann die Erlangung des Lebens durch diesen Akt nicht der Gewinn derselben Unendlichkeit des Lebens sein, die dem Naturzustand schon qua mangelnden Bewußtseins von der Endlichkeit wie selbstverständlich angehörte. Dann kann es sich also nur um eine Unendlichkeit handeln, die für das Bewußtsein der Endlichkeit des diesseitigen Lebens einen Gewinn bedeuten könnte. Das wäre aber nicht die Rückkehr in den bloßen bewußtlosen Naturzustand, sondern der Gewinn des subjekthaften, bewußten Überlebens in der "Ewigkeit", *also die Erlösung von der Bewährungsdynamik in Richtung ihres restlosen, endgültigen Gelingens.*

Diese Möglichkeit zu erlangen, will der Schöpfergott unbedingt verhindern. Das ist der konkret-narrative Sinn der Vertreibung aus dem Paradies. Daß der erschaffene Mensch beides haben kann: Bewußtsein von Gut und Böse und damit auch Bewußtsein von der Endlichkeit des irdischen Lebens und zugleich die Garantie des ewigen Lebens, die Garantie der Erlöstheit, das darf nicht sein.

Soziologisch übersetzt im Sinne unseres Modells heißt das allerdings nicht: Das *darf* nicht sein, sondern: das *kann* nicht sein. Das ist ja gerade der Gehalt der nicht stillstellbaren Bewährungsdynamik: daß man sich unbedingt bewähren muß, aber dabei nie im Besitze der erreichten Bewährung sein kann. Soziologisch gesehen handelt der Gott des jüdischen Schöpfungsmythos mit seinem "Trick" also ganz realistisch und im Sinne des zukünftigen "säkularisierten" Subjekts.

Mit der Zweideutigkeit der Unendlichkeit des Lebens, einmal als Funktion des Fehlens eines Bewußtseins von der Endlichkeit des Lebens, das andere Mal als bewußter hypothetischer Entwurf eines "ewigen, erlösten" Lebens[32], ist zugleich die Logik der Utopie auf der Basis der Endlichkeitsproblematik und der Praxis-Zeitlichkeit gesetzt. Zunächst einmal ist klar, daß der jüdische Schöpfungsmythos die Vertreibung aus dem Paradies mit dem Bewußtsein von der Endlichkeit des Lebens zwingend verknüpft. Die Strafe für den "Sündenfall" realisiert sich ja nicht als biologisch eintretende Endlichkeit des organischen Lebens, sondern nur als ins Bewußtsein eintretende Endlichkeit, d.h. als Verlust der mit dem Naturzustand trivialerweise verbundenen Unendlichkeit mangels Endlichkeits-Bewußtsein. Mit dem Erreichen des Standes der Erkenntnis von Gut und Böse muß für die Strafandrohung "nachgelegt" werden, daß nicht nur die Rückkehr in den Naturzustand, also das Verlassen der Bewährungsdynamik, verwirkt ist. Nicht zugelassen ist auch die vor der Vertreibung mittels des Baums des Lebens noch mögliche Garantie des ewigen Lebens. Genau in diesem Sinne ist die Vertreibung aus dem Paradies nicht eine Folge des Sündenfalls, sondern des Befreiungsfalles. *Denn erst durch die Verweigerung einer Erlösungsgarantie wird aus der Befreiung gleichzeitig eine Verurteilung zur Bewährung.*

Zugleich aber bleibt eine Gemeinsamkeit zwischen den beiden verschiedenen Bedeutungen von "unendlichem Leben" erhalten, mit denen der Schöpfergott operiert. Die Vertreibung aus dem Garten Eden konnte ja nur deshalb als Vertreibung aus dem Paradies, und der Abfall von Gott nur deshalb als Fall aus einem Guten empfunden werden, weil die mit dem Ungehorsam eröffnete Erkenntnis von Gut und Böse und die mit dem Vertrieben-Sein erzwungene Bewährung nachträglich den verlorenen Naturzustand nicht mehr als glücklich überwundene Fesselung, sondern als das Gegenteil der Nicht-Stillstellbarkeit der Bewährungsdynamik, als das verlorene Heil erscheinen ließ. Nachdem der in die Bewährungsdynamik vertriebene, zum Bewußtsein von Gut und Böse und der Endlichkeit des Lebens gekommene Mensch sich selbst und objektive Möglichkeiten denken kann, entwirft er zwingend kehrseitig zur Endlichkeit die Utopie der Unendlichkeit, zur Lebensnot die Utopie der Fülle, zur Bewährungsproblematik die Utopie der endgültigen Erlöstheit. Das Paradies als verlorenes heiles und unendliches Leben ist also nichts anderes als die Rückprojektion eines durch die Autonomisierung erst ermöglichten utopischen Entwurfs von Möglichkeiten. Diese Rückprojektion ist zugleich Ausdruck der Gemeinsamkeit der beiden Bedeutungen von "unendlichem" Leben.

Wenn aber mit der Vertreibung aus dem Garten Eden das, woraus man vertrieben worden ist, zum rückprojizierten Platzhalter des utopischen Entwurfs eines die Endlichkeit überschreitenden ewigen, erlösten Lebens wird, dann ist mit der Schöpfungsmythologie zugleich ein offenes Erlösungsproblem konstituiert. Dann ist die Frage nach der Wiedererlangung dessen, woraus man in der utopischen Rückprojektion vertrieben worden ist, auf Dauer nicht einzudämmen, dann muß eine Erlösungsmythologie sich irgendwann bilden.

Im Hinblick darauf ist um so erstaunlicher, daß das Alte Testament eine wirkliche Erlösung im Jenseits nicht kennt. Die Erlösung, die dem Gottgläubigen des Alten Testamentes zur Verfügung steht, besteht in der letztlich nicht wirklich möglichen diesseitigen Erfüllung der äußerst anspruchsvollen universalistischen Gesetzesethik. Auf jeden Fall muß sie als verbindlich verinnerlicht sein. Dieser Habitus ist einerseits archaisch im Sinne der unbedingten Unterwerfung unter den Monotheismus und die Gebote, andererseits äußerst autonom in dem Sinne, daß sich der Mensch ohne Aussicht auf direkte Belohnung die universalistische Gesetzesethik zu eigen macht.

Aber diese permanent überfordernde Bewährungsdynamik ohne Elemente einer jenseitigen Erlösungsmöglichkeit ist auch mit einem seinerseits problematischen und zum Universalismus der Gesetzesethik in permanenter Spannung stehenden kollektiven Erwähltheitsglauben nur schwer auszuhalten. Deshalb muß eine latente Bereitschaft zu einer Erlösungsmythologie, in der das verlorene Paradies durch eine Zukunft der Erlösung im Jenseits wieder gewonnen wird, immer vorgelegen haben.

Sie hat sich in Gestalt der christlichen Erlösungsmythologie, die ja im Gehäuse der eingespielten Figur der prophetischen Praxis des Alten Testamentes sich artikulierte und lange vorbereitet wurde, durchgesetzt. Davon sollen nur die in meinen Augen architektonisch für den hiesigen Zusammenhang allerwichtigsten Züge noch hinzugefügt werden.

1. Die mit der Vertreibung aus dem Paradies virulent gewordene spezifische Erlösungsproblematik, die außerordentlich anspruchs-

volle Bewährungsdynamik durch die berechtigte Hoffnung auf eine Erlösung im Jenseits zu mildern, konnte glaubwürdig nur gelöst werden, wenn die mit dieser Vertreibung erreichte Bewährungsdynamik als solche und der mit ihr verbundene strikte Monotheismus nicht wieder rückgängig gemacht wurden. Deshalb konnte eine Erlösung nicht einfach darin bestehen, durch frei vergebene göttliche Gnade die Bewährungsauflagen nachträglich wieder rückgängig oder durch einen werkethischen Leistungskatalog die Bewährungsrate berechenbar zu machen und damit die Bewährungsdynamik als Ganze stillzustellen. Vielmehr mußte eine Lösung entwickelt werden, in der diese "Regressionen" beidseitig vermieden wurden und dennoch eine Rückkunft in die erlösende Paradieshaftigkeit denkbar schien.

2. Die christliche Erlösungsmythologie hat diese Anforderungen auf eine geniale Weise in ihrer Konstruktion zu erfüllen vermocht.

a) Sie hat aus der eingeführten historischen Gestalt des ethischen Propheten und der Messias-Vorstellungen des Alten Testamentes einen Erlöser hervorgehen lassen, der in seiner Doppelexistenz als Gott und Mensch konsequent durchkonstruiert ist und so tatsächlich stellvertretend für die nach Erlösung Strebenden die Bewährungsdynamik nicht etwa aufhebt, sondern gesteigert durchlebt. Um diese Doppelexistenz von Anfang an gelten zu lassen, gibt es logisch nur die Möglichkeit, ihn göttlich zu zeugen und irdisch zu gebären. Jede andere Konzeption wäre von vornherein mißglückt. Wäre nicht göttliche Zeugung mitbeteiligt, sondern wäre es ein *nur* irdischer Mensch, dann wäre der Erlösungswert des stellvertretenden Opfers nicht stark genug. Denn nur, wenn das Göttliche selbst in Gestalt eines Gotteskindes diese Stellvertretung vollzieht, liegt eine für den Gläubigen, der den Schöpfungsmythos verinnerlicht hat, der Möglichkeit nach zureichend überzeugende Rückkehr in den erlösenden Ursprung vor. Auf der anderen Seite muß der Erlöser irdisch geboren sein, damit er glaubwürdig die Bewährungsdynamik durchleben und selbst vom Sündenfall stigmatisiert sein kann.

b) Diese Doppelexistenz muß vor allem den Erlösung initiierenden Opfertod selbst durchgängig kennzeichnen. Sie nimmt darin eine Form an, die zugleich die Bewährungsdynamik noch einmal drastisch gesteigert vor Augen führt. Dieser die Erlösung der Menschheit bedeutende Opfertod wäre nämlich sein radikales Gegenteil, ein geradezu als Geschenk anzusehender Heldentod, wenn er in der sicheren Garantie vollzogen werden könnte, daß dadurch die Menschheitserlösung gelänge.

Das Mensch-Sein und die gesteigerte Bewährungsdynamik des Opfertodes des Erlösers zeigt sich nun aber gerade darin, daß der Erlöser in seinem Mensch-Sein, was leicht übersehen wird, tatsächlich nicht wirklich sicher sein konnte, daß sein Opfertod als erlösendes Opfer auch angenommen würde. Die sieben Worte am Kreuz enthalten ja deutlich auch den Zweifel an der Annahme des Opfers ("Mein Gott, warum hast du mich verlassen"). Und der Kreuzigungstod selbst galt zeitgenössisch als Zeichen der schärfsten Strafe für ein höchst verachtungsvolles Verbrechen der Gotteslästerung, d.h. der Verletzung des Monotheismus und damit des Abfalls von Gott. Dem Erlöser bleibt also letztlich nichts als seine im Mensch-Sein verankerte grundlose und bedingungslose selbst-charismatisierende Überzeugung, daß sein Opfertod als Erlösungstat angenommen wird. Anders ausgedrückt: Der Opfertod war nur dann ein wirklicher Opfertod, wenn er in eine ungewisse, offene Zukunft hinein vollzogen wurde. *Unter dieser Bedingung wurde er zugleich zum Modell eines bedingungslosen, selbstcharismatisierenden Glaubens, in dem habitusformend die überfordernde Bewährungsdynamik massenhaft übernommen werden konnte.*

c) Die Auferstehung unter der Bedingung des leeren, *den irdischen Tod und den Übergang in die Jenseitigkeit bezeugenden Grabes* mußte als irdisch erfahren bezeugt werden. Deshalb mußte der aus dem Grabe auferstandene Erlöser vor seiner endgültigen Himmelfahrt seinen Gefolgsleuten noch einmal irdisch erscheinen. Anders hätte die Auferstehung als sichtbares Zeichen der Annahme des Opfertodes nicht Teil der sakralisierten Verkündigung werden können.

Diese so konstruierte Erlösungsmythologie schließt den von der Schöpfungsmythologie eröffneten Kreis der Freisetzung der Bewährungsdynamik. Sie bedeutet gleichzeitig einen weiteren Schritt in der Universalisierung der Bewährungsdynamik und ihrer permanenten Überführung in eine Rationalisierungsdynamik, die mit dem Monotheismus entscheidend initiiert wurde. Diese Weiterung in Richtung einer Transformation der partikularistischen kollektiven Erwähltheit eines Volkes im Alten Testament zur universalistischen individuellen Erwähltheit des individuierten, autonomen Subjekts in der Moderne kann hier nicht mehr untersucht werden.

9. Vier Thesen zum inneren Zusammenhang von Bewährungsdynamik und Säkularisierung

Die vorausgehende Interpretation erbrachte eine vollständige Entsprechung zwischen dem Strukturmodell von Religiosität und der materialen inneren Architektonik der jüdisch-christlichen Schöpfungs- und Erlösungsmythologie.

Deshalb könnte zu Recht gefragt werden, ob nicht - letztlich zirkulär - das Strukturmodell der soziologischen Auslegung dieser mythischen Tradition abgelesen worden ist, oder ob tatsächlich die jüdisch-christliche Mythologie ihre Besonderheit gerade daran hat, daß sie das, was der Sache nach das universalistische Strukturmodell von Religiosität meint, durchkonstruiert zur Artikulation bringt. Zwischen beiden Richtungen kann letztlich nicht entschieden werden, denn beide Zusammenhänge gelten.

Wenn nämlich von der jüdisch-christlichen Mythologie tatsächlich, wie hier auch unterstellt wird, eine besondere Rationalisierungsdynamik im Sinne Max Webers ihren Ausgang nimmt, dann kann natürlich auch nicht geleugnet werden, daß diese Mythologie eine materiale historische Voraussetzung für die Konstruierbarkeit des hier vorgestellten Modells ist. Denn wenn die beanspruchte Universalität des Strukturmodells von Religiosität zutrifft, es also auch noch den vollständig säkularisierten Menschen trifft, dann gilt natürlich, daß es von seinen historischen und forschungspsychologischen Voraussetzungen her an eine Rationalisierungs- und Säkularisierungsstufe gebunden ist, die selbst erst durch jene Rationalisierungsdynamik erzeugt wurde.

Aber der Aufweis bzw. die Konzession dieses genetischen Zusammenhangs schränkt die beanspruchte Geltung des Modells als universalistisches per se noch nicht ein. Wenn also eine vollständige Entsprechung zwischen dem Strukturmodell von Religiosität und der Architektonik - nicht der konkreten mythenstofflichen Einkleidung - der jüdisch-christlichen Mythologie festgestellt werden kann, dann folgt daraus nicht automatisch die Reduktion des Modells auf diese Mythologie.

Erst ein Vergleich zwischen verschiedenen Religionstraditionen und mythologischen Traditionen, der methodisch explizit durchgeführt wird, kann klären, ob tatsächlich das Strukturmodell von Religiosität eine universelle Strukturproblematik von Lebenspraxis erfaßt, auf die kulturspezifische Ausprägungen nur je anders antworten, und ob unter diesen Traditionen die jüdisch-christliche dadurch einzigartig ist, daß sie die Bewährungsdynamik als nicht stillstellbare in einem explizit konstruierten, die Sache selbst treffenden dialektischen Zusammenhang artikuliert und gerade dadurch die latente Bewährungsdynamik weltgeschichtlich folgenreich durch dogmatische Verbindlichkeit und wissensmäßige Repräsentanz freisetzt.

Solche Religionsvergleiche sind vielfach durchgeführt worden, und die vergleichende Religionswissenschaft kann auf reichhaltige und Respekt erheischende Forschungserträge zurückblicken. Deshalb kommt es fast einer Blasphemie gleich, diese Thematik hier am Ende auch nur anzurühren.

Aber dennoch sei dem Autor, der durch keine einzige eigene

Forschungsleistung dazu berechtigt ist, hier eine kursorische Feststellung erlaubt. Häufig neigen Religionsvergleiche, gerade auch die den Weberschen kritisch gegenüberstehenden, dazu, die Herausgehobenheit und Besonderheit der jüdisch-christlichen Religionstradition für den universalhistorischen Rationalisierungsprozeß herunterzuspielen und die Ähnlichkeiten, hintergründigen Übereinstimmungen, Entlehnungen aus anderen Traditionen und Verwurzelungen in vorausgehenden Traditionen zu betonen. Das wird heutzutage durch einen moralischen Impuls zum Kulturrelativismus, gerade auch bei den ehemals besonders eurozentrischen Religionswissenschaftlern und Theologen, eher noch verstärkt. Und in der Tat sind die Ähnlichkeiten und Übereinstimmungen ins Auge springend.

Aber hier spielt der Methodenansatz eine wichtige Rolle. Wenn man nämlich in einem eher inhaltsanalytischen, klassifikatorischen Ansatz, der auch in der textkritischen Philologie der Sache nach vorherrscht, die Mythen und Dogmen in ihre einzelnen Bedeutungselemente zerlegt, dann entsteht zwangsläufig der Eindruck großer Ähnlichkeit. Das kann, die Geltung des hier vorgestellten Modells vorausgesetzt, auch gar nicht anders sein, weil schließlich die Grundbedingungen der Bewährungsproblematik, der Endlichkeitsproblematik, der inneren Struktur von Praxiszeitlichkeit und Praxisräumlichkeit, der Krise und der Erneuerung, sowie die dreifaltige, den Mythos bedingende Frage in irgendeiner Einkleidung vorkommen *müssen*.

Aber das klassifikatorische Vorgehen verbindet sich leicht mit der Tendenz, die Besonderheiten des Zusammenhangs, in dem die klassifizierbaren Elemente zu einer spezifischen Struktur sich fügen, verblassen zu lassen. Die hier unterstellte Besonderheit der jüdisch-christlichen Mythentradition liegt denn auch keinesfalls in der Originalität bestimmter klassifizierbarer Elemente. Für fast alle Einzelelemente des Schöpfungsmythos, weniger des Erlösungsmythos, lassen sich Entsprechungen und Ähnlichkeiten in anderen kulturellen Traditionen nachweisen. Aber die Architektonik, zu der sie sich hier fügen, ist das eigentlich Besondere: die spezifische, eine nicht stillstellbare Bewährungsdynamik zwingend entbergende Architektonik, die schon mit dem strikten Monotheismus einsetzt und sich von da an unaufhaltsam fortsetzt. Schaut man - Max Weber ausgenommen - in die religionsvergleichenden Untersuchungen, dann bleiben darin, etwa bei M. Eliade, die Rekonstruktionen dieser spezifischen, habitusbildenden Architektonik merkwürdig blaß. Die innere Dialektik der Sündenfall-Erzählung wird keineswegs rekonstruierend ausgeschöpft.

Instruktiv ist in dieser Hinsicht z.B. ein Vergleich mit dem Koran, der sakralen Zentralschrift jener dritten Weltreligion aus der abrahamitischen Wurzel. Gerade hier, wo ja explizit die Anlehnung an die überlieferten Schriften der jüdisch-christlichen Tradition zugrundegelegen hat, ist die Differenz zur genannten Architektonik besonders sprechend.

Unterstellt man, wie ich das hier getan und als begründet nachzuweisen versucht habe, daß in der jüdisch-christlichen Tradition *drei Komponenten* für die Entfaltung der Bewährungs- und Rationalisierungsdynamik entscheidend sind, dann zeigt sich, daß genau diese drei Komponenten im Koran am wirksamsten getilgt sind:

1. Die Dialektik des Sündenfalls als Befreiungsfall. Von der zentralen Episode der initialen Bewährung beim Durchbrechen des Verbotes, vom Baum der Erkenntnis zu essen, bleibt nichts übrig. Die Vertreibung aus dem Paradies ist dadurch ganz anders motiviert und hat eine ganz andere Bedeutung. Sie reduziert sich im Grunde auf eine Strafaktion in der Funktion der Gehorsamserzwingung.

2. Die vom Monotheismus erzwungene prophetische Praxis fehlt im Koran vollständig. Gerade in ihr setzte sich aber mit der dialektischen Einheit von hingebungsvoller, das eigene Selbst auflösender Dienerschaft bzw. Knechtschaft gegenüber der Sache und der Herausgehobenheit als Medium die Bewährungsdynamik in der modellhaften Ausprägung einer autonomen, Krisen bewältigenden Praxis fort. Zugleich formte sich in der prophetischen Rede - mit dem Wechsel von Anrede des irdischen Auditoriums, Nennung des Herrn in der dritten Per-

son und Vollzug der göttlichen Botschaft des Herrn in der ersten Person - die Synthesis von göttlicher und menschlicher Existenz schon aus. Dagegen ist die Prophetie des Mohammed im Koran nicht selbst eine Praxis, nicht der praktische Vollzug einer Offenbarung, sondern der Bericht, das Referat über eine Offenbarung.

3. Mit der expliziten Ablehnung der Gottessohnschaft des Propheten Jesus wird die Voraussetzung eines der Bewährungsdynamik komplementären Erlösungsmythos getilgt.

4. Es ließe sich noch hinzufügen, daß mit dem endgültigen, dogmatisierenden Abschließen der Reihe der Propheten durch Mohammed als dem endgültig letzten die Zukunftsoffenheit der Bewährungsdynamik, die sich ja in der jüdisch-christlichen Mythologie u.a. darin fortsetzt, daß letztlich jeder Gläubige mittels der universalistischen Schrift selbst die Offenbarung wie in prophetischer Praxis an sich vollziehen kann, ebenfalls geschlossen wird.

Dieser Vergleich sollte exemplarisch zeigen, daß erst auf der Folie des in Rede stehenden Strukturmodells Religionsvergleiche letztlich die Rationalisierungsbedeutsamkeit der jüdisch-christlichen Religionstradition sichtbar machen und herausheben.

Ähnlich angesetzt müssen die monotheistischen mit den polytheistischen Religionen systematisch unter dem Gesichtspunkt der Bewährungsdynamik verglichen werden. Es bleibt dann als große, Max Weber und Sigmund Freud hintergründig verbindende und in der Beantwortung unterscheidende Frage bis heute übrig, wie der strikte, in sich paradoxale Monotheismus sich befestigen konnte, und warum z.B. der so aufgeklärte Hellenismus keine Anstalten zur monotheistischen Systematisierung und Klärung seiner schwer durchschaubaren Götterwelt machte. Der Vergleich der Kulturen mit monotheistischer und nicht-monotheistischer Religion müßte systematisch unter dem Gesichtspunkt des hiesigen Modellentwurfs durchgeführt werden. Es scheint so, daß ein Fundamentalismus sich nur unter monotheistischen Bedingungen herausbilden kann, was m.E. G. Kepel (1991) viel zu wenig, wenn überhaupt sieht.[33] Unter den monotheistischen Religionen scheint der systematische Unterschied zwischen dem Islam und den jüdisch-christlichen Fortsetzungen für die weltpolitische Zukunft bezüglich der Rationalisierungsdynamik, vor allem was die Trennung von Politik und Religion anbetrifft, von außerordentlicher Bedeutung zu sein. Die Fundamentalismen der verschiedenen Zweige der abrahamitischen Religion haben jeweils eine ganz andere Stellung zur Rationalisierungsdynamik und zur Modernisierungslogik.

Man kommt dann zu einem vorläufigen Ergebnis, das ich in den folgenden vier Thesen zusammenfassen möchte.

1. Das Strukturmodell von Religiosität zeigt, daß Religiosität im Sinne der mit dem Übergang von Natur zu Kultur grundsätzlich eröffneten Bewährungsproblematik und den drei Komponenten: *Bewährungsproblem, Mythosproblem, Evidenzproblem kulturübergreifend universell ist.*

2. Die Artikulation dieser universellen Struktur von Religiosität in einer *expliziten Konstruktion einer nicht stillstellbaren Bewährungsdynamik* ist dagegen dem jüdischen Schöpfungsmythos und dem christlichen Erlösungsmythos vorbehalten. Diese Artikulation ist also eine *Funktion einer bestimmten Kultur und insofern partikular.*

3. Insofern die *Säkularisierung* von der Freisetzung dieser Bewährungsdynamik abhängig ist und von ihr ihrerseits langfristig freigesetzt werden *muß* als Teil jenes universalhistorischen Rationalisierungsprozesses, den Max Weber im Auge hatte, ist sie in sich ebenfalls von ihrer Motivierung her ein *kulturspezifisches, partikulares Phänomen.* Das bedeutet nicht, daß säkulare Gedankengänge und Praktiken in anderen Religionen nicht nachweisbar wären. Aber sie sind nicht durch die Bewährungsdynamik erzwungen und insofern schlichte Folge der Weltzugewandtheit. Dort, wo die *Säkularisierungstendenz als Dynamik einer Habitusformation* vorliegt, scheint

sie der von der jüdisch-christlichen Tradition entlehnten Universalisierungstendenz zu entspringen.
4. Die *Folgen dieser Säkularisierung* sind in sich universalistisch, bzw. *bestehen in einer universalisierenden Rationalisierung.* Anders ausgedrückt: Mit der universalhistorischen Rationalisierung vollzieht sich ein Prozeß, in dem der latente Universalismus der objektiven Vernunft als Gattungsausstattung sich allmählich institutionell und individuell-habituell in die universelle Ausbreitung methodenkritisch geprüfter rationaler Prozeduren der praktischen Vernunft transformiert. Das hat mit einem okzidentalen Ethnozentrismus nichts zu tun, wie immer wieder unterstellt wird. Zu dieser universellen Ausbreitung gehört nämlich wesentlich die rationalisierende Assimilation von Problemlösungen verschiedener Kulturen. Nur unterscheidet sich diese These von einem unverbindlichen Kulturrelativismus durch die beiden Momente der Autonomie der Lebenspraxis, die zum Habitus geworden ist einerseits, und der universalistischen Methodenkritik und universalistischen Logik des besseren Argumentes andererseits, der sich die verschiedenen Kulturtraditionen nicht entziehen können. Und diese beiden Momente sind Abkömmlinge des okzidentalen Rationalismus. Ein Kulturrelativismus, der die Geltung der Logik des besseren Argumentes selbst relativieren würde, wäre die extremste Abkehr von der Autonomie der Lebenspraxis.

10. Ausblick: Die Zukunft der Sinnfrage

Am Ende bleibt ein großes offenes Problem. Wenn auf der einen Seite mit der vom okzidentalen Rationalismus ausgehenden Säkularisierung für das moderne Subjekt die in sich religiösen Antworten auf die der universellen Religiosität zugrundeliegende Strukturproblematik immer weniger tragfähig werden und schließlich gänzlich obsolet geworden sind, wenn aber auf der anderen Seite die wissenschaftlichen Theorien als Ergebnisse dieses Rationalisierungsprozesses grundsätzlich die Sinnfrage nicht beantworten können, solange es die Sinnfrage einer autonomen Lebenspraxis noch ist, wenn also der Mythos grundsätzlich durch eine noch so gute wissenschaftliche Theorie nicht substituiert werden kann[34], welche Möglichkeit bleibt dann dem Subjekt, in dieser Schere die Frage nach dem Sinn seines Lebens zu beantworten, die Bewährungsdynamik auszuhalten?

Diese Frage soziologisch zu beantworten, fällt mir schwer. Die gegenwärtig häufiger anzutreffenden Lösungen scheiden aus:

1. Die Selbst-Subsumtion unter angesonnene Lebensstile stellt eine kulturindustrielle Variante des Ausweichens vor dem Problem dar.

2. Die Selbst-Szientifizierung der Lebenspraxis durch Selbst-Subsumtion unter wissenschaftliche Theorien stellt eine technokratische Regression dar, in der interessanterweise die Autonomie zugunsten einer Aufgeklärtheit aufgegeben wird (Oevermann 1988).

3. Der Rekurs auf ostasiatische Religionsinhalte in den der Esoterik nahen Varianten der Selbsterfahrung und Selbstverwirklichung stellt häufig ebenfalls eine Regression dar, insofern diese die für Religiosität konstitutive Gemeinwohlbindung bzw. die Hingabe an eine Sache unterlaufen und religiöse Inhalte und Praktiken zur Selbsttherapie instrumentalisieren (Oevermann 1988). Besonders aufschlußreich ist hier die Logik zeitgenössischer Veranstaltungen der Selbst-Verwirklichung. Während ursprünglich mit der Individuierung des Subjekts die Selbstverwirklichung sich vollzog durch die in der prophetischen Praxis schon vorgeprägte Hingabe an eine Sache, ist für die zeitgenössische Selbstverwirklichungsprogrammatik die Sache austauschbar geworden: dieses Wochenende Urschrei, das nächste Töpfern, das übernächste Re-Birthing, das über-übernächste buddhistische Meditation... Wenn aber die Sache austauschbar geworden ist, dann ist das Selbst

die Sache geworden, um die es geht, und dann ist der für die Selbst-Verwirklichung konstitutive Sachbezug kurzschlüssig getilgt, die Selbst-Verwirklichung gewissermaßen selbst-widersprüchlich implodiert.

Welche authentischen Lösungen des oben genannten offenen Problems lassen sich dann überhaupt noch ins Auge fassen, anders ausgedrückt: welche kulturspezifischen Ausprägungen kann angesichts der avancierten universalhistorischen Rationalisierung das zeitgenössische Subjekt auf der Höhe dieser Rationalisierungsstufe im Sinne des Modells der universalen Struktur der Religiosität noch als authentische ins Auge fassen? Diese Frage ist m.E. für eine künftige Religionssoziologie zentral, und sie wird aus sich heraus schon eine enge Verknüpfung von Religionssoziologie und Biographieforschung erzwingen.

Eine abschließende Spekulation dazu sei am Ende erlaubt: Es ist nicht zu erwarten, daß kohärente kollektiv verbürgte und vergemeinschaftende Mythen positiv für die "Beantwortung der Sinnfrage" bzw. für die Bewältigung der Bewährungsdynamik als normative Muster, mit denen man sich als Einzelner entlastend identifizieren kann, noch zur Verfügung stehen werden. Die viel diskutierten Identitätsgefühle und Lebensstile sind eine hilflose Reaktion von Intellektuellen auf dieses Problem. Es bleibt dann nur als Möglichkeit, daß jedes Subjekt nur noch auf seine Weise, gerade durch Vermeidung der Regression auf kollektive inhaltliche Identifikationsangebote, seinen eigenen Bewährungsmythos anhand seiner eigenen Fallgeschichte authentisch entwickeln kann. Die Evidenz dieses Bewährungsmythos kann dann als Inhalt nicht mehr gemeinschaftlich verbürgt werden, aber die in sich nach formalen Kriterien der ästhetischen Authentizität gelingender Darstellung ernsthaft angestrebte *Klarheit und Kohärenz der biographischen Rekonstruktion eines Lebens*, das seinen Sinn nach wie vor ausschließlich aus der Hingabe an eine Sache, welche auch immer es je individuell sei, beziehen kann, verbleibt weiterhin als dasjenige, das in der vergemeinschafteten Praxis wechselseitiger Anerkennung zur Geltung gelangt und dort seine

Evidenz erhält. Ist diese Vermutung richtig, dann wären für die künftige Forschung gerade nicht diejenigen, die die Sinnfrage permanent im Munde führen und erheben und mit ihr explizit "auf der Suche" sind, interessant, weil sie paradoxerweise mit der direkten Thematisierung dieser Frage, wie in der Logik der Versozialwissenschaftlichung, sich gerade aus der Praxis der Bewährungsdynamik herausgestohlen haben. Wichtiger und aufschlußreicher wäre es vielleicht, bei denen, die diese Frage explizit nicht vor sich hertragen, nach den verborgenen, individualspezifischen praktischen Sinngebungen zu suchen, die weit ab von den früheren quasi-offiziellen, institutionalisierten Mythen das Leben lebenswert erscheinen lassen.

Anmerkungen

1 Vgl. dazu die instruktiven Beiträge in Bergmann u.a. (Hg.) (1993).
2 "Für die gesellschaftstheoretische Bestimmung von Religion ist es wichtig, daß spezifisch geschichtliche Formen nicht mit der universalen gesellschaftlichen Grundform der Religion verwechselt werden. Diese Grundform ist durch die religiöse Urfunktion bestimmt: als Bindung und Transzendenz ist sie das schlechthin Sinngebende des menschlich-gesellschaftlichen Daseins", heißt es an einer zentralen Stelle bei Luckmann (1963:36).
3 Parallel dazu wird auch nicht klar geschieden zwischen praktischem und methodischem Verstehen sowie zwischen praktischer und wissenschaftlich-methodischer Kritik.
4 Innerhalb der Varianten einer Handlungstheorie oder all jener Theorien, für die "Rationalität" ein theoretischer Grundbegriff und nicht die Bezeichnung eines Praxisproblems ist, kann es von vornherein gar nicht anders gehen.
5 Eine ausführliche Interpretation der Genesis und von Teilen des Korans habe ich in meinen religionssoziologischen Veranstaltungen und meinen Forschungspraktika vorgenommen. Sie liegen in unveröffentlichten Manuskripten von Johannes Twardella und mir vor. Eine Interpretation von Jakobs Kampf mit dem Engel liegt ebenfalls im unveröffentlichen Manuskript vor und ist in Oevermann (1990) eingegangen.

6 Vgl. dazu die Materialanalysen in den Dissertationen von A. Schöll (1992) und F. Zehentreiter (1990) sowie in Oevermann (1988).
7 In Begriffen der strukturalen Analyse sprechen wir hier von Fallstrukturgesetzlichkeit.
8 Dabei ist immer zu bedenken, daß das, was hier allgemein über die Lebenspraxis ausgeführt wird, natürlich nicht nur für die individuell-personale Aggregierungsform von Lebenspraxis gilt, sondern ebenso für alle möglichen Typen von kollektiven Aggregierungsformen wie Familie, Gruppe, Gemeinschaft, Nationalstaat, etc.
9 Vgl. die ausführlichen Darstellungen der Sequenzanalyse in Oevermann (1976, 1981, 1989, 1991, 1993a).
10 Vgl. nähere Einzelheiten zur Reziprozität der Begrüßung in Oevermann (1983).
11 An dieser Stelle lohnt ein kurzer Blick auf die durchgängig äquivoke Verwendung der Begriffe "Alltag" und "Alltäglichkeit" in den Sozialwissenschaften. "Alltäglichkeit" im Sinne der Routine steht nämlich im Gegensatz zu einer angeblich die Grundstrukturen von Sozialität fundierenden alltäglichen Lebenswelt und hat mit einer angeblich daran ablesbaren Grundbegrifflichkeit der Sozialwissenschaften, wie es z.B. die Wissenssoziologie, im Grunde aber der Lebenswelt-Begriff überhaupt als Stellvertreter des Alltags-Begriffs suggeriert, nichts zu tun. Vgl. den wichtigen Aufsatz über das Verhältnis von Außeralltäglichkeit und Veralltäglichung von Constans Seyfarth (1979).
12 Das läßt sich auch noch an dem programmatisch im Titel das Gegenteil suggerierenden Versuch von Hans Joas (1992) ablesen.
13 Vgl. meine Versuche, ein solches Theorieprogramm in den Grundzügen zu entwickeln (1991, 1992).
14 Durchgehend findet sich dieses Mißverständnis in typischer Weise vertreten bei Wolfgang J. Mommsen (^{2}1974), vor allem im Nachwort.
15 Dies geschieht etwa durch den Rekurs auf ihrerseits mehr oder weniger stark vor-rationale "Stigmatisierungen".
16 Abgesehen davon stellt sich die Frage der Bewährung der Pragmatik des gesamten charismatischen Prozesses von der initialen Gefolgschaftsbildung an.
17 Unter dieser analytischen Schwäche leiden m.E. auch die material ansonsten außerordentlich instruktiven und erhellenden Interpretationen von Reinhart Koselleck (1979) zur "Sattelzeit" und zur Historik der Krisenerfahrung.
18 Man beachte hier die aufschlußreiche systematische Mehrdeutigkeit umgangssprachlicher Ausdrücke: "einst" kann nämlich sowohl "damals" als auch "demnächst", sowohl Vergangenheit wie Zukunft bedeuten, bildet also die erste Opposition in unserem Modell sozialer Zeit exakt ab.
19 Dies gilt zumindest, sofern er nicht nur Handlungstheoretiker ist, für den

eigentlich nur die bewußten Selbst-Interpretationen der Lebenspraxis auf der Ebene von deren intentionalen oder propositionalen Gehalten zählen.

20 Letztlich müßte auch für Peirce' Drittheit diese Differenz nachgetragen werden.

21 Hier habe ich in früheren Veröffentlichungen zur Sequenzanalyse unpräzise oder gar falsch von einer Dialektik von Lebenspraxis und Ausdrucksgestalt gesprochen und dabei die grundlegende Verschiedenheit zwischen diesen beiden Sphären angesetzt. Das wäre nachträglich im Sinne der Ausführungen hier zu korrigieren als Gegensatz von latenter bzw. objektiver Sinnstruktur einer Ausdrucksgestalt und der in der Praxis subjektiv verfügbaren Rekonstruktion dieser Sinnstruktur. Davon ist jeweils die Sphäre der Lebenspraxis als unmittelbare Gegenwart des Hier und Jetzt grundlegend verschieden.

22 Sie ist das strukturelle Gegenteil des Fatalismus, weil darin an einem Ideal festgehalten werden muß, obwohl permanent von ihm abgewichen wird.

23 An dieser Stelle wird sichtbar, daß Gemeinschaft in sich eine autonome, kollektive Lebenspraxis darstellt und konstitutionstheoretisch die ursprüngliche Form von gesellschaftlichem Leben. Konstruieren wir, im Anschluß an Tönnies, einen strukturlogischen Gegensatz zwischen Gemeinschaft und Gesellschaft, dann kann mit Gesellschaft, ähnlich wie in Hegels Rechtsphilosophie, nur der Typus vertraglicher, rollenförmiger Beziehungen zwischen in sich autonomen Lebenspraxen gemeint sein, ein Typus, der in sich nicht eine autonome Praxisform darstellt, sondern nur eine formalisierbare Koordination von Praxisformen. Gesellschaften in diesem Verständnis - z.B. als bürgerliche Gesellschaft - bedürfen dann, wie Hegel es konstruiert hat, einer zusätzlichen, explizit die Sittlichkeit des Kollektivs konstituierenden Vergemeinschaftung, eben des politischen Staates, der das Recht garantiert. Dieser durchaus analytisch nützliche Begriffsgebrauch macht es dann allerdings erforderlich, "Gesellschaft" im Sinne der Verwendung in "Gesellschaftstheorie" in einer zweiten, ganz anderen Bedeutung als umfangslogische Bezeichnung für die Totalität des sozialen Lebens einzuführen.

24 Insofern ist ja auch die Rückführung einer universellen Religiosität auf die Funktion der Sinngebung nicht falsch, sondern nur nicht ausreichend, weil diese Sinngebungsfunktion nur global und quasi material tautologisch, ähnlich wie bei Durkheim schon postuliert, aber nicht konstitutionstheoretisch explizit bestimmt und strukturgesetzlich abgeleitet wird.

25 Dem folgenden liegt eine detaillierte Sequenzanalyse der Genesis zugrunde, die demnächst veröffentlicht werden soll.

26 Das kann, wie gesagt, nur stichpunktartig vergröbert erfolgen, und viele durchaus wichtige Details müssen dabei ausgelassen werden. Ich über-

gehe alle quellenkritischen Einzelheiten über die verschiedenen Schichten, aus denen der biblisch überlieferte Schöpfungsmythos besteht, und nehme ihn als eine durch Überlieferung hergestellte und verbürgte Einheit.

27 Interessant ist hier, daß die theologischen Konstruktionen des Sündenfalls auch dann, wenn sie der Befreiungslesart sehr nahe kommen, letztlich doch immer auf die Ethisierbarkeit des Ungehorsams, damit auf die sittliche Verantwortlichkeit des Menschen vor der Erkenntnis von Gut und Böse, rekurrieren müssen, womit m.E. die Textbedeutung der Genesis willkürlich überschritten wird.

28 Ich lasse an dieser Stelle aus, daß Eva sich zum Ungehorsam, also zur Bewährung zur Autonomie hin überreden läßt, indem sie den Baum der Erkenntnis auch als sinnlich verführerisch wahrnimmt, sich hier also eine Verschmelzung von ästhetischer und moralischer Erkenntnis vollzieht, was in sich für die Bewährungsdynamik aufschlußreich ist, weil beide Erfahrungsmodi, der ästhetische wie der moralische, an das Hier und Jetzt des lebenspraktischen Vollzugs gebunden sind.

29 Es würde sich natürlich immer noch lohnen, die Masse der undialektischen Befreiungs-Ideen unter diesem Gesichtspunkt zu rekonstruieren. In platter Ideologie-Kritik wurden dort Entfremdung und Traumatisierung als solche als das Übel einer verderbten Gesellschaft entlarvt, und die letztlich terrorisierende, undialektische Phantasie eines heilen, ohne initiale Traumatisierung auskommenden Lebens dagegengestellt. Vieles, was an der "Bewegung" der 68er Generation bewundert wurde und inzwischen mystifiziert wird, lief auf der Ebene der Habitusformationen auf dieses Muster hinaus.

30 Im übrigen ist für die hier vorgeschlagene Interpretation Richard Wagners Scheitern einer Schöpfungs- und Erlösungsmythologie im "Ring des Nibelungen" und im "Parsifal" nicht nur grotesk, sondern sehr instruktiv. In diesen Konstruktionen geht es letztlich auch um die Erschaffung von Autonomie und Erlöstheit durch kontrollierende, mächtige Götter. Die Selbstschaffung des autonomen Menschen scheitert hier objektiv in einer pathologischen Beziehungsfallen-Verkettung von Inzest und magischer Täuschung.

31 Dies ist eine Lesart, die in John Milton's "Paradise Lost" kunstvoll ausgearbeitet wird.

32 Daß später in der christlichen Erlösungsmythologie auch für das ewige Leben die Aufteilung in Verdammnis und Erlösung hinzutreten kann, betrachte ich hier nicht.

33 Der Begriff "Monotheismus" kommt z.B. im Register gar nicht vor.

34 In diesem Zusammenhang läßt sich die "Dialektik der Aufklärung" von Horkheimer und Adorno (1969) als Beleg der folgenden Lesart anführen: Die instrumentelle Vernunft wird in Gestalt der modernen Wissenschaft

gerade auch deshalb zum Mythos, weil sie in ihrer Allmachtsphantasie glaubt, den unwissenschaftlichen Mythos aus der Zeit vor der Aufklärung durch Wegrationalisierung des Aberglaubens funktional vollgültig substituieren zu können.

Literatur

Adorno, Theodor W.: *Negative Dialektik*, Frankfurt/M. 1966.
Adorno, Theodor W.: *Ästhetische Theorie*, Frankfurt/M. 1973.
Berger, Peter L.: *The Sacred Canopy: Elements of a Sociological Theory of Religion*, Garden City 1967.
Bergmann, Jörg/Hahn, Alois/Luckmann, Thomas: *Religion und Kultur*, KZfSS, Sonderheft 33, (1993).
Dersch, Dorothee/Oevermann, Ulrich: "Methodisches Verstehen fremder Kulturräume. Bäuerinnen im Wandlungsprozeß in Tunesien", in: *Peripherie. Zeitschrift für Politik und Ökonomie in der Dritten Welt* 53 (1994), S. 26-53.
Gärtner, Christel: *Soziale Orte individueller Sinnsuche in der durchrationalisierten Gesellschaft. Eine exemplarische Fallrekonstruktion einer "existential-psychologischen Bildungs- und Begegnungsstätte"*, Unpubl. Magisterarbeit, Frankfurt/M. 1991.
Horkheimer, Max/Adorno, Theodor W.: *Dialektik der Aufklärung*, Frankfurt/M. 1969.
Joas, Hans: *Die Kreativität des Handelns*, Frankfurt/M. 1992.
Kepel, Gilles: *Die Rache Gottes. Radikale Moslems, Christen und Juden auf dem Vormarsch*, München 1991.
Der Koran, Übersetzung von R. Paret, 5. Aufl., Kommentar und Konkordanz von R. Paret, 4. Aufl., Stuttgart 1989.
Koselleck, Reinhart: *Vergangene Zukunft. Zur Semantik geschichtlicher Zeiten*, Frankfurt/M. 1979
Kuhn, Thomas: "Objektivität, Werturteil und Theoriewahl", in: ders., *Die Entstehung des Neuen. Studien zur Struktur der Wissenschaftsgeschichte*, Frankfurt/M. 1977, S. 421-445.
Luckmann, Thomas: *Das Problem der Religion in der modernen Gesellschaft*, Freiburg i.Br. 1963.
Matthes, Joachim: "Was ist anders an anderen Religionen? Anmerkungen zur zentristischen Organisation des religionssoziologischen Denkens", in: Bergmann/Hahn/Luckmann 1993, S. 16-30.
Mead, George Herbert: *The Philosophy of the Present*, La Salle, Ill. 1959.

Mead, George Herbert: "The Definition of the Psychical", in: ders., *Selected Writings*, hg. von A.J. Reck, Indianapolis 1964, S. 25-59.

Mommsen, Wolfgang J.: *Max Weber und die deutsche Politik 1890 - 1920*, Tübingen 1974.

Neue Jerusalemer Bibel - Einheitsübersetzung mit dem Kommentar der Jerusalemer Bibel, Freiburg i.Br. 1985.

Oevermann, Ulrich/Allert, Tilmann/Gripp, Helga/Konau, Elisabeth/Krambeck, Jürgen/Schröder-Caesar, Erna/Schütze, Yvonne: "Beobachtungen zur Struktur der sozialisatorischen Interaktion", in: M.R. Lepsius (Hg.), *Zwischenbilanz der Soziologie*, Stuttgart 1976, S. 274-295.

Oevermann, Ulrich: "Fallrekonstruktion und Strukturgeneralisierung als Beitrag der objektiven Hermeneutik zur soziologisch-strukturtheoretischen Analyse", unpubl. Ms. Frankfurt/M. 1981.

Oevermann, Ulrich: "Zur Sache. Die Bedeutung von Adornos methodologischem Selbstverständnis für die Begründung einer materialen soziologischen Strukturanalyse", in: L. v. Friedeburg/J. Habermas (Hg.), *Adorno-Konferenz 1983*, Frankfurt/M. 1983, S. 234-292.

Oevermann, Ulrich: "Versozialwissenschaftlichung der Identitätsformation und Verweigerung von Lebenspraxis: Eine aktuelle Variante der Dialektik der Aufklärung", in: Lutz, B. (Hg.): *Soziologie und gesellschaftliche Entwicklung. Verhandlungen des 22. Deutschen Soziologentages in Dortmund 1984*, Frankfurt/M. 1985, S. 463-474.

Oevermann, Ulrich: "Eine exemplarische Fallrekonstruktion zum Typus versozialwissenschaftlichter Identitätsformation", in: H.-G. Brose/B. Hildenbrand (Hg.), *Vom Ende des Individuums zur Individualität ohne Ende*, Opladen 1988, S. 243-286.

Oevermann, Ulrich: "Prinzipien der Sequenzanalyse und die Rekonstruktion von geschichtlichen Prozessen: Am Fallbeispiel einer pathologischen Interaktion", unpubl. Ms., Frankfurt/M. 1989.

Oevermann, Ulrich: "Eugène Delacroix - biographische Konstellation und künstlerisches Handeln", in: *Georg Büchner Jahrbuch* 6 (1986/87), hg. v. Th. Mayer, Frankfurt/M. 1990, S. 12-58.

Oevermann, Ulrich: "Genetischer Strukturalismus und das sozialwissenschaftliche Problem der Erklärung der Entstehung des Neuen", in: S. Müller-Dohm (Hg.), *Jenseits der Utopie*, Frankfurt/M. 1991, S. 267-336.

Oevermann, Ulrich: "Die Emergenz und die Determination des Neuen. Reflexionen über Kreativität und Individuierung aus der Sicht der objektiv hermeneutischen Sequenzanalyse", unpubl. Ms., Frankfurt/M. 1992.

Oevermann, Ulrich: "Die objektive Hermeneutik als unverzichtbare methodologische Grundlage für die Analyse von Subjektivität. Zugleich eine Kritik der Tiefenhermeneutik", in: Th. Jung/S. Müller-Doohm (Hg.), *"Wirklichkeit" im Deutungsprozeß*, Frankfurt/M. 1993a, S. 106-189.

Oevermann, Ulrich: "Charakter-Zeichen und Zeichen-Charakter. Soziologische Überlegungen zu Susanne Ritters Malerei", in: *Susanne Ritter - Bildnisse*, Bensheim/Düsseldorf 1993b, S. 65-74.

Otto, Rudolf: *Das Heilige*, München ^{17}1929

Peirce, Charles Sanders: *Lectures on Pragmatism - Vorlesungen über Pragmatismus*, hg. v. E. Walther, Hamburg 1973.

Schöll, Albrecht: *Zwischen religiöser Revolte und frommer Anpassung. Die Rolle der Religion in der Adoleszenzkrise*, Münster 1992.

Seyfarth, Constans: "Alltag und Charisma bei Max Weber", in: W.M. Sprondel/R. Grathoff (Hg.), *Alfred Schütz und die Idee des Alltags in den Sozialwissenschaften*, Stuttgart 1979.

Tykwer, Jörg: *Distanz und Nähe. Zur sozialen Konstitution ästhetischer Erfahrung*, Phil. Diss., Frankfurt/M. 1992.

Weber, Max: *Wirtschaft und Gesellschaft*, Tübingen 1956.

Weber, Max: *Das antike Judentum*, Gesammelte Aufsätze zur Religionssoziologie, Bd. III, Tübingen 1966.

Zehentreiter, Ferdinand: *Technokratisierung der Identitätsformation und Resistenz der Lebenspraxis - die Methode der strukturalen Hermeneutik als Paradigma soziologischer Analyse der Gegenwartskultur*, Phil. Diss., Frankfurt/M. 1990.

Armin Nassehi

Religion und Biographie

Zum Bezugsproblem
religiöser Kommunikation in der Moderne

1. Einleitung

Religion und Biographie - zwei abstrakte Begriffe, deren Korrelate auf ihrer Gegenstandsseite auf den ersten Blick eindeutige Referenten haben. Unter Religion verstehen wir üblicherweise einen Sinn- und Wirklichkeitsbereich, der die Welt im Hinblick auf einen verborgenen, sich aber bisweilen offenbarenden Gesamtsinn bestimmbar macht. Der Begriff Biographie steht zum einen für die Temporalisierung von Lebenslagen und zum anderen für eine Beobachtungs- und Beschreibungsleistung, die das "Material" erlebten Lebens zu mehr oder weniger elaborierten innerpsychischen Identifikationsmustern bzw. zu alltagsweltlichen oder verschrifteten Texten kondensieren läßt. Daß Religion und religiöse Praxis auf Typen und Muster biographischer Prozesse und Texte einwirken, ist genauso plausibel wie der umgekehrte Vorgang: Biographische Muster und Typen lebenslaufrelevanter Präskripte bestimmen die religiöse Praxis von Individuen von den denkbar möglichen Extremen einer nahezu vollständig religiös bestimmten Biographie bis zu Lebensverläufen und biographischen Texten ohne religiösen Bezug. Solche Wechselwirkungsprozesse bieten sich als Gegenstand empirischer soziologischer und historischer Forschung an und legen eine Fülle von Daten über die religiöse Bedeutung sowie die religiöse Dimension individueller Biographien je nach soziodemographisch ausgewählter Untersuchungsgruppe frei.

Meine folgenden Überlegungen beschreiten nicht diesen Weg. In respektvoller Distanz zur empirischen Forschung versuche ich von einem gesellschaftstheoretischen, insbesondere systemtheoretischen point of view die Frage nach der gesellschaftlichen Funktion von Religion sowie nach einem angemessenen soziologischen Begriff der Religion zu stellen. Ich halte diesen Versuch einer theoretischen Selbstaufklärung nicht nur für eine begriffliche Spielerei, sondern meine, daß der Versuch einer präzisen Begriffsbestimmung von Religion die Tiefenschärfe auf der Gegenstandsseite erhöht und damit auch zur Hypothesenbildung für empirische Forschung beitragen kann. Der Fokus meiner Aufmerksamkeit richtet sich dabei primär auf Religion - daß sich die theoretische Optik dabei am Phänomenbereich Biographie scharfstellen wird, wird sich aus meinen Ausführungen ergeben. Ich beginne aber zunächst mit einer kurzen Beobachtung der religionssoziologischen Tradition.

2.

Schon ein flüchtiger Blick in die religionssoziologische Literatur läßt die ungeheure Bandbreite und Formenvielfalt begriffsstrategischer Festlegungen in der Bestimmung von *Religion* deutlich werden. Gemeinsam ist jedoch den meisten Ansätzen, daß sie das entscheidende Bezugsproblem religiöser Pragmatik und Programmatik in *Ganzheitschiffren* ausdrücken. Dabei spielt es zunächst keine Rolle, ob von einem eher substantiell-religionswissenschaftlichen, von einem anthropologischen oder funktional-soziologischen Boden aus operiert wird - stets wird die *differentia specifica* des Religiösen im Rekurs aufs Ganze gesucht und gefunden.

Einige Beispiele aus der klassischen religionssoziologischen

Literatur mögen dies verdeutlichen: Für Emile Durkheim etwa ist "Religion eine im wesentlichen kollektive Angelegenheit" (Durkheim 1981:68), die soziale Verbände - etwa Gesellschaften - mit kognitiven und praktischen Sinnaussagen versorgt und der Welt als ganzer durch die Unterscheidung zwischen *heiliger* und *profaner* Sphäre "eine natürliche Ordnung der Dinge" (ebd.:49) unterlegt. Auch Max Weber setzt am "Gemeinschaftshandeln" an, das durch religiöse Weltbilder und Praktiken wesentlich bestimmt und hervorgebracht wird. Seine religionsgeschichtlichen Untersuchungen, die die mäeutische Funktion religiöser Weltbilder für den Rationalismus der modernen Welt rekonstruieren, kulminieren in der definitorischen Beschreibung religiöser Erfahrung, "daß die Welt ein gottgeordneter, also irgendwie ethisch *sinnvoll* orientierter Kosmos" (Weber 1972:564) sei. Georg Simmel sieht Religion als Orientierung auf einen letzten einigenden Fluchtpunkt der Erfahrung, der die innerweltliche Zerrissenheit des sozialen Lebens auf eine höhere Stufe hebt und damit überwindet. Religion, so Simmel, habe zu "versöhnen, was nicht nur mit einander kämpft ..., sondern was fremd und ohne rechten gegenseitigen Angriffspunkt nebeneinander liegt" (Simmel 1989:70). Bei Talcott Parsons schließlich wird Religion als Teil des kulturellen Systems behandelt, wo sie insbesondere Gefährdungen durch Erklärungsgrenzen und Selbstzweifel der kulturellen Sinnstiftung entgegenzutreten hat (vgl. dazu ausführlich Brandt 1993:97ff., 129ff.).

Diese vier Beispiele, die aus sehr unterschiedlichen soziologischen Traditionen stammen und sehr unterschiedliche Traditionen mitbegründen, mögen bei aller Verkürzung genügen, um das Gemeinsame hervortreten zu lassen. Alle vier Bestimmungen leben davon, daß Religion am Ganzen orientiert ist, diesem Ganzen einen Sinn zu verleihen hat, dadurch eine zentrale gesellschaftliche Funktion erfüllt und schließlich nicht einfach einen Wirklichkeitsbereich unter anderen ausmacht, sondern einen zentralen oder höchsten Wert, ein sinnhaftes Zentrum oder umfassende Bedeutsamkeit formuliert. Ich möchte dieses Modell versuchsweise eine *Elevator-Metaphorik* nennen: Das sinnlose Chaos der empirischen Wirklichkeit wird durch Rekurs auf nicht-empirische Sachverhalte, durch soziale Sichtbarmachung des Unsichtbaren, durch Erklärung des Unerklärlichen sowie durch die gedachte Einheit einer *coincidentia oppositorum* auf eine höhere Stufe gehoben und damit als geordneter Kosmos und als Ganzheit erfahrbar und bestimmbar.

Dieses Modell verdankt sich m.E. einer zu starken Engführung am Religionsbegriff der klassischen Religionswissenschaft, wie er etwa von Rudolf Otto (1963) oder in neuerer Zeit von Mircea Eliade (1984) vertreten wird. Nach diesen Theorien wird das *Wesen* des Religiösen in einer Dichotomisierung der Welt in eine heilige und eine profane Sphäre aufgefunden. Religion transzendiert die sichtbare Welt in Richtung eines heiligen Zentrums, von dem her sich das Ganze als Kosmos offenbart.[1] Religion ist demnach - anders gesagt - das, was die Welt als ein Ganzes im Innersten zusammenhält. Man müßte dann also schließen, daß Religion und Modernität sich ausschließende Größen sind, da eine Zentralinstanz, die die Welt im Innersten zusammenzuhalten imstande wäre, der Gesellschaftsstruktur der Moderne diametral widerspricht - aber ich greife vor.

Auch die zeitgenössische religionssoziologische Literatur hat sich, so weit sie überhaupt eine gesellschaftstheoretische Perspektive einnimmt, von diesem Modell nicht gelöst - und reflektiert doch zugleich mit, daß der verwendete Religionsbegriff wenig praktikabel ist. Sieht man sich etwa Thomas Luckmanns Soziologie der Religion an - insbesondere seine bereits in den 60er Jahren entstandene, aber erst 1991 vollständig in Deutsch erschienene Untersuchung "The Invisible Religion" (Luckmann 1991) -, so fällt zweierlei auf: Zum einen benutzt Luckmann ein anthropologisches Modell. Danach ist der Mensch auf eine "Transzendierung des Alltags" (ebd.:80) und seiner "biologischen Natur" (ebd.:85f.) angewiesen, welche die zunächst als amorph erlebte vielfältige Welt in *einem* Deutungsschema, in einer *Weltansicht* als sinnhaft geordnet ansichtig werden läßt. Diese anthropologische Disposition führt zur Konstruktion einer höchsten Bedeutungsschicht des Heiligen (vgl. ebd.:97f.). Bis hier deckt sich Luckmanns Bestimmung des Religiösen noch weitgehend mit dem *Elevator-Modell*. Dieses Modell jedoch kann letztlich nur für vormoderne, traditionale Gesellschaften Gültigkeit beanspruchen. Die moderne Gesellschaft, so Luckmann, erlaubt dagegen wegen ihres dezentralen und pluralistischen Aufbaus kein solches auf eine Spitze oder ein Zentrum hin ausgerichtetes Religionsverständnis mehr. Der starken Individualisierung und dem erheblichen Rollenpluralismus moderner Vergesellschaftung Rechnung tragend, siedelt Luckmann die Religion nun in der je individuellen Wirklichkeitsstruktur von Personen an, bei denen diejenigen psychischen Relevanzen religiöse Funktionen erfüllen, die als *letzte Bedeutungen* erfahren werden. Das können nach Luckmann sowohl traditionale kirchlich-religiöse Inhalte sein, aber auch andere Wirklichkeitsbereiche, die durch sekundäre Institutionen vor allem massenmedial vermittelt werden. "Die in vielen Zeitungen veröffentlichten Ratgeberseiten, 'erbauliche' Literatur, Abhandlungen über positives Denken im *Playboy*, populärpsychologische Versionen im *Reader's Digest* oder die Lyrik der Popmusik, all dies artikuliert die tatsächlichen Elemente von 'letzter' Bedeutung" (ebd.:147). Luckmann trägt also der unbestreitbaren Tendenz zur Individualisierung von Lebensformen Rechnung, indem er Religiosität völlig von gesamtgesellschaftlichen Problembezügen abkoppelt und sie in die individuelle Unendlichkeit von einzelnen hineinverlagert, die aus dem Warenlager gesellschaftlicher Sinnangebote das für sie gerade Passende als letzte Bedeutung und damit als heiligen Kosmos ihres Lebens auswählen. Die begriffs- und theoriestrategische Richtung dürfte deutlich geworden sein: Luckmann kann diese neuen Formen der Religiosität als funktionale Äquivalente für die vormoderne Sozialform der Religion behandeln, weil ihm seine *anthropologische* Basis letztlich als theoretisches Verbindungsglied dient. Er erzielt damit ein paradoxes Ergebnis: *Zum einen* läßt sich mit seiner Theorie vermeiden, die Existenz von Religion in der Moderne schon aus theoretischen Gründen bestreiten zu müssen. *Zweitens* aber wird ein soziologischer Begriff der Religion doch völlig destruiert, da es letztlich kein soziologisches Kriterium mehr für das gibt, was wir Religion nennen könnten. Allein die anthropologische Annahme einer Bedeutungshierarchie subjektiver Relevanzen reicht dafür sicher nicht aus, da eine gesellschaftstheoretische Fragestellung ja gerade die gesellschaftlichen Antezedenzbedingungen subjektiver Relevanzen aufzudecken bemüht ist. Luckmann bezahlt also seine gesellschaftstheoretische Sensibilität mit dem Verlust eines soziologischen Religionsbegriffs.

Das paradoxe Ergebnis, das sich aus Luckmanns Religionssoziologie ergibt, läßt sich auch bei anderen wiederfinden. Mit der größte Überraschungswert für eine gesellschaftstheoretisch informierte Theorie der Religion scheint darin zu liegen, daß sowohl Religion als auch Kirche nach wie vor existieren, einen festen Platz in der Gestalt moderner Gesellschaften besitzen und doch begrifflich kaum exakt zu fassen sind, wie etwa Franz-Xaver Kaufmann (1989:1ff.) oder Ingo Mörth (1978:11ff.)[2] anmerken. Ich führe dieses paradoxe Ergebnis weniger auf begriffliche Fehlversuche oder eine unpräzise Nomenklatur zurück, sondern vermute, daß sich darin lediglich die paradoxale Struktur religiöser Kommunikation in der Moderne *auf der Gegenstandsseite* reflektiert. Ich werde deshalb den Fokus meiner Aufmerksamkeit zunächst auf die gesellschaftsstrukturellen Antezedenzbedingungen religiöser Kommunikation der Moderne richten.

3.

Als erstes assoziiert man bei dieser Fragestellung den von Max Weber eindringlich beschriebenen Prozeß des okzidentalen Rationalismus und der Säkularisierung der Gesellschaft durch und gegen Religion. So plausibel die Säkularisierungsthese zunächst ist, so wenig vermag sie aber über gesellschaftsstrukturelle Bedingungen aufzuklären. Wie Kaufmann die religionssoziologische Diskussion zusammenfaßt, suggeriert der Säkularisierungsbegriff "eine lineare Bewegung des Weltgeistes" (Kaufmann 1989:73), dem letztlich aber kein einsinniges Korrelat entspricht. Die Säkularisierung der modernen Kultur ist vielmehr als sekundäres Phänomen zu verstehen, dessen Erklärungskraft für die Charakterisierung von Religion in der Moderne gerade dadurch geschwächt wird, daß sie selbst das zu erklärende Symptom ist - eine klassische *petitio principii*, wie Detlef Pollack (1988:22f.) betont. Es scheint also tatsächlich notwendig zu sein, mehr Gewicht auf die gesellschaftsstrukturellen Bedingungen der Sozialgeschichte der Religion zu legen. Um dies zu erläutern, folge ich im wesentlichen Niklas Luhmanns Theorie funktionaler Differenzierung und der davon abgeleiteten Theorie der *Ausdifferenzierung der Religion* als funktionales Teilsystem der Gesellschaft (vgl. Luhmann 1989:259ff.).

Die Theorie funktionaler Differenzierung geht bekanntlich davon aus, daß sich im Zuge des Modernisierungsprozesses die Gesellschaftsstruktur von einer primär in Schichten differenzierten Sozialstruktur in Richtung einer Differenzierung nach Funktionen umgestellt hat. Gesellschaft wird dabei verstanden als Kommunikationssystem, das sich auf einer primären Ebene in unterschiedliche, nicht füreinander substituierbare Funktionen ausdifferenziert. Gesellschaftsstrukturell gesehen differenziert sich die Gesellschaft in Teilsysteme, die nicht mehr durch eine allen Systemen gemeinsame Grundsymbolik integriert werden können. Die einzelnen funktionalen Teilsysteme - Wirtschaft, Politik, Recht, Erziehung, Wissenschaft, Kunst und auch: Religion - operieren stets aus ihrer jeweiligen funktionssystemspezifischen Perspektive, die für sie selbst unhintergehbar ist. Diese Teilsysteme operieren aber nicht einfach mit ihnen zugeordneten, funktionsspezifischen Semantiken, sondern mithilfe von beobachtungsleitenden Grundunterscheidungen. Diese Grundunterscheidungen bezeichnet Luhmann als *binäre Codes*. Auch diese sind den Teilsystemen nicht einfach als ein Merkmal unter anderen zugeordnet, sondern die Ausdifferenzierung von binären Codes ist identisch mit dem Sachverhalt funktionaler gesellschaftlicher Differenzierung. Das Wirtschaftssystem etwa *besteht* - wenn eine solche ontologische Sprechweise überhaupt angemessen ist - aus allen Kommunikationen, die als Zahlungen oder Nicht-Zahlungen fungieren, Recht kommuniziert Sachverhalte im Hinblick auf Recht und Unrecht, Politik im Hinblick auf machtförmige Unterscheidungen, in Demokratien als Regierung/Opposition, und wissenschaftliche Kommunikation operiert stets im Hinblick auf wahre und nichtwahre Sachverhalte. Funktionale Teilsysteme generieren somit eine je eigene, sich wechselseitig ausschließende Form der Beobachtung von Welt. Für Wirtschaft, Recht, Politik, Wissenschaft und Religion erscheint die Welt stets nur als ökonomischer, rechtlicher, politischer, wissenschaftlicher und auch: religiöser Kosmos. Als besonderes Signum der Moderne ergibt sich aus dieser beobachtungstheoretischen Position nicht nur die operative *Differenz* von teilsystemspezifischen Perspektiven, sondern auch, beobachtet man die Gesellschaft als *differenzierte Einheit*, als paradoxe Form. Die Repräsentation des Ganzen im Ganzen wird per se paradox, weil keine Perspektive mehr in der Lage ist, fürs Ganze zu sprechen oder zumindest die Einheit der Gesellschaft zu konditionieren. Jedes Funktionssystem *ist* zugleich die Gesellschaft, und es *ist* sie zugleich nicht.[3]

Theoretisch ergibt sich daraus die Konsequenz, daß die moderne Gesellschaft nicht mehr durch einen überwölbenden Gesamtsinn, durch normative Ordnungen oder durch das moralische Gesetz integriert werden kann. Das Signum der gegenwärtigen modernen Gesellschaft scheint darin zu bestehen, daß Gesellschaft nicht mehr nach dem Modell des solidarischen Verbandes, des rechtlichen Vertrages oder der sinnhaft integrierten Bedeutungskonvergenz gedacht werden kann, sondern daß sie sich in disparate Teile differenziert, die zugleich hochgradig unabhängig und hochgradig abhängig voneinander sind. Die gegenwärtig entscheidenden gesellschaftstheoretischen Schlachten werden deshalb auf dem Feld der Frage nach Steuerungskapazitäten, nach wechselseitiger Beobachtungssensibilität und nicht zuletzt nach der Handhabung lokaler und globaler Risiken geführt. Dabei oszillieren die in der Literatur vorgebrachten gesellschaftstheoretischen Zeitdiagnosen zwischen solchen Positionen, die eher die Unüberwindlichkeit gesellschaftsinterner Differenzen betonen, und solchen, die nach theoretischen und empirischen Möglichkeiten für die Überwindung oder zumindest Abfederung von Differenzierungsfolgen suchen.[4]

Ich komme nun auf Religion zu sprechen. In meinen Formulierungen habe ich wie selbstverständlich auch von Religion als einem funktionalen Teilsystem der Gesellschaft gesprochen, ohne aber die systemkonstituierende binäre Codierung des Religiösen mitzunennen. Dies geschah aus gutem Grund, denn mit Hilfe dieser Codierung läßt sich erst ein gesellschaftstheoretisch angemessener Begriff der Religion entwickeln, der die moderne Sozialform der Religion zu berücksichtigen in der Lage ist. Zunächst aber sind einige Bemerkungen zur Geschichte der funktionalen Ausdifferenzierung von Religion vonnöten.

Es gehört - nicht erst seit Max Weber - zum fast unstrittigen Traditionsbestand sozialwissenschaftlicher Theorie, daß Religion in der abendländischen Geschichte eine zumindest in der Weise motivbildende Funktion hatte, als damit psychische Mentalitäten vorbereitet wurden, die die Moderne mitkonstituiert haben. Für eine gesellschaftstheoretische Perspektive allerdings sollten Motivlagen und psychische Mentalitäten erst nachrangig behandelt werden. Von entscheidenderer Bedeutung ist vielmehr, in welchem gesellschaftsstrukturellen Kontext solche Motivlagen entstehen. In vormodernen, stratifizierten Gesellschaften hatte Religion - ganz nach dem *Elevator-Modell* - die Funktion, dem Ganzen einen Sinn zu geben und die bestehende Ordnung sowohl sinnhaft als auch "militärisch" zu stabilisieren. Im wesentlichen geschah dies dadurch, daß sie ein Moralschema vorgab, das Personen ihren Ort in der Gesellschaft zuweisen konnte (vgl. Luhmann 1989:283). Das war insofern funktional für das Gesellschaftssystem, als Personen alternativlos und vollständig in multifunktionale Gruppen integriert waren, man denke etwa an die agrarische Wirtschaftsweise, an Klöster, Zünfte oder den Adel.[5] Nun wäre es ein erheblicher Fehlschluß, zu behaupten, mit beginnender funktionaler Differenzierung der Gesellschaft werde Religion marginalisiert oder gar bedeutungslos. Vielmehr differenziert sich gerade Religion selbst in und von der Gesellschaft aus, um ihre Funktion erfüllen zu können. Man könnte dies auf die Funktion selbst zurückführen - nämlich die Gesamtselektivität der Welt zu sichern -, doch mit Luhmann möchte ich den Grund für die frühe Ausdifferenzierung von Religion im thematischen Bezug ihrer Funktionserfüllung sehen. Religion versucht die Bestimmbarkeit der Welt dadurch zu sichern, daß sie die Einheit der Differenz von Vertrautem und Unvertrautem im Walten einer von außen auf die Welt - also auf den Raum, der Vertrautes und Unvertrautes umfaßt - wirkenden Kraft sieht. So sichert sie die Bestimmbarkeit der Welt und vermag es, Kontingenzen wegzuarbeiten und positiv zu wenden. Tod wird Leben, Leid wird Prüfung, Gehorsam wird Heil. Bestimmbar kann Welt aber nur dann werden, wenn religiöse Kommunikation verknappt wird. Da sich, so Luhmann, über nicht-empirische Dinge, selbst wenn sie einen offenkundigen Realitätsbezug haben, sehr leicht und hemmungslos reden läßt, muß gerade eine solche Kommunikation sozial verknappt werden, damit die Bestimmbarkeit der Welt tatsächlich selektiv wirken kann und man nicht womöglich aus konkurrierenden Bestimmungen die richtige auswählen muß. Religion muß für alles gelten, muß aber gerade deshalb sowohl thematisch als auch sozial eingeschränkt werden, um wirken zu können. "Der Mechanismus, der die Ausdifferenzierung der Religion antreibt, liegt also in einer eigentümlichen Koinzidenz von *Erweiterung* und *Einschränkung*" (ebd.). Die Ausdifferenzierung von Sakralrollen, die Einmauerung von Klöstern, der lateinische Ritus[6], die Semantik des Geheimnisses sowie die Exkommunikation und Entleibung von Abweichlern sind die dafür geeigneten sozialen Techniken. Religion, so könnte man zusammenfassen, war durch ihre Ausdifferenzierung das erste funktionale Teilsystem, das sich in der Gesellschaft von der Gesellschaft wegdifferenziert hat.[7]

Durch Etablierung einer religiösen Dogmatik und nicht zuletzt durch Konzentration wissenschaftlicher und wirtschaftlicher Ressourcen hatte Religion die semantische Führungsrolle inne und konnte durch das Moralschema die Integration von Menschen und damit die Bestimmbarkeit der Welt aus allen Perspektiven der Welt sichern und für eine Ordnung des Ganzen sorgen. Es ist hier nicht möglich, den Prozeß funktionaler Differenzierung im einzelnen nachzuzeichnen. Ich verweise lediglich darauf, daß andere gesellschaftliche Funktionen gewissermaßen einer *nachholenden* Ausdifferenzierung ausgesetzt wurden. Dieser - wenn man so will - Säkularisierungsprozeß war allerdings nicht nur ein Prozeß der Entfernung *weltlicher* von *religiöser* Kommunikation, es war auch ein Prozeß, der für die operativ autonome Ausdifferenzierung von binären Codierungen gesorgt hat, der eine Zuordnung funktionsspezifischer Kommunikationen erlaubt hat und der für eine neue Dynamik in der wechselseitigen Abhängigkeit und Unabhängigkeit gesellschaftlicher Funktionen gesorgt hat. Der für Religion entscheidende Sachverhalt ist aber, daß sie sich nun in einer paradoxen Situation vorfand: Für die Funktion, für die sie sich letztlich ausdifferenziert hat, war kein Platz mehr in der Gesellschaftsstruktur (vgl. Gabriel 1993:151). Säkularisierung bedeutet also keineswegs nur eine Marginalisierung der Religion, auch keinen Funktionsverlust[8], sondern erfordert nun radikale Umstellungen der religiösen Reflexion auf sich selbst und auf die Welt. Die Paradoxie der Religion heißt nun nicht mehr, Bestimmbarkeit und Unbestimmbarkeit der Welt durch Rekurs auf die Kontingenzformel Gott bestimmbar zu machen, sondern sehen zu müssen, daß Religion das, was sie verfolgt, nämlich die Sünde, selbst produziert (vgl. Luhmann 1989:291).

4.

Die Umstellung auf funktionale Differenzierung der Gesellschaft führt zu einer erheblichen Veränderung der sozialen Lagerung von Individuen, und damit ändert sich auch das Inklusionsschema von Personen. Sie können nicht mehr einem der Teilsysteme zugeordnet werden wie in der schichtenmäßigen Differenzierung, sondern werden durch Multiinklusion in verschiedene Teilsysteme einem erheblichen Individualisierungsprozeß ausgesetzt. Für religiöse Kommunikation ergibt sich daraus die Konsequenz, daß sie ihre integrative Funktion durch das Moralschema nicht mehr erfüllen kann, denn Moral wird in Verbindung mit Multiinklusion schlicht dysfunktional - und so beginnt das Religionssystem der Paradoxie ansichtig zu werden, sich die Verantwortung fürs Ganze zuzumuten und doch nur noch für sich zu sprechen. Noch einmal: Sünde ist nun *Produkt* religiöser Kommunikation, nicht mehr ihre *Gegnerin*.

Moralische Integration der Gesamtperson und funktionale Differenzierung schließen sich aus. Individuelle Lebensverläufe sind nicht mehr durch Zugehörigkeit zu sozialen Aggregaten präformiert, sondern durch unterschiedliche Inklusionsbedingungen in funktionale Teilsysteme bestimmt. Was Martin Kohli die *Institutionalisierung des Lebenslaufs* genannt hat, ist nichts anderes als die gesellschaftliche Organisation von Inklusionsansprüchen der Funktionszentren, und was wir die Tendenz zur *Biographisierung des Lebenslaufs* nennen, ist nur die andere Seite der Medaille[9]: Der einzige Ort, an dem die disparaten Teile der Gesellschaft verbunden werden, ist das Individuum, das die unterschiedlichen sozialen Ansprüche in Einklang zu bringen hat - das Individuum ist gewissermaßen der Parasit, das ausgeschlossene Dritte gesellschaftlicher Differenzen. Ihre als "Identität" behandelte Einheit erzeugen Individuen immer weniger in der Sachdimension und in der Sozialdimension, sondern in der Zeitdimension: Biographische Perspektiven werden mehr und mehr zum funktionalen Äquivalent gesellschaftlicher Inklusion; sie sind der Ort, an dem *exkludierte* ganze Personen ihre Individualität mit den und gegen die Ansprüche gesellschaftlicher Funktionszentren in Form institutionalisierter Lebensläufe oder präskriptiver Rollen ausbilden. Biographische Perspektiven sind der Ort, an dem die Differenz von gesellschaftlich erforderter *Dividualität* und psychisch erlebter operativer *Individualität* individuell erfahren, erlitten und notgedrungen überwunden wird (vgl. dazu Nassehi 1993a:345ff.; Nassehi 1993b).

Wie kann Religion mit dieser Umstellung umgehen? Ohne

Zweifel hat religiöse Praxis die Biographisierung individueller Perspektiven mitbefördert. Alois Hahn (1987:18ff.) etwa hat mehrfach auf die biographiegenerierende Bedeutung der Beichte hingewiesen. Die Funktion des Protestantismus für die Ausbildung von Wirtschaftssubjekten muß kaum noch erwähnt werden. Doch welche Funktion hat dies für das Religionssystem selbst? Welches eigene Problem löst Religion dadurch? Es wäre sicher zu einfach, zu behaupten, daß sich Religion gewissermaßen auf die Biographisierung von individuellen Lebensformen eingestellt hat. Vielmehr mußte sie sich ein neues Bezugsproblem erschließen, nachdem die Welt als Ganze sich ihr entzogen hat. Die entscheidende kommunikative Technik war ohne Zweifel, nun an der Individualität von Personen anzusetzen und damit die Sorge ums Seelenheil mehr und mehr in Individuen hineinzuverlagern. Was einerseits als *Privatisierung von Religion* gedeutet werden kann (vgl. Luckmann 1991:127; Kaufmann 1989:173ff.), stellt sich andererseits als Postulat dar, Seelenheil nur noch - je nach Konfession - durch individuelles Verhalten oder individuelle Zuteilung von Gnade erreichen zu können. Religion entdeckt die individuelle Lebensgeschichte als Bezugspunkt und beobachtet die Immanenz der individuellen Dividualität im Hinblick auf Transzendenz. Konkret: Das letzte große Thema der Religion wird die Transzendenz des individuellen Lebens, wird der Tod, die postmortale Existenz des einzelnen. Es ist dies die hohe Zeit der Höllendarstellungen in den Predigten des 18. Jahrhunderts sowie der Bekehrungsversuche gegenüber dem Bürgertum *sub specie aeternitatis* auf dem Krankenbett, wie sie etwa von Bernhard Groethuysen (1978) eindrucksvoll geschildert werden. Die Glaubensspannung zwischen heiliger Sphäre und profaner Welt wird nun nicht mehr gesellschaftlich aufgelöst, sondern in den einzelnen hineinverlagert. Es war eine fast unausweichliche Konsequenz, daß diese Spannung in Richtung Welt aufgelöst wurde und Religion damit ihre gestaltende Funktion für die Organisation von Biographien in weiten Teilen der Bevölkerung verloren hat.

Das Religionssystem hat auf diese Entwicklung in zweifacher

Weise reagiert - hier folge ich wieder Luhmann. Zum einen entparadoxiert es sich in Form kirchlicher Religiosität durch eine eigene Dogmatik, die sich zwar stets beobachtet, durch ständigen Rekurs auf sich selbst aber für sich selbst letztlich unbeobachtbar macht (vgl. Luhmann 1989:320). Zum anderen aber muß sich religiöse Kommunikation Themen und Adressaten erschließen, die zumeist nur fern von der dogmatischen Traditionspflege aufgefunden werden können (vgl. ebd.:327). Religiöse Organisationen etwa kommunizieren schlicht jedes nur denkbare Thema - man denke nur an die verschiedenen Kirchentage oder an katholische und evangelische Akademien, die allesamt eine Generalzuständigkeit für alles Kommunizierbare reklamieren. Doch man darf dies keineswegs mit religiöser Kommunikation verwechseln, denn funktionale Teilsysteme decken sich nicht mit ihren Organisationen (vgl. Luhmann 1990:672ff.). Was macht also das Spezifische religiöser Kommunikation aus?

Sicher ist Luhmann darin rechtzugeben, daß Religion ihr Proprium nicht mehr darin findet, Übernatürliches zu kommunizieren - fürs Unsichtbare sei nun die Physik zuständig (vgl. Luhmann 1989:326) -, sondern gegen weltliche Indifferenz zu opponieren. Doch was heißt das schon? Weltliche Indifferenz wofür? Letztlich kann damit doch nur Indifferenz für den religiösen Traditionsbestand gemeint sein, aber gerade neben diesem, zum Teil auch gegen diesen müssen Reservate des Religiösen neu erschlossen werden. Wenn es stimmt, daß Religion mit der Bestimmbarkeit von Unbestimmtem zu tun hat, und wenn es stimmt, daß Religion keinen motivbildenden Zugang mehr für die Bestimmbarkeit der Welt hat, scheinen ihr drei Wege zu bleiben: Der eine hält an der Dogmatik der Tradition fest und pflegt einen Fundamentalismus gegen die Welt. Der zweite beobachtet sich und die anderen Teilsysteme sehr wohl unter religiösem Vorzeichen, versucht zu intervenieren und muß doch immer wieder feststellen, daß politische Kommunikation politisch, wissenschaftliche wissenschaftlich, rechtliche rechtlich, pädagogische pädagogisch und ökonomische Kommunikation ökonomisch kommuniziert. Der dritte Weg schließlich findet sein dominantes

Bezugsproblem in der Bestimmung dessen, was die funktional differenzierte Gesellschaft unbestimmt läßt: *in der Individualität von Individuen.* Wenn Religion in der Moderne explizit nicht mehr die Sinngebung des Ganzen zum Gegenstand haben kann - es sei denn bei Strafe der Exkommunikation religiöser Kommunikation von außen - bietet sich zunehmend das Thema an, *die Einheit der Differenz gesellschaftlich verordneter Dividualität und persönlicher Individualität zu kommunizieren.* Damit sind letztlich *Biographien* diejenigen Bezugspunkte, an denen religiöse Kommunikation sich an ihrem Proprium selbst bewähren kann.

Ich habe schon zu Beginn meiner Ausführungen gesagt, daß ich meine Thesen in Distanz zu empirischen Daten vortrage. Doch dürften sich für meine Überlegungen durchaus empirische Evidenzen finden lassen, wenn man nur an die an biographischen Mustern ansetzende Struktur von Kasualhandlungen denkt (vgl. Alheit 1986), wenn man an religiöse Veranstaltungen denkt, die auch jenseits ritualisierter Traditionen letztlich Techniken der Selbstthematisierung von Personen anwenden, und wenn man nicht zuletzt an religiöse Laienliteratur denkt, deren dominantes Thema gerade die Spannung von Dividualität und Individualität ist. Religiöse Kommunikation wird im religiösen Alltagsgeschäft mehr und mehr zum Ort biographischer Thematisierung von dividueller Inklusion in Teilsysteme und individueller Selbstverortung. Religion thematisiert hier die Bestimmbarkeit von Biographien. Sie findet sich in der historisch paradoxen Situation vor, daß sie *erstens* die Motivdisposition zur biographischen Selbstthematisierung historisch mit hervorgebracht hat, daß sie *zweitens* gerade durch die Individualisierung und Biographisierung von Lebenslagen und ihre gesellschaftsstrukturellen Bedingungen gesellschaftlich marginalisiert wurde und daß sie *drittens* in biographischen Thematisierungen heute einen ihrer wirksamsten Bezugspunkte sieht.

Würde ich hier schließen, hätte ich mich um ein Problem gedrückt und ein angekündigtes Ziel vorsätzlich preisgegeben. Deshalb dazu noch einige abschließende Bemerkungen.

5.

Wie verhält es sich nun mit einem angemessenen Religionsbegriff? Ich möchte nicht in der Weise mißverstanden werden, nun der Produktion biographischer Gesamterzählungen oder dem Versuch individueller Selbstthematisierungen über den unmittelbaren Alltag hinaus religiöse Qualität zu verleihen - damit hätten wir lediglich Thomas Luckmanns "invisible religion" rekonstruiert.[10] Ich habe ausschließlich davon gesprochen, daß Biographien schon aus gesellschaftsstrukturellen Gründen - keineswegs aus anthropologischer Notwendigkeit - zum primären Bezugsproblem religiöser Kommunikation werden können und auch werden. Individuen können aber durchaus auf Religion verzichten und machen von dieser Möglichkeit zunehmend Gebrauch. Der Schluß von Religion auf Biographie ist umgekehrt, von Biographie auf Religion, nicht möglich. Mit der Herausarbeitung dieses Bezugsproblems sind wir also einer angemessenen begrifflichen Bestimmung von Religon in gesellschaftstheoretischer Absicht noch nicht ledig.

Daß sich die Sozialformen und damit auch je partiellen Leistungen religiöser Kommunikation im Laufe des Modernisierungsprozesses nicht nur verändert, sondern auch radikal diversifiziert und pluralisiert haben, ist unbestreitbar (vgl. Spickard 1993). Das scheint die Definition des Religiösen erheblich zu erschweren - also nicht Religion ist verschwunden, sondern der Konsens darüber, was sie sei (vgl. Gabriel 1993:45). Franz-Xaver Kaufmann behilft sich, eingedenk des Dilemmas, einen sozialwissenschaftlichen Religionsbegriff zu formulieren, der *weder* das Modell der klassischen Religionswissenschaft eines Otto oder Eliade dupliziert, *noch* wie etwa Luckmann schlichtweg jede Form individueller Selbstreflexivität religiös nennt, konsequenterweise mit einer Bestimmung der Multifunktionalität von Religion: Er zählt folgende, wie er sagt, "Leistungen und Funktionen" der Religion auf: *Identitätsstiftung, Handlungsführung, Kontingenzbewältigung, Sozialintegration, Kosmisierung, Welt-*

distanzierung. Da diese vielfältigen Funktionen nicht mehr gemeinsam zu erfüllen seien, so Kaufmann weiter, *gebe* es schließlich Religion im Sinne einer gesellschaftlichen Funktion oder Instanz nicht mehr (vgl. Kaufmann 1989:85f.). In der Tat muß man zu diesem Schluß kommen, wenn man jene sechs Strukturelemente von Religion zugrundelegt. Doch sind die sechs Funktionen, die Kaufmann vorschlägt, nicht nur nicht gemeinsam zu erfüllen, sie sind auch nicht trennscharf genug, um tatsächlich *definierend*, d.h. abgrenzend zu wirken. *Identitätsstiftung* können verschiedenste Selbstbeschreibungsversuche leisten, nicht nur religiöse; *Handlungsführung* findet sich in jedem besseren Softwarehandbuch; *Kontingenzbewältigung* leistet auch das Kursbuch der Deutschen Bahnen; der Begriff der *Sozialintegration* müßte auf seinen gesellschaftstheoretischen Gehalt hin überprüft werden; *Kosmisierung* ist das Korrelat letztlich jeder Totalperspektive; *Weltdistanzierung* schließlich ist nicht exklusiv religiös möglich. Es wäre also danach zu fragen, was die *religiöse* Erfüllung dieser Funktionen von *nicht-religiösen* unterscheidet.

Es dürfte deutlich sein, daß meine letzten Ausführungen zirkulär aufgebaut sind. Ich kritisiere einen Definitionsversuch von Religion unter Rekurs auf Religion, wenn ich behaupte, all die behaupteten Merkmale des Religiösen seien auch durch funktionale Äquivalente zu leisten. Weiß ich also schon, was Religion *ist*? Oder weniger ontologisch formuliert: Habe ich ein Unterscheidungsmerkmal, das religiöse Kommunikationen von anderen unterscheidet?

Ich habe meiner gesellschaftstheoretischen Argumentation die Theorie funktionaler Differenzierung zugrundegelegt. Das Unterscheidungsmerkmal für funktionale Teilsysteme ist ein relativ zeitfester, stabiler und adressierbarer Code, auf dessen Rücken unterschiedlichste Programme Platz haben (vgl. Luhmann 1986: 89ff.). Man müßte nun fragen: Wie lautet die Leitunterscheidung religiöser Kommunikation? Was macht Beobachtung zu religiöser Beobachtung? Die Funktion binärer Codes ist es übrigens *nicht*, eine wissenschaftlich angemessene Kommunikation anzuleiten - diese *benutzt* die beobachteten Codes nicht, außer dem eigenen! Wissenschaft *beobachtet* sie lediglich und mutet sich dann etwa Definitionsprobleme zu. Entscheidend ist vielmehr, daß die Codes eindeutig und nicht-substituierbar Kommunikationen systemspezifisch zuordnen (Luhmann 1991:135). Und da dies offenbar auch im Falle von Religion funktioniert, ist meine zirkuläre Argumentation bei der Beobachtung des Definitionsversuchs von Kaufmann entschuldbar: Die *differentia specifica* des Religiösen scheint also nach wie vor zu funktionieren, sonst hätte ich nicht den Religionsbegriff als Quasi-Selbstverständlichkeit benutzen können.

So weit ich sehe, lassen sich bei Luhmann drei Versionen finden, religiöse Kommunikation zu spezifizieren. *Erstens* verwendet er zur Erklärung der Entstehung von Religion die Unterscheidung *vertraut/unvertraut*, deren Funktion die Überführung von Unvertrautem in Vertrautes und damit die Bestimmbarkeit der Welt ist. Luhmann schränkt die Erklärungskraft dieser Unterscheidung auf "frühe Gesellschaften" (Luhmann 1989:272) ein, für die es gewissermaßen einen unstrittigen Bestand von Vertrautem geben kann, von dem sich Unvertrautes gesellschaftsweit abheben kann. Diese Bedingung ist bereits für stratifizierte Gesellschaften, geschweige denn für moderne, nicht mehr gegeben (vgl. aber Anm.7). *Zweitens* macht Luhmann den Begriffsvorschlag folgender Minimalinterpretation von Religion: "*stelle jeder positiven und jeder negativen Erfahrung einen positiven Sinn gegenüber!* Wenn und so weit Du das kommunizieren kannst, kommunizierst Du im System der Religion." (Luhmann 1989: 351) Abgesehen davon, daß diese Definition wiederum nicht abgrenzend genug zu sein scheint, religiöse von nicht-religiösen Sinnstiftungen zu unterscheiden, ist nicht recht einzusehen, warum die differentia specifica des Religiösen in einer *positiven* Erfahrung zu suchen ist. Mit dieser Kritik folge ich Welker (1992:369), der vorschlägt, religiöse Kommunikation nicht auf einen *positiven Sinn* der Erfahrung zu beschränken, sondern auf positive und negative Erfahrungen im Hinblick auf die "Einheit von Anspruchserhaltung und Anspruchszurücknahme" zu beobachten. Allerdings dürfte auch hier das Besondere religiöser Erfahrung aus dem Blick geraten, wenn nicht die *dritte* Unterscheidung bei der zweiten mitgedacht wird - was Luhmann selbst übrigens ausdrücklich tut (vgl. Luhmann 1989:351). *Drittens* schlägt Luhmann die Unterscheidung *Transzendenz/Immanenz* vor. Religiöse Kommunikation tritt als immanente Thematisierung transzendenter Instanzen auf. Sie beruft sich auf einen Sinn, der von außen - was immer als dieses Außen thematisiert wird - an die Welt herantritt und gerade dadurch der Immanenz einen Sinn zu verleihen sich zumutet, der sich aus der Immanenz der Welt selbst nicht gewinnen läßt. Daß Kommunikation nur immanent möglich ist, widerspricht dem nicht, sondern ist sogar seine Bedingung. Ob dafür die traditionelle Kontingenzformel *Gott* benutzt wird wie zumeist in kirchlich-institutionellen Zusammenhängen, ob okkulte Kräfte oder ein *eigentlicher*, weltliche Kommunikation transzendierender Kern des Selbst wie in verschiedenen *New-Age-* und sogenannten Sektenreligionen in Anspruch genommen wird (vgl. Pollack 1990; Höhn 1979), ob die Transzendenzen biographischer Zeit in gegenwärtig besonders attraktiven Reinkarnationslehren thematisiert werden (vgl. Daiber 1987), eine Zuordnung solcher Kommunikationen zum Religionssystem scheint unstrittig zu sein.[11]

Der hier zur Anwendung kommende Code gewährleistet dreierlei: *Erstens* vermag er Kirchlichkeit und Religiosität eindeutig zu trennen - Kirchen kommunizieren mehr als religiöse Kommunikation, was etwa in der Seelsorgetheorie zu Debatten über die angemessene therapeutische Kompetenz von religiösen Seelsorgern führt (vgl. Plieth 1994; Karle in diesem Band). *Zweitens* schränkt er religiöse Kommunikation so ein, daß der Begriff des Religiösen nicht am vormodernen *Elevator-Modell* scheitern muß. Und *drittens* erfüllt er die Bedingung der Nicht-Substituierbarkeit des Codes und der damit verbundenen Systemgrenzen religiöser Kommunikation.

Daß ich in Biographien das kommunikativ wirksamste Bezugsproblem religiöser Kommunikation sehe, muß innerhalb der Grenzen des Codes gedacht werden. Ob Luhmanns theologische Spekulation theologisch plausibel ist, das Individuum als Kandidat für die Transzendenz der Gesellschaft zu führen, weiß ich nicht (vgl. Luhmann 1989:340). Zumindest kommt es dem von mir postulierten Bezugsproblem 'Biographie' entgegen. Entscheidend ist jedenfalls, daß individuelle Biographien in der Moderne auf die Unterscheidung von Immanenz und Transzendenz verzichten können, daß Religion aber auf die Thematisierung von und auf den Bezug auf individuelle Biographien nicht verzichten kann, will sie als funktionales Teilsystem der Gesellschaft anschlußfähig bleiben.

Anmerkungen

1 Zum Modell des Zentrums bei Eliade vgl. Shils 1983:538ff.
2 Mörth spricht gar von einem Dilemma der Religionssoziologie (ebd.:21), ihren Gegenstand nicht eindeutig benennen zu können.
3 Zu dieser paradoxen Form vgl. Luhmann 1986:205. Zu Luhmanns Gesellschaftstheorie im allgemeinen vgl. einführend Kneer/Nassehi 1993:111-165.
4 Auf diese Diskussion kann hier nicht eingegangen werden. Vgl. dazu aber Fuchs 1992b; Giesen 1991; Habermas 1992; Luhmann 1993; Luhmann/De Giorgi 1993; Münch 1991; Peters 1993; Wagner 1993; Willke 1992.
5 Ich bin mir darüber im klaren, daß diese kurze Funktionsbestimmung traditioneller Religionsformen einer anspruchsvollen Selbstbeschreibung von Religion nicht gerecht werden kann, wie Michael Welker (1992:365ff.) deutlich zeigt. Eine gesellschaftstheoretische Funktionsbestimmung von Religion muß aber womöglich gerade die simplifizierte Außenwirkung der Religion von Formen ihrer komplexen Selbstthematisierungsleistungen trennen.
6 Zur Funktion und zum Risiko der Abschaffung des lateinischen Ritus vgl. Fuchs 1992a.
7 Kritisch wendet Welker gegen dieses Religionsverständnis deshalb ein, Luhmann verfüge nur über ein "'Busch- und Savannenmodell von Religion'" (Welker 1992:365; Welker 1991:153), weil schon stratifizierte Gesellschaften nicht mehr über eine Struktur verfügen, in der das Vertraute und das Unvertraute je abgegrenzte Bereiche darstellen, gewissermaßen regionale Ontologien sind. Spätestens - allerspätestens - mit der Entstehung des Buchdrucks wird das Problem des Vertrauten von der

Sach- in die Sozialdimension verlagert: Was dem einen vertraut ist, muß dem anderen gerade nicht vertraut sein. Entscheidend ist aber m.E., daß *erstens* Religion Vertrautes bzw. Unvertrautes nicht schlicht vorfindet, sondern durch Anwendung der Unterscheidung erst erzeugt, und daß *zweitens* - worauf übrigens auch Welker hinweist - Religion sich sehr wohl auf bestimmte Themen des Vertrauten/Unvertrauten spezialisiert und nicht bloß einen abstrakten Diskurs über das Vertraute im Unvertrauten und das Unvertraute im Vertrauten führt - was sie selbstverständlich spätestens dann reflexionstheoretisch auch tut, wenn ihre Reflexion in gedruckter Form beobachtet werden kann.

8 Ähnlich ist übrigens auch der Wandel von Familienformen nicht einfach als Funktionsverlust der Familie, sondern vor allem als Funktionswandel zu deuten (vgl. Tyrell 1976; Rosenbaum 1982).

9 Zur Wechselseitigkeit der Standardisierungs- und Individualisierungstendenzen in diesem Prozeß vgl. Wohlrab-Sahr 1992.

10 Ein ähnliches Modell des Wandels religiöser Bezugsprobleme habe ich mit Georg Weber an anderer Stelle entwickelt (vgl. Nassehi/Weber 1989:412ff.). Dort haben wir ebenfalls betont, daß das primäre Bezugsproblem religiöser Kommunikation in der Moderne das Ganze individueller Lebensverläufe sei, und eine *pragmatische* Definition von Religion entwickelt, die unter Religion die sinnhafte Selbstbeschreibung individueller Lebensverläufe in Distanz zur Pragmatik der segmentierten Ich-Identität des Alltags versteht (vgl. ebd.:418). Zwar unterscheidet sich diese Definition von Luckmanns Religionsverständnis in der Weise, daß "letzte Bedeutungen" an bestimmte Operationen gebunden werden, die auf die Einheit der individuell erlebten Differenzen abstellen. Allerdings scheint unsere Definition zu wenig an der differentia specifica des Religiösen selbst anzusetzen.

11 Um Mißverständnissen vorzubeugen: Die Unterscheidung Immanenz/Transzendenz unterscheidet wie alle binären Codes keine ontischen Regionen. Sie wiederholt *nicht* die Unterscheidung heilig/profan der klassischen Religionswissenschaft, sondern fungiert ausschließlich als beobachtungsleitende Differenz, um die herum sich ein gesellschaftliches Teilsystem ausdifferenziert.

Literatur

Alheit, Peter: "Religion, Kirche, Lebenslauf. Überlegungen zur 'Biographisierung'" des Religiösen", in: *Theologia Practica* 21 (1986), S. 130-143.

Brandt, Sigrid: *Religiöses Handeln in moderner Welt. Talcott Parsons' Re-*

ligionssoziologie im Rahmen seiner allgemeinen Handlungs- und Systemtheorie, Frankfurt/M. 1993.

Daiber, Karl Fritz: "Reinkarnationsglaube als Ausdruck individueller Sinnsuche", in: H. Becker/B. Einig/P. Ullrich (Hg.), *Im Angesicht des Todes. Ein interdisziplinäres Kompendium I*, St.Ottilien 1987, S. 207-228.

Durkheim, Emile: *Die elementaren Formen des religiösen Lebens*, Frankfurt/M. 1981.

Eliade, Mircea: *Das Heilige und das Profane. Vom Wesen des Religiösen*, Frankfurt/M. 1984.

Fuchs, Peter: "Gefährliche Modernität. Das zweite vatikanische Konzil und die Veränderung des Messeritus", in: *Kölner Zeitschrift für Soziologie und Sozialpsychologie* 44 (1992), S. 1-11.

Fuchs, Peter: *Die Erreichbarkeit der Gesellschaft*, Frankfurt/M. 1992b.

Gabriel, Karl: *Christentum zwischen Tradition und Postmoderne*, Freiburg, Basel, Wien ²1993

Giesen, Bernhard: *Die Entdinglichung des Sozialen*, Frankfurt/M. 1991.

Groethuysen, Bernhard: *Die Entstehung der bürgerlichen Welt- und Lebensanschauung in Frankreich*, 2 Bände, Frankfurt/M. 1978.

Habermas, Jürgen: *Faktizität und Geltung. Beiträge zur Diskurstheorie des Rechts und des demokratischen Rechtsstaats*, Frankfurt/M. 1992.

Hahn, Alois: "Identität und Selbstthematisierung", in: A. Hahn/V. Kapp (Hg.), *Selbstthematisierung und Selbstzeugnis: Bekenntnis und Geständnis*, Frankfurt/M. 1987, S. 9-24.

Höhn, Hans-Joachim: "City Religion. Soziologische Glossen zur neuen Religiosität", in: *Orientierung* 53 (1979), Nr. 9, 102-105.

Kaufmann, Franz-Xaver: *Religion und Modernität. Sozialwissenschaftliche Perspektiven*, Tübingen 1989.

Kneer, Georg/Nassehi, Armin: *Niklas Luhmanns Theorie sozialer Systeme. Eine Einführung*, München 1993.

Kohli, Martin: "Die Institutionalisierung des Lebenslaufs. Historische Befunde und theoretische Argumente", in: *Kölner Zeitschrift für Soziologie und Sozialpsychologie* 37 (1985), S. 1-29.

Luckmann, Thomas: *Die unsichtbare Religion*, Frankfurt/M. 1991.

Luhmann, Niklas: *Ökologische Kommunikation*, Opladen 1986.

Luhmann, Niklas: "Ausdifferenzierung der Religion", in: ders., *Gesellschaftsstruktur und Semantik*, Band 3, Frankfurt/M. 1989.

Luhmann, Niklas: *Die Wissenschaft der Gesellschaft*, Frankfurt/M. 1990.

Luhmann, Niklas: "Religion und Gesellschaft", in: *Sociologia Internationalis* 29 (1991), S. 133-139.

Luhmann, Niklas: *Das Recht der Gesellschaft*, Frankfurt/M. 1993.

Luhmann, Niklas/De Giorgi, Raffaele: *Teoria della società*, Mailand ⁵1993.

Mörth, Ingo: *Die gesellschaftliche Wirklichkeit von Religion. Grundlegung einer allgemeinen Religionstheorie*, Stuttgart, Berlin, Köln, Mainz 1978.

Münch, Richard: *Dialektik der Kommunikationsgesellschaft*, Frankfurt/M. 1991.

Nassehi, Armin: *Die Zeit der Gesellschaft. Auf dem Weg zu einer soziologischen Theorie der Zeit*, Opladen 1993a.

Nassehi, Armin: "Gesellschaftstheorie, Kulturphilosophie und Thanatologie. Eine gesellschaftstheoretische Rekonstruktion von Georg Simmels Theorie der Individualität", in: *Sociologia Internationalis* 31 (1993b), S. 1-21.

Nassehi, Armin/Weber, Georg: *Tod, Modernität und Gesellschaft. Entwurf einer Theorie der Todesverdrängung*, Opladen 1989.

Otto, Rudolf: *Das Heilige. Über das Irrationale in der Idee des Göttlichen und sein Verhältnis zum Rationalen*, München $^{31-35}$1963.

Peters, Bernhard: *Die Integration moderner Gesellschaften*, Frankfurt/M. 1993.

Plieth, Martina: *Die Seele wahrnehmen. Zur Geistesgeschichte des Verhältnisses von Seelsorge und Psychologie*, Göttingen 1994.

Pollack, Detlef: *Religiöse Chiffrierung und soziologische Aufklärung. Die Religionstheorie Niklas Luhmanns im Rahmen ihrer systemtheoretischen Voraussetzungen*, Frankfurt/M. 1988.

Pollack, Detlef: "Vom Tischrücken zur Psychodynamik. Formen außerkirchlicher Religiosität in Deutschland", in: *Schweizerische Zeitschrift für Soziologie* 16 (1990), S. 107-134.

Rosenbaum, Heidi: *Formen der Familie. Untersuchungen zum Zusammenhang von Familienverhältnissen, Sozialstruktur und sozialem Wandel in der deutschen Gesellschaft des 19. Jahrhunderts*, Frankfurt/M. 1982.

Shils, Edward: "Das Zentrum des Kosmos und das Zentrum der Gesellschaft", in: H.-P. Duerr (Hg.), *Sehnsucht nach dem Ursprung. Zu Mircea Eliade*, Frankfurt/M. 1983.

Simmel, Georg: "Die Gegensätze des Lebens und die Religion", in: ders., *Gesammelte Schriften zur Religionssoziologie*, hg. und eingel. von H. J. Helle, Berlin 1989.

Spickard, James V.: "For a Sociology of Religious Experience", in: W. H. Swatos, Jr. (Hg.), *A Future for Religion? New Paradigms for Social Analysis*, Newbury Park, London, New Delhi 1993, S. 109-128.

Tyrell, Hartmann: "Probleme einer Theorie der gesellschaftlichen Ausdifferenzierung der privatisierten modernen Kernfamilie", in: *Zeitschrift für Soziologie* 4 (1976), S. 393-417.

Wagner, Gerhard: *Gesellschaftstheorie als politische Theologie?*, Berlin 1993.

Weber, Max: *Gesammelte Aufsätze zur Religionssoziologie*, Band 1, Tübingen 1972.

Welker, Michael: "Niklas Luhmanns Religion der Gesellschaft", in: *Sociologia Internationalis* 29 (1991), S. 149-157.

Welker, Michael: "Einfache oder multiple doppelte Kontingenz? Minimalbedingungen der Beschreibung von Religion und emergenten Strukturen sozialer Systeme", in: W. Krawietz/M. Welker (Hg.), *Kritik der Theorie sozialer Systeme. Auseinandersetzungen mit Luhmanns Hauptwerk*, Frankfurt/M. 1992, S. 355-370.

Willke, Helmut: *Ironie des Staates*, Frankfurt/M. 1992.

Wohlrab-Sahr, Monika: "Institutionalisierung oder Individualisierung des Lebenslaufs? Anmerkungen zu einer festgefahrenen Debatte", in: *BIOS* 5 (1992), S. 1-19.

Alois Hahn

Identität und Biographie

1. Formen der Selbstthematisierung

Als Beobachter der modernen Gesellschaft könnte man bisweilen den Eindruck gewinnen, es handle sich bei ihr um eine "Bekenntnisgesellschaft", so zahlreich sind die Formen, die sie dem Individuum bereitstellt, über sich zu reden oder zu schreiben, vor sich selbst oder anderen sein Innerstes auszubreiten, seine Schuld zu gestehen, sich öffentlich zu schämen oder sein Leben, seine reale oder fiktive vita, privat oder vor einem großen Publikum zu erbaulichen oder therapeutischen, juristischen, ökonomischen, religiösen oder ästhetischen Zwecken darzustellen. Michel Foucault hat deshalb in diesem Zusammenhang nicht zu Unrecht vom modernen Menschen als einem "Bekenntnistier" gesprochen.

Aber dieser Hang, sich selbst zum Thema zu machen, entspringt keinesfalls einem "natürlichen" Instinkt, sondern beruht auf institutionellen Veranlassungen. Wir reden nicht von selbst so über uns selbst, wie wir es tun, sondern weil wir gelernt haben, dies je nach Gelegenheit auf bestimmte Weise zu tun. Schon deshalb ist das Reden über sich an spezielle Voraussetzungen geknüpft, weil wir ja Zuhörer, Leser, Zuschauer brauchen, um uns zu offenbaren. Und die Bereitschaft, anderen Aufmerksamkeit zu schenken, wenn sie sich mitteilen, ist vielleicht noch weniger selbstverständlich als die Selbstenthüllung als solche.

Sie vollzieht sich denn auch zunächst in sozial vorgegebenen kommunikativen Räumen und hat eigentümliche, z.T. lange historische Traditionen. Sucht man aktuelle Beispiele für solche institutionellen "Bekenntnisgeneratoren", denke man etwa an die Verwendung von biographischen Bekenntnissen in der Psychoanalyse, in der medizinischen Anamnese und nicht zuletzt in der Sozialforschung, die ihre Vorläufer in den Verfahren zur Erhebung von Bedürftigkeit hatte, die dann Basis für private oder öffentliche Fürsorge waren. Die Parallelität der öffentlichen Bekenntnisse der Ketzer und Hexen in den Prozessen, wie sie die Heilige Inquisition inszenierte, und öffentlicher Selbstkritik in revolutionären Zirkeln oder in den Moskauer Schauprozessen (Riegel 1987) ist überaus deutlich. Nicht zuletzt denke man natürlich an alle Formen religiöser Beichte.

Neben den Bekenntnissen, die man anderen macht, dürfen auch die nicht vergessen werden, die man lediglich in foro interno als Gewissenserforschung ablegt. Oft sind solche "stillen" Selbstbekenntnisse nur Vorbereitungen zu vor dem religiösen oder psychoanalytischen Beichtvater zu leistenden Berichten, bisweilen aber entwickeln sie sich auch zu vollständig eigenen Formen aus, etwa zum Tagebuch oder zur Autobiographie. Auch da jedenfalls, wo Bekenntnisse bloße Bewußtseinstatsachen sind und bleiben, käme es nie zu ihnen, wenn wir nicht durch vorgängige soziale Anreize zu solchen Selbstbesinnungen angeregt würden.

Für die Soziologie werden solche institutionalisierten Formen der Selbstthematisierung vor allem deswegen bedeutsam, weil sie mit der Enstehung des Selbst als sozialer Struktur verwoben sind und weil andererseits jede Gesellschaft auf bestimmte Typen von Persönlichkeit angewiesen ist: Soziale Formen der Selbstthematisierung fungieren als "Generatoren" eines bestimmten Typs von handlungsfähigen Personen, ohne die umgekehrt bestimmte Typen von Gesellschaft undenkbar wären. Die Evolution von Gesellschaft kann also auch als Geschichte der Institutionen der Selbstthematisierung geschrieben werden.

2. Identität und Biographiegeneratoren

2.1. Genesis des sozialen Selbst

Seit der Rezeption der Arbeiten von G.H.Mead (1934; 1980/83)[1] haben in der Soziologie Theorien der Genesis des sozialen Selbst eine große Rolle gespielt. Mead hatte darauf hingewiesen, daß nicht nur einzelne Handlungen ihren Sinn den Reaktionen der sozialen Gruppe verdanken, sondern daß darüber hinaus das Bewußtsein der personalen Identität den Individuen von der Gruppe, in der sie leben, vermittelt wird. Für Mead ist der Prozeß der Selbstwerdung fundamental gebunden an die Fähigkeit des Menschen, sich mit den Augen seiner Umgebung zu sehen. Das Individuum schlüpft imaginativ in die Rolle der anderen, sieht sich somit gleichsam von außen und erfährt sich als einen anderen. Mit diesem Perspektivenwechsel entsteht allererst so etwas wie die Objektivität des eigenen Ich. Die eigenen Akte werden nicht nur mehr unter dem Aspekt der von ihnen unmittelbar ausgelösten Selbstempfindung angeschaut, sondern als Auslöser fremden Handelns (das man in diesem Fall spielerisch selbst darstellt), und bekommen damit auch für den Handelnden den Sinn seiner Wirkung auf andere. Das, was der einzelne "ist", erfährt er wie in einem Spiegel (das Bild taucht schon bei Cooley in seinem Begriff vom "looking-glass self"[2] auf und wesentlich früher bereits bei Adam Smith[3]) zuerst durch die Reaktionen des sozialen Gegenüber auf sein Handeln. Mit den Akten, welche die Gruppe einem Menschen zurechnet, indem sie ihn und sich der Urheberschaft seiner Taten versichert, ermöglicht sie allererst, daß der einzelne sich als das Identisch-Bestehende im Strom der verschiedenen Akte begreifen und erleben kann.

Damit entsteht aber auch erst das Moment der Zeitlichkeit. Denn die die Identität des Ich konstituierende soziale Zurechnung seitens der Gruppe meint eben nicht nur die Akte je für sich, sondern zugleich ihr wechselseitiges Verhältnis des Vorher, Nachher oder Zugleich. Das Gedächtnis der Gruppe, das die Erinnerung der verschiedenen Akte des einzelnen nach einer Auswahl, die auf einer Rangordnung des Gedächtniswürdigen beruht, speichert, bewahrt auch die zeitliche Abfolge dieser Akte. Das Selbst eines Menschen wird also nicht schon durch die Handlungen als solche gebildet, sondern dadurch, daß ihm seine Gruppe seine Handlungen als seine Vergangenheit zurechnet.

2.2. Implizites und explizites Selbst

Wenn in der soziologischen Literatur von Identität die Rede ist, wird oft nicht hinlänglich deutlich unterschieden zwischen dem Selbst als bloßem Lebenslaufresultat und dem Selbst als Resultat von sozialen Zurechnungen. Einmal nämlich ergibt sich eine Identität als Inbegriff von im Laufe des Lebens erworbenen Gewohnheiten, Dispositionen, Erfahrungen usw., die das Individuum prägen und charakterisieren. Man könnte vom Ich als einem Habitusensemble sprechen. Es geht dann um ein eher "implizites" Selbst, das sich durch sein Handeln zeigt, festigt und verwirklicht, das aber nicht deshalb schon im eigentlichen Sinne selbstreflexiv ist. Die Identität in diesem Sinne wäre lediglich das Selbst in der Form des An-Sich. In dieser Weise ist es in allen seinen Handlungen präsent, so daß man von einem fungierenden Ich sprechen könnte, dessen Konstanz sich als sich durchhaltende "resource-continuity" im Sinne Goffmans (1974:287-300) deuten ließe.

Vielleicht kann man das hier Gemeinte mit einem Beispiel verdeutlichen: Jeder Schreiber hat eine mehr oder weniger unverwechselbare Handschrift, an der man ihn erkennen kann, die ihn u.U. sogar gegen seinen Willen verrät. Trotzdem dürfte es im allgemeinen schwierig sein, genau zu benennen, worin die Unverkennbarkeit einer Schrift liegt. Das Identifizierende ist sichtbar, aber es fehlt der "graphologische" Begriff. Das Gleiche gilt vom fungierenden Ich überhaupt. Es ist da, auch ohne daß eine begriffliche Identifiziertheit gegeben wäre (s. auch Hahn 1993).

Von diesem impliziten Selbst wäre ein explizites Selbst zu unterscheiden, ein Ich, das seine Selbstheit ausdrücklich macht, sie als solche zum Gegenstand von Darstellung und Kommunikation erhebt. Seit Mead wissen wir, wie bereits erwähnt, daß die Fähigkeit zum Selbstbezug aus sozialen Festlegungen auf ein Bild von mir entspringt. Jedes solche Bild stellt eine Abstraktion dar. Denn es ist nicht möglich, daß es die Totalität des gelebten Lebens widerspiegelt. Jedes Bild, das ich von mir haben kann, muß eine Selektion aus der Faktizität meines Erlebens und Handelns sein. Wie diese Bilder aufgebaut sind, hängt ganz wesentlich von den institutionellen Zusammenhängen, in denen sie konstruiert werden, ab. Besonders wichtig ist in diesem Kontext die Frage, inwiefern das Individuum durch ausdrücklich von den Gruppen inszenierte Prozeduren zur Selbstdarstellung, zum Selbstbekenntnis, zur Offenlegung seines Inneren und zur Aufdeckung seiner Vergangenheit veranlaßt wird. Jedenfalls entspringt das in solchen Kontexten entwickelte Bild, das ich von mir selbst übernehme, nie ausschließlich meiner eigenen Abstraktionsleistung, selbst wenn seine Erzeugung über sozial geforderte Selbstdarstellungen gesteuert wird. Das Selbstbild als Resultat von zurechnungsfähigen Selbstäußerungen ist stets durch einen bestimmten Aufbau charakterisiert, einen Zusammenhang, in den Wertvorstellungen, Wirklichkeitsauffassungen, Richtigkeits- und Wichtigkeitskriterien der umgebenden Gesellschaft eingehen. Der Sinn, den meine Identität darstellt, ist also von Anfang an verwoben mit einem Sinn, der nicht von mir stammt. Welche meiner Akte ich nicht vergesse, welche mir nicht vergessen werden, welche Akte und Erlebnisse also zu mir gehören, ergibt sich einerseits aus Sinnzusammenhängen, die die soziale Gruppe schon zugrundelegte, bevor ich geboren wurde, andererseits aber auch aus den Darstellungsgelegenheiten, die die Gruppe zur Verfügung hält, in denen ein Individuum sich in sozial zurechnungsfähiger Form "ausdrückt". Insofern hat Mead (1934:140) zwar recht, wenn er sagt: "The self, as that which can be an object to itself, is essentially a social structure, and it arises in social experience". Aber damit ist zunächst noch nicht viel gesagt über die Formen, in denen ein Individuum ein "object to itself" werden kann. Das eben hängt von den institutionellen Selbstthematisierungsmöglichkeiten ab, die in einer Gesellschaft den einzelnen zu Gebote stehen.

Es wäre z.B. denkbar, daß es keine Möglichkeit gibt, über sich als eine Ganzheit zu erzählen, wie das etwa in der Beichte oder der Psychoanalyse gefordert ist. Dann bliebe nur die fallweise situative Darstellung. Das Individuum läßt dann z.B. in einem Moment erkennen, daß es diese Handlung als typisch für es als Ganzes angesehen wissen will: "Du kennst mich doch!" Oder auch umgekehrt: "Das ist mir nur so herausgerutscht. So bin ich sonst nicht!" Immer wieder beanspruchen wir im Alltag nicht nur für einen Moment das zu sein, als was wir implizit erscheinen. Vielmehr lassen wir oft durchblicken, daß wir den Augenblick als charakteristisch oder untypisch für unser Ich ansehen. Situationale Selbstthematisierungen könnte man diese Vorgänge nennen. Die Selbstdarstellung tritt hier noch nicht wirklich aus dem Fluß des Handelns heraus, sondern bleibt in ihn integriert. Es handelt sich nicht um ein Bekenntnis im eigentlichen Sinne. Trotzdem ist hier schon mehr als die bloß implizite Selbstpräsenz sichtbar. Wenn auch mit knappen Zeichen, durch einige handlungsbegleitende Worte, Gesten oder Arrangements verweist der Handelnde absichtlich auf situationsübergreifende Selbstbezüge. Er macht ein Ich geltend, das über das Hier und Jetzt, sei es als dessen Fortsetzung, sei es als dessen Gegensatz, Bestand hat.

2.3. Habitus und Stil als beobachtbare Strukturen des impliziten Selbst

Aber ganz unabhängig von dem, was eine Person über sich sagt oder schreibt, unabhängig auch von ihren ausdrücklichen Selbstdarstellungen, kann sie Identifizierung nicht vermeiden. Ob wir uns selbst zum Thema machen oder nicht, andere verfügen stets über Schemata, mit denen sie uns als uns selbst "dingfest" machen können. Das fängt natürlich schon beim Namen an und hört nicht bei der physiognomischen Identifikation auf. Obwohl wir uns ständig ändern, wird uns eine hinter all den unendlich verschiedenen Manifestationen unserer Person liegende Einheit unterstellt. Eine begriffliche Möglichkeit, diese Einheit zu fassen, besteht im Rekurs auf den Charakter, eine andere in dem auf den Stilbegriff. Er bietet sich als Instrument an, eine unendliche Mannigfaltigkeit von Handlungen und Erscheinungsformen auf einen generativen Kern zurückzurechnen. Zwar pflegen wir uns im allgemeinen nicht selbst über unseren Stil zu identifizieren, in besonderen Situationen kann das aber sehr wohl vorkommen, vor allem dann, wenn wir unsere Identität gegen bestimmte unserer eigenen Handlungen immunisieren wollen, indem wir sie als bloß zufällig abwehren. Ein schönes Beispiel hierfür findet sich bei Max Weber (1968:279ff.) in seiner Auseinandersetzung mit Eduard Meyer. Weber behandelt dort eine sehr spezielle Form der Selbstthematisierung, nämlich die denkende Analyse des eigenen Handelns durch die Suche einer Antwort auf die Frage: weshalb habe ich so gehandelt? "Nehmen wir an, eine temperamentvolle junge Mutter werde durch gewisse Ungebärdigkeiten ihres Kleinen ennuyiert, und sie versetzte als gute Deutsche... ihm eine gründliche Ohrfeige. Nehmen wir nun aber weiter an, sie sei immerhin soweit 'von des Gedankens Blässe angekränkelt', um sich nachträglich einige 'Gedanken zu machen', oder - noch besser - nehmen wir an, das Geheul des Kindes löse in dem pater familias, der, als Deutscher, von seinem überlegenen Verständnis aller Dinge, und so auch in der Kindererziehung überzeugt ist, das Bedürfnis aus, 'ihr' unter 'teleologischen' Gesichtspunkten Vorhaltungen zu machen; - dann wird 'sie' z. B. etwa die Erwägung anstellen, und zu ihrer Entschuldigung geltend machen, daß, wenn sie in jenem Augenblick nicht, nehmen wir an: durch einen Zank mit der Köchin, 'aufgeregt' gewesen wäre, jenes Zuchtmittel entweder gar nicht oder doch 'nicht so' appliziert worden wäre, und dies ihm zuzustehen geneigt sein: 'er wisse ja, sie sei sonst nicht so'. Sie verweist damit auf sein 'Erfahrungswissen' über ihre 'konstanten Motive', welche unter der überwiegenden Zahl aller überhaupt möglichen Konstellationen einen anderen, weniger irrationalen Effekt herbeigeführt haben würden. Sie nimmt, mit anderen Worten, für sich in Anspruch, daß jene Ohrfeige ihrerseits eine 'zufällige', nicht eine 'adäquat' verursachte Reaktion auf das Verhalten ihres Kindes gewesen sei...". Hier wird also ein implizites Selbst in Anspruch genommen, um die Repräsentativität einer als solcher nicht geleugneten Tat für die betroffene Person in Abrede zu stellen. Häufig dienen solche "accounts" (Lyman/Scott 1970) auch dazu, den Verdacht abzuwehren, man komme überhaupt als Täter für 'so etwas' in Betracht. Unterstellte Charakterzüge werden somit von zunächst bloß impliziten Strukturen zu Argumenten der expliziten Selbstthematisierung.

Der Anstoß dazu dürfte aber häufiger eine Fremdwahrnehmung oder eine Kommunikation über uns sein. Unser Selbst wird als Stilkonstanz wahrgenommen.

Dieser Stilbegriff (s. Hahn 1986) läßt sich auf alle Bereiche des menschlichen Handelns anwenden. Voraussetzung dafür ist, daß sich in Handlungen oder deren Resultaten charakteristische Merkmale finden lassen, die nicht einfach auf manifeste Ziele oder ausdrückliche Verhaltensregeln reduzierbar sind. Immer wieder treffen wir nämlich auf Eigentümlichkeiten, die für ein Individuum, eine Gruppe oder eine ganze Kultur typisch sind oder als solche unterstellt werden. Es geht dabei aber nicht um rein funktional bedingte Ähnlichkeiten. Erst wenn Haltungen fixierbar sind, die eher expressiver als instrumenteller Natur sind, handelt es sich um Stilelemente. Goffman hat in diesem Sinne von Stilen als der Handlungen - oder Personen - übergreifenden Aufrechterhaltung expressiver Identifizierbarkeit gesprochen.

So sprechen wir vom Stil einer Person, wenn wir in allen ihren Handlungen ein vielleicht nicht leicht oder überhaupt nicht definierbares, aber doch klar unterscheidbares und wahrnehmbares Prinzip am Werke sehen, das als ein konstantes Moment in den verschiedenen Aktivitäten nur moduliert wird. Dabei ist diese Konstante selbst in der Regel nicht auf den Begriff zu bringen, obwohl Beobachter sich darüber einig sein können, ob dieses 'je ne sais quoi' gegeben ist oder nicht.

Goffman illustriert dies anhand der je besonderen Art eines Menschen, Schach zu spielen sowie anhand der Unterschiede zwischen den sowjetischen und den amerikanischen Schachmeistern (Goffman 1974:289). Natürlich liegt das stilbildende Moment in diesem Fall nicht in den Regeln des Schachspiels selbst, sondern in einer gewissen - wie immer erworbenen - Disposition, diese auf bestimmte Weise anzuwenden. Wenn die Applikation der Regeln ihrerseits von identifizierbaren Regeln regiert werden sollte, so könnte man von Regeln zweiten Grades oder von Meta-Regeln sprechen. Dabei sollte indessen klar sein, daß der Gebrauch des Regelbegriffs in diesem Fall leicht zu terminologischen Ambiguitäten führt (vgl. Bourdieu 1976:173). Aus der Tatsache, daß eine Erscheinung regelmäßig auftritt (also mit einer unter Umständen statistisch meßbaren Frequenz), darf man noch nicht auf eine Regel schließen, die ausdrücklich formuliert und bewußt befolgt wird, auch nicht auf eine unbewußte Regulierung, die aufgrund einer mysteriösen zerebralen oder sozialen Mechanik die geregelten Wirkungen produziert. Dieser Fehlschluß verwechselt das Modell der Realität mit der Realität des Handelns.

Wie immer es sich damit verhalten möge, man kann gewisse isomorphe Strukturen identifizieren, die man als stilistische Konstanten ansetzen könnte, und zwar quer durch verschiedene Diskursuniversa (z.B. wissenschaftliche und poetische), in den Verhaltensformen und den industriellen Produkten einer Epoche. Man könnte die Transformationsregeln, durch die solche Isomorphien hervorgerufen werden, als das generative Prinzip des Stils bezeichnen. Auch wenn man es selbst nicht identifizieren kann, bewiese allein schon die Entdeckung der Isomorphien als solcher das Vorhandensein von Stilen. Jedenfalls gilt das dann, wenn die Gleichförmigkeiten nicht ausschließlich auf das Konto des Interpreten gehen, der sie konstruiert. Stil in diesem Sinne entspringt nicht notwendig bewußten Stilisierungen, mittels derer Handelnde ihren Hervorbringungen eine besondere Gestalt verleihen. Die Existenz von stilistischen Isomorphien mag ihren Autoren völlig verborgen bleiben. Vielleicht würden sie sie nicht einmal akzeptieren, wenn man sie darauf aufmerksam machte. Sehr oft sind diese Isomorphien Rekonstruktionen eines ex-post-Beobachters. Eine zunächst habituelle Lebensweise, die in gleichsam 'natürlicher' Einstellung schlicht 'for granted' genommen worden ist, kann dann mittels der Aufklärung durch den Beobachter reflexiv werden und sich selbst als Stil wahrnehmen. Aber auch wenn der Handelnde oder eine soziale Gruppe ihr eigenes Handeln oder dessen Produkte selbstreflexiv (also aus der Perspektive des Beobachters) als stilgebunden erkennt, heißt das nicht, daß das Handeln schon bei seiner Hervorbringung diesem generativen Prinzip entsprang. Erst recht läßt sich nicht in jedem Fall ein einmal aus der Beobachter-Perspektive gewonnener Begriff von stilistischen Regelmäßigkeiten nachträglich als generatives Prinzip weiterer Hervorbringungen aktivieren. Es kann nämlich sein, daß gerade der spontane Charakter des Stils die Vorbedingung für sein 'Funktionieren' ist. So verweist Goffman (1974:290) auf das Gekünstelte und Unglaubwürdige der Wirkung eines Stils, dem man die Absichtlichkeit anmerkt, was natürlich nicht heißt, daß dieser Versuch nicht immer wieder mit größerem oder geringerem Erfolg unternommen wird.

Man wird also zwischen eher expliziten und weitgehend impliziten Stilbildungen unterscheiden müssen. Implizite Stilformung findet sich in allem Handeln in allen Gesellschaften. Aber nicht überall wird dem Stilcharakter des Handelns Aufmerksamkeit gezollt. Mit einiger vereinfachender Übertreibung wird man vielleicht sagen können, daß stilistische Aufmerksamkeit vor allem dort bedeutsam wird, wo im Zentrum des Interesses eher 'zweckfreie' Aktivitäten stehen. Im 'praktischen' Leben ist die Einhaltung bestimmter stilistischer Erwartungen die Minimalbedingung kompetenter Kommunikation, nicht ihr Gegenstand. Stilistische Minima sind hier Zugehörigkeitsvoraussetzungen, nicht Thema. Unter normalen Bedingungen können Stilerwägungen unberücksichtigt bleiben. Sie werden erst bei Verstößen als Störung sichtbar. Man befaßt sich dann mit ihnen, um sie hinter sich zu bringen, so daß man zur Sache kommen kann. In den Künsten dagegen sind Stil und damit zusammenhängende Probleme die Sache selbst. Deshalb ist es nicht zufällig, daß der Stilbegriff zwar grundsätzlich in allen Lebenssphären als analytisches Instrument benützt wird, im Bereich der Ästhetik aber sein eigentliches Sinnzentrum liegt.

3. Biographiegeneratoren

In jeder Gesellschaft gibt es solche sozial geprägte Identität in der An-Sich-Form, wie sie als Habitus oder Stil greifbar werden, gibt es das "implizite Selbst". Auch rudimentäre situative Darstellungen des Selbst sind historisch universal. Das trifft aber nicht zu auf die biographische Selbstreflexion im eigentlichen Sinne. Ob das Ich über Formen des Gedächtnisses verfügt, die symbolisch seine gesamte Vita thematisieren, das hängt vom Vorhandensein von sozialen Institutionen ab, die eine solche Rückbesinnung auf das eigene Dasein gestatten. Wir wollen solche Institutionen Biographiegeneratoren nennen. Als Beispiele seien hier genannt die Beichte oder die Psychoanalye, das Tagebuch oder Memoiren, aber auch bestimmte Formen der medizinischen Anamnese oder des Geständnisses vor Gericht. Seit neuestem wird wohl auch das von Sozialwissenschaftlern veranlaßte biographische Interview hinzuzurechnen sein. Identität-An-Sich ist universell, aber nicht Identität-Für-Sich. Diese ist Korrelat von historisch keineswegs allgemein verbreiteten Biographiegeneratoren. Und außerdem nehmen diese in verschiedenen Gesellschaften sehr unterschiedliche Gestalt an. So spielt es z.B. eine Rolle, welche Darstellungsformen eine Gesellschaft für den biographischen oder autobiographischen Diskurs überhaupt zur Verfügung stellt. Welche Modi des Sagens oder Schreibens gibt es jeweils? Wo liegen die Grenzen des Ausdrückbaren oder des Kommunizierbaren?

Die Diskursformen, die soziale biographische Thematisierungen zulassen, können öffentlich oder geheim, freiwillig oder erzwungen sein. Es kann sich primär um schriftliche oder mündliche (z.B. in direkter Kommunikation) Weisen der Biographisierung handeln. Bestimmte Gegenstände können zwar darstellbar sein, aber nur im Modus der Lächerlichkeit. So ist z.B. die Beschreibung von Alltag im Kontext der europäischen Literatur bis ins 17. Jh., teils bis ins 18. Jh. *vor allem Komödienstoff* (vgl. Auerbach 1946). Damit ergibt sich ein weiterer Aspekt, den die

Analyse von Biographiegeneratoren zu beachten hat: Welche literarischen genera öffnen sich der biographischen Reflexion? So ist es z.B. in Europa erst seit Beginn der Neuzeit möglich, das lyrische Ich im Gedicht biographisch zu konkretisieren (Schulz-Buschhaus 1987). Die Autobiographie, in der Identität als Einheit sichtbar wird und nicht als bloßes Konglomerat von Ereignissen, ist ebenfalls ein historisch keineswegs universales Phänomen.

Mit jeder dieser Darstellungsformen ist eo ipso immer auch schon implizit der Modus bestimmt, in dem Biographisierung möglich wird. Denn Selektivität ist jedenfalls teilweise bereits durch die Ausdrucksweisen präjudiziert. Daneben können die institutionellen Kontexte, in denen Biographie oder Autobiographie, Bekenntnisse und Geständnisse verankert sind, die Selektionsmuster determinieren. Es macht eben einen Unterschied, ob das Leben im religiösen, gerichtlichen, medizinisch-therapeutischen, beruflichen, privaten, wissenschaftlichen oder ästhetischen Zusammenhang thematisiert wird. Teils ergeben sich nämlich schon aus diesen Einbindungen die Funktionen der Selbstthematisierung. Sollen sie die ewige Dauer im Diesseits sichern, wie die monumentalen Selbstdarstellungen in den ägyptischen Pyramiden (vgl. hierzu Assmann 1987 und ausführlicher Hahn 1984a; 1984b),[4] oder den Ruhm eines Fürsten wie die Panegyriken der europäischen Herrscher? Soll jenseitiges Heil (wie in der Beichte) oder akute Heilung von psychischen Spannungen das Resultat von Bekenntnissen sein (Castel 1973; 1976)? Eng verknüpft ist mit diesen Problemen das Ausmaß, in dem Darstellungskonsistenz angestrebt bzw. Inkonsistenz als störend aufgefaßt wird. Die Steigerung der Konsistenzanforderungen macht jedenfalls erstmals so etwas wie die Frage nach dem Sinn des Daseins als ganzem möglich. Über die Bekenntnisformen wird dann nicht einfach Vergangenheit reproduziert, sondern die Einheit eines Sinnzusammenhangs der Identität faßlich gemacht. Nicht zuletzt ist für die Analyse der Selbstthematisierung die Frage nach der Thematisierungsebene wichtig. Soll nur äußeres Handeln erfaßt werden? Oder sind auch innere Lagen, Gefühle, Empfindungen,

Motive bekenntnisrelevant? Soll die Identität an außerordentlichen und einmaligen Ereignissen oder Leistungen verankert werden oder gerade als Kontinuität im Alltag aufscheinen? Soll generell eher Konstanz des Charakters oder Entwicklung von Haltungen die Selektion des Erinnerungsrelevanten leiten?

Die soziologische Betrachtung kann schließlich nicht übersehen, daß nicht überall und zu allen Zeiten alle Menschen die gleichen Chancen zur Selbstfindung haben. Darf nur der König eine Biographie haben? Der Zugang zu biographischen oder autobiographischen Thematisierungsformen folgt oft ständischen oder herrschaftlichen Grenzlinien.

Menschen neigen - um es zu wiederholen - nicht von Natur aus dazu, sich über ihr Leben Rechenschaft abzulegen. Ob sie das tun und in welcher Form, das hängt davon ab, ob es Institutionen gibt, die die Individuen zwingen oder es ihnen gestatten, ihre Vergangenheit zum Thema zu machen. Solch ein Rückblick auf die eigene Vita ist nie ohne Anleitung der Aufmerksamkeit möglich.

Für Europa ist eine der wichtigsten Institutionen dieser Art die Beichte gewesen. Ihre verschiedenen historischen Formen signalisieren in kennzeichnender Weise unterschiedliche Methoden und Zielsetzungen der Selbstbeschreibung. Es ist für die Geschichte des christlichen Abendlandes, für die Entstehung des hier geltenden Menschenbildes und die vorherrschenden Typen des Selbstbewußtseins von großer Bedeutung gewesen, daß Selbstthematisierung als allgemein verbindliche Aufgabe im Zusammenhang von Schuldbekenntnissen institutionalisiert worden ist. Sie ist in diesem Kontext angeleitet von Sündenkatalogen, die die Beobachtung des eigenen Verhaltens und des Innenlebens ausrichten und im Dienst gesteigerter Selbstkontrolle stehen: Das Wissen, das man so von sich gewinnt, entspringt dem Gewissen.

Die Beichte ist natürlich nicht der einzige "Biographiegenerator" in Europa gewesen. Lebensbeschreibungen können sich z.B. auf die Aufzählung von bedeutenden Heldentaten beschränken und statt auf Gewissenserforschung auf Sicherung von Ruhm abzielen. Sie können auch der bloßen Weitergabe von wichtigen

Erfahrungen dienen. Jedoch ist gerade die Beichte eine soziologisch besonders interessante Variante eines solchen Biographiegenerators, weil sie spätestens seit dem 4. Laterankonzil (1215) zumindest einmal jährlich für alle Christen vorgeschrieben war, widrigenfalls schwere religiöse und weltliche Strafen angedroht waren. So ist es denn nicht verwunderlich, daß seit einigen Jahren die Geschichte der Beichte nicht nur Theologen oder Kirchenhistoriker im engeren Sinne interessiert, sondern insbesondere auch soziologische und zivilisationstheoretische Forschungen angeregt hat (vgl. hierzu vor allem Foucault 1976-84, Le Goff 1977; 1981, Tentler 1977 und Delumeau 1978; 1983).

4. Lebenslauf und Biographie

Dabei ist es wichtig, sich den Unterschied zwischen Lebenslauf und Biographie deutlich vor Augen zu halten, obwohl dies von der heute üblichen Lebenslauf- und Biographieforschung nicht immer beachtet wird (vgl. hierzu Leitner 1982:113ff.). Der Lebenslauf ist ein Insgesamt von Ereignissen, Erfahrungen, Empfindungen usw. mit unendlicher Zahl von Elementen. Er kann überdies (und ist dies in stärkerem oder geringerem Maße in jeder Gesellschaft) sozial institutionalisiert sein, z.B. indem bestimmte Karrieremuster oder Positionssequenzen normiert werden. Aber die Biographie macht für ein Individuum den Lebenslauf zum Thema. Man könnte vielleicht auch systemtheoretisch formulierend sagen: Der Lebenslauf ist die Umwelt der auf Selbstthematisierung bezogenen Kommunikationen. Diese Thematisierung darf nicht als Spiegelung mißverstanden werden. Die Spiegelmetapher suggeriert ja, daß die Gesamtheit des Gegebenen wiedergegeben würde. Davon kann natürlich keine Rede sein. Schon die Unendlichkeit der den Lebenslauf konstituierenden Elemente schließt dies aus. Biographien stellen folglich stets selektive Vergegenwärtigungen dar. Die Auswahl beschränkt sich dabei nicht notwendig auf die objektiv durch den empirischen Lebenslauf gegebenen Daten. Sie kann einen weitaus größeren Zeitraum umfassen, die Zukunft und die Vergangenheit weit über die eigene Lebenszeit hinaus einschließen. Cellini z.B. beginnt seine Autobiographie mit Julius Caesar, dessen Nachkomme zu sein er beansprucht. Zur Biographie gehören immer Momente, die aus der Perspektive dessen, der nur den empirischen Lebenslauf für wirklich hält, als Fiktionen angesprochen werden müssen.

Biographien beziehen sich auf einen unendlichen Strom von Erlebnissen und Handlungen. Gerade die damit gegebene virtuell unendliche Zahl von Möglichkeiten läßt Ordnung nur durch Auswahl und durch Vereinfachung entstehen. Insbesondere müssen die Bezugspunkte für weiteres Erleben und Handeln ermöglichende Anschlüsse bestimmbar sein. Diese Bestimmung, die Anschlüsse sichert, erfolgt mittels bestimmter Schemata.

So kann ich mich z.B. in Interaktionen mit anderen Menschen nicht auf deren volle Wirklichkeit beziehen. Ich kann nicht alle Möglichkeiten, die sie verwirklicht haben und solche, die sie ausschlugen, im Blick halten. In der Realität ändern wir uns außerdem ständig. Wenn ich dem unentwegt Rechnung trüge, würde mir Alter Ego als eine Einheit gar nicht greifbar, ich könnte mich auf ihn nicht eindeutig beziehen. Tatsächlich behandeln wir einander aber als Identitäten. Die Zuschreibung einer Identität, die sich auf einen Namen stützt, immunisiert die Kommunikation gegen die Überfülle komplexer Wirklichkeiten und Möglichkeiten meiner "empirischen" raumzeitlichen Existenz.

Dabei wird zusätzlich außerdem noch erreicht, daß meine Identität nicht nur für ein einziges konkretes Alter Ego, sondern für ganze Gruppen von anderen zur konstanten Einheit wird. Wir gehen in Interaktionen nicht nur davon aus, daß ich nicht nur für mich selbst derselbe bin wie kurz zuvor, sondern auch davon, daß ich für alle hier Anwesenden, die sich auf mich beziehen, derselbe bin. Ich fungiere in dieser Kommunikation als handelnde und erlebende Einheit für alle, und diese Einheit wird mehr oder weniger spontan unterstellt. Wir machen uns normalerweise kaum Gedanken darüber, daß diese Identitätsunterstellung nur aufgrund eines typisierenden Schemas zustandekommt, das von Differenzen erst einmal absieht.

Natürlich heißt das nicht, daß bestimmte Abstraktionen in besonderen Situationen nicht auch wieder aufgehoben werden können. Insbesondere kann in bestimmten Lagen auch Streit darüber entstehen, ob die mir unterstellte Identität eine solche ist, mit der ich mich identifiziere. Ich kann dann, wenn ich eine solche Unterstellung zu bemerken glaube, versuchen zu protestieren. Entscheidend ist allerdings, daß ich, auch wenn ich mich gegen eine Identitätszumutung wehre, nicht Identität schlechthin leugne. Ich sage nicht : "Was geht mich mein Gerede von gestern an? Ich bin immer ein anderer von Sekunde zu Sekunde". Vielmehr mache ich in einer solchen Auseinandersetzung lediglich eine andere Identität geltend als die, die mir angesonnen wurde. Im übrigen muß ich auch, wenn ich mich auf mich selbst beziehe, eine solche Selbstschematisierung verwenden. Auch wenn ich mir selbst gegenübertrete, verwende ich Vereinfachungen der Selbstbeschreibung, Abkürzungen, Abstraktionen, indem ich mit einem Identitätsschema arbeite.

Allerdings unterscheidet sich diese Selbstidentifikation eines Bewußtseins in vielen Punkten deutlich von der Fremdidentifikation. Es ist lediglich in normalen Kommunikationssituationen nicht möglich, darüber eigens zu kommunizieren. Wir tun so, als ob ich für dich das gleiche Ich wäre wie für mich und für ihn. "Wenn jemand 'Ich' sagt, wird nicht mehr eigens darüber verhandelt, ob er nicht eigentlich sich als (abhängiges) Du eines anderen Ich vorführt. Tempogewinn und Flüssigkeit des Prozessierens bei Offenhalten rückgreifender Thematisierungen das sind die Funktionen der Schematismen" (Luhmann 1984:127; 1987).

Jede Gesellschaft verfügt über derartige Schemata, über fungierende Identitätschiffren. Aber höchst unterschiedlich ist die Betonung, die Konsistenz in der Erinnerung von Vergangenheit spielt. Nur in herausgehobenen Situationen ist die Erfassung eines symbolischen Daseinszusammenhangs überhaupt möglich. Der Beichtstuhl und die Couch des Analytikers sind insofern existentiell "extraterritoriale" Bezirke. Obwohl Biographien sich anheischig machen mögen, das Eigentliche oder Wesentliche eines Lebens zu erfassen, sind auch sie nur Schemata. Allerdings solche von bisweilen hoher Elaboriertheit.

5. Aufzählende und erzählende Selbstdarstellungen

Auf die Frage "Wer bist du?" läßt sich aufzählend und erzählend antworten. "Ich bin Arzt", könnte man z.b. entgegnen und somit auf eine der sozialen Positionen verweisen, durch die man identifiziert ist. Man könnte auch die Frage als illegitim zurückweisen: "Das sehen Sie doch! Ich bin der Fahrkartenkontrolleur". In diesem Falle hält man sich durch die aktuell eingenommene Situation für hinlänglich "ausgewiesen". Typischerweise entsteht unter solchen Umständen auch gar nicht das Motiv nachzufragen. Die Mehrzahl der Situationen identifiziert uns derart, daß für den Fortgang der Interaktionen weitere Identifikationen nicht erforderlich sind. Zumindest brauchen sie nicht ausdrücklich erwähnt zu werden. Wir sind uns aber stets darüber im klaren, daß der sichtbare Aspekt der präsentierten Identität nur ein Ausschnitt aus einem Ensemble von anderen prinzipiell möglichen Identifikationen ist. Auch wenn wir uns auf gegenwärtige Momente beschränken, bildet die aktuell mit Aufmerksamkeit bedachte Identifikation nur einen stets als Horizont mitgegebenen Ausschnitt der thematisierungsfähigen gegenwärtigen Identität. Sowohl in Hinsicht auf andere Merkmale wie auf zusätzliche soziale Beziehungskontexte, die als gleichzeitig fortbestehend angesehen werden, ließe sich eine prinzipiell unendliche Reihe von Bestimmungen angeben. Wir könnten sie aufzählen. Daß wir gerade diesen und nicht jenen Aspekt hervorkehren, schließt die grundsätzliche Verschiebung auf andere Gegebenheiten nicht aus, setzt sie vielmehr voraus. Obwohl die Aufzählung selbst nur sukzessiv verfahren kann und bald dieses, bald jenes Moment eigens erwähnt, ist in jedem Falle trotzdem die Simultaneität der Charakterisierungen mitgemeint. Es geht um alle Bestimmungen, die jetzt und hier meine Identität ausmachen. In all diesen Fällen erscheint die Identität im Präsens. Das heißt nicht, daß das Gewordensein der fungierenden Eigenschaften, Positionen, Gewohnheiten usw. vollständig unbewußt bliebe. Aber normalerweise heben wir auf deren Entstehungszusammenhang nicht eigens ab.[5]

6. Zeitlichkeit und Biographie

Daß die Zeitlichkeit selbst als ausdrückliches Moment der Selbstdarstellung fungiert, ist demgegenüber historisch keineswegs selbstverständlich. In vielen Gesellschaften existieren überhaupt keine identitätsrelevanten Darstellungsformen der Vergangenheit, es gibt dort im strengen Sinne keine Biographiegeneratoren. Was jeweils zählt, ist die Gegenwärtigkeit, durch die das Vergangene als selbstverständlicher Horizont bloß aufscheint ohne eigens thematisiert zu werden.

Die Verzeitlichung der Selbstdarstellung wird vielmehr erst da zwingend, wo gleiche Gegenwarten der Endpunkt extrem verschiedener Vergangenheiten sein können, wo also die Gegenwart nicht mehr hinlänglich viel Vergangenheit transparent macht. Erst in einer solchen Situation weiß man nicht mehr, wer ich war, wenn man weiß, wer ich bin. Die Wege, die mich zu dem Punkt geführt haben könnten, an dem ich jetzt angelangt bin, hätten ganz andere sein können, und an jedem Punkt des Weges, den ich wirklich zurückgelegt habe, waren andere Ziele möglich als das wirklich erreichte. Systemtheoretisch kann man das auch so ausdrücken, daß man die Temporalisierung als Pendant größerer Kontingenz in der Sachdimension begreift.

Es ist denn auch sicherlich kein Zufall, daß die Selbstdarstellung des Individuums, wie sie in Europa im Kontext der Beichte seit dem Mittelalter institutionalisiert war,[6] einer Auffassung entsprang, die den Menschen und sein ihn vor Gott identifizierendes Geschick als Tat seiner eigenen Freiheit auffaßte. Und selbst da, wo wie bei den Puritanern das Heilsgeschick gerade nicht als Freiheit, sondern als Prädestination aufgefaßt wurde, ergab sich die Aufmerksamkeit auf die Zeit als Identifikationsweg daraus, daß nunmehr Gottes Handeln als kontingent erschien: kontingent nicht in Relation zu seinem eigenen Wesen - das wäre geradezu blasphemisch gewesen - sondern in Beziehung zu dem, was wir über seinen Ratschluß in Erfahrung bringen können. Aber ob die Wurzel der Kontingenz nun in der Selbstdarstellung der Gesellschaft, in der Freiheit des Individuums oder in der Freiheit Gottes begründet liegt, das Ich begreift sich in dieser Situation vor dem Hintergrund alternativer Schicksale.[7]

Selbstidentifikation durch Geschichte müßte folglich, wenn die obigen Überlegungen stimmen, in gewisser Weise korrelieren mit den sozialstrukturell angebotenen Freiheitsräumen. Die Tatsache, daß in Europa die Massen zunächst nur im religiösen Kontext eine relevante biographische Identität haben, wäre in diesem Zusammenhang plausibel. Vor dem Hintergrund Schuld-Unschuld oder Sünde-Tugend erweist sich im Abendland[8] schon seit jeher eine (im übrigen selbst historisch wandelbare[9]) "demokratische" Verteilung der Chancen biographischer Selbstvergewisserung.

Das gilt im weltlichen Bereich jedoch keineswegs im gleichen Sinne. Entsprechend der größeren Freiheitsspielräume, wie sie z.B. Herrschaftsrollen oder Positionen im philosophisch-theologischen oder künstlerischen Feld eröffnen, finden sich hier auch früher ausgeprägte Biographisierungschancen. Die Berichte, Chroniken usw., in denen das Handeln der Könige als Tat der Freiheit beschrieben wird, geben hierfür reichlich Zeugnis ab. Allerdings ist die Dramatisierung der Kontingenz in Bezug auf das herrschaftliche Verfügungszentrum nicht ohne Probleme. Was aus der Perspektive des Königs als heroische Tat und individualisierende Realisierung von Freiheit erscheint, ist aus der Sichtweise der übrigen Mitglieder der Gesellschaft Erinnerung an Unsicherheit und Bedrohung. Die Freiheit des Königs stellt insofern stets eine ängstigende Gefahr dar. Wenn sie dennoch dargestellt wird, wenn also nicht die wirkliche Freiheit des Herrschers verhüllt wird, z.B. dadurch, daß sie als bloße Vollstreckung göttlichen Auftrags erscheint, so wird sie doch typischerweise vor dem Horizont der Bindung auch des Königs an das Recht oder an Gottes Gebot geschildert. Eindrucksvoll sind in diesem Zusammenhang die einschlägigen Texte des Alten Testaments. Sie lassen einerseits keinen Zweifel an der fürchterlichen Freiheit der Könige. Andererseits aber wird das Handeln der Herrscher begleitet und "aufgehoben" durch die Verläßlichkeit Gottes, dessen Sanktionen der Willkür der Mächtigen eine Grenze setzen. Freiheit der Könige erscheint somit nie als bloße Kontingenz, sondern als Kampf um Selbstauszeichnung durch Tugend. Versagen ist zwar immer möglich, aber selbst bereits durch einen transzendenten Rahmen "eingefriedet".

Dabei müßte man freilich einschränkend bedenken, daß nicht schlechthin alle Formen der literarischen Erinnerung in diesem Sinne als Autobiographien anzusprechen sind, jedenfalls dann nicht, wenn man darunter den Versuch versteht, sich oder anderen Rechenschaft und Aufschluß über das eigene Ich zu geben, und wenn dargestellt werden soll, was das eigene Leben an Besonderem, ja Einmaligem, auszeichnet.

7. Zeit und Sinn

Die eigentlich paradoxe Leistung expliziter Selbstkonzepte, wie sie durch Biographien erzeugt werden, besteht darin, daß sie für ein Bewußtsein oder für Kommunikationen, die sich notwendig stets in der Gegenwart "aufhalten", ansinnen, sich mit etwas zu identifizieren, was sie nicht sind. Der Vollzug der Erinnerung kann ja nur als Vergegenwärtigung von etwas erfolgen, das aktuell gerade nicht präsent ist. Die damit verbundene Schwierigkeit der Vergangenheitspräsentation zeigt sich zunächst schon an der Unmöglichkeit, die Gesamtheit des Vergangenen in der vergegenwärtigenden Form "unterzubringen". Das Beschreiben braucht selbst Zeit, aber es darf nicht soviel Zeit verbrauchen, wie die zu beschreibenden Ereignisse verbraucht haben, als sie stattfanden. Das würde zumindest dann gelten, wenn die Vergegenwärtigung sich auf alle Begebenheiten des Lebenslaufes bezöge, erst recht natürlich dann, wenn die intendierte biographische Repräsentation den Lebenslauf fiktiv überschreiten müßte, z.B. von Eltern und Ahnen, von geschichtlichen Umständen usw. berichten müßte. Man kann sich aber leicht klarmachen, daß die Beschreibung eines Ereignisses in vielen Fällen sehr viel länger dauert, als es "an Zeit verbraucht" hat, während es sich aktuell ereignete. Die Vorstellung, daß Gedächtnis oder Erinnerung also wie Speicher oder wie Spiegel arbeiten könnten, würde zu absurden Ergebnissen führen. Auch Erinnern kann sich nur - wie im übrigen alles sinnhafte Operieren - als ein Prozeß ständigen Verweisens abspielen, als unentwegtes Oszillieren zwischen dem, was im Augenblick Zentrum der Aufmerksamkeit ist und dem, was als Horizont fungiert. Das gilt ja schon für das Erfassen des Gegenwärtigen, für das Vergegenwärtigen von Zukünftigem oder Vergangenem erst recht. Die autobiographischen Vergegenwärtigungen machen davon selbstredend keine Ausnahme. Sie sind aber institutionelle Vorkehrungen, die ihre eigene Paradoxie "invisibilisieren".[10]

Ähnlich wie die Vergegenwärtigung des Vergangenen führt auch die Sinngebungsproblematik zu Paradoxien, und ähnlich ist auch hier die "Lösung: Institutionen, die die Existenz als Ganze erst vors Bewußtsein ziehen, sind notwendig, damit die Frage nach Sinnhaftigkeit oder Sinnlosigkeit *des* Lebens überhaupt aufkommen kann. Insofern solche Methoden der Selbstvergewisserung, die normalerweise mit dem Anspruch der Sinnstiftung auftreten (wie z.B. die Beichte oder der Glaube an ein Jenseits), mit dem Argument verteidigt werden, ohne sie sei kein Sinn möglich, übersieht man, daß dies nur für jene Sinnebenen gilt, die durch jene Prozeduren erst erzeugt werden. Das Bedürfnis nach biographischen Sinngebungen entsteht erst, wenn die Biographie selbst als Form selbstverständlich geworden ist. Die Erschütterung über die Darstellung der bloßen Zufälligkeit der Ereignisverkettungen, wie sie moderne Romane auslösen können, entspringt nicht notwendig der Bloßlegung der Wirklichkeitsstruktur als solcher, sondern eher der Enttäuschung einer Erwartung, die vorher durch die Romanform aufgebaut worden ist. Auf die Frage nach dem Sinn von Existenz angewandt, könnte man vielleicht sagen: Durch Erziehung und Umstände sind wir zunächst auf diese Frage festgelegt worden, für die wir dann keine Antwort finden. Damit will ich aber nicht wie Luhmann sagen, daß die Frage nach Sinn oder Sinnlosigkeit der Existenz falsch gestellt sei, sondern lediglich, daß es möglich ist zu leben, ohne daß sie sich in der in Europa tradierten Form stellt. Übrigens natürlich nur bei einer Minderheit von Menschen in einer Minderheit von Situationen. Allerdings: Wenn Existenz als Ganze thematisiert wird, dann wird Sinnlosigkeit zumindest möglich. Dabei hängt die Klassifizierbarkeit der Darstellung als sinnlos ihrerseits von den jeweils gültigen Kriterien ab, wobei freilich, historisch gesehen, Konsistenz der thematisierten Momente ein generell wichtiges Moment zu sein scheint.

Anmerkungen

1 Zur neueren deutschen Rezeption vgl. vor allem Joas (1985). Dort finden sich auch weitere Literaturhinweise.
2 "In a very large and interesting class of cases the social reference takes the form of a somewhat definite imagination of how one's self - that is any idea he appropriates - appears in a particular mind, and the kind of self-feeling one has is determined by the attitude toward this attributed to that other mind. A social self of this sort might be called the reflected or looking-glass self... As we see our face, figure, and dress in the glass, and are interested in them because they are ours, and pleased or otherwise with them according as they do or do not answer to what we should like them to be; so in imagination we perceive in another's mind some thought of our appearance, manners, aims, deeds, character, friends and so on, and are variously affected by it" (Cooley 1956:183f.).
3 "We suppose ourselves the spectators of our own behaviour, and endeavour to imagine what effect it would, in this light, produce upon us. This

is the only looking-glass by which we can, in some measure, with the eyes of other people, scrutinize the propriety of our own conduct." (Smith 1976:112) Dabei ist der "impartial spectator", mit dessen Augen wir uns selbst anschauen, bei Smith bereits eine idealisierende Konstruktion, ähnlich wie das für den "generalized other" von G.H. Mead gilt.
4 Für die Verschärfung der Skrupelhaftigkeit in der Gegenreformation vgl. auch Jaques Le Brun (1987) und Michel Foucault (1963; 1972).
5 Vielmehr sind sie, wie Leitner (1986:8) formuliert, "gleichsam 'entzeitlicht', gegenwärtig, nicht als zeitlicher Horizont ihres Entstehens und Mitlaufens.".
6 Vgl. zu diesem Thema ausführlicher Hahn (1982).
7 "Die Selbstdarstellung zeigt das Ich als Jemand, der auch anders sein könnte, dadurch daß sie zu erkennen gibt, daß das Ich ein anderer zumindest schon gewesen ist. Im Erzählen erscheint das Ich als ein Wandelbares, Kontingentes, das durch seine Identitätsprädikate nicht mehr vollständig beschrieben ist. In dieser Differenz mag man einen ersten, noch ganz rudimentären Anfang von Subjektivierung sehen" (Leitner 1986:17).
8 Die Beichte als solche ist allerdings keineswegs eine Besonderheit der europäischen Religionsgeschichte. Als umfassende Dokumentation der weiten Verbreitung dieser Institution greife man zu dem monumentalen Werk von Raffaele Pettazoni (1929ff.). Die Sündenbekenntnisse sind jedoch nicht in jedem Falle Anlaß zur autobiographischen Selbstreflexion. Das läßt sich am Material Pettazonis über einfache Gesellschaften sehr deutlich zeigen. Nach Pettazoni findet sich die Beichte in einfachen Gesellschaften einerseits sehr häufig in therapeutischen Situationen: durch Beichte wird ein schuldbedingtes Übel beseitigt, andererseits ganz generell im Kontext von Reinigungsriten. Sünden müssen wie Schmutz weggewaschen werden. Folglich wird das Bekenntnis oft begleitet von Waschungen, bisweilen werden auch Schuldbekenntnisse als Form des "Ausspeiens" aufgefaßt: Die Beichte wird dann kombiniert mit rituellem Erbrechen, das durch eigens zu diesem Zweck verabreichte Emetica ausgelöst wird. Der Begriff der "Schuld" oder "Sünde" darf dabei nicht zu streng im Sinne absichtlicher Übertretung gesehen werden. Häufig sind es auch unbeabsichtigte, ja völlig unbewußte Verletzungen von Tabus, die eine individuell oder kollektiv bedrohliche oder verderbliche Lage erzeugen, sei es weil eine Gottheit beleidigt wurde oder auch weil durch eine Art magischer Kausalität die Übertretung direkt Krankheit oder Übel produziert. Das Bekenntnis hat deshalb nicht eigentlich Bezug zur Erinnerung. Manchmal werden gleichsam vorsorglich alle möglichen "Sünden" gebeichtet. Auf diese Weise wird gesichert, daß keine möglicherweise wirksame Schädigung übersehen wird. Das Bekenntnis wirkt als Purgativ, das sich des Wortzaubers bedient. Die verbale Beschwörung

der wirklichen oder möglichen Übertretung treibt deren krankmachende Folgen geradezu physisch aus dem Leib heraus. Die Schuld wird nicht durch das Bekenntnis, sondern zunächst durch die von ihr ausgelöste Krankheit "bekannt". (Pettazoni 1929ff.:I, 53f.)

9 Vgl. hierzu auch meine bereits erwähnte Arbeit zur Soziologie der Beichte (1982).

10 Zum Konzept der "Invisibilisierung" eines Paradoxes als Leistung eines sozialen Systems vgl. Yves Barel (1989).

Literatur

Assmann, Jan: "Sepulkrale Selbstthematisierung im Alten Ägypten", in: Hahn/Kapp 1987, S. 208-232

Auerbach, Erich: *Mimesis: Dargestellte Wirklichkeit in der abendländischen Literatur*, Bern 1946

Barel, Yves: *Le paradoxe et les système: Essai sur le fantastique social*, Nouvelle édition augmentée, Grenoble 1989

Bourdieu, Pierre: *Esquisse d'une théorie de la pratique*, Paris, dt.: *Entwurf einer Theorie der Praxis*, Frankfurt/M. 1976

Castel, Robert: *Le Psychanalysme*, Paris 1973

Castel, Robert: *L'ordre psychiatrique*, Paris 1976

Cooley, Charles Horton: *Human Nature and the Social Order*, Revised Edition, Glencoe, Ill. 1956

Delumeau, Jean: *La Peur en Occident*, Paris 1978

Delumeau, Jean: *Le péché et la peur: La culpabilisation en Occident*, Paris 1983

Foucault, Michel: *Naissance de la clinique*, Paris 1963

Foucault, Michel: *Histoire de folie l'âge classique*, Paris [2]1972

Foucault, Michel: *Surveiller et punir: Naissance de la Prison*, Paris 1975

Foucault, Michel: *Histoire de la sexualité*, 3Bde, Paris 1976-84

Goffman, Erving: *Frame Analysis: An Essay on the Organization of Experience*, New York, London 1974

Hahn, Alois: "Zur Soziologie der Beichte und anderer Formen institutionalisierter Bekenntnisse: Selbstthematisierung und Zivilisationsprozeß", in: *Kölner Zeitschrift für Soziologie und Sozialpsychologie* 34 (1982), S. 408-434

Hahn, Alois: "Religiöse Wurzeln des Zivilisationsprozesses", in: H. Braun/ A. Hahn (Hg.), *Kultur im Zeitalter der Sozialwissenschaften*, Festschrift für F.H.Tenbruck, Berlin 1984a

Hahn, Alois: "La séverité raisonnable la doctrine de la confession chez

Bourdaloue", in: *French Papers on French Seventeenth Century Literature*, Seattle, Paris, Tübingen 1984b

Hahn, Alois: "Soziologische Relevanzen des Stilbegriffs", in: H.U. Gumbrecht/K.L. Pfeiffer (Hg.), *Stil. Geschichten und Funktionen eines kulturwissenschaftlichen Diskurselements*, Frankfurt/M. 1986, S. 603-611

Hahn, Alois: "Handschrift und Tätowierung", in: H. U. Gumbrecht/K. L. Pfeiffer (Hg.), *Schrift*, München 1993, S. 201-218

Hahn, Alois/Kapp, Volker (Hg.): *Selbstthematisierung und Selbstzeugnis: Geständnis und Bekenntnis*, Frankfurt/M. 1987

Joas, Hans: *Praktische Intersubjektivität*, Frankfurt 1980

Joas, Hans (Hg.): *Das Problem der Intersubjektivität: Neuere Beiträge zum Werk George Herbert Meads*, Frankfurt/M. 1985

Le Brun, Jaques: "Das Geständnis in den Nonnenbiographien des 17. Jahrhunderts", in: Hahn/Kapp 1987, S. 248-264

Le Goff, Jaques: *Pour un autre Moyen Age*, Paris 1977

Le Goff, Jaques: *La naissance du Purgatoire*, Paris 1981

Leitner, Hartmann: *Lebenslauf und Identität: Die kulturelle Konstruktion von Zeit in der Biographie*, Frankfurt, New York 1982

Leitner, Hartmann: *Text oder Leben*, Trier 1986 (unveröffentlichtes Manuskript)

Luhmann, Niklas: *Soziale Systeme: Grundriß einer allgemeinen Theorie*, Frankfurt/M. 1984

Luhmann, Niklas: "Die Autopoiesis des Bewußtseins", in: Hahn/Kapp 1987, S. 9-94

Lyman, Stanford M./Scott, Marvin B.: *A Sociology of the Absurd*, New York 1970

Mead, George Herbert: *Mind, Self and Society: From the Standpoint of a Social Behaviorist*, Edited by C. W. Morris, Chicago, 1934

Mead, George Herbert: *Gesammelte Aufsätze*, 2Bde, hg. von H. Joas, Frankfurt/M. 1980/83

Pettazoni, Raffaele: *La confessione dei peccati*, 3Bde, Bologna 1929ff.

Riegel, Klaus-Georg: *Konfessionsrituale im Marxismus-Leninismus*, Graz, Wien, Köln 1985

Riegel, Klaus-Georg: "Öffentliche Schauprozesse im Marxismus-Leninismus: Die Moskauer Schauprozesse (1936-1938)", in: Hahn/Kapp 1987, S.136-148

Schulz-Buschhaus, Ulrich: "Drei Figuren des Ich in der italienischen Renaissance-Dichtung: Berni-Bembo-Ariost", in: Hahn/Kapp 1987, S. 265-280

Smith, Adam: *The Theory of Moral Sentiments*, Edited by D.D. Raphael and A.L. Macfie, Oxford 1976

Tentler, Thomas N.: *Sin and Confession on the Eve of the Reformation*, Princeton 1977

Weber, Max: *Gesammelte Aufsätze zur Wissenschaftslehre*, Dritte, erweiterte und verbesserte Auflage, hg. von J. Winckelmann, Tübingen 1968

II. Biographie und die Kirchen

Von der konfessionellen Biographie zur Biographisierung des Rituals

Michael N. Ebertz

Die Erosion der konfessionellen Biographie

1. 'Konfession' statt 'Religion'

Über die meiste Zeit der vergangenen vier Jahrhunderte hinweg begegnet uns in zahlreichen europäischen Ländern Religion nicht einfach als 'Religion', auch nicht einfach als 'Christentum', sondern partikularisiert: in Gestalt von 'Konfessionen'. Als solche war sie auch Lebensläufen und Biographien nichts Äußerliches (vgl. etwa Harvolk 1987; Widmann 1987). Angefangen von der Deutung des Lebensbeginns (s. Klöcker 1991:138ff.), der Vornamensgebung (s. Mitterauer 1988; Wiebel-Fanderl 1990a: 63 ff.), der Zahl der Kinder bzw. Geschwister, der Körperhygiene, des Umgangs mit dem eigenen und fremden Körper, der Wahl der Lebensform, des Ehepartners, des Vollzugs der Ehe und der Interpretation von Ehe und Familie bis hin zur (Selbst-)Thematisierung von Schuld (vgl. Hahn 1987:21f.), konnten Konfessionen bis weit in unser Jahrhundert hinein nicht nur die Privat- und Intimsphäre bestimmen.

Konfessionsspezifisch waren auch weite Bereiche der darüber hinausgehenden sozialen Kontakte reguliert, bis hin zum Brauch, wie, wo mit wem - in welchem Verein - die Freizeit verbracht und Geselligkeit gepflegt (vgl. Kühr 1985), und bei welchem Metzger der obligatorische Einkauf getätigt wird, wenn die in Deutschland historisch-politisch bedingte, selbst wieder konfessionell geprägte siedlungsgeographische Struktur hier überhaupt

Alternativen ließ (vgl. Bauer 1964; Maier 1980). Verflochten mit solchen und anderen (sozialökonomischen) Lebenslagenbedingungen hat die konfessionelle Zugehörigkeit noch in der zweiten Hälfte unseres Jahrhunderts unterschiedliche Bildungs- und Berufsprofile hervorgebracht (Nellesen-Schumacher 1978) und bestimmte - auch über die unterschiedliche Höhe der Kinderzahl - den Lebens- und Familienzyklus mit.

Ebenfalls konfessionell profiliert waren der Tages-, der Wochen- und der Jahresrhythmus. Als exemplarisch für Katholiken mögen hierfür die lebensgeschichtlichen Erinnerungen von Christa Nickels (1988:17), herangezogen werden:[1] Jahrgang 1953, als älteste von acht Geschwistern aufgewachsen auf einem Bauernhof im 'katholischen' Jülicher Land, Abitur 1971 an der Schule der Ursulinen-Schwestern in Geilenkirchen, von Beruf Krankenschwester:

"Das kirchliche Leben habe ich ... von klein auf als etwas erlebt, was zu den vier Jahreszeiten gehört, habe die Fülle und Farben und Lebendigkeit von Frühjahr, Sommer und Herbst im Altarschmuck, in den Liedern, Farben und Riten meiner Kirche wiedergefunden; z.B. in Palm- und Kräuterweihe, den Bittprozessionen für eine gute Ernte vor Christi Himmelfahrt, an Fronleichnam, beim Erntedankfest, bei den Maiandachten in der Kirche und zu Hause vor unserem 'Maialtärchen'. Die lange Erstarrung der Natur im Winter ... hatte seine Entsprechung im Advent. Was man als Landmensch von der Anschauung her weiß, nimmt Weihnachten vorweg: nach der langen dunklen Kälte kommt wieder Leben in die Welt".

Regelmäßiges tägliches Gebet ist in solchen konfessionsbestimmten Lebensläufen bzw. Lebenslaufabschnitten ebenso selbstverständlich wie der regelmäßige sonntägliche Gottesdienstbesuch und der "mindestens monatliche Rhythmus der Beichtens" (Klökker 1993:65).[2] Der sonntägliche Gang zur Kirche war zugleich markanter "sozialer Treffpunkt", Informationsbörse, Ort des sozialen Vergleichs und der Zeiterfahrung.

Auch das Lebensende war konfessionell unterschiedlich getönt. Man starb in der Regel auf katholische oder evangelische Weise (Baumgartner 1987). Abgesehen von der höheren Selbstmordrate (im höheren Lebensalter) des protestantischen Bevölkerungsteils, worauf noch für die 60er Jahre unseres Jahrhunderts Gerhard Schmidtchen (1973; 1984:92) aufmerksam gemacht hat, wurde der Abschied von den Sterbenden und Toten konfessionell unterschiedlich ritualisiert (Wiebel-Fanderl 1990c: 220ff.).

Die evangelische Leichenpredigt zum Beispiel (vgl. Lenz 1975, 1979, 1984; Hettinger 1888:508), neben der katholischen Ohrenbeichte ein anderer kirchlich institutionalisierter "Biographiegenerator"[3], war eines der zahlreichen konfessionellen Identitäts- und Unterscheidungszeichen, die - kirchenoffiziell wie popularreligös (vgl. Ebertz/Schultheis 1986) - den Alltag begleiteten, den Lebenslauf spurten, Identitäten mit Sonderbewußtsein generierten (vgl. Assion 1984) und Biographien erheblich mitkonstitutierten, nicht nur in sogenannten 'kritischen Lebensereignissen'. "Für mich war Glaube auch immer so etwas wie ein Zugseil", schreibt Christa Nickels (1988:18), "das mich in eine bestimmte Richtung gezogen, gelockt, manchmal auch geschleppt hat, und eine Spur im dicken Nebel. Und mein Glaube", so fährt sie konfessionsspezifizierend fort, "hat Namen: Vater, Mutter, Du. Wenn ich empört bin und wütend, wenn ich nichts mehr verstehe, streite ich mit ihm. Wenn ich nicht mehr kann, ratlos bin, beschämt und allein, dann geh' ich zu ihr. Und wenn ich mich freue, dann funk' ich es 'rüber. ... Marias Loblied ist auch meins".

Konfessionen können somit als Bezugsgröße mehr oder weniger betont geglaubter Wertbindungen verstanden werden, die in unterschiedlichen Lehrmeinungen und Glaubensüberzeugungen über den Sinn des Lebens, des Leidens und der Welt, in jeweiligen Symbolen als Sinnbildern des Heiligen, in Riten, Ritualen und anderen Handlungsnormen und -schemata sich konkretisieren und im Kern kirchlich getragen und von theologischen Experten reflektiert und systematisiert sind. Nach Schmidtchen (1984: 91ff.) sind Konfessionen sozial- und kulturmächtig geworden, motivations-, identitäts- und habitusprägend. D.h. sie fungieren als "Sozialisationssysteme", als Systeme "der Weltdeutung" und der "Verständigung über Wahrheiten" und damit der "Kontrolle" und Ausrichtung der "Lebensführung" sowie der "Steuerung von sozialen Beziehungen".

2. Die Stabilisierung konfessioneller Biographien

Noch vor zehn Jahren glaubte Schmidtchen (ebd.:92f.) im verallgemeinernden Rückgriff auf seine demoskopischen Befunde ein scharf geschnittenes konfessionelles Kontrastprofil zeichnen zu können:[4] "Katholiken wachsen (!) im Vergleich zu Protestanten religiös wesentlich behüteter auf, in einer dichten religiösen Atmosphäre. ... Katholiken haben eine deutlichere konfessionelle Identität ... Selbst Protestanten, die regelmäßig zur Kirche gehen, haben ein distanziertes Verhältnis zu ihrem eigenen religiösen Standort." "Protestanten", so Schmidtchen weiter, "finden ihre Selbstverwirklichung in einer Art von Pseudoautonomie, der Hingabe an die Zeitströmungen ... Die Protestanten handeln weniger aus einem religiösen Konzept heraus als aufgrund einer gerade in der Deformation des Religiösen liegenden Befähigung, sich jenen gesellschaftlichen Entwicklungen anzuvertrauen, die unauffällig ein Stück protestantischer Identität bekräftigen, nämlich modern zu sein, unabhängig von traditionalen Vorurteilen." Damit produziere die protestantische Kultur "einen gesellschaftlich höchst aktiven, aber gleichzeitig auch instabilen Typus ...".

Im Unterschied dazu sei "der zentrale Glaube der Katholiken ... der, daß die Welt eine moralische Ordnungsstruktur hat. Dieses Ordodenken" sei "den Protestanten fremd" (ebd.:92). Katholiken leben, so Schmidtchen (1973:562), zwar "nicht in einem total geschlossenen System, sondern im geschlossenen Gefüge, im Ordo ihrer Kirche, aber zugleich in einer offenen Gesellschaft mit ihren spezifischen Anforderungen, während Protestanten in einem schlechthin offenen, also minimal gesteuerten System leben, religiös wie gesellschaftlich-politisch".

Hier kann nicht die Frage diskutiert werden, in welchem Ausmaß und in welcher Intensität der von Schmidtchen auf der Basis demoskopischer Umfragedaten konstruierte 'katholische' und 'protestantische Charakter' jeweils in der Realität anzutreffen war und inwieweit sich diese Konstruktion ihrerseits selbst wieder aus konfessionellen Stereotypen (vgl. Köhle-Hezinger 1976; Dubach/ Campiche 1993:264ff.) sowie anderen, ideologiekritisch zu erhellenden Quellen nährt. Zumindest für die mittlere und ältere Generation lassen sich einige seiner Behauptungen an den Selbstbeschreibungen 'prominenter' 'katholischer Autobiographien' plausibilisieren, gerade in den Fällen, in denen die Biographen selbst thematisieren, lebensgeschichtlich bereits früh auf kritische Distanz zu bestimmten Manifestationen der offiziellen Kirche gegangen zu sein. Das Material der vier im folgenden zu explorativen Zwecken herangezogenen 'religiösen Autobiographien' legt aber auch den Schluß nahe, daß die von Schmidtchen konstruierten Konfessionsprofile erheblicher Einschränkung, Differenzierung und Relativierung bedürfen (vgl. Klöcker 1993:62f; s. auch Peters/Schreuder 1989:136).

Immer wieder wird an den von mir ausgewählten Texten einschlägiger konfessioneller Autobiographien deutlich, daß deren Entfaltung und Stützung ebensowenig wie deren 'Zeugung' und 'Geburt' allein durch die kirchliche Institution bzw. Gemeinde oder die Teilnahme an kirchlichen (rituellen) Veranstaltungen erfolgte, auch wenn aus den 'katholischen Autobiographien' die Thematisierung des 'Ordo der Kirche' in der Tat nicht wegzudenken ist. Doch ebenso konstitutiv für die konfessionellen Autobiographien ist, daß an deren Genese und Fortführung *ein interaktiv dichtes Netzwerk von religionsunspezifischen Gruppen im mittel- und unmittelbaren Kontext von Kirche und Familie* beteiligt war. *Dort kam der konfessionellen Bezugsgröße eine pertinente, permanente und - häufig fraglos - sozial geteilte, wenn auch nicht exklusive Kommunikations- und Handlungsbedeutung zu.* Auffällig ist zudem, daß aus diesen kohärenten Gruppen *unmittelbare Beziehungen zu signifikanten, meist namentlich genannten Personen* herausgestellt werden, die biographisch als persönlich glaubwürdig, als Quelle sozialer Wertschätzung und Anerkennung, als identitätsbestätigend und lebenslaufförderlich und insofern als vertrauensvoll erlebt wurden. Die biographische Relevanz der Beziehungen zu diesen Identifikations- und Vertrauenspersonen konnte sich dadurch erhöhen, daß ihnen die sozialpsychologisch kaum zu unterschätzende Funktion zufiel, allfällige 'kognitive Dissonanzen' (vgl. Festinger 1978) abzuschwächen, zu überbrücken und auszubalancieren, sie also zugunsten der Fortführung der konfessionellen Biographie zu mediatisieren. Ich nenne deshalb solche Beziehungen im folgenden *Balance- und Pufferfigurationen oder kurz soziale Mediatoren.*[5]

Als förderlich für ihre katholische Biographie beschreibt Christa Nickels neben der Teilnahme an den oben bereits zitierten kircheninstitutionellen Veranstaltungen die konfessionell relativ homogene dörfliche Nachbarschaft, den Religionsunterricht und die Schule in kirchlicher Trägerschaft, stellt aber an erster Stelle ihre religiös homogene Verwandtschaft heraus und daraus sozusagen als Starbesetzung ihre signifikante "*Frauensammlung*" aus Mutter, Tante und Patenoma. Diese, sagt sie, waren es, "*die uns etwa von ihrem Glauben vermittelten*". "*Mich hat ... geärgert*", schreibt sie (1988:15f.) weiter über die Beziehung zu ihrer Mutter, die "*immer jeden Pfarrer verteidigte*", "*daß für sie das 'Kreuztragen' und eine Haltung, die sich in dem Spruch 'Opfer ist das Leben der Liebe' ausdrückt, so wichtig waren ... Aber was ich an Mama mitbekommen habe, das ist so ein festes Glauben, daß es sie offenbar durch Dick und Dünn und alle Höhen und Tiefen in ihrem Leben durchgetragen hat. Und bei aller Grundsätzlichkeit, die sie an sich hat, habe ich nie das Gefühl gehabt, sie wollte mir meine Bahn vorgeben oder meinen Rücken krumm machen.*" Der Beziehung zu ihrer katholischen Tante, einer Zahnärztin, kam ebenfalls die Funktion einer Mediationsfiguration zu. Sie verkörperte für die Autobiographin die existentielle Vereinbarkeit von technischer Rationalität und katholischer Frömmigkeit. Und ihre Patenoma, die "*keine Zeit für Kirchgänge*" hatte, sich aber "*um jeden, der in ihre Reichweite kam und etwas brauchte, gekümmert*" hat und dem heiligen Antonius als "*bestem und treuem Schutzheiligen*" zutraute, Verlorenes wiederzufinden, lebte ihr das spannungsvolle Zusammenspiel von Kirchennähe und Kirchendistanz vor.

In anderen Lebensgeschichten, die von ähnlichen Strukturen der sozialen Relevanz des Konfessionellen erzählen, können solche Balance- und Pufferfigurationen auch außerhalb der familialen und verwandtschaftlichen Sphäre loziert werden.

Die lebensgeschichtlichen Erzählungen des 1901 geborenen Walter Dirks, das zweite hier herausgegriffene Beispiel, weisen ebenfalls, abgesehen von sozialstrukturellen, geschlechtsspezifischen und generationellen Unterschieden, analoge Momente auf, die als typische gesellschaftliche "Wirklichkeitsgaranten" (Berger/Luckmann 1974:161) der konfessionellen Biographie fungierten. Neben der außerordentlich reflektierten Thematisierung des 'Ordo' der kirchlichen Institution (vgl. Dirks 1983:163ff.) stoßen wir auch hier auf die Beschreibung des bekannten Panoramas von konfessionell relativ homogener Familie und Verwandtschaft, katholisch geprägter Schule und Religionsunterricht als sozialen Plausibilitätsstrukturen der konfessionellen Biographie. Diese sozialen Stützelemente finden in dieser Lebensgeschichte noch durch die konfessionell homogene Jugendorganisation - später auch durch eine konfessionell homogene Ehe - ihre Fortsetzung, während die Bedeutung der Nachbarschaft als Rückhalt der konfessionellen Biographie anscheinend zurücktritt. So schreibt Dirks (1983:12ff., 17, 88):

"Die Penne hieß 'Königliches Gymnasium'. Es war eine für die wachsende Minderheit der Dortmunder Katholiken gegründete ... Schule (zwar nicht offiziell konfessionell, aber faktisch katholisch geprägt) ... Mein Großvater aber, Wirt und Bäcker und Bauernsohn, geboren 1825, war, um in der Sprache von damals zu reden, ein 'aufrechter Katholik' und ein Mann 'von echtem Schrot und Korn' ... Mein Mutter ... lehrte mich, nicht nur die polnischen Mitschüler, sondern auch die jüdischen Nachbarn zu achten ... Ich wurde in der Schule und zu Hause katholisch erzogen. Glaubenszweifel hatte ich nicht. Aber auch der Darwinismus galt mir als unbezweifelbare Wahrheit, ... es war mir selbstverständlich, daß Darwin ein Stück göttlicher Schöpfung und Strategie entdeckt hatte. Ich wunderte mich, daß ich auf der Kanzel nichts davon hörte. Diese Erkenntnis war wohl der erste Ansatz der Kritik an der Kirche ... Der ... Religionslehrer (dem wir viel verdanken) hatte immerhin Galileis Partei ergriffen, und er hat mir im Rahmen der Neuscholastik eine tiefe Beziehung zur Eucharistie vermittelt... Eine Lehrerin gab mir zusätzlich privat Kommunionsunterricht. Ihre mystische Eucharistieverehrung war ebenso wie der Unterricht in der Schule ... überspitzt, und ich habe mich beiden gegenüber später sehr ernüchtern lassen, aber dem ungewollten Zusammenwirken jenes Geistlichen und dieser Frau verdanke ich eine Erfahrung, die mich noch heute stärkt, nährt und tröstet ... ihr Glaube war echt, und so trug er auch mich ... 1920 war das Gymnasium vorbei. Sieben Semester Theologie. Das Ergebnis: einige Kenntnisse, wachsende innerkirchliche Kritik, gute Freunde, die Erinnerung an den Alttestamentler Norbert Peters und seine drastisch ausgesprochenen Proteste gegen die lehramtliche Bevormundung in Bibelfragen und an den Direktor des Paderborner Leoninums, den gebildeten und feinsinnigen Paul Simon..."

Auch Walter Dirks (ebd.:15) stellt bereits in den zitierten Passagen aus dem Geflecht der konfessionell einschlägig orientierten Gruppen im mittel- und unmittelbaren Kontext von Kirche und Familie mehrere mediatorische Beziehungen zu signifikanten Personen heraus, auf die wir auch in der Biographie von Christa Nickels gestoßen sind. Dirks ergänzt explizit:

"Es sind überhaupt im Grunde einige überzeugend fromme Menschen gewesen, welche die immer schwerer werdenden Einwände erst gegen die katholische Schultheologie, dann gegen das ganze System als Gegengewicht aufwogen".

Das Vorhandensein solcher biographisch belegbaren Balance- oder Pufferfigurationen, die selbst Teil des konfessionell geprägten sozialen Netzwerks sind, ermöglichte vermutlich nicht wenigen - und wohl auch den weniger prominenten - Katholiken, ihr von Schmidtchen unterstelltes 'Doppelleben' sowohl im 'geschlossenen Gefüge' der Kirche als auch zugleich in einer 'offenen Gesellschaft' in Spannung zu stabilisieren.[6] Aber vermutlich auch in evangelisch geprägten Biographien wuchs solchen zugleich gefühlsgetragenen signifikanten Beziehungen die Funktion zu, die konfessionelle Biographie zu stabilisieren.

3. Erodierte konfessionelle Biographien

Daß nicht nur der Lebenslauf und seine (auto)biographische Thematisierung, sondern auch die Thematisierung des Leidens an ihm konfessionelle Züge annehmen konnte, wird - punktuell - schon in einigen bisher zitierten biographischen Schilderungen angedeutet. Die Thematisierung des Leidens an der konfessionellen Biographie kann dagegen in anderen Beispielen, wie in folgendem literarischen Text von Tilmann Moser, Jahrgang 1938, gewissermaßen großflächige, alle Lebensbezüge interpenetrierende Ausmaße annehmen. Seine 'protestantisch' geprägte Biographie legt übrigens noch stärker als die bisher zitierten katholischen Fallbeispiele Modifikationen jener von Schmidtchen konstruierten Konfessionsprofile nahe. Das von Schmidtchen "den Katholiken" reservierte "Ordodenken" war nämlich "Protestanten" unter bestimmten gesellschaftlichen Bedingungen ebensowenig fremd wie den Katholiken die ihnen von Schmidtchen abgesprochene "individuelle Autonomie", wovon nicht zuletzt auch das breite Feld des popularen Katholizismus zeugt (vgl. Ebertz/Schultheis 1986; s. auch Monzel 1972:248ff.). Das "geschlossene Gefüge" katholischer Katechismen ist eben nicht mit der Pragmatik des katholischen Lebens zu verwechseln.

So beginnt denn auch der unter lutherischen Diasporabedingungen aufgewachsene Tilmann Moser (1976:29ff., 19f.) seine lebensgeschichtliche Selbstthematisierung, die später von der kommunikativen Gattung der Klage (ein protestantisches Muster?) in eine duzende Direktanklage Gottes übergeht, folgendermaßen:

"Meine Gottesvergiftung ist ganz früher, fast oraler Natur. Nicht nur habe ich, solange die Erinnerung zurückreicht, kaum Nahrung zu mir genommen, ohne daß nicht darüber gebetet worden wäre. Vor allem hat das Gift die seelische Nahrung getränkt. Du warst das permanente Zusatzangebot im Lächeln der Eltern, in ihren Sorgen, und die waren riesig ... Jede Nähe und Intimität war gottesverseucht: im gemeinsamen Gebet erreichten wir die größte Nähe, eine jenseitsorientierte Verwandtschaft, die bei mir lange zu der Vorstellung führte, daß dereinst im Himmel vielleicht eine Art psychischer Wiederzusammenführung der Familie stattfinden und in der ihr religiöses Interesse für mich zugänglich würde ... Als meine Schulkameraden im katholischen Dorf zur Erstkommunion gingen, habe ich den Eltern bittere Vorwürfe gemacht, daß sie mit der falschen Variante von dir in Beziehung stünden, einer Variante ohne glanzvolle Feste, Prozessionen, Freiluftaltäre, Weihrauch und Kirchturm. (Ich lauschte oft atemlos ihren Berechnungen, wenn sie, vor und nach der Kommunion, ihre Sünden und die Strafen und die Wiedergutmachungsforderungen berechneten, und wenn ihnen die Lage nicht aussichtslos erschien). Später war es dir dann ein leichtes, dich gerade als Außenseitergott, sektenhaft verkannt in der Diaspora, idealisieren zu lassen... Das leicht Märtyrerhafte, das sich aus dem Spott der Dorfjungen über unsere Sektenridikülität ergab, hat deine Macht über mich weiter ausgebaut; der Zwang zur leidenden Identifikation, zum Ertragen des Spottes über dich brachte meinen Stolz ins Spiel ... Wie exakt paßten die Verfolgungsgeschichten des Urchristentums auf unser in manchem noch vom Geist der Gegenreformation erfülltes Dorf, das versuchte, seine geschlossene katholische Kultur gegen den ketzerisch-bedrohlichen Geist des eindringenden Flüchtlingsstromes zu verteidigen ..."

Im Unterschied zu den anderen Fallbeispielen, in denen solche Erleidensprozesse im Dienste der Fortführung der konfessionellen Biographie mediatorisch aufgewogen wurden, fallen in Tilmann Mosers Biographie derartige Beziehungen offensichtlich aus, was in der weiteren Lebensgeschichte zur defensiven Distanz, dann zur Abrechnung, darüber zum expliziten Bruch mit der konfessionellen Biographie und schließlich zu ihrer Umstrukturierung führen sollte. Totalitär auftretende konfessionelle Zumutungen haben hier, seiner Selbstbeschreibung gemäß, keine - vom konfessionell geprägten sozialen Netzwerk selbst ausgehenden - Dosierungen erfahren. Die gegenteilige Erfahrung regierte diese anfänglich massiv konfessionell fundierte Biographie, weshalb Moser auch metaphorisch von "Gottesvergiftung" und "Gottesverseuchung" durch "Gottessäure" sprechen kann. Das Fehlen solcher Balance- und Pufferfigurationen gegenüber dem damit als repressiv erlebten konfessionellen Minderheitsmilieu (mit seinen schließlich auch psychopathologischen Folgen) wird von Moser (ebd.:40) selbst mehrfach thematisiert:

"Du hast mich ... von dem Versuch abgehalten, das Heil bei Menschen zu finden, die mir vielleicht hätten helfen können ... Es gab einfach niemanden, zu dem ich hätte gehen können und sagen: Ich schäme mich, aber Gott antwortet mir nicht. Und wenn ich es getan hätte oder vielleicht auch einmal getan habe, bin ich wieder auf dich und die Intensivierung des Betens verwiesen worden. Ich war umgeben von Leuten, die den Gedanken gar nicht ertragen hätten, daß es dich gar nicht gibt".

Das Fehlen bzw. die Überlastung von signifikanten mediatorischen Beziehungen aus dem konfessionell geprägten sozialen Netzwerk ist freilich nicht der einzige Labilisierungsfaktor konfessionell fundierter Biographien.[7] Auch Störungen in den interpersonalen Primärbeziehungen; das Auftauchen neuer 'signifikanter Anderer' und die Verwerfung und Umbesetzung des figurativen Gefüges im Ensemble der signifikanten Anderen; Krisen- und Wendepunkte des Lebens; basale Konflikte oder negativ erlebte ungewöhnliche 'Schlüsselepisoden' im Kontext des konfessionellen Kommunikations- und Handlungszusammenhangs können zur Labilisierung, zum Kollaps und darüber zur Umstrukturierung konfessioneller Biographien führen.[8]

Einige der aufgezählten labilisierenden Faktoren lassen sich auch in den autobiographischen Selbstthematisierungen von Petra Kelly (1988:23ff.), finden, die, Jahrgang 1947, bis zu ihrem 13. Lebensjahr in der "*'heilen' katholischen Welt*" von Günzburg an der Donau aufgewachsen, von sich sagt, daß sie während ihrer "*Schulzeit in einem katholischen Mädcheninternat*" "*sehr religiös erzogen worden*" sei, "*öfters während der katholischen Messe etwas vorlesen durfte*", es "*mit der wöchentlichen Beichte, mit der heiligen Kommunion, mit dem Rosenkranz und mit dem Vater-Unser ganz, ganz ernst genommen*" und die "*Mutter Maria*" zur "*Lieblingsfigur*" erkoren habe. Petra Kelly (ebd.:26ff.), die nicht nur ihre "*alleinstehende Mutter*", sondern auch ihre später zur Freundin gewordene "*Omi*" als Vorbild und "*sehr kritische Gläubige*" erlebte und sogar "*einmal Nonne werden*" wollte, stellt unter anderem eine als peinlich wie nachhaltig peinsam erlebte 'Schlüsselepisode' mit dem Papst heraus.

Diese trug aus ihrer Sicht erheblich dazu bei, den wachsenden Prozeß ihrer "*Abwendung von der Amtskirche*" zu beschleunigen:

"In den letzten Jahren meines Aufenthalts in den Vereinigten Staaten erkrankte meine kleine Schwester Grace an Krebs, und die Erfahrung mit ihrem Leiden, mit ihrer Erkrankung, mit ihrem Kampf gegen den Krebs brachten mich zur Beschäftigung mit anderen religiösen Grundpositionen ... Ein Schlüsselerlebnis war der Besuch meiner Familie, auf Bitte meiner kleinen Schwester, in Rom ..., als nach einem langen Bittbrief meinerseits Papst Paul II. (muß heißen: Paul VI., MNE) uns im Vatikan bei einer Heiligen Messe in der St. Peters Kathedrale empfing. Wir alle waren von dieser Begegnung zwischen dem Papst und meiner Schwester sehr ergriffen, und zugleich spürte ich, wie kritisch-prüfend meine Schwester mit dieser Begegnung umging. Als sie die vielen Menschen sah ... die vielen gebrechlichen und schwerkranken Menschen um sie herum,... fragte sie, im Gespräch mit dem Papst, ob er sich denn an sie erinnern würde, wenn er soviele Menschen auf einmal sähe. Der Papst war auf so eine Frage nicht vorbereitet, und als seine Helfer mit einem großen roten Samtsack vorbeizogen, um die Gaben und Geschenke für den Papst einzusammeln, machte meine Schwester eine für mich unvergeßliche Geste. Ein ganz besonderes Armband, ... das sie sehr liebte, hatte sie abgenommen und drückte es dem Papst in die Hand mit der Bitte, es in seine Tasche zu tun, so daß er sich ab und zu an sie erinnern könnte. Für die Helfer in der Umgebung des Papstes war dies so ungewöhnlich, daß sie damit nichts anfangen konnten und nur verlegen den roten Samtsack beiseiteschoben. Meine Schwester, die so voller Hoffnung, aber auch bedrückt dem Papst gegenüberstand ..., drückte ihm das Armband liebevoll in die Hand und wartete, bis er es in die Tasche steckte. Das Ganze, was um sie herum stattfand, die laut tönenden Orgeln, der Weihrauch, die vielen jubelnden Menschen, die Fernsehkameras, die Journalisten, all das, was zu den Zeremonien im Vatikan gehört während einer solchen Messe, das hat sie eher verwundert und etwas unruhig und traurig gemacht. ... Die Art, wie meine kleine Schwester Grace Patricia ... mit dieser Papstaudienz umging, ist für mich eine große Inspiration gewesen, etwas, das mich noch kritischer mit der Amtskirche von oben werden ließ".

Diese stark affektiv besetzte unmittelbare 'symbolische Interaktion', die persönliche Reziprozitätserwartungen und Anerkennungsbedürfnisse massiv enttäuschte, wird von der Autobiographin als Wendepunkt markiert. Entsprechend verknüpft sie damit auch die Anmerkung:

"Ich bin später offiziell durch einen Brief an den Vatikan aus der Amtskirche ausgetreten."

4. 'Religion' statt 'Konfession'
Thesen zur Erosion der konfessionellen Biographie

Konfessionelle Biographien scheinen in der jüngeren Generation nicht allein durch die Zunahme solcher negativ erlebter Schlüsselepisoden[9] oder durch einen vermehrten Mangel an jenen mediatorischen Beziehungen zu erodieren, denen in den konfessionellen Biographien der mittleren und älteren Generation die Funktion zufiel, als überzogen erlebte Zumutungen abzuwehren und sie gerade darüber bei der 'konfessionellen Stange' zu halten. Ihr Aufbau wird vielmehr bereits labilisiert durch den fortschreitenden Abbau solcher konfessioneller Zumutungen überhaupt. Diese Aussage bedürfte einer eingehenderen Erläuterung als es hier geschehen kann, um nicht als konfessionalistisches oder gar fundamentalistisches Postulat mißverstanden zu werden. Hier müssen einige Thesen und Hinweise genügen.

1. Die These vom Abbau konfessioneller Zumutungen meint zum einen die wachsende 'Impertinenz', 'Indifferenz' und Irrelevanz des konfessionellen Bezugssystems in tendenziell allen gesellschaftlichen Sphären, d.h. nicht nur in den sekundären Systemen, sondern auch schon in den unmittelbaren Primärbeziehungen der Verwandtschaft, der Freundes- und Bekanntenkreise, selbst in der Herkunfts- und Eigenfamilie (vgl. Ebertz 1988; Schweitzer 1989). Sogar in denjenigen Primärbeziehungen, die (noch) konfessionell homogen zusammengesetzt sind, spielt das konfessionelle Moment eine immer geringere Rolle. Es scheinen vor allem die Großeltern zu sein, die, sofern sie sich an der Miterziehung beteiligen, der konfessionellen Dimension noch einen gewissen Akzent verleihen (vgl. Blaske-Kuhnke 1989; Hemel 1989), der für die anderen Primärbeziehungen immer mehr an Orientierungs- und Gestaltungswert verliert. Dies spiegelt sich auch in dem Befund, daß nur noch eine Minderheit katholische und evangelische Lehrmeinungen zu unterscheiden weiß (s. hierzu und zum folgenden: Dubach/Campiche 1993) und die Mehrheit dazu tendiert, die Wahrnehmung konfessioneller Unterschiede an die Peripherie zu verweisen.

Dementsprechend sind konfessionelle Differenzen auf der Ebene benennbarer Einstellungen empirisch kaum mehr nachweisbar, gerade nicht bei Katholiken und Protestanten mit einem ähnlichen Maß an 'Kirchlichkeit', erst recht nicht mehr in der jüngeren Generation (vgl. dazu Lukatis/Lukatis 1989; Eichelberger 1989). Deren Kirchenaustrittsneigungen werden immer stärker bzw. ihre Bindungen an die Kirche - etwa ab dem Geburtsjahrgang 1955 (s. Kaufmann 1989:10) - immer schwächer. Nach konfessioneller Zugehörigkeit unterscheiden sie sich in jüngster Zeit auch darin nur noch marginal (vgl. Köcher 1993:20ff.). Die jüngere Generation hat aber nicht nur erheblich geringere Bindungen an Kirche und Gemeinde, sondern auch wesentlich seltener als noch ihre Eltern den Rückhalt eines religiösen Elternhauses sowie Partner und Freunde erfahren, denen kirchliche Bindungen viel bedeuten. Nicht nur die vergangene, sondern auch die zukünftige Familiengeschichte wird zunehmend entkonfessionalisiert, nimmt doch für die Begründung von Ehen und im Panorama von Erziehungszielen die "Verankerung im Glauben" selbst bei den Katholikinnen mit Kindern unter 15 Jahren eine "völlig untergeordnete Bedeutung" ein (ebd.:44ff.).

Die These von der wachsenden 'Impertinenz', 'Indifferenz' und Irrelevanz des konfessionellen Bezugssystems gilt sogar für die Kirchen als Kernstrukturen der Konfessionen, gehen doch von ihnen selbst massive Bestrebungen zur Nivellierung der konfessionellen Unterschiede aus, "Impulse zur Entwicklung einer ökumenischen Kultur".[10] Der strukturelle und soziokulturelle Pluralisierungsdruck, der die Machtgewichte der Kirchen im Chor der gesellschaftlichen Kräfte relativiert, zwingt die Kirchen zur Besinnung auf das gemeinsame christliche Erbe und sorgt für die wachsende Ausgestaltung konkreter wechselseitiger Kooperations- und Verflechtungsstrukturen. Dies gilt nicht nur für den karitativ-diakonischen Bereich, wo ökumenische Kooperation und Verflechtung - ebenso wie Entkonfessionalisierungstendenzen (vgl. Ebertz 1992b; 1993b) - am weitesten fortgeschritten sind, sondern auch für den gottesdienstlichen und den Verkündigungsbereich. Kirchliche Kindergärten und Jugendverbände haben zugunsten einer allgemeinen Erziehungs- bzw. Freizeitfunktion ihr konfessionelles Profil nivelliert. Selbst der schulische Religionsunterricht ist, wo noch in konfessioneller 'Schale', konfessionell weitgehend 'entkernt' und findet oft (in Berufsschulen, in Grundschulen, in den neuen Bundesländern) nicht mehr in konfessionellen Gruppen, sondern im Klassenverband statt (vgl. Marggraf 1993). Damit tragen die Kirchen selbst dazu bei, ihre alten Unterscheidungs- und Trennungszeichen in die Latenz abzudrängen und ihr konfessionelles Profil abzuschleifen. Sie wirken daran mit, ehemals zentrale konfessionelle Sozialisationsbedingungen außer Kraft zu setzen.

2. Die These vom Abbau konfessioneller Zumutungen bezieht sich weiter auf die gestiegene Inkohärenz und Independenz der konfessionellen Sozialisationsstrukturen und Biographiegeneratoren. Der Prozeß strukturell-funktionaler Pluralisierung bzw. Differenzierung hat zu einer "Entflechtung von Kirche und Familie" (Kaufmann 1989:10f., 22) sowie von Familie, Verwandtschaft, Nachbarschaft, Religionsunterricht, Kindergärten und Jugendverbänden in kirchlicher Trägerschaft geführt, die ihrerseits den Eigengesetzlichkeiten ihrer gesellschaftlichen Funktionsbereiche folgen und kirchenhoheitlich immer weniger kontrollierbar sind (vgl. Ebertz 1989). Aus einer Herrschaftsbeziehung von Geistlichen über Laien, die am reinsten in der römisch-katholischen Konfession ausgeprägt war, scheint immer mehr ein Marktverhältnis geworden zu sein, in dem die religiöse Nachfrage und damit auch das religiöse Angebot weitgehend durch den Eigensinn der Adressaten bestimmt werden.

Die wachsende Individualisierung - zugleich Bedingung und Folge des strukturellen Pluralisierungsprozesses - hat auch die Dichte und Integration der traditionellen weltanschaulichen Milieus nach dem Zweiten Weltkrieg allmählich aufgelöst. Dieser Erosionsprozeß betraf in besonderem Maße die Katholiken. Das - seit Mitte des 19.Jahrhunderts aufgebaute, teilweise in Minderheits- und vormodernen Sozialstrukturlagen verankerte - katholische Sozialmilieu, das sich demonstrativ auch in seinen berufs- und freizeit-, aber auch politisch orientierten Vereins- und Verbändestrukturen manifestierte und für eine Konzentration der Sozialkontakte von Katholiken auf Gesinnungsgenossen sorgte, vermochte zwar bis in die zweite Hälfte unseres Jahrhunderts für viele Katholiken noch eine sozial gestützte und relativ einheitliche Sinnintegration der modernen differenzierten Gesellschaftsstrukturen zu leisten (vgl. Kühr 1985; Gabriel 1992:bes. 121ff.). Allerdings unterlag es in nationalsozialistischer Zeit, nach dem II.

Weltkrieg und verstärkt seit den letzten beiden Jahrzehnten einem gewaltigen Erosionsprozeß.[11] Mit der damit freigesetzten Teilhabe der Katholiken an allen gesellschaftlichen Teilbereichen fiel für sie auch das "innere Motiv" weg, "sich von Andersdenkenden zu isolieren", sowie die "äußeren Bedingungen, welche einen Kontakt zu Andersdenkenden erschweren ... Katholiken wollen ... zunehmend sein wie andere Leute und empfinden nunmehr alle diejenigen kirchlichen Bestimmungen, welche sie auf ihren partikulären Status als Katholiken festzulegen suchen, als Einengung" (Kaufmann 1979:74). Vielfach dauerkritisiert bzw. gelockert, wenn nicht aufgegeben, wurden deshalb in der katholischen Bevölkerung Zölibat und Mischehengesetzgebung, bestimmte Formen der Marien- und Heiligenverehrung (s. Ebertz 1986), die Befolgung von Fastennormen, die Praxis des Sichbekreuzigens und des Benetzens mit Weihwasser (zumal aus dem häuslichen Weihwasserkesselchen), das Aufstellen eines häuslichen Maialtärchens, die Feier des Namenstages, überhaupt die Vornamensgebung nach heiligen Namenspatronen, um nur einige Beispiele zu nennen - also weitgehend das, was Katholiken von Protestanten nicht nur nach außen hin unterschieden hat.

Von diesem Erosionsprozeß erfaßt wurde auch die bis etwa Mitte der 60er Jahre weithin geübte Ohrenbeichtpraxis - ein spezifisch katholischer 'Biographiegenerator' und persönlicher 'Sinnintegrator'. Damit entfällt auch eine traditionelle und institutionelle Stütze der konfessionellen Biographie des einzelnen.

3. Die These vom Abbau konfessioneller Zumutungen meint somit auch gestiegene Inkonsistenz und Inpermanenz der konfessionellen Sozialbezüge in Lebensläufen, was dem nahekommt, was Alheit (1986:131) die "'Biographisierung' des Religiösen" genannt hat. Wegen der Erosion der ehemals den gesamten Lebenslauf umgreifenden konfessionellen Milieus und des Zusammenspiels konfessionell-sozialisatorischer Gruppen und Einrichtungen im Kontext von Familien und Kirchen werden von religiösen oder christlichen, gar konfessionellen Erwartungen oder Normierungen nur noch die wenigsten Lebensläufe erfaßt. Die mei-

sten allenfalls noch punktuell, kaum mehr 'lebenslänglich' und immer weniger im Verlauf der "eigentlichen Aktivitätsphase": "Aus den 'Lebensläufen' unseres Kulturkreises, die über lange Zeiträume hinweg mit 'religiösen Biographien' weitgehend identisch waren, sind Lebensläufe geworden, in denen Religion nur noch als 'biographisiertes' - der Biographie gleichsam als 'Ornament' hinzugefügtes - Versatzstück vorkommt" (ebd.). Konfessionszugehörigkeit gibt dann vielleicht noch "die Adresse" an, "bei der man seine religiösen Serviceleistungen bezieht, nicht aber konkrete Glaubensinhalte und daraus folgende Verhaltensorientierungen" (Bröckling 1993:19). Und die - vor allem passageriutellen - kirchlichen Serviceleistungen, vor allem der Taufe, der Trauung und der Beerdigung, die sich einer anhaltenden, ja sogar gewachsenen Nachfrage erfreuen (EKD 1993:33), markieren kaum mehr signifikante konfessionelle Differenzen. Die passagerituelle Praxis, welche die Kirchen bedienen, ist zu einer Hauptform der populären Religiosität in der modernen Gesellschaft geworden (s. Ebertz 1993c). Sie wird zudem mit frei flottierenden symbolischen Elementen anderer Deutungstraditionen individualsynkretistisch kombiniert, was jeder spätestens bei der kirchlichen Feier der Eheschließung erleben kann (vgl. Henau 1992). Die Taufe wird immer weniger als Angelegenheit der kirchlichen Gemeinde denn als Familienfeier verstanden (vgl. EKD 1993:42), und ihre Todesvorstellungen vermögen selbst kirchentreue Katholiken mit unterschiedlichen Varianten des Reinkarnationsglaubens zu verschmelzen (Dubach/Campiche 1993: 117f.). Zurück bleiben zwar konfessionell 'fundierte', d.h. getaufte, aber immer weniger konfessionell konsistent strukturierte Biographien, die von daher prädisponiert sind, sich von Fall zu Fall gegenüber alternativen christlichen und außerchristlichen Sinnstiftungselementen sozusagen 'synkretistisch' zu öffnen.

4. Die These vom Abbau konfessioneller Zumutungen bezieht sich schließlich auch auf den intrakonfessionellen Dissens, der sich nicht nur zwischen Eltern und Kindern (s. Köcher 1993: 25ff.) sowie zwischen Kirchenmitgliedern und kirchlicher Institu-

tion ausbreitet, sondern auch zwischen Geistlichen selbst. Beobachtbar ist inzwischen bereits "in Priesterseminaren, daß Theologen sozusagen auf ganz verschiedenen spirituellen 'Inseln' wohnen und es schwer haben, eine gemeinsame Basis (des Glaubens) zu erkennen".[12] Die Aufkündigung des intrakonfessionellen Konsensus, die mittlerweile auch in den kleineren christlichen Freikirchen und Sondergemeinschaften empirisch erhellt werden konnte (s. Steininger 1993:bes. 183ff.), bezieht sich nicht nur auf zentrale Glaubenslehren, sondern auf tendenziell alle Dimensionen des religiösen Lebens, religiöse Organisations- und Entscheidungsstrukturen eingeschlossen (s. Ebertz 1993d). Selbst der wachsende konfessionelle Fundamentalismus, der auf die Steigerung der Verbindlichkeit von traditionellen Normen und Wertvorstellungen zielt und dabei gegen einen innerkirchlichen Pluralismus zu Felde zieht, ist ein Teil dessen. Auch er ist seinerseits nach unterschiedlichen religiösen Wirklichkeitsakzentuierungen fragmentiert, die sich in verschiedenen Sozialformen vergesellschaften (vgl. Ebertz 1992c:15ff.). Auch diese Fundamentalismen konfrontieren den einzelnen mit diversen Deutungsmöglichkeiten, machen damit konfessionsinterne Alternativen bewußt und tragen ungewollt zur binnenkirchlichen Relativierung des Konfessionellen bei.

Wenn Konfessionelles in der modernen, pluralisierten Gesellschaft zunehmend ohne gesellschaftlichen Rückhalt auskommen und wenn Kirchlichkeit selbst innerkirchlich einer sozialen Bestätigung immer mehr entbehren muß, büßt sie an Selbstverständlichkeit und Verbindlichkeit ein, erleidet einen erheblichen Profilverlust. Die Reduktion des sozialen Rückhalts des konfessionellen Denkens, Fühlens und Handelns in der gesellschaftlichen Umwelt der Kirche kann so immer weniger durch kircheninterne 'Plausibilitätsstrukturen' (Berger/Luckmann 1974:165ff.) kompensiert werden. Damit wird die "Grundlage für die Absage an den jeweils einschlägigen Zweifel" (ebd.:166) auch von innen her porös.

Dies hat zur Folge, daß die Chancen sinken, daß der Einzelne sich mit konfessionellen Mustern der Weltdeutung, Handlungsformierung und Ohnmachtsbewältigung identifizieren, sie internalisieren und daran die Anweisung und Auslegung seines eigenen Lebens orientieren kann. Entlastet vom überkommenen Schicksal des Konfessionellen, das immer auch selbst Entlastungen vermittelte, ist er nun zur Selbstdefinition seiner Kirchlichkeit, Christlichkeit bzw. Religiosität befreit oder - wie man's nimmt - verdammt.

5. Somit meint die These von der Erosion der konfessionellen Biographie nicht den Abbau von 'religiösen Biographien' überhaupt. Es gibt sie noch, die religiöse Selbstthematisierung des eigenen Lebenslaufs, nicht nur bei denen, die mit ihrer konfessionellen Biographie gebrochen haben (vgl. Kelly 1988:26), freilich in hochgradig pluralen Variationen und artistischen Kombinatoriken, die dem Theologen schwindelerregend anmuten mögen (vgl. Daiber 1987; Nestler 1992). In der gegenwärtigen und wohl auch nahzukünftigen Gesellschaft wächst die Chance, sozusagen seine eigene 'Sekte' zu bilden, aber auch die Möglichkeit, deshalb nicht aus den Kirchen ausgesondert zu werden. Neben einer detaillierteren Überprüfung bzw. Entfaltung der vorliegenden Ausführungen stellt sich freilich auch die noch genauer zu untersuchende Frage, ob das fragmentarische Leben aus den überlieferten konfessionellen Ordnungen auch im Synkretismus des Lebenslaufs und seiner biographischen Selbstthematisierung noch in unterschiedlichen Mustern Fortwirkungen zeitigen wird.

Anmerkungen

1 Christa Nickels ist eine der führenden Politikerinnen der Grünen und zugleich Mitglied der katholischen Friedensbewegung Pax Christi. - Über die Vielfalt der unterschiedlichen konfessionellen Milieus s. Kühr (1985), über die auch regional und sozialstrukturell bedingte Vielfalt der spezifisch katholischen Milieus s. Arbeitskreis für kirchliche Zeitgeschichte (1993). Die konfessionshistorisch wie -soziologisch interessierte Biographie- und Lebenslaufforschung steckt erst in den Anfängen.

2 Der Hinweis auf die Beichte fehlt auffälligerweise bei Christa Nickels (1988:15). Petra K. Kelly (1988:24) berichtet sogar über eine "wöchentliche Beichte". Über die mit der Erstkommunion einsetzende Beichte (vgl. auch Heim 1984:73) in lebensgeschichtlichen Aufzeichnungen s. Heller (1990:39ff.), der sie als "eine punktförmig gedachte Gnadenintervention in das Leben ... bezeichnet, die biographisch zu "ständiger Gedankenkontrolle und reflexiver Selbstbeobachtung" und darüber "zu einem chronischen Gefühl der Minderwertigkeit" geführt habe.

3 Zum Begriff der Biographiegeneratoren s. Alois Hahn in diesem Band.

4 In dem hier zitierten Aufsatz führt Schmidtchen für seine Daten keine Einzelbelege an. Ich vermute aber, daß er sich auf seine Daten aus den 60er und 70er Jahren bezieht: Schmidtchen (1973; 1979).

5 Die Funktionen dieser Figurationen können biographisch unterschiedlich akzentuiert sein und bedürften in einschlägigen narrativen biographischen Interviews einer genaueren Analyse. Ich begnüge mich hier damit, solche Beziehungen an literarischen Beispielen exemplarisch zu plausibilisieren.

6 Auch in einigen Auszügen der vom Institut für Demoskopie Allensbach (Köcher 1993:29f.) durchgeführten Intensivinterviews mit Katholikinnen (ohne Altersangaben) lassen sich Hinweise auf solche Balance- und Pufferfigurationen (hier zu den Eltern) finden.

7 Aus den vom Institut für Demoskopie durchgeführten Intensivinterviews mit Katholikinnen (ohne Altersangaben) sind nur zwei verbalisierte "Negativerlebnisse" dokumentiert (Köcher 1993:30; vgl. auch 188), was auch darauf zurückgeführt werden kann, daß keine aus der Kirche ausgetretenen Frauen befragt wurden.

8 In dieser Aufzählung sind auch entscheidende Elemente genannt, die zum typischen Verlaufsmuster von Konversionen gehören. Vgl. dazu Shibutani (1975:166f.) und Schibilsky (1976).

9 Renate Köcher (1993:30) weist allgemein darauf hin, daß Nennungen von "Negativerlebnissen" mit der Kirche "während der Kindheit ... zunehmen, junge Katholikinnen darüber signifikant häufiger berichten als ältere."

10 So der Untertitel einer von der Katholischen Landesarbeitsgemeinschaft für Erwachsenenbildung in Rheinland-Pfalz Arbeitshilfe (KEB 1992).

11 Es löste sich 'von unten' auf: Durch Aufhebung der konfessionellen Minderheitensituation in Folge des Kriegsverlusts der vorwiegend protestantischen Ostgebiete; durch konfessionelle Durchmischung der Bevölkerung durch Flüchtlingsansiedelung und ökonomisch bedingte Wanderungsbewegungen; durch Diffusion alternativer Orientierungen über Massenmedien; durch Einbezug ländlicher 'katholischer' Gebiete in den ökonomischen Marktnexus; durch Zugang der Katholiken zu weiterführenden Bildungseinrichtungen, d.h. den Abbau des 'katholischen Bil-

dungsdefizits'. Aber auch 'von oben' wurde die Erosion befördert. Hierbei ist insbesondere an die partielle Nicht-Restitution spezifisch katholischer Verbände bzw. an die amtskirchliche Unterstützung der Gründung überkonfessioneller Verbände zu denken: CDU/CSU, Deutscher Sportbund.

12 So Kardinal Joseph Ratzinger in einem von Hansjakob Stehle dokumentierten "Streitgespräch" mit Kardinal Franz König (Die Zeit 29. 11. 1991: S. 19).

Literatur

Alheit, Peter: "Religion, Kirche, Lebenslauf. Überlegungen zur 'Biographisierung' des Religiösen", in: *Theologia Practica* 21 (1986), S. 130-143.

Arbeitskreis für kirchliche Zeitgeschichte, Münster: "Katholiken zwischen Tradition und Moderne. Das katholische Milieu als Forschungsaufgabe", in: *Westfälische Forschungen* 43 (1993), S. 588-654.

Assion, Peter: "'Volksfrömmigkeit' als Identitäts- und Unterscheidungszeichen. Konfession und Alltagskultur", in: *Der Bürger im Staat* 34 (1984), S. 120-123.

Bauer, Clemens: "Der deutsche Katholizismus und die bürgerliche Gesellschaft", in: Ders., *Der deutsche Katholizismus. Entwicklungslinien und Profile*, Frankfurt 1964, S. 28-53.

Baumgartner, Jakob: "Christliches Brauchtum im Umkreis von Sterben und Tod", in: Becker/Einig/Ullrich 1987, S. 91-133.

Becker, Hansjakob/Einig, Bernhard/Ullrich, Peter-Otto (Hg.): *Im Angesicht des Todes. Ein interdisziplinäres Kolloquium* I, St. Ottilien 1987

Berger, Peter L./Luckmann, Thomas: *Die gesellschaftliche Konstruktion der Wirklichkeit. Eine Theorie der Wissenssoziologie*, Frankfurt ^{4}1974.

Blasberg-Kuhnke, Martina: "Großeltern als religiöse Miterzieher", in: *rhs. Religionsunterricht an höheren Schulen* 32 (1989), S. 209-218.

Bröckling, Ulrich: *Katholische Intellektuelle in der Weimarer Republik*, München 1993.

Daiber, Karl-Fritz: "Reinkarnationsglaube als Ausdruck individueller Sinnsuche. Das Beispiel: Shirley Mac Laine 'Zwischenleben'", in: Bekker/Einig/Ullrich 1987, S. 207-227.

Daiber, Karl-Fritz (Hg.): *Religion und Konfession. Studie zu politischen, ethischen und religiösen Einstellungen von Katholiken, Protestanten und Konfessionslosen in der Bundesrepublik Deutschland und in den Niederlanden*, Hannover 1989

Dirks, Walter: *Der singende Stotterer. Autobiographische Texte. Mit einem Vorwort von Fritz Boll*, München 1983.

Dubach, Alfred/Campiche, Roland J. (Hg.): *Jede(r) ein Sonderfall? Religion in der Schweiz*, Zürich, Basel 1993.
Ebertz, Michael N.: "Maria in der Massenreligiosität. Zum Wandel des popularen Katholizismus in Deutschland", in: Ebertz/Schultheis 1986, S. 65-83.
Ebertz, Michael N.: "Heilige Familie? Die Herausbildung einer anderen Familienreligiosität", in: Deutsches Jugendinstitut (Hg.), *Wie geht's der Familie?*, München 1988, S. 403-414.
Ebertz, Michael N.: "Handlungsbedingungen verbandlicher christlicher Jugendarbeit in der Gegenwartsgesellschaft", in: *Katechetische Blätter* 114 (1989), S. 17-31.
Ebertz, Michael N.: "Der geschenkte Himmel, oder: Vom Unglück zum Glück im Jenseits", in: A. Bellebaum (Hg.), *Glück und Zufriedenheit*, Opladen 1992a, S. 164-200.
Ebertz, Michael N.: "Leitbilder katholischer Krankenhäuser", in: *Caritas. Zeitschrift für Caritasarbeit und Caritaswissenschaft* 93 (1992b), S. 258-270.
Ebertz, Michael N.: "Wider die Relativierung der heiligen Ordnung: Fundamentalismen im Katholizismus", in: *Aus Politik und Zeitgeschichte* B 33 (1992c), 7. August, S. 11-22.
Ebertz, Michael N.: "Die Zivilisierung Gottes und die Deinstitutionalisierung der 'Gnadenanstalt'. Befunde einer Analyse von eschatologischen Predigten", in: J. Bergmann/A. Hahn/Th. Luckmann (Hg.), *Religion und Kultur. Kölner Zeitschrift für Soziologie und Sozialpsychologie*, Sonderheft 33 (1993a), S. 92-125.
Ebertz, Michael N.: "Caritas im gesellschaftlichen Wandel - Expansion in die Krise?", in: M. Lehner/W. Zauner (Hg.): *Grundkurs Caritas*, Linz 1993b, 83-114.
Ebertz, Michael N.: "Riten - des Übergangs und der Initiation: anthropologisch und soziologisch gesehen", in: *Diakonia* 24 (1993c), S. 252-259.
Ebertz, Michael N.: "Die 'Vergesellschaftung' der Kirchen: Kircheninterner Pluralismus", in: *Neue Soziale Bewegungen* 6 (1993), S. 37-50.
Ebertz, Michael N./Schultheis, Franz (Hg.): *Volksfrömmigkeit in Europa. Beiträge zur Soziologie populärer Religiosität aus 14 Ländern*, München 1986.
Eichelberger, Hanns-Werner: "Konfession und Ethik am Beispiel der Einstellung zum Schwangerschaftsabbruch", in: Daiber 1989, S. 72-92.
EKD (Hg.): *Fremde Heimat Kirche. Ansichten ihrer Mitglieder*, Hannover 1993.
Festinger, Leon: *Theorie der kognitiven Dissonanz*, Bern, Stuttgart, Wien.
Gabriel, Karl: *Christentum zwischen Tradition und Postmoderne*, Freiburg, Basel, Wien 1992.
Hahn, Alois: "Zur Soziologie der Beichte und anderer Formen institutionali-

sierter Bekenntnisse. Selbstthematisierung und Zivilisationsprozeß", in: *Kölner Zeitschrift für Soziologie und Sozialpsychologie* 34 (1982), S. 408-434.

Hahn, Alois: "Identität und Selbstthematisierung", in: Ders./V. Kapp (Hg.), *Selbstthematisierung und Selbstzeugnis: Bekenntnis und Geständnis*, Frankfurt 1987, S. 9-24.

Hahn, Alois: "Biographie und Religion", in: H.-G. Soeffner (Hg.), *Kultur und Alltag*, Soziale Welt, Sonderband 6, Göttingen 1988, S. 49-60.

Hahn, Alois/Willems, Herbert/Winter, Rainer: "Beichte und Therapie als Formen der Sinngebung", in: G. Jüttemann/M. Sonntag/Ch. Wulf (Hg.), *Die Seele. Ihre Geschichte im Abendland*, Weinheim 1991, S. 493-511.

Harvolk, Edgar: "Erziehungsziel: ein Katholik", in: Münchner Stadtmuseum 1987, S. 216-225.

Heim, Carlamaria: Aus der Jugendzeit, München 1984.

Heller, Andreas/Weber,Therese/Wiebel-Fanderl, Oliva (Hg.), *Religion und Alltag. Interdisziplinäre Beiträge zu einer Sozialgeschichte des Katholizismus in lebensgeschichtlichen Aufzeichnungen*, Wien, Köln 1990

Heller, Andreas: "'Du kommst in die Hölle ...'. Katholizismus als Weltanschauung in lebensgeschichtlichen Aufzeichnungen", in: Heller/Weber/Wiebel-Fanderl 1990, S. 28-54.

Hemel, Ulrich: "'Wenn sie nicht Christen wären, wäre ich auch keiner ...'. Eine empirische Erhebung zur Bedeutung der Großeltern in der religiösen Erziehung", in: *rhs. Religionsunterricht an höheren Schulen* 32 (1989), S. 230-238.

Henau, Ernst: "Warum heiratet man kirchlich? Theologische Überlegungen zu einer empirischen Untersuchung", in: *Theologisch-praktische Quartalschrift* 140 (1992), 68-74.

Hesse, Gunter/Wiebe, Hans-Hermann (Hg.), *Die Grünen und die Religion*, Frankfurt 1988

Hettinger, Franz: *Aphorismen über Predigt und Prediger*. Freiburg 1888.

Kaufmann, Franz-Xaver: *Kirche begreifen*. Freiburg, Basel, Wien 1979.

Kaufmann, Franz-Xaver: "Unbeabsichtigte Nebenfolgen kirchlicher Leitungsstrukturen", in: H. J. Pottmeyer (Hg.), *Kirche im Kontext der modernen Gesellschaft. Zur Strukturfrage der römisch-katholischen Kirche*, München, Zürich 1989, 8-34.

KEB (Hg.): *Typisch katholisch - typisch evangelisch ... Impulse zur Entwicklung einer ökumenischen Kultur*, Mainz 1992.

Kelly, Petra K.: "Religiöse Erfahrung und politisches Engagement", in: Hesse/Wiebe 1988, S. 23-43.

Klöcker, Michael: *Katholisch - von der Wiege bis zur Bahre. Eine Lebensmacht im Zerfall?*, München 1991.

Klöcker, Michael: "Religiöse Lebensstile im Umbruch. Konturen von Frömmigkeitsformen älteren und neueren Stils in der neuesten deutschen

Geschichte", in: J. Horstmann (Hg.), *Ende des Katholizismus oder Gestaltwandel der Kirche ?*, Schwerte 1993, S. 59-82.

Kocher, Renate: "Frauen und Kirche. Eine Repräsentativbefragung von Katholikinnen", in: Sekretariat der Deutschen Bischofskonferenz (Hg.): *Arbeitshilfen 108*, Bonn 1993, S. 11-298.

Köhle-Hezinger, Christel: *Evangelisch - katholisch. Untersuchungen zu konfessionellem Vorurteil und Konflikt im 19. und 20. Jahrhundert, vornehmlich am Beispiel Württemberg*, Tübingen 1976.

Kühr, Herbert: "Katholische und evangelische Milieus. Vermittlungsinstanzen und Wirkungsmuster", in: D. Oberndörfer/H. Rattinger/K. Schmitt (Hg.), *Wirtschaftlicher Wandel, religiöser Wandel und Wertwandel. Folgen für das politische Verhalten in der Bundesrepublik Deutschland*, Berlin 1985, 245-261.

Lenz, Rudolf: *Leichenpredigten als Quelle historischer Wissenschaften*, 3 Bände, Köln 1975, 1979, 1984.

Lukatis, Ingrid/Lukatis, Wolfgang: "Protestanten, Katholiken und Nicht-Kirchenmitglieder. Ein Vergleich ihrer Wert- und Orientierungsmuster", in: Daiber 1989, S. 17-71.

Maier, Hans: "Zum Standort des deutschen Katholizismus in Gesellschaft, Staat und Kultur", in: F.-X. Kaufmann/K. Gabriel (Hg.), *Zur Soziologie des Katholizismus*, Mainz 1980, 57-65.

Marggraf, Eckard: "Stellungnahme zum Problem der Konfessionalität des Religionsunterrichtes im Vergleich", in: *Schule und Kirche* 1993, Heft 2, S. 10-13.

Mitterauer, Michael: "Namensgebung", in: *Beiträge zur Historischen Sozialkunde* 2 (1988), S. 36-70.

Mitterauer, Michael: "'Nur diskret ein Kreuzzeichen'. Zu Formen des individuellen und gemeinschaftlichen Gebets in der Familie", in: Heller/Weber/ Wiebel-Fanderl 1990, S. 154-204.

Monzel, Nikolaus: "Abhängigkeit und Selbständigkeit im Katholizismus" (^{1}1951), in: D. Savramis (Hg.): *Religionen*, Düsseldorf, Wien 1972, S. 245-255.

Moser, Tilmann: *Gottesvergiftung*. Frankfurt 1976.

Münchner Stadtmuseum (Hg.): *Vater. Mutter. Kind. Bilder und Zeugnisse aus zwei Jahrhunderten*, München 1987

Nellessen-Schumacher, Traute: *Sozialprofil der deutschen Katholiken. Eine konfessionsstatistische Analyse*, Mainz 1978.

Nestler, Erich: "Mein sinnliches und übersinnliches Leben. Nina Hagens autobiographische Collage", in: P. Bubmann/R. Tischer (Hg.), *Pop & Religion. Auf dem Weg zu einer neuen Volksfrömmigkeit?*, Stuttgart 1992, S. 85-100.

Nickels, Christa: "Der Glaube ist ein Spiegel des Lebens", in: Hesse/Wiebe 1988, S. 15-22.

Peters, Jan/Schreuder, Osmund: "Konfessionelle Kulturen in den Niederlanden", in: Daiber 1989, S. 113-138.

Schibilsky, Michael: *Religiöse Erfahrung und Interaktion*, Stuttgart, Berlin, Köln, Mainz 1976.

Schmidtchen, Gerhard: *Protestanten und Katholiken. Soziologische Analyse konfessioneller Kultur*, Bern 1973.

Schmidtchen, Gerhard: *Was den Deutschen heilig ist. Religiöse und politische Strömungen in der Bundesrepublik Deutschland*, München 1979.

Schmidtchen, Gerhard: "Protestanten und Katholiken. Zusammenhänge zwischen Konfession, Sozialverhalten und gesellschaftlicher Entwicklung", in: *Der Bürger im Staat* 34 (1984), S. 91-94.

Schweitzer, Friedrich: "Wandel der Familie - Wandel der religiösen Sozialisation. Veränderte Aufgaben von Schule und Religionsunterricht", in: *rhs. Religionsunterricht an höheren Schulen* 32 (1989), S. 219-227.

Shibutani, Tamotsu: "Bezugsgruppen und soziale Kontrolle", in: K. O. Hondrich, *Menschliche Bedürfnisse und soziale Steuerung*, Reinbek 1975, S. 154-171.

Steininger, Thomas R: *Konfession und Sozialisation. Adventistische Identität zwischen Fundamentalismus und Postmoderne*, Göttingen 1993.

Widmann, Marion: "Erziehungsziel: ein Protestant", in: Münchner Stadtmuseum 1987, S. 226-234.

Wiebel-Fanderl, Oliva: "'Wir hatten alle Heiligen besonders auswendig lernen müssen ...'. Die Bedeutung der himmlischen Helfer für die religiöse Sozialisation", in: Heller/Weber/Wiebel-Fanderl 1990a, S. 54-91.

Wiebel-Fanderl, Oliva: "'Seit Kunstdünger und sämtliche Spritzmittel eingeführt wurden ...'. Zur religösen und politischen Funktionalisierung des Erntedankfestes", in: Heller/Weber/Wiebel-Fanderl 1990b, S. 205-216.

Wiebel-Fanderl, Oliva: "'Wenn ich dann meine letzte Reise antrete ...'. Zur Präsenz des Todes und der Todesbewältigung in Autobiographien", in: Heller/Weber/Wiebel-Fanderl 1990c, S. 217-249.

Wiebel-Fanderl, Oliva: *Religion als Heimat. Zur lebensgeschichtlichen Bedeutung katholischer Glaubenstraditionen*. Wien, Köln, Weimar 1993.

Rainer Böhm

Biographie und Ritual

Biographie in der Perspektive
kirchlicher Amtshandlungen

1. Kasualgespräche als biographische Kontakte vor Amtshandlungen

Anläßlich von Trauungen, Taufen und Beerdigungen führen Pfarrerinnen und Pfarrer Kasualgespräche. Sie dienen der Vorbereitung der Amtshandlung und tragen dazu bei, sie persönlicher zu gestalten, ihren religiösen Sinn zu erläutern. In der Regel finden sie in der Wohnung derjenigen statt, die die Kasualie wünschen.

Ich möchte im folgenden versuchen, unterschiedliche Strukturelemente solcher biographischer Kontakte darzustellen. Als Grundlage dafür dient mir Material, das aus Verbatims - Protokollen solcher Kasualgespräche - besteht. Gesammelt wurden sie in einer städtisch geprägten evangelischen Arbeitergemeinde am Mainzer Stadtrand, von mir selbst, dem Pfarrer dieser Gemeinde.

Ich werde zunächst die einzelnen Kasualgespräche in ihrem typischen Verlauf darstellen. Dabei interessiere ich mich vor allem für ihre biographische, weniger für ihre religiöse Dimension (vgl. Lindemann 1993). Im Anschluß daran soll gefragt werden, welche Bedeutung diese biographischen Kontakte für die einzelnen, für die Institution Kirche und schließlich für Religion haben.

1.1. Das Traugespräch

Manche Trauungen werden sehr früh angemeldet. Kürzlich kam eine junge Frau ins Pfarramt und bat um die Wiederaufnahme in die Kirche. Sie sei völlig überhastet ausgetreten, und nächstes Jahr im Sommer soll doch die Trauung stattfinden, übernächstes die Taufe des ersten Kindes. - Wie eine Konfirmation gehört die Trauung zu den sorgsam vorbereiteten Passageriten. Bei keinem anderen treten kulturelle und familiale Ordnungsmuster so weit in den Vordergrund und sind, über einzelne Elemente des Festes hinweg, rituell so genau vorgeformt. Es soll eine 'Traumhochzeit' werden, deren Zeremoniell aus der gleichnamigen Fernseh-Show bekannt ist oder aus einigen Hollywood-Filmen (vgl. Lindemann 1993). Das Traumpaar steht im Mittelpunkt, alles andere hat sich der Ästhetik des Festes unterzuordnen. Nichts ist zu teuer für die Hochzeit in Weiß. Wir gehen oft von unserer etwas tristen, funktionalen Kirche in eine ältere, schönere Dorfkirche, deren Ambiente den Vorstellungen der Brautleute eher entspricht. Im Vorfeld des Rituals spielen Eltern der Brautleute hin und wieder eine Rolle: Indem sie die Trauung anmelden möchten, Einfluß auf den Ablauf des Gottesdienstes zu nehmen wünschen. Im Gespräch sind sie jedoch nicht anwesend.

Die erste Geschichte im Traugespräch ist die Geschichte der Liebe. Sie geht zum Beispiel so:

Sie: "Gekannt haben wir uns ja schon von de Schul - Aber da isser mir net aufgefallen. Denach simmer ganz verschiedene Wege gegangen. Ein paar Jahr ham wir sogar im gleische Haus gelebt und uns nie gesehen. Dabei konnt ich in sein Schlafzimmer gucken. Mit seiner Schwester bin ich befreundet, und die hat immer mal so erzählt, was er grad so anstellt. Und dann war'n wir zusammen auf'm (Fastnachts-)Ball von de Gecken, da war auch der J. dabei. Und eigentlich hat's da angefangen ..."

Er: "Die hat da kaum was gesagt, abber die hat immer so geguckt. Und bei so 'nem Ball, da muß man vorsichtig sein, von wegen, man hat ja was getrunken, und vielleicht trübt einem ja des des Urteil. Aber ein paar Tage später, da hat meine Schwester Geburtstag gehatt, und da gab's ja nichts zu trinke, also nur Kaffee und so. Tja, un da ham wir miteinander geredet und eigentlich net mehr aufgehört und ich hab sie dann heimgebracht. ... Nicht mehr alleine zu sein, das ist das Größte." ZI/HÄ

Eine Geschichte wie unzählige andere. Und trotzdem lebenswichtig und unverwechselbar. Ihr Ausgang ist offen, auch wenn sich die beiden ein paar Wochen später Treue bis zum Tod versprochen haben.

Jetzt kann die Geschichte des Anfangs erzählt werden.

In der Regel lebt das Paar schon längere Zeit zusammen. Die Wohnung ist renoviert und ausgestattet. Insignien des eigenen Geschmacks und oft auch der vorhergehenden Jugendzeit schmücken sie: Puppensammlungen und Sportpokale, Videocassetten und Familienbilder in den Regalen - ein gemeinsamer Alltag bildet sich heraus. Beide sind berufstätig, wir treffen uns also nach Feierabend.

Ich frage nach einem typischen Tagesablauf.

Er: "Also, isch brauch viel Zeit morgens. Da derf mir keiner in die Quer kommen. Isch kann da auch noch nix redde. Nur langsam rasier'n, Kaffee. Um viertel nach sechs kimmt de Kollesch und holt mich ab. Mir fahr'n auch die Tour'n immer zusamme: Küsche. Ausliefern, aufbauen. ... Des kann mitunter ziemlich spät wer'n. ... So zerka acht odder zehn Übberstunne die Woch. Und abends brauch isch auch erst mal oft meine Ruh ..."

Sie: "Also, ich fang um sieben in der Sektkellerei an. Also echt im Keller, sieben oder acht Stockwerke unten drin. Da fährste mittem Farrad rum, gucken Sie se sich doch emal an. Ich mach dort alles. ... Nee, mittem helfen klappt's bei ihm noch net so. Da arbeiten wir noch dran. Aber Verein und so, des mache mir jetzt gemeinsam." SCH/WE

Die Paare schildern Arbeitsabläufe und Begegnungen eines Arbeitstages, der damit endet, daß sie zu unterschiedlichen Zeiten wieder in ihre Wohnung zurückkehren. Mit der Hausarbeit beginnt die geteilte Zeit. In den Gesprächen wird der Anspruch spürbar, den gemeinsamen Erfahrungsbereich so zu gestalten, daß sich einzelne und gemeinsame Interessen miteinander vermitteln lassen. Das ist ein Thema der Erzählungen über den Feierabend und die Wochenenden. In ihnen wird auch noch sichtbar, wie mühsam es ist, eine geteilte Lebensform zu gestalten. Vor allem in den Äußerungen über die Zukunft: Miteinander sparen, um zu reisen oder eine Wohnung zu kaufen; Kinder oder nicht, lieber beruflich weiterkommen.

Bestandteil des Kasualgesprächs ist die Vorbereitung des

Traugottesdienstes. Hier gibt es praktische Fragen zu klären. Wir überlassen den Paaren die Wahl ihres Trauverses und -versprechens. Sie legen die Musik und weitere Elemente des Gottesdienstes fest; zum Beispiel, ob sie beim Segen knien oder stehen möchten. Manche Bräute möchten unbedingt vom Vater zum Altar geführt und dem dort wartenden Bräutigam wie ein Besitz übergeben werden. Das lehnen wir nicht grundsätzlich ab, den Hochzeitsmarsch spielen wir allerdings nicht dazu.

Mit der Trauung wird die Lösung vom Elternhaus vollzogen. Für das Paar bedeutet sie, die eigene Beziehung und Lebensform öffentlich darstellen zu können. Ein anderer Bedeutungshorizont ist mit den ästhetischen Aspekten der Zeremonie verknüpft: Die Trauung spielt das gelingende Leben durch - in einer funktionierenden Gemeinschaft (sogar geschiedenen und verdrängten Elternteilen begegnet man hier wieder), im Überfluß an schöner Kleidung und guten Speisen. Das Leben wird in seiner Fülle gefeiert - das ist die Verheißung, und damit ist, wie bei der Taufe, der Segen verbunden: Daß es so bleibe, behütet und beschützt. Schließlich hat die Trauung einen egalitären Aspekt, der alle kirchlichen Handlungen durchzieht. Sie thematisiert das Wir, die Reziprozität der Ehe. Vor dem Altar steht das Paar nebeneinander, nicht hintereinander, wie im Leben vielleicht manchmal..

1.2. Das Taufgespräch

Beim Taufgespräch in der Wohnung des Täuflings sind in der Regel die Eltern und das Taufkind, manchmal auch Geschwister und Paten anwesend. Wie bei den anderen Kasualgesprächen kommt die kirchliche Amtsperson als Gast in die Familie und wird bewirtet. Es kommt vor, daß das Gespräch, vor allem in unserer Arbeitergemeinde, in der Küche geführt wird oder daß zunächst darum gebeten werden muß, Fernsehen oder Radio leiser zu stellen oder auszuschalten. Und ähnlich wie bei Traugesprächen wird man auch hier zum Abschluß des Gespräches von den Eltern oft stolz durch die Wohnung geführt, sichtbarer Ausdruck des neuen Lebensabschnittes und der Anstrengung zugleich, ihn erreicht zu haben. Ich bin immer wieder überrascht, wie perfekt (und zu welchem Preis) junge Arbeiterfamilien eingerichtet sind.

Wenn nicht die Frage der Durchführung des Rituals im Vordergrund steht oder, wie bei Trauergesprächen, ein großes Mitteilungsbedürfnis herrscht, liegt die Eröffnung des Gesprächs bei der Amtsperson. Ich frage zuerst nach der Geburtsgeschichte des Kindes, dessen Geburt ein paar Wochen oder Monate zurückliegt.

"Also, ich hab' gemerkt, jetzt dauert's nicht mehr lang. Da sind wir, so um fünf, rüber nach Mainz. Noch 'ne Zigarette auf dem Flur. Er ist gleich wieder heim. Dann ist die Fruchtblase geplatzt. Rein in den Kreißsaal. Ging alles hoppla-hopp. Wieder raus. Ich hab' mir grad wieder eine angesteckt, da kam er um die Ecke und hat gefragt: 'Na, was isses?'" SEI/K

Sie: "Beim ersten hat's 24 Stunden gedauert, beim D. nur zwölf. Aber es war auch doppelt so schwer. Es war viel Arbeit, und irgendwann hab ich gerufen: 'Gebt mir was, es tut so weh!' Und: 'Egal wie, nur macht und holt's endlich raus, ich kann nicht mehr!' Zum Glück war er ja die ganze Zeit dabei. Sonst hätt ich's nicht geschafft."

Er: "Es war unbeschreiblich. Was die ausgehalten hat. Und dann: Zuerst der Kopf. Das gibt es nicht! Ich hab's ja schon mal mitgemacht. Aber da kriegste echt weiche Knie.

Sie: "Geweint hast Du, als sie kam!" SCH

Die Erzählungen sind meist etwas umfangreicher, so, wie die meisten Geburten länger dauern als die zuerst geschilderte. Die Berichte wiederholen oft die Dramatik des Geburtsgeschehens und schildern zugleich seine soziale und familiale Einbindung. Als Berichte der Mütter verdeutlichen sie noch einmal ihre Geburtsarbeit und stellen implizit die Frage nach der Rolle des Vaters. Die selbst dabei waren, werden in diesen Erzählpassagen meist auffallend ruhig. Einige beteuern, ihre Partnerinnen jetzt mit ganz anderen Augen zu sehen. Manchmal ist die Geburtserzählung Gelegenheit, noch einmal die ambivalenten Gefühle dieses Geschehens auszudrücken. In jedem Fall verbalisiert sie die eine, unverwechselbare Geschichte des Eintritts eines neuen Menschen in diesen bestimmten Lebenszusammenhang - aus Sicht seiner Eltern bzw. seiner Mutter.

Deshalb besteht ein weiterer Gesprächsimpuls in der Frage nach den Veränderungen, die das Kind mit sich gebracht hat.

"Na, die Nächte sind irgendwie anders geworden. Er kommt so ungefähr zweimal ..." GRO

"Wir können jetzt nicht mehr so einfach weg. Wir sind immer gern Essen gegangen und in den Verein. Aber seit der M. da ist, geht das nicht mehr, und es macht auch nichts. Wir ham's ja nicht anders gewollt." GUG

"Seit der D. da ist, geht das bei uns so: Abends kommt jeder in sein Bett. Ganz normal. Aber nachts, da krabbelt der S. zu mir. Den hört merr gar nicht kommen. Und wenn dann auch die K. schreit, dann holtse mein Mann und dann schlafen die im Bett vom S. Dann wacht morgens jeder woanders wieder auf." SCH

Die kurzen Äußerungen oder kleineren Geschichten setzen mit den naheliegenden Veränderungen an, die das Kind mit sich gebracht hat. Oft enthalten die Äußerungen eine leichte Ironie, die den totalen Anspruch des Kindes auf den Alltag der Mutter oder der Eltern zum Ausdruck bringt. Alles hat sich eben mit dem Kind geändert, die Tage, die Nächte, die Beziehungen zueinander und zu anderen. Die Veränderungen werden tragbar, weil sich mit oder vor dem Kind auch die Orientierungen änderten. Man war darauf eingestellt. Das betrifft auch die geänderte Gewichtung von Familien- und Berufsarbeit und ihre Aufteilung zwischen den Partnern. Alle Äußerungen hierzu haben den Charakter von Absichtserklärungen, die in ihrer Vorläufigkeit und Unerprobtheit auf den enger gewordenen Handlungsspielraum hinweisen und auf Zwänge, die die nächsten Jahre mitbestimmen werden. Bei allen weiteren Entscheidungen muß nun ein Kind mit ins Kalkül gezogen werden.

Ein weiterer Gesprächsabschnitt betrifft die Taufe im Gottesdienst. Es geht dabei um Erläuterungen zu ihrer theologischen Bedeutung, auch um ihre praktische Durchführung und ihre Requisiten: Was ist mit einem Taufkleid, der Taufkerze, wer soll das Kind halten, wer darf mit nach vorne kommen, von wo kann gefilmt werden?

Auffallend häufig die Frage nach der Bedeutung der Paten, die für viele eine Form der Rückversicherung darstellen:

"Wir haben uns das so gedacht, daß die Patin für das Kind da ist, wenn uns etwas passiert." GUG

Mit dem Kind rückt die Verantwortung dafür und die eigene Gefährdung mit ihren Konsequenzen ins Bewußtsein.

Aus kirchlicher Sicht ist die Taufe die rituelle Aufnahme in die Gemeinschaft mit Gott. Sie thematisiert das Woher des Lebens, aber auch seine Endlichkeit und Gefährdung. Deshalb ist sie ein Ort des Dankes für dieses neue Leben, aber auch der Bitte, es möge behütet sein, und zumindest aus der Sicht der Tauffamilie ist ihr damit in gewisser Weise auch eine magische Bedeutung eigen. Mit der Tauffeier wird erfahrbar, daß die Familiengeschichte weitergeht: Aus einem Paar sind Eltern geworden, aus Eltern Großeltern, aus Großeltern Urgroßeltern, die nun am Ende der familialen Karriere stehen.

1.3. Das Beerdigungsgespräch

In der Regel finden auch die Beerdigungsgespräche im Trauerhaus statt, ein oder zwei Tage vor der Bestattung. Anwesend sind oft einige Familienmitglieder, mehr oder weniger betroffen durch den Todesfall. Auch der Trauerbesuch dient der Vorbereitung eines Rituals. Zugleich hat er eine Funktion im Kontext der Trauerbewältigung. Die Hinterbliebenen befinden sich, einige Tage nach dem Todesfall, nach einer Phase des Schocks, nun eher im Zustand der Kontrolle durch sich selbst und durch ihre Umgebung, der der Bestattung eine angemessene Durchführung sichert.

Fast von allein beginnen sie die letzte Geschichte zu erzählen, die es von einem Angehörigen zu berichten und zu bewahren gibt: die seines Sterbens. Sie setzen manchmal überraschend weit zurück im Leben ein, als wolle man sich auch noch im erzählerischen Reflex dem Vorgang des Sterbens möglichst vorsichtig nähern. Zudem sind die Angehörigen oft über einen langen Zeitraum hinweg in die Krankheit und das Sterben verwickelt gewesen.

"Das war so: Vor zwei Jahren waren wir zur Kur in H., wegen ihrer Rückenbeschwerden. Es war schön dort. Auf einmal wurde ihre linke Hand bewegungslos. Das war ein Schlaganfall. Die Kur haben wir natürlich abgebrochen. Kaum zu Hause, bekam sie den nächsten Schlaganfall, der sich auch auf ihre Sprache ausgewirkt hat. Seitdem habe ich den Haushalt übernommen, alles. Wenn die Kinder da sind, dann ist manches danach in der Küche nicht mehr am richtigen Platz. Ja. Januar '92: Auf einmal hat sie nachts keine Luft mehr bekommen. Ich ruf' den Notarzt an, Uniklinik. ..."
ZIE

Geschildert werden die Erfahrungen mit Ärzten, die einzelnen Abschnitte der Krankheit und die Versuche, sich immer wieder neu darauf einzustellen, sie zu bewältigen und zu integrieren. Schließlich kulminiert die Erzählung im Bericht der letzten Krankheitsphase und noch weiter: im Bericht der letzten Stunden. Im Juli 1993 ist Frau Z. gestorben.

Für die Hinterbliebenen ist es die Geschichte des Dramas, das sie selbst gerade erlebt haben, in dem sie mitwirken mußten. Es ist, als würde es alles andere, was war, überdecken und als hätte jede einzelne Regung des Sterbenden, jede Handlung eines anderen Beteiligten, jedes Detail eine besondere Bedeutung in der Dramaturgie des Sterbens. Als ginge etwas verloren, was unbedingt weitergegeben werden muß. Jedenfalls drängen diese Berichte zu einer Totalität, mit der die Angehörigen den Prozeß des Sterbens noch einmal nacherleben. Danach sind sie wieder bei dem angelangt, was sie jetzt bestimmt, bei ihrer Trauer, bei der Frage: Warum?

Zu jedem Trauergespräch gehört der Versuch, den Lebenslauf des Verstorbenen zu rekonstruieren. Der Beginn kann mühsam sein: Wenn die Angehörigen das einfach mit dem Versuch abwehren, mit Klischees aus den Traueranzeigen zu antworten. Oder wenn die nächsten Angehörigen versichern, einfach nichts über die Zeit vor der Heirat zu wissen. Oder wenn sie beteuern, daß das Leben des Verstorbenen halt völlig normal war, nichts besonders.

Über der Zeit in der Ursprungsfamilie liegt bei den Älteren tatsächlich oft der Schleier der Vergangenheit. Aber immer herrscht am Ende dieses Gesprächsganges Verwunderung darüber, wie viele Lebensgeschichten sich, wenn schon nicht die ganze, miteinander zusammentragen lassen.

"Er ist in einem kleinen Dorf in der Ukraine geboren, in H. Er war der Älteste, der Vater war Kolchosbauer. Aber eines Tages kamen die Soldaten und haben ihn abgeholt, da war mein Mann noch nicht vierzehn. Er hat als Bauer gearbeitet, als Knecht, bis er nach Deutschland in die Fabrik kam, zum Arbeiten. Die Deutschen haben ihn geholt. Na, und dann war der Krieg aus, und da kam er wieder zu den Russen, hat in Österreich für sie gearbeitet. Bis sie gemerkt haben, er war ja eigentlich ein Deutscher aus der Ukraine. Da mußte er dann dorthin zurück. Aber seine Familie war jetzt weg, die Mutter und die Geschwister. In dem Dorf, da gab es so eine kleine Wirtschaft. Dort konnte man alles erfahren, und dorthin haben die Angehörigen geschrieben, um die Adressen auszutauschen. Und da hat mein Mann erfahren, daß die Mutter und die Geschwister nach Tadschikistan gekommen waren, von dem Stalin. Und da ist er dann hin. Und da war ich auch, mit meinen Eltern, aus der Ukraine hingekommen ..." SCHU

Dieser Bericht, bei dem ein Angehöriger den Erzählfaden übernimmt, der an kritischen Stellen von anderen ergänzt oder erläutert und an den Höhe- und Wendepunkten mit Details ausgeschmückt wird, folgt der Chronologie des Lebenslaufes. Er setzt eher später ein, als müsse er diesmal kurz gehalten werden, und es läßt sich versuchen, den Erzähleinstieg allmählich in Richtung der Kindheit des/der Verstorbenen zurückzuverlegen. Der Bericht vergegenwärtigt mit den Lebensstationen zunächst die äußere Verlaufsform der Biographie, aber zugleich wird immer auch mehr gesagt: Indem man versucht, Entscheidungen des Verstorbenen zu begründen; Lebensverhältnisse genauer zu schildern; sich selbst im Lebenslauf des anderen genauer zu verorten; oder indem einzelne Lebensphasen von mehreren Angehörigen aus ihrer jeweiligen Sicht rekapituliert werden. Am Ende steht mehr als ein knapper Lebenslauf: seine Nacherzählung als ein Dokument dessen, was den anderen jetzt wichtig ist an der Person des Verstorbenen.

Das Ritual der Beerdigung spielt im Trauergespräch kaum ein Rolle. Allenfalls wünschen die Angehörigen eine würdige Feier. Äußere Elemente ihrer Gestaltung haben sie mit dem Bestatter geklärt.

Die Feier thematisiert das Wohin des Lebens und symbolisiert einen doppelten Statusübergang: des Verstorbenen, der zu den Toten gehört und des Trauernden, aus dem ein Hinterbliebener wird. Das Ritual übernimmt alle weiteren Funktionen eines Passageritus, die dazu beitragen, die Beziehungen zwischen dem Toten und den Trauernden neu zu ordnen (dazu Spiegel 1973:101ff. Zum Passageritus grundlegend Gennep 1986).

2. Zur Bedeutung biographischer Erzählungen im Kontext kirchlicher Amtshandlungen

Das Kasualgespräch gehört zu den wenigen institutionalisierten Gelegenheiten für eine biographische Selbstdarstellung. Im Unterschied zur familialen Tradierung biographischer Ereignisse, zu Erzählungen im Freundeskreis und zur therapeutischen Rekonstruktion der Biographie oder einzelner ihrer Segmente ist das Kasualgespräch eher in einem öffentlichen Raum angesiedelt. Es dient ja auch der Vorbereitung eines Gottesdienstes.

Gleichzeitig findet das Kasualgespräch in einem gesellschaftlichen Zusammenhang statt, der von einem Funktionsgewinn des Biographischen und zugleich von einem Bedeutungsverlust des Religiösen gekennzeichnet ist (vgl. Alheit 1986). Welche Perspektiven ergeben sich an dieser Schnittstelle? - Ich möchte im folgenden personale, institutionelle und theologische Aspekte des Kasualgesprächs reflektieren.

2.1. Kirchenmitglied und Kasualgespräch

Für die einzelnen, die um eine kirchliche Amtshandlung bitten, können Kasualgespräche eine Möglichkeit sein, die eigene Lebensform darzustellen, Geschichten zu erzählen. Sie gehören in den Zusammenhang des jeweiligen Übergangsrituals. Es sind also die Erzählungen der Begegnung und der Liebe, des geteilten Alltags; der Geburt eines Kindes und des neuen Zusammenlebens mit ihm; des Sterbens und des Lebenslaufes. Vermutlich werden sie auch in der Familie überliefert (vgl. Hildenbrand 1990). Im Kasualgespräch werden sie einem/einer außenstehenden anderen erzählt. Für Kirchenmitglieder können diese Gespräche ein Fixpunkt in der Rekonstruktion der eigenen Lebensgeschichte sein, jeweils an ein Lebensereignis geknüpft. Sie sind zunächst ein Anlaß, das Ausmaß der Lebensveränderung zu reflektieren, das Ereignis wahrzunehmen und zu deuten. So werden sie zu einem Element in der Verarbeitung eines Lebensereignisses, das neue Orientierungen und Perspektiven eröffnet (vgl. Hoerning 1987).

Wie später das Ritual ist das Gespräch eine Aufforderung, aus dem Fluß des Alltags herauszutreten, um ihn, unter der Perspektive der Lebenszeit, selbst zu beschreiben (vgl. Schimank 1988; Nassehi/Weber 1990). Es ist angemessen, die eigene biographische Situation zu thematisieren, weil der Übergang die Kontinuität des Lebens selbst unterbricht und weil er nicht einfach durch Rekurs auf vorhandenes Handlungsrepertoire gesichert werden kann. Thematisiert wird die Gestalt des Lebens, die für den einzelnen jetzt wichtig ist. So bringt biographische Selbstthematisierung den Übergang in seiner Bedeutung für den einzelnen zur Sprache, mit dem Ziel, wie im Ritual selbst die Kontinuität des Lebens zu sichern.

So enthält das Kasualgespräch beides: Es bringt die Einmaligkeit der Biographien zum Vorschein und versucht gleichsam, ihnen Platz zu verschaffen. Es problematisiert die Aufgabenstellung des jeweiligen Übergangs, der ja auch das Ende einer eingespielten Rolle markiert. Gleichzeitig bietet es mit Blick auf das Ritual Entlastung an. Denn auch die neue Rolle ist gesellschaftlich strukturiert, der Statuswechsel ist institutionalisiert. Kasualien sind Residuen biographischer Repetitivität in der modernen Gesellschaft.

Im Feld unsicherer und von Abbrüchen und Neuanfängen gekennzeichneter Transitorität machen sie das Angebot identitätssichernder Begleitung an den Übergängen im Lebenszyklus. Diese

Funktion erfüllen sie über die unmittelbar Betroffenen hinaus. Auch für die anderen Familienmitglieder markiert das Ritual einen Übergang im Familienzyklus, eine weitere Stufe seiner Reproduktion, mit der auch sie einen neuen Status einnehmen (vgl. dazu Marbach 1987).

Schließlich führen Kasualgespräche die Intersubjektivität des Lebens vor Augen. Sie fordern die Gesprächsteilnehmer heraus, sich mit der Perspektive der anderen auseinanderzusetzen. Ob die Mutter von der Geburt erzählt, der Bräutigam vom Kennenlernen, die Witwe vom Leben des Partners: Immer spielen andere eine Rolle, und oft sind die Erzähler bemüht, deren Perspektive auch gerecht zu werden. Es sind immer Geschichten vom Ich im Zusammenspiel mit anderen, vom sozialen Feld des Lebens, Übungen, die Perspektive des anderen zu übernehmen. Zudem können sie ja durch die Anwesenden korrigiert werden. Kasualgespräche offenbaren die Beziehungsstruktur von Biographie und machen ihre Neuordnung erfahrbar.

2.2. Kirche und Amtshandlung

Für die Kirche ist die Kasualpraxis ein wichtiges Element ihrer Reproduktion. Schon lange ist sie nicht mehr das bestimmende System in einer einheitlich verfaßten Lebenswelt. Als Teilsystem innerhalb pluralisierter Lebenswelten und Biographien verfügt sie nicht mehr über einen privilegierten Zugang zu den Lebensläufen. Aber der vornehmliche Zugang zu Religion und Kirche erfolgt noch immer über die Lebensgeschichte der einzelnen, die nun selbst darüber entscheiden, was und wie sie glauben.

Amtshandlungen sind also nicht nur die "Form kirchlichen Teilnahmeverhaltens", in der "die Besonderheit der eigenen Lebenswirklichkeit ... in eine Veranstaltungsform höherer Allgemeinheit" einbezogen und zur Geltung gebracht wird, wie Matthes schon vor bald 20 Jahren schrieb (1975:110). Über Amtshandlungen vollzieht sich in lebensgeschichtlichen Kontexten die Integration der Mitglieder in die Deutungsmuster des christlichen

Glaubens. Gerade weil sich dieser Sozialisationsprozeß im Kontext wichtiger Lebensereignisse und nicht eher beiläufiger Kontakte vollzieht, hat er biographische Tragweite. Im Umfeld einer Amtshandlung aktualisieren sich Erinnerungen an frühere, die im Traditionsgut der Familie schon zum festen Bestand gehören. Kasualien sind das Medium, in dem sich die Mitgliedschaft bestätigt. Sie besitzen Multiplikatorwirkung über die betroffenen einzelnen hinaus. Und sie haben als symbolische Handlungen einen höheren Erinnerungswert als säkulare Veranstaltungen.

"Also die Trauung beim Standesamt: das war garnix. Schwupp, da war'n wir wieder draußen. Das war einfach wie auf'm Meldeamt. In der Kirche: das war was. Die Ansprache über unseren Bibelvers, und sogar über unsere Wohnung hat die Pfarrerin gepredigt. Und die Musik. Das hat mich umgehauen. Wir schauen es uns immer wieder mal im Fernsehen an." MO

Kasualkontakte veranlassen die einzelnen, sich im gesellschaftlichen Teilsystem Kirche zu verorten und zu bewegen. Zumindest im Verlauf dieses Kontaktes definieren sie sich als Christ oder Christin und in der Tradition einer Kirche, zu der bereits andere Familienangehörige in Beziehung standen oder stehen (vgl. Schimank 1988:64f.). Wie gottesdienstliche Veranstaltungen für Kirchennähere im Jahresverlauf eine besondere Bedeutung haben und für sie zeitliche Orientierungspunkte setzen, so markieren Amtshandlungen mit Gespräch, Gottesdienst und Fest die Berührungspunkte des religiösen Teilsystems mit der einzelnen Biographie.

Vor dem Hintergrund der Individualisierung stellt die Kirche hier ihr Angebot an christlichen Deutungsmustern zur Wahl (vgl. Feige 1994). Amtshandlungen wären dann eine Möglichkeit, individuelle Biographie und christliche Tradition aufeinander zu beziehen. Die einzelnen können hier eine Gelegenheit finden, ihrer persönlichen Religiosität nachzuspüren, Erfahrungen mit dem christlichen Glauben zu machen, wie er ihnen möglich ist. Für die Kirche bietet sich hier wiederum die Gelegenheit, Wahrhaftigkeit und Plausibilität christlicher Tradition, ihre Fähigkeit, Orientierungen zu vermitteln, im Kontakt mit ihren Mitgliedern zu überprüfen.

Pfarrer oder Pfarrerin erscheinen als Vertreter der Kirche, die das Ritual verwaltet. Sie sind also die religiösen Mittler: Sie vollziehen die heiligen Riten; sie erzählen die heiligen Mythen; und es wird von ihnen erwartet, daß sie auch das entsprechende heilige Leben führen (vgl. Josuttis 1987). Von diesem latenten Erwartungshorizont sind Kasualgespräche in der Regel frei. Die Amtsträger sind Vertreter ihrer Ortsgemeinde und der Kasualfamilie mehr oder weniger bekannt. Bei ihnen läßt sich Verständnis für die facts der Lebensgeschichte voraussetzen, weil sie es in der Kirchengemeinde immer wieder mit ähnlichen facts zu tun haben. Gerade als Seelsorger sind sie bereit, Lebensgeschichten zuzuhören. Durch ihre Form der Gesprächsführung geben oder nehmen sie den Raum, Lebensgeschichte zu erzählen. Ist sie eher am einzelnen orientiert, dann wird sie zum Erzählen motivieren. Als Adressaten von Lebensgeschichten sind Pfarrerinnen und Pfarrer in der Lage, diese Erzählungen mit biblischen Mythen, religiösen Symbolen zu verknüpfen, einen religiösen Sinnzusammenhang herzustellen (vgl. Hartmann 1993). Der Ort dafür ist vielleicht weniger das Gespräch als der Gottesdienst, den es vorbereitet. Schließlich weisen die Amtsträger für manche ihrer Gesprächspartner über die eigene Person hinaus auf den Bereich des Heiligen, dessen Vertreter sie sind, und der als Forum der Erzählungen manchmal mitgedacht werden mag.

2.3. Amtshandlung und Religion

Die Geschichten von Liebe und Arbeit, Geburt und Haushalt, vom Sterben und vom Lauf eines Lebens weisen über sich selbst hinaus (vgl. Gräb 1987). Sie enthalten den Anspruch, die eigene Lebensform, persönliche Entscheidungen, Orientierungen und Werte mögen anerkannt werden (1). Sie thematisieren, aus der Sicht der einzelnen, religiöse Fragen, die in ihrer Lebensgeschichte und vielleicht auch in der überlieferten, kirchlichen Religion nicht aufgehen (2). Und sie erheben implizit den Anspruch auf ein glückliches, gelingendes Leben in Form von Wünschen und

Hoffnungen oder retrospektiv, in Form der Klage (3) (s. hierzu besonders Luther 1992).

1. Die einzelnen, die einen Teil ihrer Lebensgeschichte erzählen, tun dies im Kontext einer biographischen Übergangsphase, welche die Amtshandlung rituell begleitet. In diesen Erzählungen wird deutlich, wie unabgeschlossen Identität immer ist, wie prekär der Prozeß der Individualisierung. Da mag es Konformitätsdruck geben, der hilft, sich einzuordnen, eine Identität zu finden, aber zugleich auch den Rahmen vorgibt, in dem das Leben einzurichten ist. Da gibt es häufig Vorgaben innerhalb der eigenen Familie, wie ein Paar sein Leben zu führen, seine Kinder zu erziehen habe, Vorgaben, welche die Rollenverteilung betreffen oder die öffentliche und private Form der Trauer, der Lebensführung als Witwe oder Witwer. Anerkannt wird Individualität selten, Aufmerksamkeit erhält sie in der Regel nur für Abweichungen von der Norm.

In dieser biographischen Situation bietet der kirchliche Passageritus Entlastung an. Er ist nicht nur eine Gelegenheit, das Leben vor der eigenen Lebens-Öffentlichkeit darzustellen. Als gottesdienstliche Handlung beansprucht er, Individualität vor Gott zu bringen, und enthält so auch das Versprechen, auf die Anerkennung anderer nicht im letzten angewiesen zu sein. Theologisch gesprochen, ruft Gott jeden einzelnen beim Namen (Jes 43,1), und das Recht auf Individualität wird ebenso durch einzelne Gestalten der Bibel verkörpert wie durch die prophetische Tradition.

Zugleich entspricht der Prozeß der Individualisierung der Form christlichen Glaubens, nämlich *existenzbezogen* die Erfahrungen und Fragen des eigenen Lebens aufzunehmen. Glauben kommt nach diesem Verständnis nicht von außen auf den Menschen zu, sondern entwickelt sich biographisch und setzt "die Bereitschaft [voraus], daß uns das Ewige jeweils in der Gegenwart begegnen will ... in den wechselnden Situationen unseres Lebens" (Bultmann, zit. n. Luther 1992:44). Zu ihm gehört also auch die Freiheit auf einen eigenen Zugang zu Gott. Wie im Kasualgespräch die einzelne Biographie im Vordergrund steht und dabei Religion eine Rolle spielt, so geht es in den kommunikativen Elementen des Gottesdienstes und den symbolischen des Rituals auch um die Anerkennung des jeweiligen Lebensentwurfes, der nun vor Gott gebracht wird. Unter diesem Aspekt ist der Segen Kern jeder kirchlichen Amtshandlung und ihr zentrales Symbol (dazu Lindemann 1993). Der Segen gilt dem einzelnen in seiner Unverwechselbarkeit. Als Geste der Handauflegung ist er Symbol und Zuspruch der Liebe und Begleitung Gottes und bringt dessen Nähe zu diesem einen Leben zum Ausdruck. Der Segen begleitet die Lebensübergänge und steht sowohl für den Abschied von einer zu Ende gehenden Lebensperiode als auch für den Aufbruch in neue Lebensverhältnisse, die nun vor den einzelnen liegen. Mit dem Versprechen, daß auch dieser neue Weg nicht alleine gegangen werden muß, findet der Segen seine Entsprechung in dem sich anschließenden Fest.

2. Die Lebensgeschichten der einzelnen mit ihrem eigenen Zugang zur Religion verstärken den Eindruck, wie weit sich offizielle Religion und theologische Dogmatik von den Erfahrungen der Menschen entfernt haben. Hier käme es auf einen Perspektivenwechsel an: Nämlich nicht von unverständlichen Lehren auszugehen, die mit dem Erleben kaum kompatibel sind, sondern von den Erzählungen und Anfragen der einzelnen, die auch Anfragen an die offizielle Religion enthalten. Dazu müßten sie aber zunächst einmal zur Kenntnis genommen werden.

"Von Gott [kann] nur geredet werden, wenn über die Welt gesprochen wird" (Luther 1992:216). Die Gleichnisse Jesu nehmen die Lebenswelt seiner Zuhörerinnen und Zuhörer auf und schließen an deren Erfahrungen an. Zudem enthalten sie einen 'religiösen Überschuß': Den Ausblick auf ein Leben, wie es auch sein könnte, aber (noch) nicht ist; wie Gott es wünscht, Menschen es aber vereiteln; wie es in Ansätzen in unserem Alltag aufscheint, als Ganzes aber noch aussteht.

Bestandteil kirchlicher Amtshandlungen sollte also sein, die Texte der christlichen Tradition, die biblischen Mythen in ihrer universellen Struktur mit den Lebensgeschichten der einzelnen in Beziehung zu setzen. Das Modell oder die Sprachfigur dazu liefern z.B. die Gleichnisse Jesu. Dann tritt, wie Henning Luther es nennt, "neben die Auslegung der überlieferten Texte ... die Auslegung der vielfältigen Lebenswelten und Lebensgeschichten von Menschen" (1992:16). Das würde es den einzelnen erleichtern, sich selbst in der gottesdienstlichen Handlung wiederzuerkennen - solange diese sich nicht im Verlesen von Brevieren und traditionellen Formeln erschöpft.

3. Auch die biographischen Selbstdarstellungen in den Kasualgesprächen enthalten gleichsam einen Überschuß: Sie sprechen vom Leben oft nicht nur in der Form, wie es ist, sondern auch so, wie es sein sollte oder könnte, wie es hätte besser sein sollen, was ihm fehlte. Sie enthalten also Wünsche, Hoffnungen und Klagen, die sich mit dem, was ist oder war, nicht zufrieden geben. Sie beharren in eigentümlicher Form auf einer ganzen, heilen Gestalt des Lebens und fragen zugleich nach seinem Sinn.

Auch Religion enthält diese kritische Dimension. Sie bewahrt die Aussicht auf eine andere Welt, nicht als Faktum und Sicherheit, sondern als Verheißung und Versprechen. Sie insistiert darauf, die Welt, das Leben unter den Aspekten Glück, Gerechtigkeit und Ewigkeit zu sehen. Mit Begrenzungen gibt sie sich nicht zufrieden.

Deshalb hat die Amtshandlung, biographisch gesehen, wohl auch nicht nur eine entlastende Funktion. Sie braucht die Widersprüche des Lebens nicht zu harmonisieren, sie kann sie erfahrbar machen. So kann sie Nachdenklichkeit stärken, die kritische Distanz zu dem, was ist.

Literatur

Alheit, Peter: "Religion, Kirche und Lebenslauf - Überlegungen zur 'Biographisierung' des Religiösen", in: *Theologica Practica* 21 (1986), S.130-143.

Feige, Andreas: "Vom Schicksal zur Wahl - Postmoderne Individualisierungsprozesse als Problem für eine institutionalisierte Religionspraxis", in: *Pastoraltheologie* 83 (1994), S.93-109.

Gennep, Arnold van: *Übergangsriten*, Frankfurt/New York 1986.

Gräb, Wilhelm: "Rechtfertigung von Lebensgeschichten - Erwägungen zu einer Theorie der kirchlichen Amtshandlungen", in: *Pastoraltheologie* 76 (1987), S.21-38.

Hartmann, Gert: *Lebensdeutung*, Göttingen 1993.

Hildenbrand, Bruno: "Geschichten erzählen als Prozeß der Wirklichkeitskonstruktion in Familien", in: *System Familie* 1990, S.227-236.

Hoerning, Erika M.: "Lebensereignisse: Übergänge im Lebenslauf", in: Voges 1987, S.231-259.

Josuttis, Manfred: "Das heilige Leben", in: H. Luther/A. Grözinger (Hg.): *Religion und Biographie*, München 1987, S.199-209.

Lindemann, Friedrich-Wilhelm: "Der alte Wunsch nach Bedeutung - Pastoralpsychologische Überlegungen zum Trauritual", in: *Pastoraltheologie* 82 (1993), S.212-222.

Luther, Henning: *Religion und Alltag, Bausteine zu einer Praktischen Theologie des Subjekts*, Stuttgart 1992.

Marbach, Jan: "Das Familienzykluskonzept in der Lebenslaufforschung", in: Voges 1987, S.367-388.

Matthes, Joachim: "Volkskirchliche Amtshandlungen, Lebenszyklus und Lebensgeschichte", in: ders. (Hg.), *Erneuerung der Kirche*, Gelnhausen/Berlin 1975, S. 110.

Nassehi, Armin/Weber, Georg: "Zu einer Theorie biographischer Identität, Epistemologische und systemtheoretische Argumente", in: *BIOS* 3 (1990), S.153-187.

Schimank, Uwe: "Biographie als Autopoiesis - Eine systemtheoretische Rekonstruktion von Individualität", in: H.-G. Brose/B. Hildenbrand (Hg.), *Vom Ende des Individuums zur Individualität ohne Ende*, Opladen 1988, S.55-72.

Spiegel, Yorick: *Der Prozeß des Trauerns*, München 1973

Voges, Wolfgang (Hg.): *Methoden der Biographie- und Lebenslaufforschung*, Opladen 1987.

Isolde Karle

Seelsorge als Thematisierung von Lebensgeschichte

Gesellschaftsstrukturelle Veränderungen als Herausforderung der evangelischen Seelsorgetheorie

1. Einleitung

Die evangelische Seelsorgelehre war bis in die sechziger Jahre dieses Jahrhunderts hinein vorrangig durch Leitbegriffe wie Verkündigung, Beichte oder durch den Zuspruch von Vergebung bestimmt. So definierte Hans Asmussen (1937:15) die Seelsorge als "das Gespräch von Mann zu Mann, in welchem dem einzelnen auf seinen Kopf zu die Botschaft gesagt wird." Ähnlich steht es bei der wirkmächtigen, von der Wort-Gottes-Theologie geprägten Seelsorgelehre von Eduard Thurneysen. Er verstand die Seelsorge im wesentlichen als Sonderform der Predigt. Sie sei Ausrichtung des Wortes Gottes an den einzelnen und solle diesen wieder in die Gemeinde eingliedern und bei ihr erhalten. Das Seelsorgegespräch ist entsprechend durch ein Gefälle geprägt, in dem der Pfarrer als Werkzeug Gottes denjenigen, die in die Seelsorge kommen, die Vergebung der Sünden zuspricht und sie zu Gottes Wort führt (vgl. Thurneysen 1948).

In den sechziger Jahren kam es zu einem Bruch mit dieser Seelsorgetradition. "Seelsorge als Gespräch" (vgl. Scharfenberg 1972) wurde zur neuen Leitvorstellung im psychoanalytisch inspirierten Seelsorgediskurs, der die Seelsorgetheorie ab Ende der sechziger Jahre wesentlich zu bestimmen beginnt. Joachim Scharfenberg gilt als einer der profiliertesten Kritiker der "verkündenden Seelsorge" und hat als Psychoanalytiker und Theologe von

Anfang an die epochemachende Wende zur "beratenden Seelsorge" und zur Pastoralpsychologie mitgeprägt. Scharfenberg bringt das neue Zeitgefühl denn auch treffend auf den Punkt: "Der Mensch unserer Tage sucht offensichtlich nicht den Beichtvater einer abgelebten patriarchalischen Struktur, sondern den offenen und bereiten Partner zu einem Gespräch, das ihm seine Freiheit erschließt und neue Möglichkeiten der Konfliktlösung in ihm aufdeckt" (Scharfenberg 1972:25). Diesem Ziel widmet sich die beratende Seelsorge, die in vielfältiger Weise versuchte, psychoanalytische Erkenntnisse und tiefenpsychologische Methodik für das seelsorgerliche Gespräch im kirchlichen Zusammenhang fruchtbar zu machen. Denn die Menschen, das war der einhellige Befund, litten weniger unter Schuldgefühlen und der Last ihrer sündigen Existenz oder unter ihrem ungeklärten Verhältnis zu Gott, sondern vor allem und primär unter *sich selbst*. Die beratende Seelsorge stellte deshalb die *Lebensgeschichte*, nicht das Wort Gottes, in den Mittelpunkt ihrer Überlegungen und wollte durch das Gespräch, durch "eine beziehungsstiftende und beziehungsfördernde Grundhaltung" (Scharfenberg 1972:92) Lebenshilfe und damit "Hilfe zu einer besseren Lebensführung" (Thilo 1971:8) geben. Weg von der Lehrverkündigung hin zur Lebensdeutung hieß das neue Programm.[1]

Ohne dies ausdrücklich zu reflektieren, reagiert die beratende Seelsorge m.E. damit auf einen Modernisierungsschub, der sich verstärkt seit Mitte der sechziger Jahre in Deutschland beobachten läßt und durch eine radikalisierte Individualisierung gekennzeichnet ist. Durch die Erosion traditionaler Lebensformen klarer Orientierung beraubt, begannen die Individuen, *sich selbst*, ihre eigene Lebensgeschichte zu thematisieren und das eigene Seelenleben zu durchforschen. Die Reflexion eigener Geschichte und Identität wurde gesellschaftlich geradezu zur Notwendigkeit. Damit verlor das streng an der Tradition und der Bibel orientierte Paradigma der verkündenden Seelsorge an Plausibilität. Die *Deutung des Lebenslaufs* galt als das zeitgemäße Paradigma, das sich wesentlich dem Dialog mit der psychoanalytischen Theorietradition verdankte.

Im folgenden möchte ich kurz die Seelsorgetheorie Joachim Scharfenbergs darstellen, die als exemplarisch für den psychoanalytisch geprägten Seelsorgediskurs gelten kann.[2] Anhand von Scharfenbergs Konzeption soll dann auf Probleme und Schwächen der psychoanalytischen Vorstellung von Lebensgeschichte und ihrer Thematisierung aufmerksam gemacht werden. In einem letzten Teil möchte ich zeigen, wie sich die Identitäts- und Biographieproblematik moderner Individuen aus der Perspektive der Theorie funktionaler Differenzierung darstellt. Ausgehend von dieser Perspektive werden Vorschläge gemacht, die zu einer Veränderung des Seelsorgediskurses beitragen möchten und dazu anregen wollen, die Funktion von Religion in der Seelsorge neu zu überdenken.

2. Die psychoanalytische Semantik

Scharfenbergs Seelsorgetheorie zeichnet sich durch eine differenzierte Auseinandersetzung mit der Psychoanalyse aus und hat den Seelsorgediskurs über lange Zeit hinweg entscheidend geprägt und beeinflußt.[3] Scharfenberg versucht, eine einheitliche Hermeneutik für das Verständnis des Seelenlebens in der Gegenwart und die Texte der biblischen Überlieferung zu entwickeln. Er geht davon aus, daß religiöse Symbole und Mythen immer schon menschliche Grundkonflikte bearbeiten. Die Psychoanalyse Sigmund Freuds habe mehr oder weniger zufällig die tragisch gestimmten griechischen Mythen für die Interpretation menschlicher Grundkonflikte ausgewählt und entdeckt. Was Freud nur auf wenige griechische Mythen bezog, müßte nach Scharfenberg ausgeweitet und angewandt werden auf die Fülle biblisch-religiöser Symbole und Mythen (vgl. Scharfenberg 1990:164). War für Freud der Mythos des Ödipus und damit der Vaterkonflikt und die Sexualverdrängung von ausschlaggebender Bedeutung für die Konfliktbearbeitung, so komme heute dem Mythos von Narziß und damit dem Mutterkonflikt und der Isolationsproblematik eine zentrale Rolle in der Psychoanalyse zu. Gerade die Revisionsfähigkeit des psychoanalytischen Paradigmas mache es möglich, es in den Dienst einer pastoralen Psychologie zu stellen und inhaltlich neu zu füllen (vgl. Scharfenberg 1990:34ff.). Die religiösen Geschichten und Symbole sind mithin als funktional äquivalent zu den Mythen der Psychoanalyse, namentlich denen des Ödipus und Narziß, zu verstehen.

Die seelsorgerliche Kommunikation soll mit Hilfe religiöser Symbole Erfahrungen mitteilbar und wieder zugänglich machen, indem individuelle Erfahrungen mit einer überindividuellen Geschichte verbunden werden. Scharfenberg geht also davon aus, daß in jeder Geschichte etwas Allgemeines steckt, daß es *anthropologische Konstanten* gibt, die die Konflikte von Menschen heute mit den symbolisch verarbeiteten Konflikten der Überlieferung verbinden können. Nach diesem Verständnis wird, indem vergangene Geschichte erinnert wird, zugleich persönliche Geschichte erinnert. Zugleich wird davon ausgegangen, daß eine Person, solange sie sich nicht an ein vergangenes, problematisches und zugleich prägendes Beziehungsereignis erinnern kann, dieses immer wieder zwanghaft wiederholen und sich aneignen muß. Es kommt für Scharfenberg in der Seelsorge deshalb wesentlich darauf an, die Erinnerung *authentischer* Lebensgeschichte zu ermöglichen, eigene Lebensgeschichte zu rekonstruieren und damit neuen Lebenssinn zu gewinnen (vgl. Scharfenberg 1990:73).

Diese Vorstellung der Rekonstruktion entnimmt Scharfenberg ganz der psychoanalytischen Theorietradition. Er schließt dabei an Alfred Lorenzers psychoanalytisch-hermeneutische Interpretation von Symbolen und Klischees an (vgl. Lorenzer 1970; 1976). Symbole sind demnach Resultate von Interaktionszusammenhängen und vergegenwärtigen Beziehungserfahrungen. Werden diese verdrängt, "sinken sie ab" zu *Klischees* und sind damit nicht mehr zugänglich. Eine "Resymbolisierung" wird möglich, wenn die blinden Flecke der Erinnerung aufgehellt und die verdrängten Erfahrungen wieder sprachlich mitgeteilt werden können: "Zerstörte" oder "verwirrte" Sprache wird wieder rekonstruiert und ihrer "eigentlichen" Bedeutung zugeführt. An die Stelle des blinden Wiederholens tritt die bewußte Erinnerung. Mit dem Übergang zur Bewußtwerdung und Reflexion kann die "Ursituation", die sich hinter dem Klischee verbarg, rekonstruiert und artikuliert werden. Scharfenberg geht entsprechend davon aus, daß es in der Seelsorge mit Hilfe biblischer Geschichten und Symbole möglich sein müßte, das "bisher Unerhörte zu hören, d.h. die blinden Flecke der Erinnerung aufzuhellen, an die Stelle des Wiederholens die Erinnerung zu setzen und damit das Bearbeiten von Konflikten zu ermöglichen." (Scharfenberg 1990: 73)

Voraussetzung dieser Konstruktion ist die Annahme von *allgemeinen* Grundambivalenzen, Grundstrukturen und Grundkonflikten, die die Menschen heute mit den Menschen der Bibel verbinden können. Die stets gleichen Grundambivalenzen und die Grundstrukturen, die sich verschiedenen Persönlichkeitstypen zuordnen lassen, sieht Scharfenberg im Anschluß an die psychoanalytische Entwicklungspsychologie in frühkindlichen Erfahrungen begründet. Die aus den frühkindlichen Erfahrungen mit den Elternfiguren entstehenden Grundkonflikte lassen sich entwicklungspsychologisch in verschiedene Stadien einordnen: der erste Konflikt im Leben wird als notwendige Loslösung aus der frühen Mutter-Kind-Symbiose beschrieben, es ist der sogenannte narzißtische Konflikt. Ihm folgt der Konflikt, der aus der ersten bewußten Beziehungsaufnahme resultiert, die jede spätere Art von Beziehungsaufnahme prägt. Das Kleinkind durchlebt schließlich den ödipalen Konflikt mit dem Vater, der den Umgang mit Autorität und geltenden Normen umfaßt (vgl. Scharfenberg 1976: 53ff.). Diese, durch frühkindliche Erfahrungen entstandenen Konflikte begleiten uns nach Scharfenberg unser ganzes Leben. Es handelt sich um *menschliche Grundkonflikte*, die immer wieder auftauchen und bearbeitet werden müssen. Sie kehren dabei nicht nur in der individuellen Lebensgeschichte, sondern auch in der Weltgeschichte wieder. War zur Zeit Freuds der ödipale Konflikt von beherrschender Bedeutung, so meint Scharfenberg, daß wir uns heute eher in einem *narzißtischen Zeitalter* befinden (vgl. Scharfenberg 1983:243).

Scharfenberg versteht seine Pastoralpsychologie als hermeneutische Psychologie, die von einer grundlegenden Korrelation zwischen menschlichen Grundkonflikten und den Symbolen der biblischen Überlieferung ausgeht. Die von der Moderne verunsicherten und ortlos gewordenen Menschen sollen erfahren, daß sich ihre Geschichte aufheben läßt in eine Geschichte von allgemeiner Bedeutung, die mit anderen in einer religiösen Symbolgemeinschaft geteilt werden kann und die Rekonstruktion eigener Lebensgeschichte sinnhaft ermöglicht.

3. Von der Rekonstruktion zur Konstruktion

Scharfenbergs Symboltheorie zeichnet sich dadurch aus, daß sie nicht bei der beratenden, tiefenpsychologisch geprägten Seelsorge, die sich in den sechziger und siebziger Jahren entwickelte, stehen blieb, sondern durch eine Ausweitung des psychoanalytischen Paradigmas mit Hilfe christlich-religiöser Symbole und den darin verarbeiteten, nach Ansicht Scharfenbergs noch gar nicht ausgeloteten Konflikten eine eigenständige Psychologie für den seelsorgerlichen Zusammenhang zu entwickeln versucht. Als Reaktion auf die sozialen Wandlungsprozesse, die insbesondere Ende der sechziger Jahre tiefgreifende Veränderungen mit sich brachten und zu einer verstärkten Pluralisierung der Lebensformen und Selbstbeschreibungen führten, versucht Scharfenberg, die psychoanalytische Engführung auf die Mythen von Ödipus und Narziß zu überwinden und die psychoanalytische Anthropologie um religiöse Symbole und darin verarbeitete Konflikte zu erweitern. Trotzdem bleibt er der psychoanalytischen Denktradition gerade dabei verhaftet und gründet seine Symboltheorie ganz auf die frühkindlichen Erfahrungen und Konflikte, die in den genannten Mythen verarbeitet sein sollen: dem narzißtischen Konflikt mit der fürsorgenden, "alles verschlingenden Mutter" (Scharfenberg 1990: 218) am Lebensanfang und dem ödipalen Konflikt mit dem Wachstum und Reife fördernden Vater.

Trotz seines Bemühens, die Konflikte als historisch wandelbar zu kennzeichnen, bilden sie *das* Interpretationsraster für seine Symbol- und Konflikttheorie, die das Einst mit dem Jetzt sowohl individual- wie gesamtgeschichtlich verbinden will. Durch die Annahme von anthropologischen Konstanten in der frühkindlichen Entwicklung ontologisiert Scharfenberg entgegen eigener Intention scheinbar allgemeine Grundkonflikte. Denn nicht etwa die Seele im allgemeinen, sondern ein historisch bedingtes, vornehmlich im 19. Jahrhundert entwickeltes Muster von dem, was Vater- und Muttersein und Mann- und Frausein implizieren, kommt in der psychoanalytischen Interpretation der Mythen von Ödipus und Narziß ans Licht. Es handelt sich also keineswegs um allgemeinmenschliche Erkenntnisse, die hier gewonnen werden, sondern um Konstruktionen, die der Relativität ihrer eigenen Beobachtung nicht eingedenk sind. Diese Konstruktionen entspringen einer traditionalen Lebenswelt, die Frauen die Erziehungsarbeit und Männern die Repräsentation der Gesellschaft und ihrer Normen zuschrieb. Sie verlieren heute zunehmend an Plausiblität.[4] Eine "Deontologisierung" der Geschlechtsidentitäten, die sich aus einer soziologischen Betrachtung ergibt, stellt die schicksalsbestimmende, unabänderlich erscheinende Dimension der Kindheitserfahrungen in Frage, die die Persönlichkeitszüge ein für allemal festgeschrieben sieht. Schon diese Beobachtung läßt den von Scharfenberg gewählten Referenzrahmen als problematisch erscheinen.

Es stellt sich die Frage, inwiefern die psychoanalytische Sicht der Lebensgeschichte überhaupt geeignet ist, die soziale Lagerung von Individuen in der Moderne zu erfassen. Denn die psychoanalytische Semantik thematisiert Lebensgeschichte vor allem individualpsychologisch, nicht sozial. "Eine psychoanalytische Orientierung faßt die Lebensführung als Variation eines Grundthemas auf, das in der Kindheit komponiert worden ist" (Fuchs 1984:198). Die in der Kindheit durchlebten Triebkonstellationen bestimmen wesentlich die spätere lebensgeschichtliche Entwicklung und Erfahrung eines Menschen. Gegenwärtige Konflikte in der Lebensführung werden auf dem Hintergrund einer scheinbar allgemeinen und "verdrängten", zurückliegenden Kindheitsgeschichte "gelesen", die geradezu schicksalhaft Identität und Struktur einer Persönlichkeit zu bestimmen scheint. Darin liegt m.E. eine Überschätzung der Bedeutung der Kindheit für die weiteren Lebensmöglichkeiten (vgl. Fuchs 1984:97). Die gegenwärtigen - und in der Semantik der Psychoanalyse unbewußten[5] - Beziehungsstrukturen sind nicht einfach Klischees, das heißt Wiederholungen einer prägenden "Ursituation" des Anfangs, die nun "authentisch" zu rekonstruieren wäre. Dieses Verständnis von Rekonstruktion geht davon aus, daß eine objektive Wahrheit des Anfangs erfaßt und Vergangenheit als etwas abgeschlossenes begriffen werden könnte. Demgegenüber hat die Biographieforschung deutlich gemacht, daß es eine lebensgeschichtliche Kausalität nicht gibt (vgl. Schelling 1985:309). Von demselben Ereignis können verschiedene, auch gegensätzliche Wirkungen ausgehen. Das geschichtliche Ereignis kommt nicht notwendig so zur Auswirkung, wie es in der Vergangenheit geschehen ist, sondern wie es von den Menschen der Mit- und Nachwelt beurteilt und bewertet wurde. Das impliziert verschiedene, *plurale* Lesarten von Lebensgeschichte und verabschiedet die Vorstellung einer allgemeinen und gleichsam objektiv-faktisch zu erfassenden Wirklichkeit am Anfang. Wahrheit ist nicht objektiv faßbar in allen Menschen gemeinsamen psychologischen Entwicklungsstufen - in der modernen, pluralistischen Kultur wohl weniger, als je zuvor.

Mit der Unterscheidung von *Lebenslauf* und *Biographie* läßt sich mehr Tiefenschärfe für die Reflexion von Lebensgeschichte gewinnen. Alois Hahn (1987:12) definiert den Lebenslauf als "eine Gesamtheit von Ereignissen, Erfahrungen, Empfindungen usw. mit unendlicher Zahl von Elementen." Die Biographie dagegen macht den Lebenslauf zum Thema und ist infolgedessen stets "selektive Vergegenwärtigung", die mit komplexitätsreduzierenden Mustern und Regeln versucht, dem eigenen Leben Ordnung und Sinn zu verleihen (vgl. Hahn 1987:13ff.). "Die selektive Vergegenwärtigung stiftet Zusammenhänge, die es so vorher gar nicht geben konnte. Der Lebenslauf ist uns nur über die Fiktion biographischer Repräsentation als Wirklichkeit zugänglich" (Hahn 1990:172). Die *Differenz* zwischen Lebenslauf und Biographie bleibt in dieser Perspektive unhintergehbar. Der Lebenslauf ist nur durch Beschreibung zugänglich, und diese ist in jedem Falle selektiv. In diesem Sinn haben wir immer nur "Text" als Gegenstand, nie den Lebenslauf selbst. Es entsteht eine biographische "Meta-Erzählung", die lebensgeschichtlich relevante Erzählungen zu einer Lebensgeschichte verdichtet, die nicht der tatsächlichen Ereignisabfolge entsprechen muß (vgl. Lott 1991: 187). Die selektiven Erinnerungselemente können durch zwischenzeitlich erworbene Deutungsmuster neu zusammengesetzt und sprachlich angeeignet werden. Damit stellt jede erzählte Lebensgeschichte, also jede Biographie, ein aktuell hergestelltes *Konstrukt* dar, "eine von vielen Lebensgeschichten, die als Interpretation aus der Fülle dessen, was wir erlebt haben, zu erzählen möglich ist" (Lott 1991:200). Insofern ist Rekonstruktion biographischer Elemente immer Konstruktion von Biographie (vgl. Schelling 1985:314). Die Thematisierung von Lebensgeschichte, die strukturell immer von dem zu Thematisierenden zu unterscheiden ist, ist insofern zu verstehen als eine "Bearbeitung von Differenzen", nicht als "Reproduktion von Identität" (Luther 1992:124). Sie ist nicht gleichsam eine Photographie des Lebens, sondern eine Form der Selbstbeobachtung, die sich eines Referenzrahmens bedient, der sich von Zeit zu Zeit verändert und wesentlich durch soziale Zusammenhänge und Entwicklungen geprägt ist.

Biographie wird damit nicht als etwas Gegebenes betrachtet. Biographie wird vielmehr hergestellt, konstruiert, "geschrieben" - und zwar immer von einem je gegenwärtigen Beobachterstandpunkt aus. Damit soll die Bedeutsamkeit frühkindlich-familiärer Erfahrungen nicht geleugnet werden. Sie bilden gewiß eine ganz wesentliche Voraussetzung für die Art und Weise, wie einzelne Individuen mit den Problemen und Herausforderungen der Moderne umgehen und diese interpretieren. Die Vermutung liegt nahe, daß Menschen mit positiven und ichstärkenden Erfahrungen in ihrer Erziehung bessere Ausgangsbedingungen haben, mit biographischer Unsicherheit zurecht zu kommen als vernachlässigte und ungeliebte Menschen. Interpretieren die einen den Prozeß der Pluralisierung von Lebensformen primär als Freiheitsgewinn, hat er für die anderen möglicherweise eher verunsichernde und bedrohliche Seiten. Aber die frühkindlichen Erfahrungen können weder eine schicksalsbestimmende Qualität beanspruchen, noch liegt allein oder primär in den Elternfiguren die Ursache für die Identitätsprobleme, die sich mit der funktionalen Differenzierung einstellen.

4. Seelsorge in der Moderne

Wenn wir im Anschluß an die systemtheoretische Gesellschaftstheorie davon ausgehen, daß sich die moderne Gesellschaft von der stratifizierten zur funktional ausdifferenzierten Gesellschaft entwickelt hat, ergibt sich ein ganz anderes Bild, als es die psychoanalytische Semantik vermittelt, insbesondere hinsichtlich der Gründe, die zu einer Thematisierung von Lebensgeschichte führen. Ich möchte deshalb kurz die gesellschaftstheoretische Seite der Identitätsproblematik skizzieren.

Wurde Individuen in der stratifikatorischen Gesellschaft Identität *von außen*, in Identifikation mit ihrem jeweiligen Stand und Geschlecht, zugeschrieben und konnten sie sich mittels einer religiösen Gesamtdeutung von Welt in einer hierarchischen Gesellschaft sicher verorten, wird in der funktional differenzierten Gesellschaft, in der die Kategorien von Stand, Klasse, Herkunft, Konfession oder Religion und Geschlecht zunehmend an sinnstiftender und allgemeinverbindlicher Bedeutung verlieren, die Identität einer Person zur spezifischen *Eigenleistung* des Individuums. Identität kann nun nur noch über die je individuelle Selbstbeschreibung einer Person im Wirkungsfeld verschiedener gesellschaftlicher Ansprüche erreicht werden (vgl. Nassehi 1993a: 348). Damit werden in steigendem Maße *Selbstthematisierungen* fällig. Die Erfahrung der Kontingenz, das heißt die Erfahrung, daß etwas auch anders sein könnte, daß andere Erfahrungen zu gleicher Zeit möglich sind und ihnen infolgedessen kein notwendiger (z.B. göttlicher), jeder Entscheidung entzogener Charakter mehr zugesprochen werden kann, nötigen zu zunehmender Reflexion und Selbstbeobachtung (vgl. Luhmann 1992:15ff.). Der Verlust von klar vorstrukturierten Karriereverläufen und verbindlichen Lebenslaufmustern nötigt in nie gekannter Weise dazu, die unterschiedlichen und pluralen Elemente eines Lebenslaufs *individuell* als "Identität" oder "Biographie" zu verarbeiten und in eine subjektiv plausible Ordnung zu bringen (vgl. Kaufmann 1990:410). Die Thematisierung der eigenen Lebensgeschichte, die zunehmende Selbstbeobachtung des Individuums läßt sich insofern als Folge einer gesellschaftlichen Entwicklung begreifen, die dazu zwingt, sich zu individualisieren und sich selbst als Handlungszentrum und "Planungsbüro" (Beck 1986: 217) der eigenen Biographie zu verstehen. "Dem Individuum wird zugemutet, in Selbstbeobachtung und Selbstbeschreibung auf seine Individualität zu rekurrieren. Das heißt aber nicht zuletzt: sich selbst in einer Weise zu verstehen, die für ein Leben und Handeln in pluralen, nicht integrierten Kontexten geeignet ist" (Luhmann 1989:215).

Als sozial dominantes Beispiel für diese Entwicklung sei dabei an das traditionale Geschlechterverhältnis in der Ehe erinnert, das durch eine funktionale Aufteilung in eine "männliche" Außenwelt des Berufs und eine "weibliche" Innenwelt der Familie geprägt war. Mit der "nachholenden Individualisierung" von Frauen (vgl. Beck-Gernsheim 1983) wurde diese soziale Konstruktion aufgeweicht und verlor ihre scheinbare Alternativlosigkeit und Natürlichkeit. War in den fünfziger Jahren im Prinzip noch jeder und jede auf Ehe und Familie verwiesen und erlebten insbesondere Frauen Ehelosigkeit und Kinderlosigkeit als das Verfehlen des Wichtigsten im Leben, verloren diese Institutionen in den letzten Jahrzehnten ihre exklusive Monopolstellung: Alternative Lebensformen entstanden, insbesondere die Ehe erfuhr eine "motivationale Rezession" (Tyrell 1990:153) und kann heute kaum mehr als unhinterfragte Leitvorstellung gelten. Das asymmetrische Geschlechterrollenverhältnis, das in den fünfziger Jahren weithin noch als natürliches Faktum erschien, wird mit der Angleichung der Bildungschancen von Frauen, den demographischen Veränderungen und mit einer nie gekannten Verfügbarkeit über den eigenen Körper durch empfängnisregelnde Mittel obsolet und kann heute nur noch schwer Plausibilität beanspruchen. Der generelle Zugang von Frauen zu den Subsystemen der Gesellschaft, ihre öffentliche Präsenz an Bankschaltern, hinter Rednerpulten und auf Kanzeln macht in der funktional differenzierten Gesellschaft die Repräsentation des Ganzen durch den Mann lächerlich und zur puren Anmaßung (vgl. Luhmann 1988a:54). Damit sind die bipolar ausdifferenzierten Geschlechtsidentitäten diskutabel und fragwürdig geworden. Es ist heute keineswegs mehr eindeutig, was es bedeutet, ein Mann oder eine Frau zu sein. Die Rede von einer spezifisch männlichen oder weiblichen Identität wird damit prekär.

Diese Überlegungen werfen ein neues Licht auf die Individualitäts- und Identitätsproblematik. Das moderne, in viele Funktionssysteme gleichsam "dividuierte" Selbst (vgl. Nassehi 1993b: 15) findet seine Einheit und Identität nicht mehr vorgegeben. Sie liegt auch nicht substanzhaft in der Vergangenheit verborgen und ist insofern auch nicht "authentisch" zu rekonstruieren, sie muß vielmehr immer wieder selbst hergestellt und konstruiert werden. Individualität kommt damit nicht nur als psychisches Phänomen in den Blick, sondern sie wird gleichzeitig als Erfordernis und Resultat einer hochkomplexen, individualisierenden Gesellschaftsform verstanden (vgl. Kneer/Nassehi 1993:163). Der funktionalen Differenzierung entspricht eine *strukturelle Individualisierung* der Lebensvollzüge (vgl. Kaufmann 1989:217), die dazu zwingt, unter den gegebenen Rahmenbedingungen selbst zu wählen und zu entscheiden. Durch die Einbindung in die Funktionssysteme wird das "autonome" Individuum zugleich nachhaltig institutionell bestimmt und erfährt sich abhängig von ökonomischen, medizinischen, politischen, rechtlichen, pädagogischen Institutionen und Funktionen, auf deren Leistungen kaum verzichtet werden kann. Die Individualisierung greift mithin unter gesellschaftlichen Rahmenbedingungen, die eine individuell verselbständigte Existenzführung weniger denn je erlauben (vgl. Wohlrab-Sahr 1992:6). Die Thematisierung von Identität und Lebensgeschichte nötigt infolgedessen dazu, *gesellschaftlich* erzeugte, heterogene Ansprüche und Widersprüche *individuell* zu bearbeiten und in einen sinnhaften Zusammenhang zu bringen. Sowohl Abhängigkeit als auch Unabhängigkeit des Individuums werden gesteigert. "Die Gesellschaft mutet dem Individuum gewissermaßen zu, daß sich in ihm die sozialen Differenzen zu einer Einheit bündeln, die sinnhaft zu integrieren allein Sache des Bewußtseins geworden ist" (Nassehi 1993a:355). Identität wird unter diesen Bedingungen prekär, denn "der Mensch existiert nur im Plural, und was Anspruch auf Vernünftigkeit erhebt, ist auch nur in spezifischen, stets partikulären Kontexten plausibel" (Kaufmann 1989:22).

Durch die Individualisierung der Lebensvollzüge und die Enttraditionalisierung der Lebensformen ergibt sich ein pluralistischer Gesamtlebenslauf, der nicht mehr eindeutig normiert, sondern durch Vielfalt und Diskontinuitäten gekennzeichnet ist. Die sogenannte "Normalbiographie" verliert an Kontur, ihre Leitlinien verblassen und dies nicht zuletzt und sehr einschneidend auf weiblicher Seite. Viele Menschen fühlen sich durch die psychischen Folgeprobleme des modernen Individualismus, die sich in Erfahrungen höherer Kontingenz, höherer Instabilität und vermehrter Abhängigkeit ausdrücken, überfordert (vgl. Luhmann 1988b:373). Denn "die Gesellschaft zeichnet nicht mehr die Lösungsrichtung vor, sondern nur noch das Problem; sie tritt dem Menschen nicht mehr als Anspruch an moralische Lebensführung gegenüber, sondern nur als Komplexität, zu der man sich auf je individuelle Weise kontingent und selektiv zu verhalten hat" (Luhmann 1989:197). Die Frage nach der eigenen Identität resultiert mithin aus einem Defizit, das darin besteht, daß nicht mehr eindeutig ist, wer und was man ist. Auf dem Hintergrund der beschriebenen Dezentrierung der sozialen Welt und des Zwanges zur Selbstverarbeitung und Selbstherstellung von Biographie in einer plural und riskant gewordenen Gesellschaft, erscheint die enorme Nachfrage nach therapeutischer und seelsorgerlicher Hilfe bei der Thematisierung eigener Lebensgeschichte verständlich und konsequent. Der Seelsorge- und Psychoboom der letzten Jahrzehnte verdankt sich m.E. damit wesentlich der hier skizzierten gesellschaftlichen Entwicklung.

Durch die Reduktion des Seelsorgediskurses auf psychologische Probleme, die auf dem Hintergrund einer scheinbar allgemeinen Entwicklungsgeschichte interpretiert werden, werden die sozialen Zusammenhänge moderner Biographie- und Identitätskonstitution unterschätzt und die sich damit einstellenden Problemlagen nur unzureichend erfaßt. Die Thematisierung von Lebensgeschichte erscheint aus soziologischer Perspektive als notwendiges Implikat einer gesellschaftlichen, nicht primär individualpsychologischen Entwicklung. "Soziologische Aufklärung"[6] (Luhmann) im Seelsorgediskurs ist deshalb dringend geboten. Diese gesellschaftstheoretischen Gesichtspunkte könnten zu einer neuen Bewertung individueller Probleme in der Seelsorge führen. Ein persönliches Problem wäre dann nicht nur in Beziehung zu setzen zu frühkindlichen Erfahrungen, sondern auch und vor allem zu den Erfordernissen und Widersprüchen gesellschaftlicher Struktur und Semantik. Was aus psychoanalytischer Sicht als narzißtischer Konflikt mit der verschlingenden Mutter am Lebensanfang interpretiert wird, ließe sich aus dieser Perspektive als ein Konflikt verstehen, der sich aus der Auflösung einer einheitlichen Lebenswelt ergibt, die es zunehmend schwer macht, feste und eindeutige Identitäten zu entwickeln und eine gewisse Egozentrik gesellschaftlich geradezu vorschreibt.

Die psychoanalytische Theorietradition verlagert gleichsam die Rahmenbedingungen der Thematisierung eigener Lebensgeschichte von außen nach innen. Sie durchschaut nicht die *sozialen* Abhängigkeiten, Standardisierungen und Widersprüchlichkeiten, denen Individuen heute ausgesetzt sind. Sie unterschätzt die sozialen Abhängigkeiten als mehr oder weniger äußerliche und verlagert sie in die Tiefen der Seele hinein. Mutter und Vater werden dabei zu den schicksalsbestimmenden Faktoren der Abhängigkeit, aus denen man sich per autonomer Entwicklung zu befreien hat. Leitend ist dabei die Vorstellung, daß es ein "authentisches" Selbst, einen Identitätskern gäbe, den es nun - in der Befreiung von belastenden Primärerfahrungen - zu finden gälte. Dagegen ergibt sich aus der hier vorgetragenen Sicht, daß die Erfahrung der *Differenz* in der Moderne konstitutiv ist und Identität nicht stabiler Bezugspunkt, sondern immer nur wieder neu herzustellendes und zu konstruierendes Ergebnis sein kann (vgl. Fuchs 1984:200). Neu- und Umdefinitionen der Identität werden damit notwendig und "normal".

Die psychoanalytisch orientierte Seelsorge reagiert auf eine soziale Entwicklung, ohne sich von ihr distanzieren zu können. Sie verdeckt gleichsam ihre eigene Selektivität und übernimmt "blindlings" die Selbstbeschreibungen der Moderne, von Individualität, Authentizität und Ich-Autonomie. Die sozial bedingten Anforderungen und Probleme werden damit, oft entgegen eigener Absicht, letztlich individualisiert und psychologisiert. Mit Hilfe der Gesellschaftstheorie systemtheoretischer Provenienz kann das, was die Psychoanalyse als narzißtische Störung und damit krankhaft qualifiziert, als gesellschaftlicher Wandel beschrieben werden, der positive *und* negative Aspekte umfaßt und insofern weder pathetisch als Krankheit, noch als Utopie zu verstehen ist. Es gilt vielmehr, nüchtern die *Ambivalenz* der Moderne zu sehen, gerade in bezug auf die soziale Lagerung der Individuen und die von ihnen erfahrenen Freiheitsgewinne und Verunsicherungen.

Aufgabe von Seelsorge wäre dann weniger zu fragen, wann und warum sich bestimmte Grundhaltungen einer Person in der Vergangenheit herausbildeten. Der Familientherapeut Paul Watzlawick hält dies in Bezug auf die Komplexität menschlicher Beziehungsformen ohnehin für wenig hilfreich.[7] Es ginge vielmehr um die Frage, wie Individuen bei der Konstruktion ihrer Biographie in einer funktional differenzierten Welt unterstützt werden können. Dabei ist darauf zu achten, daß die Zentralsymbole religiöser Sprache in der Vergangenheit oft die Tendenz verstärkten, "ontologische Allgemeinheit für das wahrhaft Wirkliche und das viele einzelne nur für die unwesentliche Außengestalt des immer Gleichen zu halten" (Tanner 1992:99). Es gilt dagegen, von der

Fixierung auf Einheit und Gleichheit weg zu kommen, für Differenzen zu sensibilisieren und das Differente in seiner Differenziertheit wahrzunehmen.[8] Hier sind neue Selbstbeschreibungsversuche seelsorgerlicher Theoriebildung erforderlich, insbesondere im Hinblick auf die Anthropologie. Eine anspruchsvolle theoretische Beobachtung zeichnete sich dann dadurch aus, daß sie nicht nur ihren Gegenstand beobachtet, mithin diejenigen, die in die Seelsorge kommen, sondern auch beobachtet, wie solche Beobachtungen zustande kommen. Damit würde seelsorgerliche Beobachtung selbstreflexiv. Das heißt, Seelsorge könnte an sich selbst lernen, daß sie die Personen erst erzeugt, die sie sieht. Die psychoanalytische Seelsorgetradition sieht vor allem Personen, die vorwiegend und dauerhaft durch ihre frühkindlichen Konflikte geprägt sind. Die hier vorgetragene Perspektive beobachtet Individuen vor allem hinsichtlich ihrer sozialen Lagerung, ihrer Diskontinuitätserfahrungen und ihrer Veränderbarkeit. Das Gesehene wird *immer* mitproduziert. Die Pluralität der möglichen Lesarten von Lebensgeschichte könnte sowohl im Hinblick auf die Theoriebildung, als auch im Hinblick auf die Beobachtung eigener Biographie dazu verhelfen, der Relativität der eigenen Beobachtung eingedenk zu sein, wissend, daß jeder Blick das Gesehene miterzeugt und mit einem *unhintergehbaren* blinden Fleck operiert (vgl. Nassehi 1992:171). Die beratende Seelsorge hat es m.E. versäumt, ihre eigenen Verstehensvoraussetzungen zu reflektieren. Sie verblieb mehr oder weniger unreflektiert im Horizont der Moderne, statt Modernität selbst als Erkenntnisobjekt zu postulieren.

Zuletzt möchte ich auf eine besondere Chance der christlichen Religion für die Konstruktion von Biographie wenigstens noch hinweisen. Für Christinnen und Christen ist nicht die Gesellschaft, sondern Gott letzter Bezugspunkt ihrer Biographie. Gerade der Glaube an Gott kann zu einer Distanzierung von modernen Selbstdeutungen beitragen, die diese weder verdammt, noch überschätzt. Gerade Religion kann Menschen dazu verhelfen, in Distanz zu den divergierenden gesellschaftlichen Ansprüchen ihre individuelle Lebensgeschichte symbolisch sinnhaft zu einem Ganzen zu integrieren (vgl. Nassehi/Weber 1989:418). Christlicher Glaube und christliche Seelsorge könnte auf diese Weise Menschen aus der bloßen Privatheit und Unmittelbarkeit des Lebenslaufs befreien und neue Perspektiven für die Zukunft eröffnen. Die Erfahrung der Kontingenz und Fragmentarität von Identität müßte aus dieser Perspektive nicht nur als Bedrohung, sondern könnte auch als Chance des "Auch-Anders-Sein-Könnens" interpretiert werden. Ansätze dazu sind bereits da.[9] Hier müßte weitergedacht werden. Identität würde damit realistischer, als offener und fragmentarischer Prozeß begriffen. Zugleich würde das analytisch-soziologische Urteil - "wir sind nicht mehr, was wir waren, und wir werden nicht mehr sein, was wir sind" (Luhmann 1992:15) - durch den Gottesbezug transformiert in die Gewißheit: "Wir sind schon Gottes Kinder; es ist aber noch nicht offenbar geworden, was wir sein werden" (1. Joh 3,2).

Anmerkungen

1   Zu Beginn des Jahrhunderts gab es schon einmal beachtliche Bemühungen in dieser Richtung. Oskar Pfister entdeckte die Psychoanalyse als *das* Instrument zum Verständnis des Seelenlebens. Und Otto Baumgarten, Friedrich Niebergall und Paul Drews bezogen empirisch-soziologische Gesichtspunkte in den Seelsorgediskurs mit ein. Durch den einflußreichen Widerspruch gegen diese "Psychologisierung" und "Anthropologisierung" der christlichen Botschaft von Seiten der Dialektischen Theologie gerieten diese Ansätze über viele Jahrzehnte hinweg praktisch in Vergessenheit. Vgl. Wintzer 1985:41ff.
2   Im Zusammenhang psychoanalytisch orientierter Seelsorgetheorie sei hier auch auf die Konzeptionen von Hans-Joachim Thilo, Dietrich Stollberg, Klaus Winkler und Richard Riess hingewiesen.
3   Vgl. schon Scharfenbergs (1968) Habilitationsschrift über Freud und seine Religionskritik, die in kürzester Zeit drei Auflagen erlebte, bis hin zu seiner "Einführung in die Pastoralpsychologie", die heute als ein Standardwerk der Seelsorgelehre gilt (Scharfenberg 1990).
4   Mit der androzentrischen und asymmetrischen Geschlechtersymbolik in der Psychoanalyse haben sich viele Psychoanalytikerinnen kritisch auseinandergesetzt. Vgl. zusammenfassend Karle 1993.

5 Peter Fuchs (1992) hat sehr präzise auf die Paradoxien, die die psychoanalytische Leitdifferenz bewußt/unbewußt generiert, aufmerksam gemacht: "Wer mit dem Schema bewußt/unbewußt in der ontologischen Vertauschung arbeitet, verkennt, daß alle Beobachtung selbstreferentiell geschlossener Systeme fundamental blackbox-Beobachtung ist. Jeder Effekt, der wahrgenommen wird, läßt sich durch eine kaum limitierbare Anzahl von Ursachenkombinationen erklären. (...) Das Insistieren auf *einer* Kombination macht die Theorieschwäche der Psychoanalyse aus" (ebd.:190). Entsprechend versucht Fuchs, die Intransparenzen psychischer Systeme einfacher, d.h. "ohne Konstruktion zusätzlicher Weltvorkommnisse" (ebd.:205) zu erklären, nämlich in Rekurs auf die fundamentale Intransparenz aller autopoietisch operierenden Systeme, zu denen auch psychische Systeme zu zählen sind. Das Schema bewußt/unbewußt ist insofern nicht gänzlich untauglich, es müßte aber *beobachtungstechnisch* reformuliert werden.

6 Reiner Preul hat eine soziologische Aufklärung schon im Zusammenhang pädagogischer Fragen angeregt, allerdings auf handlungstheoretischem Hintergrund. Vgl. u.a. Preul 1989:68.

7 Watzlawick hat darauf hingewiesen, daß die lineare Kausalitätsauffassung der klassischen Psychotherapie der Komplexität menschlicher Beziehungsformen nicht gerecht werde. Watzlawick präferiert deshalb eine kybernetische und systemorientierte Sichtweise, der es nicht um das Individuum, sondern um *die Beziehung zwischen Individuen* geht, die als ein emergentes Phänomen sui generis zu betrachten sei. Damit verschiebt sich die Perspektive: Gefragt wird nicht mehr "nach Grund, Ursprung, Ursache, also *warum?*", sondern danach, "*was* jetzt und hier vorgeht" (Watzlawick 1992:15).

8 In diesem Zusammenhang wäre auch noch einmal die Frage nach der Hermeneutik zu stellen: Die psychoanalytische Interpretation der Mythen von Ödipus und Narziß spiegelt aus der hier vorgetragenen Sicht *spezifisch moderne* Probleme wider, die sich aus der funktional differenzierten Gesellschaftsstruktur ergeben. Es erscheint von daher problematisch anzunehmen, daß die biblischen Symbole und Geschichten, die in einer stratifikatorisch und segmentär differenzierten Gesellschaftsform entstanden sind, unmittelbar mit der psychoanalytischen Deutung und damit auch modernen Konfliktlagen in Verbindung zu bringen seien, wie Scharfenberg dies mit seiner einheitlichen Hermeneutik einzufordern scheint. Es erscheint gewagt zu vermuten, daß die Zeitgenossen Jesu Probleme mit verschlingenden Müttern und Autonomie fördernden Vätern gehabt hätten - und dies in den ersten drei Lebensjahren!

9 Vgl. Luther 1992, zum folgenden insbes.:223. Henning Luther versteht Religion als Weltabstand und interpretiert ausgehend, die Mehrdeutigkeit des Alltags und der Lebensgeschichte konstruktiv.

Literatur

Asmussen, Hans: *Die Seelsorge*, München ³1937.

Beck, Ulrich: *Risikogesellschaft. Auf dem Weg in eine andere Moderne*, Frankfurt/M. 1986.

Beck-Gernsheim, Elisabeth: "Vom 'Dasein für andere' zum Anspruch auf ein Stück 'eigenes Leben'. Individualisierungsprozesse im weiblichen Lebenszusammenhang", in: *Soziale Welt* 34 (1983), S. 307-340.

Fuchs, Peter: "Blindheit und Sicht: Vorüberlegungen zu einer Schemarevision", in: N. Luhmann/P. Fuchs, *Reden und Schweigen*, Frankfurt/M. ²1992, S. 178-208.

Fuchs, Werner: *Biographische Forschung*. Eine Einführung in Praxis und Methoden, Opladen 1984.

Hahn, Alois: "Identität und Selbstthematisierung", in: A. Hahn/V. Kapp, *Selbstthematisierung und Selbstzeugnis: Bekenntnis und Geständnis*, Frankfurt/M. 1987, S. 9-24.

Hahn, Alois: "Familie und Selbstthematisierung", in: Lüscher/Schultheis/Wehrspaun 1990, S. 169-179.

Karle, Isolde: "Verschlingende Mütterlichkeit? Joachim Scharfenbergs Symboltheorie im Licht feministisch-theologischer Kritik", in: *Evangelische Theologie* 53 (1993), S. 493-510.

Kaufmann, Franz-Xaver: *Religion und Modernität. Sozialwissenschaftliche Perspektiven*, Tübingen 1989.

Kaufmann, Franz-Xaver: "Familie und Modernität", in: Lüscher/Schultheis/Wehrspaun 1990, S. 391-415.

Kneer, Georg/Nassehi, Armin: *Niklas Luhmanns Theorie sozialer Systeme. Eine Einführung*, München 1993.

Lorenzer, Alfred: "Symbol, Sprachverwirrung und Verstehen", in: *Psyche* 24 (1970), S. 889-920.

Lorenzer, Alfred: *Sprachzerstörung und Rekonstruktion*, Frankfurt/M. ²1976.

Lott, Jürgen: *Erfahrung - Religion - Glaube*, Weinheim 1991.

Luhmann, Niklas: "Männer und Frauen und George Spencer Brown", in: *Zeitschrift für Soziologie* 17 (1988a), S. 47-71.

Luhmann, Niklas: *Soziale Systeme. Grundriß einer allgemeinen Theorie*, Frankfurt/M. ²1988b.

Luhmann, Niklas: "Individuum, Individualität, Individualismus", in: ders., *Gesellschaftsstruktur und Semantik. Studien zur Wissenssoziologie der Moderne*, Bd. 3, Frankfurt/M. 1989, S. 149-258.

Luhmann, Niklas: *Beobachtungen der Moderne*, Opladen 1992.

Lüscher, Kurt/Schultheis, Franz/Wehrspaun, Michael (Hg.), *Die "postmo derne" Familie. Familiale Strategien und Familienpolitik in einer Übergangszeit*, Konstanz ²1990.

Luther, Henning: *Religion und Alltag. Bausteine zu einer Praktischen Theologie des Subjekts*, Stuttgart 1992.

Nassehi, Armin: "Zwischen Erlebnis, Text und Verstehen. Kritische Überlegungen zur erlebten Zeitgeschichte", in: *BIOS* 5 (1992), S. 167-171.

Nassehi, Armin: *Die Zeit der Gesellschaft. Auf dem Weg zu einer soziologischen Theorie der Zeit*, Opladen 1993a.

Nassehi, Armin: "Gesellschaftstheorie, Kulturphilosophie und Thanatologie. Eine gesellschaftstheoretische Rekonstruktion von Georg Simmels Theorie der Individualität", in: *Sociologia Internationalis* 31 (1993b), S. 1-21.

Nassehi, Armin/Weber, Georg: *Tod, Modernität und Gesellschaft. Entwurf einer Theorie der Todesverdrängung*, Opladen 1989.

Preul, Reiner: *Luther und die Praktische Theologie. Beiträge zum kirchlichen Handeln in der Gegenwart*, Marburg 1989.

Scharfenberg, Joachim: *Sigmund Freud und seine Religionskritik als Herausforderung für den christlichen Glauben*, Göttingen 1968.

Scharfenberg, Joachim: *Seelsorge als Gespräch. Zur Theorie und Praxis der seelsorgerlichen Gesprächsführung*, Göttingen 1972.

Scharfenberg, Joachim: "Kommunikation in der Kirche als symbolische Interaktion", in: W. Becher (Hg.), *Seelsorgeausbildung. Theorien, Methoden, Modelle*, Göttingen 1976, S. 34-53.

Scharfenberg, Joachim: "Rechtfertigung und Identität", in: H. M. Müller/D. Rössler (Hg.), *Reformation und praktische Theologie. Für Werner Jetter zum 70. Geburtstag*, Göttingen 1983, S. 233-246.

Scharfenberg, Joachim: *Einführung in die Pastoralpsychologie*, Göttingen ²1990.

Schelling, Walter A.: "Die Lebensgeschichte im Licht ihrer psychologischen Vergegenwärtigung", in: *Wege zum Menschen* 37 (1985), S. 306-316.

Tanner, Klaus: "Von der liberalprotestantischen Persönlichkeit zur postmodernen Patchwork-Identität?", in: F.W. Graf/K. Tanner (Hg.), *Protestantische Identität heute*, Gütersloh 1992.

Thilo, Hans-Joachim: *Beratende Seelsorge. Tiefenpsychologische Methodik dargestellt am Kasualgespräch*, Göttingen 1971.

Thurneysen, Eduard: *Die Lehre von der Seelsorge*, München 1948.

Tyrell, Hartmann: "Ehe und Familie - Institutionalisierung und Deinstitutionalisierung", in: Lüscher/Schultheis/Wehrspaun 1990, S. 145-156.

Watzlawick, Paul: *Münchhausens Zopf oder Psychotherapie und "Wirklichkeit"*, München 1992.

Wintzer, Friedrich (Hg.): *Seelsorge. Texte zum gewandelten Verständnis und zur Praxis der Seelsorge in der Neuzeit*, München 1985.

Wohlrab-Sahr, Monika: "Institutionalisierung oder Individualisierung des Lebenslaufs?", in: *BIOS* 5 (1992), S. 1-19.

III. "Auf der Suche nach..."
Religiöse Orientierungsmuster in modernen Biographien

Albrecht Schöll

"Ich glaube nicht, daß ich nicht an Gott glaube..."

Zur Funktion religiöser Deutungsmuster in der Adoleszenzphase

1. Einleitung

Die in der Adoleszenz zu lösenden Probleme sind Anlaß für Jugendliche und junge Erwachsene, Sinnfragen zu stellen und religiöse Thematiken zu bearbeiten. "Gleichgültig, ob der Jugendliche dann bei der Verarbeitung seiner Lebensprobleme auf die traditionellen religiösen Symbolsysteme rekurriert oder diese als unzulänglich verwirft, seine Lebenswelt wird zu diesem Zeitpunkt von Erfahrungen geprägt, die man insofern 'religiös' nennen könnte, als ihm die Funktionen von Religiosität klar vor Augen stehen, als er Lösungen dieses Typs sucht" (Döbert 1978: 58). Im Okzident waren es traditionell christliche Deutungsmuster und die entsprechenden von den Kirchen und christlichen Gruppierungen tradierten ethischen Lebensführungskonzepte, die mit der Struktur der Adoleszenz korrespondierten und Bewältigungsstrategien zur Lösung der Adoleszenzkrise anboten. Die 'Modernisierung der Moderne' hat bekanntlich nicht nur die Struktur des Adoleszenzverlaufs verändert, sondern damit einhergehend auch die Prozesse der Aneignung von Sinn und von religiösen Deutungsmustern. Jugendliche sehen sich in einer durch Pluralisierung und Differenzierung gekennzeichneten Lebenssituation gezwungen, 'angemessene' religiöse Deutungsangebote zu erproben und nicht einfach vorgegebene Symbolsysteme zu übernehmen.

Dabei stellt sich die Frage, ob die gewählten Modi der Aneignung von Sinn Formen sozialen Engagements fördern, die auf gesellschaftliche Transformationsprobleme eingehen, oder ob Deutungen gewählt werden, die es erlauben, die Adoleszenzkrise in anderer Weise zu bewältigen. Etwa über radikal individualisierte Formen der Innerlichkeit und des Rückzugs vor den lebenspraktischen Anforderungen, deren Bewältigung die Moderne den Adoleszenten abverlangt.

In diesem Beitrag soll nun ein Typus der Aneignung von religiös besetzten Sinnmustern diskutiert werden, der sich sowohl von *traditionellen* Modi als auch von der Variante einer *simulativ-instrumentellen Aneigungsweise* abhebt (Schöll 1992). Nach einer kurzen Charakterisierung eines allgemeinen Modells der Struktur der Adoleszenz werden die beiden erstgenannten Modi vorgestellt, um auf dieser Folie anhand einiger Sequenzen aus einer Fallanalyse den in diesem Beitrag im Mittelpunkt stehenden *reflexiven Modus der Aneignung von Sinn* und der entsprechenden religiösen Gestalten vorzustellen.

2. Strukturdilemma der Adoleszenz

Die Aufgabe der Integration der nachfolgenden Generation in gesellschaftliche Ordnungsvorstellungen gestaltet sich unter den Bedingungen der Moderne wesentlich schwieriger als in Gesellschaften mit geringem sozialem Wandel. Nicht nur, daß sich die Tradierungsleistung aufgrund eines kumulativ anwachsenden Wissensbestandes bei gleichzeitiger Ausdifferenzierung und Segmentierung vielfältigster Wissensvorräte nahezu ins Unermeßliche steigert. Es kommt zugleich zur Vitalisierung von mit der Tradition zunächst unvereinbaren Innovationspotentialen, die die Fortentwicklung und Modernisierung der Gesellschaft insbesondere mit den Mitteln von Wissenschaft und Technik gewährleisten sollen. Die Funktion der Adoleszenz besteht demnach nicht mehr nur darin, daß Jugendliche sich möglichst bruchlos in die bestehende Sozialordnung integrieren, sondern die Interimsphase der Adoleszenz wird gleichzeitig zur 'Plattform', auf der Innovationen stattfinden, die wiederum die Dynamik und den Wandel des Gesellschaftssystems unterstützen sollen.

Der besonderen Funktion der Adoleszenz versuchen moderne Gesellschaften dadurch gerecht zu werden, daß den Jugendlichen ein zeitlich befristetes soziales Moratorium zugewiesen wird. In einem partiell ausgegrenzten Bereich ist Probehandeln erlaubt und darf mit Probeidentitäten experimentiert werden. Das Experimentieren mit einem inneren und äußeren Freiraum soll zu einem gefestigten und kreativen Selbst führen, zu einem Selbstbewußtsein in einer innovatorischen Situation. Andererseits ist es gerade die Struktur des sozialen Moratoriums, die den direkten Zugriff auf die Jugend erst ermöglicht. Indem die Vorbereitung auf die differenzierten und an hohen Leistungsstandards orientierten Erwachsenenrollen steuerbar erscheint, soll der 'Transport' der Jugend in Kultur und Gesellschaft gesichert werden (Tenbruck 1965:23).

Diese Anforderungsstruktur, die sich unter den Bedingungen einer forcierten Pluralität noch weiter ausdifferenziert, kann man unter strukturell-systematischem Blickwinkel als *Strukturdilemma der Adoleszenz* bezeichnen und folgendermaßen charakterisieren:

Einerseits müssen die Adoleszenten aus dem gesellschaftlichen Leben ausgegliedert werden. Das Moratorium dient entsprechend der Erhöhung ihrer Individuierungschancen, ihres Innovationspotentials und der Bildung von Probeidentitäten. Andererseits bestehen gesellschaftliche Erwartungen, daß Jugendliche sich zugleich - in Anpassung an das Leben der Erwachsenen - an den sozialen Funktionsabläufen beteiligen. Wichtig für Gesellschaften mit hohem Modernisierungspotential ist dabei, daß die im Moratorium erworbene innovative Kompetenz in das Erwachsenenleben hinübergerettet wird. Das Strukturdilemma zeichnet sich aus durch den Zwang zur externen Plazierung der Jugendlichen einerseits und den Zwang zur Integration in eine dem Status eines Erwachsenen entsprechenden Normalbiographie andererseits.

3. Traditionelle Modi der Aneignung von Sinn

Zur Lösung dieses Strukturdilemmas haben Deutungsangebote der traditionellen christlichen Symbolsysteme nicht unwesentlich beigetragen. In ihrer Funktion als "Weltbildgenerator" waren sie lange Zeit in der Lage, gültige (Sinn-)Antworten auf gesellschaftliche Problemlagen zu geben und so die auseinanderlaufenden Fäden der gesellschaftlichen Wirklichkeit in einem 'transzendenten Knoten' zusammenzuhalten. Sie regelten die Frage des Gemeinwohlbezugs und der Hingabe an eine externe Macht, gaben Orientierung und waren Vorgaben für ein 'gelungenes' und 'in sich sinnvolles Leben'.

Der *traditionelle Katholizismus* hat dieses Problem über die Etablierung geschlossener konfessioneller Milieus gelöst, die mit einer eigenen Weltanschauung, eigenen Institutionen und einer spezifischen Ritualisierung des Alltags ausgestattet waren. Diese Milieus sind als Sozialform in der zweiten Hälfte des 19. Jahrhunderts entstanden und haben sich bis in die 60er Jahre dieses Jahrhunderts erhalten (Gabriel 1992:165). Die Aneignung von Sinn und die Integration in die geschlossenen Milieus geschah im Modus der *affirmativen Vermittlung*. Der Priester fungierte als Vermittler und die Kirche als zentrale Mittlerinstanz zwischen Gott und der Gemeinde. Mit seiner Präsenz und seinem Handeln bewegte sich der Priester in einer mehr oder weniger "geschlossenen Welt" und erhielt jene Welt aufrecht, in der der Gläubige seine "Seelenheimat" finden konnte. Relevante Konzepte der Lebensführung wurden als Orientierungsmuster in Messe und Beichte vermittelt und damit über die Autorität der Kirche an die Gläubigen weitergegeben. In den geschlossenen konfessionellen Milieus wurde das Leben durch vorgegebene Ordnungsgefüge bestimmt, so daß individuelle Entscheidungen sich relativ problemlos an diesen 'Vorgegebenheiten' ausrichten konnten bzw. sich daran ausrichten mußten. Das Strukturdilemma der Adoleszenz wurde hier zugunsten der Integration in ein religiös und lebensweltlich geschlossenes Milieu unter weitgehendem Ausschluß von Innovationspotentialen gelöst.

Etwas anders hat der *traditionelle Protestantismus* das Problem der Aneignung von religiös besetzten Sinnmustern und der Integration in die Lebenswelt gelöst. Im protestantischen Modus liegt das Hauptaugenmerk auf der ausschließlichen, die ganze Person fordernden Beziehung des Gläubigen zu seinem Gott. Es ist gerade die Ausschließlichkeit dieser Beziehung, die ihn dazu verdammt, zugleich als ganze Person in der Welt zu leben und eigenverantwortlich zu handeln. Er sieht sich gezwungen, die herausgehobene Beziehung zu seinem Gott auch in seiner Praxis zum Ausdruck zu bringen.

Die unbeabsichtigte Konsequenz dieser Bestrebungen war eine sich durchsetzende antitraditionale Lebensführung, der die selbstverständliche Anpassung an das Überkommene genommen wurde, bis dahin, daß die Welt für den Puritaner zum Feld der Bewährung in einem lebenslang zu führenden Kampf wurde. Im Protestantismus entstand ein Weltbild, das sich nicht mehr nur *von der Welt* distanziert, sondern das vielmehr zum ständig eingreifend-verändernden Handeln *in der Welt* zwingt und zur rationalen Weltbeherrschung herausfordert (ebd.:70).

Die dem Protestantismus zugrundeliegende Struktur der Aneignung von Sinn impliziert in der Tendenz eine *Biographisierung des Lebenslaufs* in einem sich verstärkenden reflexiven Modus: Der Blick des Gläubigen ist in kritischer Selbstprüfung nach innen gerichtet. Aufgrund der strukturell angelegten Dynamik dieser Religion darf er sich nie sicher sein, ob er den Willen seines Gottes auch tatsächlich tätig umsetzt. In diesem Zusammenhang spielt der Wechsel von der Fremdbeobachtung zur Selbstbeobachtung des Verhältnisses zu Gott eine zentrale Rolle. Wo bisher die Kirche kontrolliert und beraten hat, muß nun der einzelne sich selbst beobachten, beurteilen und rechtfertigen. Er muß sein ethisches Handeln vor seinem Gott verantworten (Soeffner 1988).

Im Gefolge dieses religiösen Strukturdilemmas hat der Protestantismus den persönlichkeitsbildenden Erziehungsprozeß der "Educanten" und "Zöglinge" bis zur Entfaltung einer "autonomen Subjektivität", die allerdings immer auf Gott und seine in "Wort und Schrift" offenbarten Gebote bezogen blieb, über entsprechende Bildung voranzutreiben versucht: in Richtung einer auf Selbstbeherrschung abzielenden asketischen Lebensführung sowohl nach außen als auch nach innen. In diesem Kontext ist die Bildung von altershomogenen Jugendgruppen in evangelischen Erweckungsbewegungen des 18. und 19. Jahrhunderts zu betrachten, die angelegt waren zum Aufbau einer 'protestantischen Persönlichkeit' (Gillis 1980:91f). "Die Gemeinden der Pietisten, wie Herrnhut in Deutschland und Bethlehem in Pennsylvanien, institutionalisierten weiterhin den jugendverlängernden Charakter der Religion. Bei ihnen organisierte sich die Gemeinde in den altersspezifischen, nach Geschlechtern getrennten Gemeindegruppen, deren Zweck es war, sowohl die Fertigkeiten zu vermitteln, die man für diese Welt brauchte, als auch die Frömmigkeit, die der Nächste forderte" (ebd:91). Die eigenartige Dialektik der protestantischen Ethik unterstützte nicht nur nachhaltig die Ablösung des Adoleszenten vom Elternhaus, sondern ebenso seine Hinwendung zur und seine Integration in die Welt der "Öffentlichkeit", insbesondere in den Beruf. Eine Hinwendung, die vollzogen wurde, nachdem im Akt der Konversion zunächst einmal eine radikale Distanz zur Welt eingenommen worden war. In Bezug auf die Lösung des Strukturdilemmas der Adoleszenz wurde in protestantischen Gruppen neben der Integration in eine vorgegebene Ordnung dem Aspekt der Innovation eine im Vergleich zum Katholizismus weitaus höhere Bedeutung eingeräumt.

Die christliche Religion war in der Vergangenheit mehr oder weniger gut in der Lage, religiöse Deutungen der 'Wirklichkeit' anzubieten, die bestimmte und kontrollierbare Formen sozialen Engagements förderten und Jugendliche darin unterstützten, sich in die bereitgestellten gesellschaftlichen Normalitätsentwürfe mit den entsprechenden Lebensführungskonzepten zu integrieren. Vergleicht man die historische Analyse von Gillis mit den Ergebnissen einer Fallanalyse über eine pietistische Jugendgruppe in einem ländlichen Milieu, so zeigen sich erstaunliche Ähnlichkeiten in der Strukturierung der Adoleszenzphase und der ihr eigenen religiösen Deutungsmuster (Schöll 1992:78-152).

4. Modi der Aneignung von Sinn in einer radikalisierten, entfalteten Moderne

Man kann sich Modernisierung als einen Prozeß der Enttraditionalisierung vorstellen. Momente der Vorgegebenheit und Schicksalhaftigkeit treten zurück zugunsten von Chancen und Zwängen individueller Entscheidung. Im Zuge des zunehmenden Zerfalls traditioneller Elemente trifft der Modernisierungsprozeß immer seltener auf seinen klassischen Widerpart, die Tradition, und immer stärker auf sich selbst, auf Strukturen, die er selbst geschaffen hat. Es kommt zu einer Modernisierung der Moderne (Beck 1986), bei der ein Vergesellschaftungsmodus durch einen anderen ersetzt wird: einen, der statt bei kollektiven Größen beim Individuum ansetzt.

Der Modernisierungsprozeß hat ein ambivalentes Gesicht: Auf der einen Seite vollzieht sich eine Befreiung aus schicksalhaft und religiös vorgegebenen Zwängen, neue Möglichkeiten legitimer, individueller Lebensgestaltung werden eröffnet und die Chancen zur reflexiven Verfügbarkeit kultureller Traditionen steigen. Auf der anderen Seite kommt es zu starken Verlusten an identitätssichernden Orientierungen und Bindungen. Aus der sich ermöglichenden individuellen Freiheit droht eine den einzelnen überfordende 'Modernisierungsfalle' (Wahl 1989) zu werden. Im Fall der Überforderung tritt dann an die Stelle traditioneller Kultur- und Identitätsmuster leicht die unreflektierte Übernahme industriekulturell vorfabrizierter Schablonen von Individualität oder auch die Flucht in die Zwänge fundamentalistischer Gewißheiten (Gabriel 1992:134; Honneth 1991:172; Schulze 1992).

Die Freisetzung aus traditionalen Vergemeinschaftungsformen führt zu Plausibilitätsverlusten sowohl der Sozialbeziehungen als auch der sie legitimierenden religiösen Deutungsmuster. Daraus resultiert eine zunehmende Problematisierung von Tradition und Religion. Zugleich wirft die Auflösung selbstverständlicher religiöser Weltdeutung den einzelnen stärker auf seine Biographie zurück und zwingt ihn zu einem Mindestmaß an Reflexion. Es wird die Aufgabe des einzelnen, eine je eigene Biographie zu entwerfen und zu realisieren.

In dem Maße aber, wie sich die Individuierungschancen erhöhen, nimmt auch der individuelle Problemdruck zu - zumindest bei jenen Entscheidungen, die *nicht mit Hilfe der Wissenschaft* entschieden werden können und für die andererseits *Traditionen obsolet* geworden sind. Dazu zählen letztlich alle auf Wertentscheidungen zurückgehenden lebenspraktischen Entscheidungen (Oevermann 1988:243).

Diese Steigerung des Problemdrucks gilt in verschärftem Maße für die Jugendphase.

Autonomie ist unwiderrufliches Merkmal der Moderne und strukturell vorgegeben. Jugendliche haben aufgrund veränderter Lebensbedingungen heute höhere Chancen zur Entfaltung von Autonomie. Zugleich ist diese Autonomie in hohem Maße gefährdet, sofern der Zwang zum autonomen Handeln die Jugendlichen in ihrer Lebenswelt überfordert. Eine weitere Konsequenz der strukturell vorgesehenen Entscheidungsoffenheit und individuell zugemuteten Autonomie des Entscheidens ist ein massiver Kontrollverlust religiöser Institutionen und bisher plausibler Deutungsmuster der Welterklärung. Religion gerät in dieser Situation in die merkwürdige Rolle eines Postulats und Desiderats. Sie wird einerseits als notwendiger denn je gefordert. Dem steht auf der anderen Seite eine Marginalisierung der tatsächlich existierenden Religion gegenüber (Gabriel 1992:133).

4.1. Simulativ-instrumentelle Modi der Aneignung von Sinn

In dieser Situation der paradox sich verschärfenden Gleichzeitigkeit von gesteigerter Individuierung und Entscheidungsfreiheit einerseits und gesteigertem Entscheidungs- und Problemdruck andererseits, hat die Religion Antworten auf lebenspraktische Fragen und Probleme zu geben. Wenn allerdings das dialektische Verhältnis von Individuum und Gesellschaft aus den Fugen gerät, kann es sein, daß Menschen nicht mehr zu einer autonomen Lebensgestaltung in der Lage sind. In dieser Situation kann es zu zwei strukturell gleichsinnigen - regressiven - Lösungsversuchen kommen, die empirisch auch miteinander kombiniert vorkommen.

1. In der einen Variante versucht man, sich vom Individuierungs- und Problemdruck durch eine Rückkehr zu tradierten religiösen Weltbildern zu entlasten. Dabei werden solche Weltbilder bevorzugt, die den Glauben an zyklisch-magische Wiederholung implizieren.

2. In der anderen Variante sucht man Entlastung durch die unvermittelte Ausrichtung der eigenen Lebensführung an wissenschaftlichen Erkenntnissen. Es findet eine Art Selbst-Subsumtion unter die Geltung theoretischer Sätze der Wissenschaften statt, wobei den Wissenschaften 'praktische Relevanz' im Sinne der direkten Anwendbarkeit auf die Ausgestaltung eines moralisch-ethisch besseren Lebens unterstellt wird. Wertentscheidungen werden hier letztlich subsumtionslogisch mit wissenschaftlichen Mitteln getroffen (Oevermann 1988).

Bezogen auf die Lösung der Adoleszenzkrise ermöglichen es solche Formen der *simulativ-instrumentellen Aneignung von Sinn* den Jugendlichen zwar, das Strukturdilemma der Adoleszenz auch unter den Bedingungen fortgeschrittener Modernisierung zu bearbeiten. Dies geschieht jedoch unter weitgehender Opferung von Lebenspraxis und unter Ausblendung gesellschaftlicher Belange und sozialen Engagements. Religion wird dann nicht mehr als Sinnstiftungsinstanz betrachtet, die Antworten anbietet auf anstehende lebenspraktische Entscheidungen. Sondern sie wird instrumentalisiert zum Zweck bloßer Selbststabilisierung. Die reale Lebenspraxis wird jedoch faktisch nicht tangiert, geschweige denn verändert. Eine Veränderung spielt sich allein im Bewußtsein der Betroffenen ab. Man kann sich diesen Prozeß auch vorstellen als gedanklich vollzogene Assimilation der Umwelt an die richtige 'Gesinnung'.

Von einer "Verweigerung von Lebenspraxis" kann hier insofern gesprochen werden, als der auf der Handlungsebene geforderte Entscheidungszwang aufgehoben wird durch die Reduktion der prinzipiell noch offenen Handlungsoptionen auf Bekanntes, das entweder durch die wissenschaftliche Theorie oder durch die Wiederkehr des Bekannten im zyklisch bestimmten religiösen Weltbild abgedeckt erscheint. Die offene Welt wendet sich so zu einer in sich geschlossenen, innerhalb derer jedoch wieder alles möglich und selbstbestimmt steuer- und regelbar erscheint. Die Austauschbeziehungen zur umgebenden Gesellschaft werden auf ein Minimum eingeschränkt, so daß gerade aufgrund des fehlenden lebenspraktischen Tests dieser Lebensweise die quasi-wissenschaftliche Begründungsbasis aufrechterhalten werden kann.

Die als temporäre Interimsphase angelegte externe Plazierung der Adoleszenzphase wird so in einen Dauerzustand eingefroren. Der Rückzug in ein holistisches System wird bezahlt mit dem Verlust der in der Lebenspraxis liegenden Chancen zum autonomen Handeln (Schöll 1992).

4.2. Reflexive Modi der Aneignung von Sinn

Der simulativ-instrumentelle Modus stellt nicht die einzige Möglichkeit dar, auf forcierte Modernisierungsschübe und die sie begleitenden Krisen zu reagieren. Dabei stellt sich generell die Frage, wie so etwas wie ein fragiler gesellschaftlicher Zusammenhang als Folie für die zu leistende Integration der Adoleszenten in eine Erwachsenenexistenz hergestellt werden kann. Ein solcher Zusammenhang wäre vielleicht besser als lose verknüpftes Netzwerk zu charakterisieren, mit zahlreichen Möglichkeiten der eigenen Anknüpfung und Inszenierung. Er geht hervor aus einer Vielzahl partieller und singulärer Integrationsakte, die als ambivalente Mechanismen der Verbindung und Zerstreuung wirken. Diese partiellen Integrationsakte sind jedoch nicht beliebig. Sie müssen a) in Aushandlungsprozessen mit anderen Individuen und Gruppen abgestimmt werden und b) sinnvolle Anschlüsse herstellen an Handlungsoptionen in einem pluralen Handlungsfeld mit unterschiedlichen Rationalitätssystemen. Das bedeutet, daß Entscheidungen für konkrete Handlungsoptionen und deren Begründungen weder solipsistisch-individuell getroffen werden können, noch verpflichtende Vorgaben mit einer klaren Bedeutungshierarchie den Individuen die Entscheidungen für konkrete Handlungsoptionen oder für die Entwicklung längerfristiger Lebensperspektiven abnehmen können. Es kommt vielmehr zu *partiellen Integrationsakten* insofern, als diese weder ein bloßer Reflex des Allgemeinen noch bloße Kontingenz des Individuellen sind, sondern es eine Stimmigkeit der Beziehung zwischen konkreten Entscheidungen und objektiv möglichen Handlungsoptionen gibt, die sich weder aus allgemeinen Begriffen (Bude 1991:116f) noch aus den normativen Vorgegebenheiten traditioneller Religiosität ableiten lassen.

Die 'Logik der Aneignung' von religiösen Deutungen, die die Beziehung von Individuum und Gesellschaft betreffen, hat sich grundlegend gewandelt. Deren Funktion für Integrationsleistungen der zuletzt beschriebenen Art möchte ich nun anhand einiger Sequenzen aus einem Interview mit einer 18-jährigen Abiturientin darstellen. Thematisch geht es in den Sequenzen um Gottesvorstellungen und um die Einstellung zum Okkultismus indirekt auch um die Frage, wie Werturteile entschieden werden.[1]

Typisch für die Phase im Lebenslauf, die hier zur Diskussion steht, ist die biographisch offene Situation, in der Jugendliche sowohl Dinge aufgreifen, die für sie neu sind - sie müssen Perspektiven für die weitere Lebensplanung entwickeln - als auch ein konventionelles Repertoire nutzen können, um lebenspraktische Entscheidungen zu treffen. Diese Situation ist daher geeignet, die Emergenz von Strukturierungsregeln besonders deutlich werden zu lassen.

4.2.1. Glaube an Gott?

I: Hältst du dich für jemanden, der glaubt?
C: Nö, auch nicht. Und das, also ich glaub' immer nur wenn's mir schlecht geht, irgendwie. - lacht - ...Das find ich immer so schrecklich, wenn ich irgendwie, wenn ich mich nicht gut fühle oder irgendein Problem habe oder

so, dann plötzlich denke, ja jetzt muß du wohl beten oder so, dann, dann tu ich das, und dann fühl' ich mich danach so dermaßen beschissen, weil ich dann immer denke, so jetzt geht's mir schlecht und so, jetzt betest du und wenn's dir dann, in 'n paar Tagen ist wieder alles in Ordnung, dann ist, dann ist dir das wieder alles egal, oder so, weiß nicht, hab ich immer so das Gefühl, da wär dann alles immer so link von mir. Ich mein, wenn da jetzt jemand ist, ne, dann muß der sich doch total verarscht fühlen.
I: Wenn du kommst, wenn's dir dreckig geht?
C: Ja, eben.
I: Ich glaub', das ist natürlich so, das ist auch, das ist so.

Clara stellt fest, daß sie nicht glaubt. Dann fügt sie hinzu, daß sie nur glaubt, wenn es ihr schlecht geht. Das wiederum findet sie schrecklich. Denn nach ihrem Verständnis ist es unehrlich und "link", nur dann jemanden zu benutzen, wenn man seine Hilfe braucht. Diesen Sachverhalt reflektiert sie aus der Perspektive des Anderen. Die Analyse ist kurz und prägnant: Der Andere fühlt sich "*verarscht*". Nehmen wir an, daß Clara nicht an den Gott glaubt, zu dem sie in schwierigen Zeiten betet, dann würde sie über die "Verarschung" des Gottes eine "Selbstverarschung" initiieren. Beide Verhaltensfolgerungen sind für Clara unzulänglich. In dieser Weise möchte sie weder mit sich selbst, noch mit ihren Freunden, noch mit anderen Menschen umgehen. Clara reflektiert das Phänomen ihres ungewollten Betens auf dem Hintergrund ihres Verständnisses von sozialen Beziehungen. Diese beanspruchen eine gewisse Verbindlichkeit, sind nicht einfach austauschbar. Man kann seine Freunde nicht nach Lust und Laune benutzen, auch dann nicht, wenn es einem "*dreckig*" geht. Es ist zwar wichtig Freunde zu haben, die einen in belastenden Lebenslagen "trösten", man darf sie aber nicht zu reinen "Trösterfiguren" instrumentalisieren. Dieses Verständnis von Freundschaft legt sie an ihre intentional nicht gewollte Beziehung zu Gott an, den sie - so ihre Sichtweise - als "Trösterfigur" mißbraucht.

Indem sie dieses Verständnis als Maßstab für die Beurteilung der für sie befremdlichen Beziehung zu Gott anlegt, kann sie sich zumindest vorstellen, daß man eine Gottesvorstellung aufbauen kann, die "Gott als Freund" betrachtet. Nur kann man - wie gesagt - so mit einem Freund nicht umgehen. Clara wird, obwohl sie sich dagegen wehrt, nahezu unter Zwang in eine latent religiöse Haltung hineingetrieben: *"jetzt mußt du wohl beten oder so, dann, dann tu ich das."* Aus dieser Perspektive betrachtet sie ihre Beziehung zu Gott auf der Folie einer Freundschaftsbeziehung. Sie verspricht sich Hilfe von Gott in problematischen Situationen wie bei einem Freund, nur ist diese Beziehung in der Alltagspraxis noch unzureichend ausgestaltet.

In dem Interviewtext sind zwei Gottesvorstellungen enthalten, "Gott in der Figur des Trösters", die Clara überwinden will und "Gott als Freund" mit der ihr impliziten latenten religiösen Hoffnung. Clara steht vor einer klassischen Entscheidungssituation: Entweder hofft sie auch in Zukunft auf die Hilfe dieses Gottes. Dann müßte sie die Existenz Gottes anerkennen und die Beziehung mit den entsprechenden Verbindlichkeiten ausgestalten. Oder aber sie verabschiedet sich völlig von diesem Gott, kann dann aber auch in schwierigen Situationen die erhoffte Hilfe nicht mehr in Anspruch nehmen.

Den Hinweis der Interviewerin, daß es sich doch um eine völlig "natürliche" Reaktion handle, läßt Clara nicht gelten, sondern faßt ihr Dilemma in der nächsten Sequenz so zusammen:

C: Ja, das ist ja auch so, ich mein, ne, manchmal würd' ich wohl ganz gerne irgendwas glauben, aber irgendwie kann ich's nicht.

Was drückt Clara damit aus? Die Sehnsucht nach einem Glauben ist existent, ebenso ein Hemmschuh, der quer zu dieser Sehnsucht nach einem Glauben liegt und seine Entfaltung verhindert. Sowohl die Sehnsucht (*"irgendwas"*) als auch der quer dazu liegende Hemmschuh (*"irgendwie"*) ermöglichen Clara nur einen diffusen Zugang zu einem diffusen Glauben. Das einzig Sichere für sie ist, daß beide Seiten in ihrer Diffusität existent sind. Diese widersprüchliche Einheit kann und will sie nicht zugunsten einer der beiden Seiten auflösen.

Normalerweise würde man nun bei der Interpretation des Textes zu dem Schluß kommen, daß Clara eine indifferente Haltung zu Glaubensfragen einnimmt, weil sie sich nicht für die eine oder andere Alternative entscheidet. Doch Clara steht Glaubensfragen nicht gleichgültig gegenüber, sie beantwortet diese nur anders als von der Religion gefordert wird, als es ihr im Religionsunterricht und in der Kirchengemeinde vermittelt wurde.

Claras Entscheidung, sich nicht für oder gegen eine bestimmte Glaubensposition zu entscheiden, gewinnt für ihr lebenspraktisches Handeln eine eigene Qualität. Denn indem sie die definitive Entscheidung offen und in der Schwebe hält, hält sie sich auch die Sehnsucht nach dem "ganz Anderen" als treibendes Motiv für die Möglichkeit zu einem gelungenen Leben offen. Zugleich bleibt ihr aber auch die Einsicht, die sich am Zweifel an dieser Sehnsucht reibt, nämlich daß das Leben in eigener Verantwortung und Regie gestaltet werden muß, ohne auf normative Vorgaben irgendeiner Religion oder eines sich offenbarenden Gottes zurückzugreifen. Dieser Zwang zu einer Lebensführung in autonomer Regie schließt allerdings das Scheitern an diesem Leben nicht aus. Gerade unter den Bedingungen eines Zwangs zur Autonomie muß die Hoffnung aufrechterhalten werden, daß dieses Leben unter dem erhöhten Risiko des Scheiterns gelingen kann.

An anderer Stelle im Interview macht Clara deutlich, wie sie sich Hoffnung in der Art einer "schwebenden Offenheit" bewahrt:

I: Du sagst, hältst dich, meinst nicht, daß du ein gläubiger Mensch bist oder daß du an Gott glaubst, das meinst du nicht von dir?
C: Also mehr als andere. Also ich kenn' viele Leute, ...also ich würd' nicht sagen, daß ich nicht an Gott glaube, so, aber ich gehör' nicht zu den Menschen, die von vornherein sagen: Ist alles Quatsch, bestimmt nicht. Also das ist so, solche Leute können mich von vornherein aufregen, das find' ich schrecklich, wenn solche Leute das so sagen, weil der weiß doch genauso wenig, ob es vielleicht nicht doch ist, ich mein, das kann man auch nicht wissen. Also ich fänd's ganz schön, wenn es stimmen würde.

Den inneren Kontext des Interviews rekapitulierend muß die Interviewerin den Eindruck erhalten haben, daß Clara nicht an einen Gott glaubt.

Anstatt wie erwartet diese Frage zu bestätigen, beantwortet Clara sie graduell. Auf der Linie zwischen Glaube und Unglaube siedelt sie sich näher am Pol des Glaubens an als am entgegengesetzten des Unglaubens. Dies ist um so erstaunlicher, wenn man bedenkt, daß sie Kontingenzprobleme an anderer Stelle des Interviews ohne religiös motivierte Interventionen bewältigt. Plausibler wird die Aussage hingegen, wenn man sich an die Struktur des protestantischen Zweifels mit der ihr impliziten religiösen Sehnsucht erinnert. An dieser Struktur orientiert sich auch die nun folgende Argumentationsfigur. Nach einer doppelten Negation bleibt ein Rest an positivem Glauben, der jedoch nicht positivistisch benannt, sondern nur in der Negation tradiert werden kann. Dieser in einen agnostischen Kontext eingebettete negativ tradierte Rest eines Glaubens ist größer als bei anderen. Damit macht sie eine äußerst komplexe und in Nuancen differenzierende Unterscheidung zu anderen Glaubenspositionen, die man grob als konventionelle und fundamentalistische umschreiben könnte. Clara verneint zwar, daß sie *nicht* an Gott glaubt, ein positives Glaubensbekenntnis, das Glaubens*gewißheit* simuliert, läßt sie aber unausgesprochen. Glaube ist für Clara ein "offenes System", das sich quer stellt zu dem vorab definierten "Für-wahr-halten" von Glaubensaussagen. In dieser Art der Negation wird für Clara prinzipiell eine sich sukzessive verstärkende Zustimmung zu einem Glauben an Gott möglich. Diese Struktur impliziert - auf der anderen Seite des Pols - eine ebenso entschiedene Ablehnung der "Ablehner jeglichen Glaubens". Ein positiv-sicheres Wissen, das die "Ablehner" für sich beanspruchen, ist ebenso wenig haltbar wie die vermeintliche Glaubenssicherheit der Fundamentalisten. Die in der Negation bewahrte Position des Glaubens hat mit beidem nichts gemeinsam, sondern beansprucht eine eigene, lebenspraktisch bedeutsame Qualität.

Es entspricht der sozialen Logik dieser Struktur, daß im unmittelbaren Anschluß das Moment der Sehnsucht thematisiert wird. Sehnsucht basiert auf Erfahrungen der Vergangenheit, impliziert aber zugleich in doppelter Weise eine offene Struktur: Sie ist auf Zukunft hin angelegt und damit nicht direkt verfügbar; und sie gibt zwar die Gestalt einer erwünschten, in sich konsistenten und damit für den aktuellen Lebensbezug bedeutsamen Wirklichkeit zu erkennen, deren tatsächliche Realisierungschancen bleiben jedoch prinzipiell offen. Auf diese Weise spiegelt die religiöse Sehnsucht die Normativität von Lebenspraxis in Bezug auf eine intendierte soziale Praxis, die perspektivisch bewertet und damit in einen Sinnzusammenhang eingebettet wird, der aufgrund der ihm impliziten Struktur jedoch immer offen bleiben muß.

Auf der Folie dieser Rekonstruktion stellt sich das Glaubensverständnis von Clara folgendermaßen dar: Clara lehnt am Glauben nicht die prinzipiell unmögliche Beweisbarkeit der Existenz des Glaubensobjekts ab, vielmehr gehört diese selbst zu den Voraussetzungen ihrer in der Negation sich erst ermöglichenden Glaubensstruktur. Sie lehnt vielmehr mittels intuitiver Angemessenheitsurteile jene religiösen Deutungsmuster und Praktiken ab, die ihrer sozialen Praxis abträglich erscheinen.

4.2.2. Erfahrungen mit okkulter Religiosität

Diese Gestalt des religiösen Deutungsmusters ermöglicht es Clara, sich von religiösen Zumutungen, die ihre Autonomie und ihren sozialen Bezug gefährden, abzugrenzen:

I: Hast du mal, also das gibt's seit ein paar Jahren, so alles was unter dem Stichwort New Age läuft, auch unter Jugendlichen viel praktiziert, religiöse Bedürfnisse, die sich daran artikulieren, die aber, also mit Christlichkeit nichts zu tun haben, sondern viel stärker mit Glauben an Jenseitiges, an Leben nach dem Tode, an Okkultismus oder so, hast du da mal was mit zu tun gehabt? Kennst du da Leute?
C: Also, ich hab da entfernt von gehört. Ich kenn' Leute, die das machen, ehm, hab' da aber auch nur Gerüchte drüber gehört, also ich kann nicht sagen, ob das jetzt stimmt, was darüber erzählt wurde von anderen wiederum über die. Ich hab' da selbst nie mit denen geredet, also, also es gibt da so Geschichten, daß die da wer weiß welche Sterbenden raufbeschwören oder so, ne. Und ich weiß also von einem Mädchen, daß die, irgendwie muß irgendwo so ein Glas umgedreht auf dem Tisch stehen bleiben und wenn das, und dann hat einer das richtig rum hingestellt, ihre Mutter, glaub' ich, ist da ins Zimmer gekommen und die saß da so, so richtig rum hingestellt, und da ist die völlig hysterisch ausgetickt. Der Geist kommt raus und so, weißt du, durch die Öffnung oder so, und ist wirklich total ausgetickt davon. Ich weiß, ich weiß nicht, ob das stimmt, aber wurde halt so erzählt, wie da völlig, hat richtige Angst gehabt, also völlig hysterische Angst gehabt vor diesem Geist, der da angeblich rauskommen sollte.

Als erstes verweist Clara auf die Ebene ihres Zugangs. "Entfernt von gehört" besagt, daß sie mit dieser Art von Religiosität keine konkreten eigenen Erfahrungen hatte. Im nächsten Satz benennt sie zwar Personen, die entsprechende Rituale praktizieren, doch wird Distanz zu ihnen dadurch hergestellt, daß sie nur über "Gerüchte" informiert ist und deshalb über den Wahrheitsgehalt der Aussagen kein abschließendes Urteil abgeben kann.

Nun folgt eine Geschichte von einem Mädchen, das sich "*irgendwie*" und "*irgendwas*" - hier wird wieder der Eindruck der Unbestimmtheit vermittelt - mit Gläserrücken und spiritistischer Magie beschäftigt. Als ausgerechnet die Mutter die Sitzung stört und die verqueren Verhältnisse auf die Füße stellt (das auf dem Kopf stehende Glas richtig herum stellt), bekommt das Mädchen einen hysterischen Angstanfall, da nun der "Geist" aus dem Glas entwichen sei.

Erkennbar wird in der Schilderung Claras die zyklische Zeitvorstellung, von der das Mädchen ausgeht, eine Vorstellung, die jeden linearen 'Fortschritt' unterbindet. Deshalb muß der "Geist" in seinem Glas gefangen gehalten werden. Erst aufgrund dieser Regel, die peinlich genau eingehalten werden muß, kann man mittels magischer Rituale versuchen, den "Geist" zu beherrschen und für eigene Zwecke dienstbar zu machen.

Magie erfordert eine rigide Anwendung von Regeln, die vorab von einer unabhängigen Macht festgelegt wurden. Freiheitsspielräume sind nicht enthalten, Variation und Veränderung der Regeln sind nicht erlaubt. Denn der kleinste Fehler könnte das größtmöglichste Chaos, das in diesem Weltbild vorstellbar ist, produzieren. Ein Öffnen des Glases würde den "Geist" befreien. Seine befreite Macht könnte vom Individuum - das keine autonome Kompetenz vorweisen kann, diese vielmehr über instrumentelle Interaktionen vom gefangenen "Geist" geliehen hat - nicht mehr gesteuert werden, es würde vielmehr von jetzt an auf 'ewige Zeiten' vom "Geist" beherrscht werden. Der wiederkehrende Zyklus der Regeneration des Individuums durch Anzapfen der gefesselten Kräfte des Geistes würde an sein Ende gelangen, was zugleich das Ende des Individuums bedeuten würde. So lebt das Mädchen in der ständigen Angst, Gefangener seiner "Geister" zu werden.

Zweimal betont Clara, daß das Glas *"richtig rum hingestellt"* wurde. Daran wird deutlich, daß sie von einer Realität ausgeht, die auf den "Füßen" steht, daß sie den Beschwörungsversuchen also keinen Wirklichkeitsbezug und -gehalt abgewinnen kann, und daß sie weiter die Vorstellung befremdlich findet, Angst vor einem imaginären Geist in einem umgestülpten Glas zu haben. Clara hat nichts gemeinsam mit der magischen Vorstellung, man müsse ein Objekt gefangen halten, um es zu beherrschen und für eigene Zwecke dienstbar zu machen. Sie kann nur schwer nachvollziehen, wie man aufgrund eines magischen Weltbildes natürliche Funktionen derart 'auf den Kopf stellen' kann, daß daraus die besagte hysterische Angst resultiert. Dieses binäre Spiel würde ihrer eigenen, auf den Anderen bezogenen, autonomen Handlungskompetenz zuwider laufen.

Clara charakterisiert in einer späteren (hier nicht dokumentierten) Sequenz Mitschüler, die sich mit okkulten Phänomenen beschäftigen, als "Haufen". Ein Haufen geht auf in einer undefinierbaren, die Einzigartigkeit verleugnenden amorphen Masse und ist das Gegenteil einer individuierten Gestalt. Zukunftsperspektiven und Entwicklungsmöglichkeiten sind dem "Haufen" verwehrt. Folgerichtig unterstellt sie diesen Mitschülern eine depressive Lebenseinstellung: ein "Anti-Leben".

Clara lehnt okkulte Praktiken aber auch nicht aus apologetischen Gründen, etwa aufgrund der Vorgaben christlicher Dogmen und Grundüberzeugungen ab. Sonst könnte sie - wie sie es später tut - keine Sympathie für ein anderes Mädchen entwickeln, das sich mit skeptischer Intention auf okkulte Praktiken eingelassen hat, gewissermaßen zu Zwecken eines instrumentell-interaktiven Spaßes. Vielmehr ist Clara für die autonome Gestaltung ihrer Lebenspraxis auf keinen "Geist im Wasserglas" und dessen Beschwörungen angewiesen. Ihr abschließendes Urteil ist klar und deutlich: *"Aber mehr weiß ich darüber auch nicht. Find ich auch ziemlich affig und albern."*

5. Zusammenfassung

In beiden hier dokumentierten Sequenzen werden in religiösen Fragen Werturteile gefällt, die sich nicht aus normativen Vorgaben, etwa aus Weltbildern oder moralischen Anweisungen einer Religion, ableiten lassen, sondern deren Bezugspunkt eine Vorstellung von angemessenem lebenspraktischem Handeln ist, das über eine reflexive Auseinandersetzung mit der Situation selbst gewonnen wird. Claras Entscheidung für die in der Schwebe gehaltene Gottesvorstellung und die entschiedene Ablehnung von okkulten Praktiken speisen sich aus einer Vorstellung von der Strukturiertheit sozialen Handelns, die am deutlichsten in ihrer Konzeption von Freundschaftsbeziehungen und der Gestaltung dieser Beziehungen zum Ausdruck kommt. Vermutlich hätte sie gegen okkulte Praktiken dann keine Vorbehalte, wenn diese mit einer sozial und autonom gestalteten Praxis in Einklang zu bringen wären. Referenzpunkt für die Beurteilung der Angemessenheit religiöser Deutungsmuster ist hier eine individuierte soziale Gestalt von lebenspraktischem Handeln.

Betrachtet man diesen Modus der Aneignung von Sinn im Vergleich zu der Strukturlogik, wie sie für die "protestantische Persönlichkeit" herausgearbeitet wurde, so wird deutlich, daß die dort geltende *Einheitsvorstellung* zugunsten einer *Sinnperspektive* abgelöst wird, die sich primär an den 'Gegebenheiten' der von Clara lebenspraktisch gestalteten Situationen orientiert. Im Unterschied zum 'traditionellen' Protestanten weitet Clara den auch ihrem Handeln impliziten Zweifel von der Ebene eines christlich bestimmten Lebensführungskonzeptes auf die Ebene des 'Glaubenssystems' selbst aus: Mit der Struktur der 'schwebenden Offenheit' und ihren Gestaltungsmöglichkeiten kann sie sich von normativen Vorgaben des christlichen Glaubens distanzieren, ohne sich von der impliziten Logik dieses Glaubenssystems gänzlich zu verabschieden. Man könnte sagen, daß sich hier der dem christlich(-protestantischen) Glauben konstitutiv inhärente Zweifel graduell verstärkt hat und nun auch das Proprium dieses Glaubenssystems erfaßt.

Es wurde bereits darauf verwiesen, daß in der sich modernisierenden Moderne eine sich an normativen Vorgaben orientierende Lebensführung erodieren muß, sofern die Individuen am Postulat einer autonomen, sozial bezogenen Lebensführung festhalten wollen. Gleichzeitig besteht jedoch aufgrund dieser strukturell bedingten Autonomie die Notwendigkeit, jenes 'Prinzip der Hoffnung' zu retten, das in besonderem Maße in der christlichen Religion verankert ist. Denn gerade in der Adoleszenz und Postadoleszenz müssen Perspektiven entwickelt werden, die es dem Individuum erst ermöglichen, Anschlußstellen an sinnvolle Handlungsoptionen zu finden, kurz: autonom zu handeln und mit sich und seiner Welt identisch zu bleiben. Die Struktur der von Clara antizipierten religiösen Deutungsmuster gehen insofern ein Passungsverhältnis ein mit den komplexer gewordenen lebenspraktischen Anforderungen. Dabei bleibt es eine offene Frage, ob die mit christlichen Vorstellungen korrespondierenden Deutungen für ihr Lebenskonzept direkte Voraussetzung sind oder - dafür spricht mehr - ob die christlichen Deutungsmuster in die Struktur sozialen Handelns und in individuelle Sinnstrukturen als Legitimationsmuster integriert werden. Auf jeden Fall dienen christliche Deutungen der Wirklichkeit als 'Reflexionsmaterial', um lebenspraktische Entscheidungen vorzubereiten und zu reflektieren. Diese Vermutung wird durch andere hier nicht dokumentierte Sequenzen in der Fallanalyse bestärkt (Fischer/Schöll 1994).

Indem Clara die Existenz Gottes weder positiv bejaht, noch negativ aus der eigenen Lebenspraxis ausgrenzt, bleibt ihr potentiell die Möglichkeit einer die Lebenspraxis transzendierenden Wirklichkeit erhalten. Sie erreicht, was als konstitutives Strukturmoment für autonomes, sozial bezogenes Handeln in der Moderne erscheint: Lebenspraktisches Handeln wird auf diese Weise offen und die religiös besetzten Sinndeutungen der Lebenspraxis in der 'Schwebe' gehalten.

Indem Clara offen ist für eine inhaltlich nicht zu bestimmende Hoffnung, vor deren Hintergrund sie sehr wohl Entscheidungen trifft, wird für sie Religiosität praktisch, d.h. lebenspraktisch bedeutsam, wenn auch nicht unter dem Dach einer institutionell verwalteten Religion. Diesen Modus der Aneignung von Sinn kann man als *okkasionell* bezeichnen, weil er zwar latent für lebenspraktische Entscheidungen zur Verfügung steht, jedoch intentional erst bei Bedarf aktiviert wird.

Im Modus der *okkasionell-reflexiven Aneignung von Sinn* ist in einer pluralisierten und individualisierten Situation mindestens zweierlei unhintergehbar: a) Die Konstruktion von Lebenssinn ist nicht an Dritte delegierbar - dadurch unterscheidet er sich vom Modus der traditionellen Aneignung von Sinn und b) Lebenssinn läßt sich nur gewinnen in Auseinandersetzung mit konkreten lebenspraktischen Bezügen - dadurch unterscheidet er sich vom Modus der simulativ-instrumentellen Aneignung.

Das Strickmuster dieser Sinnstiftung ist auf Hoffnung hin entworfen und schmiegt sich den Erfordernissen der lebenspraktischen Belange an, die von den Individuen in autonomer Regie zu bewältigen sind. 'Autonom sein' wird in dieser Art der Sinnstiftung weder als individualistische Vereinzelung noch als subjektiver Machtanspruch gedeutet, sondern als situationsbezogene soziale Verbindlichkeit. Die Entscheidungen, die getroffen werden, fließen nicht aus einem beliebigen Referenzrahmen mit prinzipiell unbegrenzten Handlungsmöglichkeiten, sondern der offene Entwurf wird lebenspraktisch begrenzt durch das, was in der Situation als angemessen und sozial verbindlich erscheint.

Anmerkungen

1 Zum folgenden Fischer/Schöll 1994. Die Sequenzanalysen orientieren sich an der objektiven Hermeneutik (Oevermann/Allert/Konau/Krambeck 1979).

Literatur

Beck, Ulrich: Risikogesellschaft. Auf dem Weg in eine andere Moderne, Frankfurt/M. 1986.

Brose, Hanns-Georg/Hildenbrand, Bruno (Hg.), Vom Ende des Individuums zur Individualität ohne Ende, Opladen 1988.

Bude, Heinz: "Auflösung des Sozialen? Die allmähliche Verflüssigung des soziologischen 'Gegenstandes' im Fortgang der soziologischen Theorie" in: St. Müller-Doohm (Hg.): Jenseits der Utopie. Theoriekritik der Gegenwart, Frankfurt/M. 1991, S. 100-122.

Döbert, Rainer: "Sinnstiftung ohne Sinnsysteme" in: W. Fischer (Hg.), Religionssoziologie als Wissenssoziologie, Stuttgart 1978, S. 52-72.

Fischer, Dietlind/Schöll, Albrecht: Lebenspraxis und Religion. Fallstudien zur subjektiven Religiosität von Jugendlichen, Gütersloh 1994.

Gabriel, Karl: Christentum zwischen Tradition und Postmoderne, Freiburg i.Br., Basel, Wien 1992.

Gillis, John R.: Geschichte der Jugend. Tradition und Wandel im Verhältnis der Altersgruppen und Generationen, Weinheim, Basel 1980.

Honneth, Axel: "Pluralisierung und Anerkennung. Zum Selbstmißverständnis postmoderner Sozialtheorien", in: W. Zapf (Hg.): Die Modernisierung moderner Gesellschaften. Verhandlungen des 25. Deutschen Soziologentages in Frankfurt/M., Frankfurt/M. 1991, S. 165-173.

Oevermann, Ulrich /Allert, Tilman /Konau, Elisabeth /Krambeck, Jürgen: "Die Methodologie einer 'objektiven Hermeneutik' und ihre allgemeine forschungslogische Bedeutung in den Sozialwissenschaften", in: H.G. Soeffner: Interpretative Verfahren in den Sozial- und Textwissenschaften, Stuttgart 1979, S.352-434.

Oevermann, Ulrich: "Eine exemplarische Fallrekonstruktion zum Typus versozialwissenschaftlichter Identitätsformation", in: Brose/Hildenbrand 1988, S. 243-286.

Schöll, Albrecht: Zwischen religiöser Revolte und frommer Anpassung. Die Rolle der Religion in der Adoleszenzkrise, Gütersloh 1992.

Schulze, Gerhard: Die Erlebnisgesellschaft. Kultursoziologie der Gegenwart, Frankfurt/M., New York ²1992.

Soeffner, Hans-Georg: "Luther - Der Weg von der Kollektivität des Glaubens zu einem lutherisch-protestantischen Individualitätstypus", In: Brose/Hildenbrand 1988, S. 107-149.

Tenbruck, Friedrich: Jugend und Gesellschaft, Freiburg 1965

Wahl, Klaus: Die Modernisierungsfalle. Gesellschaft, Selbstbewußtsein und Gewalt, Frankfurt/M. 1989.

Welsch, Wolfgang: Unsere postmoderne Moderne. Freiburg i.Br. 1987.

Klaus Hartmann

"Es könnte auch Religion sein..."

Religiöse Orientierungen
in biographischen Konstruktionen von Managern

1. Einleitung

"*Es könnte auch Religion sein...*" - dieses Zitat aus dem Interview mit einem Manager meint nicht, daß der Einzelne heute beliebig aus einer Fülle weltanschaulicher Angebote seine Religion selbst zusammenbastelt. Vielmehr bringt es zum Ausdruck, daß Wahl und Funktion von Religion als kontingent erfahren werden. Das hat zur Konsequenz, daß die Entscheidung für eine bestimmte Religion lebensgeschichtlich zurechenbar wird.

Da aber "Religion" und "Kirche" aufgrund sozialer Differenzierungsprozesse den gesellschaftlichen Gesamtzusammenhang weder zu symbolisieren noch einen Gesamtsinn zu repräsentieren vermögen (Luhmann 1982:225ff.), kann auch das Individuum nicht unproblematisch Sinn und Zweck des eigenen Lebens aus der Religion bestimmen. Vielmehr muß der Einzelne, da es kein die einzelnen Funktionsbereiche und präskriptiven Rollen in verbindlicher Weise übergreifendes Deutungsmuster gibt (Kaufmann 1989: 19-23), in der jeweiligen Biographie erst die Einheit von subjektiver Religiosität und Lebenspraxis herstellen. Die Verknüpfung religiöser und nichtreligiöser Sinnsphären in einem biographischen Muster wird jedoch potentiell zum Problem.

Folgt man der Weberschen Analyse der Moderne, handelt es sich insbesondere bei der beruflichen Orientierung um eine in ihrer Entstehung an religiöse Motive gebundene, doch unter den

Bedingungen des entwickelten Kapitalismus verselbständigte, utilitaristische Orientierung, die im Zuge ihrer Entfaltung die zugrunde liegende religiöse Tradition zerstört (1984:115ff.). Geht man dagegen mit Thomas Luckmann (1991:117ff.) von einer anthropologischen Begründung der Religion aus, so scheint Religion nach wie vor ein Modell für die subjektiv sinnvolle Aussöhnung des Verhaltens in verschiedenen Lebensbereichen zur Verfügung zu stellen, das jedoch mehr und mehr in ein "privates" System letzter Bedeutung verwandelt wird. Niklas Luhmann behauptet aus einer gesellschaftsstrukturellen Perspektive, daß der religiösen Semantik gerade im Spannungsfeld von Individualität und gesellschaftlich verordneter Multiinklusion in mehrere Teilsysteme Bedeutung für die Selbstverortung des Einzelnen in der Gesellschaft zukommen könnte (Luhmann 1989:336ff.; vgl. auch Nassehi in diesem Band).

Ausgehend von diesen Überlegungen geht es im folgenden - am Beispiel von Managern - um die Frage nach dem Zusammenhang von Biographie und Religion, oder spezifischer: es geht um die Funktion religiöser Orientierung in den Biographiekonstruktionen von Managern. Welche religiös motivierte Form von Selbstthematisierung und -beobachtung liegt vor? Welche Struktur liegt der jeweiligen Religiosität zugrunde? In welchem Verhältnis steht sie zur berufsbiographisch aufgebauten Orientierung? Welche Funktion hat die religiöse Orientierung für die gesamte Biographiekonstruktion?

Es soll nun zunächst der Fall eines Managers dargestellt werden, dessen Religiosität kirchlich gebunden ist, und dem eine konventionelle Form der Beobachtung und Kontrolle der eigenen Lebensführung zu eigen ist. Er dient als Kontrast zum zweiten Beispiel der stärker individualisierten Religiosität eines Managers, der in seiner Biographie ostasiatische Spiritualitätsformen rezipiert. Für diese Form der Selbstthematisierung ist das Moment der Selbst-Distanzierung konstitutiv. Anschließend diskutiere ich die Frage, inwieweit die spezifischen religiösen Orientierungen das Prozessieren von Widersprüchen zwischen unterschiedlichen sozialen Sinnsphären befördern oder blockieren.

2. Falldarstellungen

Die beiden Fälle, auf die ich mich im folgenden beziehe, wurden aus Interviews mit zwölf Managern ausgewählt.[1] Als Erhebungsinstrument diente das von Schütze (1976; 1983) konzipierte autobiographisch-narrative Interview, da es in unrestringierter Weise die Sinnproduktion von religiösen und beruflichen Orientierungen zuläßt.[2] Einbezogen in das Untersuchungssample wurden Manager nationaler und multinationaler Konzerne aus den Wirtschaftszweigen Industrie, Handel, Banken und Versicherungen, die folgenreiche Entscheidungen für die Unternehmensentwicklung treffen, aber auch leitende Angestellte der dritten und vierten Führungsebene, die über eine Folge von Routineentscheidungen maßgeblich Einfluß auf die Arbeitsbedingungen nehmen.

Da in der deutschen Wirtschaftselite sich gegenwärtig ein Abschied von der Generation der Kriegsteilnehmer abzeichnet, die als "vorsichtige, aber erfolgreiche junge Männer" (Schelsky 1957:381) an der Erfolgsgeschichte des "Modells Deutschlands" beteiligt waren, wurden insbesondere Angehörige der Generation der zwischen 1938 und 1948 geborenen 'Kriegs- und Nachkriegskinder' befragt. Diese Generation rückt momentan in die Elitepositionen der deutschen Wirtschaft nach. Ihre Kindheit und Jugend war bestimmt von einer allgemeinen gesellschaftlichen Desorganisation und Verwirrung. In den Nachkriegsjahren erlebte sie die Renaissance und Stabilität des kirchlich verfaßten Christentums in der Bundesrepublik. Von dieser Generation wird gegenwärtig ein "New Deal" für die Wirtschaft erwartet. Doch zugleich steht sie im Zuge des ökonomischen Strukturwandels in der Gefahr, mit ihrem althergebrachten Potential an Wissen, Können und Erfahrung selbst Opfer des Wandels zu werden.

Als zweite Gruppe wurde die Generation der zwischen 1957 und 1967 Geborenen gewählt. Es handelt sich hier um eine Nach-68er-Generation, die sich verstärkt mit Prozessen der Enttraditionalisierung, Pluralisierung und Individualisierung der Lebensstile konfrontiert sieht. Heute im Alter von 26 bis 36 Jahren, haben sie erste Berufserfahrungen gesammelt und Karriereschritte eingeleitet. Als die "Wirtschaftsjunioren Deutschlands" sind sie die Hoffnungsträger im gegenwärtig sich vollziehenden ökonomischen Strukturwandel. Gleichwohl sind auch sie aufgrund hoher Beschleunigungswerte im Lernen und Verlernen, des alltäglichen Tempos und des permanenten Veränderungsgeschehens einem starken Leistungs- und Erwartungsdruck und in ihrer Karriereplanung erhöhtem Risiko ausgesetzt.

Die beiden Manager, deren biographische Porträts hier nun exemplarisch skizziert werden, arbeiten im Management zweier großer Unternehmen in Z-Stadt, einer Großstadt in einem industriellen Ballungszentrum der Bundesrepublik. Der eine, Heinrich Dörner[3], ist zur Zeit des Interviews 52 Jahre alt. Er kommt aus der Gruppe der Gestalter des "New Deal". Der andere, Daniel Fabien, ist 34 Jahre alt und gehört zur Gruppe der "jungen Hoffnungsträger". Dörner entstammt einer Juristenfamilie. Er wuchs auf dem Land in einem evangelikal-lutherisch geprägten Milieu auf. Fabien wurde in Frankreich geboren und kommt aus einer Arbeiterfamilie. Er wurde antiklerikal erzogen und verbrachte seine Kindheit in einer Trabantenstadt an der Peripherie einer Großstadt. Auch die Berufsbiographien der beiden Manager unterscheiden sich. Dörner studierte Jura und Betriebswirtschaftslehre. Heute, am Zenit seiner beruflichen Karriere angelangt, hat er die Stellung eines Direktors in der Zentrale der XY-Bank inne und trägt Führungsverantwortung für etwa 10.000 Mitarbeiter in über 130 Filialen der Bank. Fabien studierte Elektrotechnik. Gegenwärtig, nachdem er die ersten Stufen auf der Karriereleiter erklommen hat, ist er bei einem großen Elektrokonzern für die Erschließung außereuropäischer Märkte verantwortlich. Beide integrieren eine Form gelebter Religiosität in ihren Alltag. Dörner bezeichnet sich als gläubigen, evangelisch-lutherischen Christen. Er liest in der Bibel, betet und geht regelmäßig zum Sonntagsgottesdienst. Fabien praktiziert jeden Tag morgens und abends eine Stunde Hatha-Yoga und Meditationsübungen, liest in der Bhagavadgita und läßt sich unter der spirituellen Leitung von Sri Swami Rama, einem indischen Meister des Yoga, zum Yogalehrer ausbilden.

Heinrich Dörner und Daniel Fabien sind Manager unterschiedlicher Generationen und sozialer Herkunft, mit unterschiedlichem beruflichen Werdegang, die zwei gegensätzliche religiöse Lebenswege verkörpern. Auf den ersten Blick repräsentieren sie zwei Pole von Religiosität: eine eher traditionelle Form christlicher Religiosität - "Kirchlichkeit" - für die ein konfessionell geprägtes Milieu und eine hohe institutionelle Bindung kennzeichnend ist; und eine eher moderne Form 'individualisierter' Religiosität, die ansatzweise mit der Figur des "Bricoleurs" in Verbindung gebracht werden kann, der sich auf unterschiedliche, über den christlichen Kontext hinausgehende religiöse Traditionen bezieht. Beide Fälle sollen jedoch nicht nur anhand äußerer Indikatoren wie Stadt-Land-Differenz, Alter oder soziale Mobilität, oder anhand der praktizierten religiösen Rituale und religiösen Inhalte der jeweiligen Glaubensrichtung in den Blick genommen werden. Die interpretative Perspektive, die in der Analyse eingenommen werden soll, will vielmehr den tragenden Sinnzusammenhang, der den einzelnen Biographiekonstruktionen zu Grunde liegt, entschlüsseln und jene Sinnstruktur aufzeigen, aus der erst die Funktion der jeweils praktizierten Form von Religiosität für die Biographie verständlich wird.

Die beiden Fallrekonstruktionen basieren auf dem von Ulrich Oevermann u.a. (1979; 1993) eingeführten und methodologisch begründeten Verfahren der sequentiellen Feinanalyse.[4] Dabei unterscheide ich bei der Rekonstruktion der Biographiekonstruktion analytisch zwischen einem religiösen und einem berufsbiographischen Orientierungsmuster. Unter einem religiösen Orientierungsmuster verstehe ich die sinnlogische Verknüpfung der einer jeden religiösen Lebenspraxis inhärenten kognitiven, moralisch-praktischen und symbolisch-expressiven Bezüge zur Welt.[5] Davon analytisch unterscheiden läßt sich die berufsbiographisch aufgebaute Orientierung, die die Erzeugung und Formierung von beruflichen Interessen, Erfahrungen, Selbstdeutungen und Handlungsentscheidungen des Einzelnen steuert (vgl. Giegel u.a. 1988:338ff.). An beiden Orientierungen, über die sich ein direkter Zugang zu den Strukturen von Subjektivität finden läßt, zeigt sich das Spezifische der jeweiligen Identitätskonstruktion, die Manager im Prozeß ihrer Individualisierung ausbilden. Am inneren Zusammenhang beider Sinndimensionen - über sinnstrukturelle Parallelen und Differenzen - läßt sich die Funktion der religiösen Orientierung für die gesamte Biographiekonstruktion ablesen.

2.1. Heinrich Dörner - Religiosität als Form der Entsubjektivierung

Den Ursprung seines Lebensgefühls sieht Heinrich Dörner in der "Gerümpelkindheit" der Kriegs- und Nachkriegszeit (Brinkmann, zitiert nach Bude 1987:70). *"Der Vater nicht da, die Mutter keine Versorgung, der Bruder verunglückt, (...) meine Mutter ziemlich kränklich, (.) und ich in einer, äh, für mich doch neuen Umgebung, herausgerissen aus meinen alten, äh, Freundesbeziehungen da in B-Stadt, also das war schon, äh, für mich nicht so ganz schön und angenehm"*. Er schildert den Beginn seiner Lebensgeschichte als unter schwierigen äußeren Belastungen stehend, die jenseits seiner eigenen Steuerungsmöglichkeiten liegen. Neben einer Augenerkrankung, wegen der er in den ersten fünf Lebensjahren neunmal operiert wird, markiert das Jahr 1945 in Dörners Worten einen "ganz schlimmen Umbruch", in dem die Familie "ziemlich kritische Phasen" durchlebt. Der Vater, während der faschistischen Diktatur als Staatsanwalt tätig, kommt in russische Gefangenschaft, wo sich nach kurzer Zeit seine Spur verliert. Die Mutter muß mit ihren beiden Kindern die Wohnung räumen. 1950 fliehen sie aus der damaligen sowjetischen Besatzungszone und kommen nach B-Burg zu einer Großtante. Dort wird sein vier Jahre älterer Bruder bei einem Verkehrsunfall lebensgefährlich verletzt.

Doch bricht Heinrich Dörner die Reflexion über Auswirkungen der bisher aufgezählten, seine biographische Entwicklung bestimmenden Ereignisse letztlich ab. *"Ich habe oft darüber nachgedacht, ob diese Dinge wohl in meiner Persönlichkeitsentwick-*

lung sich irgendwie schädlich ausgewirkt haben, [...] aber, äh, äh, sieht, sind darin schon auch, äh, für mich jetzt konkret irgendwelche Gefährdungen gewesen, ich habe sie nicht so ohne weiteres für mich aufspüren können". Dieser Reflexionsabbruch verweist zwar implizit auf das Wissen um Gefährdungen seiner Identität. Sie werden jedoch nicht reflexiv eingeholt, sondern durch eine Strategie der Externalisierung auf Distanz gebracht. So wird zum Beispiel weder die Beziehung zum Vater bzw. die Art, wie Herr Dörner den Verlust des Vaters erlebte, noch dessen Beruf, seine Beteiligung am Faschismus etc. thematisiert, sondern lediglich die "*Kriegs äh Wirren*" als diffuse Ursache angegeben. Weiter zeigt sich eine Strategie des Bagatellisierens: aus seiner Augenerkrankung macht er eine "*gesundheitliche Geschichte*". Beide Strategien - die der *Distanzierung* und der *Bagatellisierung* - konvergieren in der Betonung der Normalität der eigenen Persönlichkeitsentwicklung, die verkoppelt ist mit einer Tendenz zur Entsubjektivierung der Biographie: "*Ich mein, in der Zeit warn wir ja nicht Einzelschicksal, sondern das ging ja vielen Familien so*". Die Subjektivität Dörners, die gerade auf das Besondere und Nichtgelungene in seiner Biographie abheben könnte, wird so von der Konstruktion einer konsistenten Identität her determiniert. Konstitutiv für diese Identitätskonstruktion ist die Abspaltung all dessen, was nicht zur Logik der Folgerichtigkeit und Kohärenz paßt. Als *regulative Tendenz* kristallisiert sich der Versuch heraus, *dem Risiko einer Destabilisierung der Identität durch den Aufbau von ordnenden, überschaubaren Grenzen entgegenzuwirken.*

In der Biographie Heinrich Dörners kommt dabei der Religion eine sozialisatorisch ordnende und regulative Funktion zu. Sie wird lebensgeschichtlich relevant, als er mit dem Rest seiner Familie zu seiner Großtante nach B-Burg kommt, einem kleinen Dorf, in dem das gesamte Dorfleben von einer evangelikal-lutherischen Mission bestimmt wird. Er erfährt dort in einer Situation, die sich als "ontologischer Mangelzustand" (Bude 1984:58ff.) kennzeichnen läßt, durch eine kirchlich-institutionalisierte, evangelikal geprägte Form von Religion Stabilisierung. Im Gebet, das er als "*ein ernstes Gespräch*" erlebt, in dem er um Hilfe bitten kann, wird ihm im Zwiegespräch mit Gott eine verinnerlichte Form der Anerkennung des eigenen Selbst zuteil. Verbunden mit dieser Anerkennung ist die soziale Verortung in einer Glaubensgemeinschaft, die sich auf überwiegend symbolische Integration und ein diffuses Gefühl der Zugehörigkeit stützt. Insbesondere der Gottesdienst wird ihm zu einem "*inneren Bedürfnis*"; "*eine, äh, aufmunternde und eine, eine belebende Gemeinschaft*", in die er sich hineingenommen fühlt. Die Aufnahme in eine Not- und Schicksalsgemeinschaft reproduziert jedoch aufgrund ihres Verpflichtungscharakters zugleich ein Gefühl des Geduldetseins, das zur Dankbarkeit zwingt: "*Da wars mit der Zuneigung und dem 'Raum gewähren' und der, der 'Hütte geben' wars etwas eingeschränkt*".

Neben der Selbstvergewisserung im Gebet zeichnet sich das spezifische religiöse Orientierungsmuster von Heinrich Dörner insbesondere in der Form der Selbstthematisierung ab, die durch die Predigt im sonntäglichen Gottesdienst ausgelöst wird: "*Ist das jetzt so unter, auch, auch unter deinem christlichen Gesichtspunkt richtig, machst du das jetzt richtig?*" Über diese, seine biographische Reflexion leitende Frage versucht er seine Identität zu sichern. Die biographische Beobachtung bewirkt eine Kontrolle der eigenen Lebensführung. Ziel ist das Abgleichen der eigenen Lebensführung mit christlichen Normvorgaben. Diese bilden einen letztlich unhinterfragbaren Orientierungsrahmen, der entsprechend Herrn Dörners an Grenzen orientierter Identitätskonstruktion sowohl das Problem der Ungewißheit der eigenen Identität in Bestimmbarkeit transformiert, als auch mögliche äußere Irritationen abblendet. Eigene Ansprüche, die über das Gegebene hinausgehen, werden aufgrund der inneren Struktur der religiösen Orientierung kaum entwickelt, da sie nicht individuell, sondern durch die Einordnung in den gegebenen Sozialbezug gestützt und durch die christliche Morallehre legitimiert werden können. So wird für Heinrich Dörner eine konventionelle Form der Identitätskonstruktion möglich.[6] Aufgrund der konstitutiven Bedeutung von Ordnungsstrukturen geht mit dieser Identitätskonstruktion eine hohe Identifikation mit den entsprechenden kirchlichen Institutionen einher.

Im folgenden soll nun gezeigt werden, wie sich die religiös stabilisierte Identitätskonstruktion Herrn Dörners zu seinen berufsbiographisch aufgebauten Orientierungen verhält. Seine berufliche Laufbahn beginnt er in der Rechtsabteilung einer Bankfiliale. Nach vier Jahren wird er zum Personalleiter befördert. 1987 wechselt er als Direktor in das Personalwesen der Zentrale des Hauptsitzes der Bank. Sein Aufgabenfeld umfaßt dort seit 1990 schwerpunktmäßig den Aufbau des Filialnetzes in den fünf neuen Bundesländern.

Das im Prozeß der beruflichen Karriere aufgebaute berufsbiographische Orientierungsmuster läßt sich als Zusammenspiel von *Leistungsorientierung* und einem Verständnis von *Arbeit als moralische Verpflichtung* charakterisieren. "*Habe ganz normale Entwicklungsschritte gemacht, habe keinerlei Beziehungen gehabt, die mich gefördert hätten, sondern mußte das schon durch eigene Leistung, äh, erkämpfen, kann also nicht mal sagen, daß ich hier karrieristisch übertrieben vorgegangen bin, meine ich jedenfalls nicht, aber ich habe vielleicht durch meinen Arbeitsstil, vielleicht auch durch die Wahrnehmung und Empfindung der Verantwortung und der Pflichten, äh, vielleicht doch deutlich machen, mehr als acht oder neun Stunden hier in der Arbeit verbracht und zum Teil auch an Wochenenden an Sonnabenden zumindest noch gearbeitet*". Herrn Dörners berufliche Identität beruht im wesentlichen auf seiner Leistungsfähigkeit und -bereitschaft. Seine Karriere rechnet er - entsprechend seines Aufsteigerethos - der von ihm erbrachten Leistung zu, die in entsprechenden Karriereschritten Ausdruck gefunden habe. Dies impliziert eine Vorstellung von Gerechtigkeit, nach der jedem das zusteht, was er leistet. Ungerecht sind bevorteilende Beziehungen aufgrund von Klasse oder Besitz, aber auch karrieristisch übertriebenes Vorgehen. Dieser letzte Punkt verweist auf ein Verständnis von Arbeit als moralischer Pflichterfüllung. Einsatz und Leistung werden nicht aus sich heraus, rein egoistisch, sondern mit Bezug auf einen übergeordneten Gesamtzusammenhang, das

Unternehmen bzw. das Gemeinwohl, gerechtfertigt. Der Einzelne muß sich in seiner Arbeit selbstlos zeigen und sich stets dem Ganzen unterstellen. Das impliziert Hilfsbereitschaft, Pflicht und Gehorsam. Entsprechend führt Herr Dörner seine eigene Karriere speziell auf seinen Arbeitsstil, seine Wahrnehmung von Verantwortung und auf sein Pflichtethos zurück.

Heinrich Dörner ist nicht der größensüchtige Ellenbogentyp, sondern eher der vorsichtige und erwartungssensible, aber mit einem starken, moralisch fundierten Willen ausgestattete 'Schaffer von Neuem'. Als Leitschnur der berufsbiographischen Orientierung zeigt sich eine hohe Leistungsbereitschaft, die gestützt wird durch eine strenge Arbeitsmoral, und die ihm zugleich eine erfolgreiche Integration in eine moralisch gerechtfertigte Sozialordnung garantiert. Entsprechend ungebrochen übernimmt er auch das von ihm erwartete rollenförmige Verhalten im Unternehmen.

Fragt man nach dem Verhältnis von Religion und Beruf, zeigt sich eine sinnstrukturelle Parallele zwischen der religiösen Orientierung und dem beruflichen Orientierungsmuster, zwischen der Einordnung in eine überindividuell verbindliche, religiös fundierte Ordnungsstruktur und dem Verständnis von Arbeit als moralischer Pflichterfüllung. Daß Dörner seine Ansprüche nicht individuell, sondern durch Einordnung in eine christliche Glaubensgemeinschaft absichert, findet insofern eine Entsprechung in der beruflichen Orientierung, als er seine Leistungsorientierung an die Gültigkeit von Normen in einer moralisch geordneten sozialen Welt knüpft. Nicht egoistische Nutzenorientierung und das damit einhergehende In-Konkurrenz-Treten zu anderen sind handlungsmotivierend, sondern gewissermaßen ein 'gezügelter Egoismus'. Entsprechend parallel konstruiert ist auch die Form der Selbstvergewisserung. Ist für Herrn Dörner der Alltag, in dem er nach den zehn Geboten zu leben versucht, letztlich Bedingung für die Anerkennung vor Gott, so zieht er aus seinem unermüdlichen Arbeitseinsatz moralischen Gewinn, indem er ihn als Selbstaufopferung für den übergeordneten Sozialzusammenhang interpretiert. Die Deutung der Arbeit als moralische Veranstaltung macht die mit den beruflichen Anforderungen einhergehende Vereinseitigung der Interessensverfolgung tragbar und gewährleistet gleichzeitig die Kompatibilität von religiöser Orientierung und beruflichen Anforderungen. Sowohl in der religiösen als auch in der berufsbiographischen Orientierung wird letztlich durch den Einklang mit Instanzen, die als legitime Normgeber angesehen werden, die Stabilisierung der Identität garantiert.

Die biographische Verbindung von Religiosität und Beruf ist jedoch für Herrn Dörner nicht nur problemlos. Versucht er doch seine berufsbiographische Orientierung unter den Bedingungen einer kapitalistischen Ökonomie aufrechtzuerhalten, die im Regelfall von modernen, individualistischen Interessen geprägt ist, und für die ein auf Konkurrenz ausgerichtetes Verhaltensmuster konstitutiv ist. Die Standards seiner verinnerlichten Moral und die Anforderungen seines beruflichen Alltags treten dann zwangsläufig immer weiter auseinander. Die religiöse Orientierung Herrn Dörners läßt ihn jedoch allein die mögliche moralische Verfehlung des eigenen Handelns reflektieren, nicht aber die Anforderungen der Arbeitsbedingungen - egoistische Interessenvertretung und Konkurrenz. *"Ich habe es schon mehrfach erlebt, daß ich aus dem, aus dem Gottesdienst sehr nachdenklich und sehr kritisch gegenüber mir selbst rausgegangen bin, aber nicht in einer, in einer Art der Verärgerung über mich, sondern in einer Stimmung äh, äh, doch wieder erinnert, doch wieder zurechtgerückt worden zu sein, doch wieder an die Hand genommen worden zu sein, so nun aber Junge, du mußt das eigentlich doch, äh, äh, wieder ernster in dein Tagesgeschehen mit hineinnehmen"*. Die hier erkennbare religiös stimulierte Form der Reflexion wird vom protestantischen Selbstzweifel bestimmt. Sie motiviert Herrn Dörner erneut zu Anstrengungen, über betonte Leistungsbereitschaft seine egoistischen Motive zu zähmen und sich so in der Arbeit der Gültigkeit und Tragfähigkeit der verinnerlichten Moralstandards zu vergewissern. Eigene, möglicherweise widersprechende Ansprüche kommen erst gar nicht zur Geltung, und auch das von ihm erwartete rollenförmige Verhalten in der Bank und die systemischen Strukturen der Ökonomie werden nicht hinterfragt. Heinrich Dörner bleibt so in einem restriktiven Kreislauf von Selbstdizipilin und beruflichen Anforderungen eingebunden und ist dadurch genötigt, sich einseitig dem ökonomischen Strukturwandel unterzuordnen.

2.2. Daniel Fabien - Religiosität als Form biographischer Lernprozesse

Im Laufe seiner biographischen Entwicklung vollzog Daniel Fabien einen klassenüberschreitenden sozialen Aufstieg. Sein Vater war LKW-Fahrer und Mitglied in der KP, seine Mutter gelernte Schneiderin. Er thematisiert diese soziale Mobilität, indem er die Differenz zwischen dem Herkunftsmilieu - den materiellen Entbehrungen in der *"Arbeiterfamilie"*, den *"krassen Lebensbedingungen"* im sozialen Umfeld einer Trabantenstadt bis hin zur Konfrontation mit *"Kriminalität"* - und den jetzigen Lebensbedingungen hervorhebt. Seine biographische Konstruktion zeichnet sich dadurch aus, daß die Distinktion vom sozialen Herkunftsmilieu Selbstbehauptung durch besondere Leistungsanstrengungen verlangt. So lernt er schon vor der Einschulung Lesen, Schreiben und Rechnen und überspringt als Klassenbester die dritte Schulklasse: *"In der Schule war ich also ziemlich schnell, kann man sagen, mit den Besten"*. Mit dieser Form der Selbstbehauptung - der Besonderung durch Leistung - gehen jedoch Erfahrungen von Fremdheit bis hin zu sozialer Desintegration einher. Vor seiner Einschulung wächst er als ein von seinen Eltern vor der harten Außenwelt behütetes Einzelkind auf. In der Schule fällt es ihm schwer, sich in den Klassenverband zu integrieren. *"Irgendwie fühlte ich mich immer sehr einsam, ich hatte eigentlich keine richtigen Freunde"*. Mit dem Wechsel auf das Gymnasium wird die Erfahrung, ein Außenseiter zu sein, von der Erfahrung sozialer Ungleichheit überformt. *"Ich kam mir ewig vor wie, ja so, das, das Bettelkind oder so, ja, also die anderen Jungs, die hatten alle, was weiß ich, schon Motorrad oder so, ja, man schon sogar nen Auto oder oder solche Dinge, und ich hatte grad son Fahrrad"*. 'Besonderung durch Leistung' wird zur dominanten Selbstbehauptungsstrategie, wobei die Leistungsanstrengungen die Erwartung nähren, einmal zur Überwindung der erfahrenen sozialen Benachteiligung zu führen.

Mit dem vollzogenen sozialen Aufstieg gelingt ihm die Rebellion gegen die Bedingungen seines Herkunftsmilieus. Dieses rebellische Selbststeuerungspotential findet sich auch an anderen Stellen in seiner Biographie wieder und entwickelt sich im weiteren biographischen Verlauf zu einem für seine Handlungsstruktur charakteristischen Moment strategischer Kreativität. So etwa, wenn er sich während der Pubertät als "Rebell" den schulischen Institutionen entzieht, wenn er bei der Musterung angibt, er sei schwul und drogenabhängig oder auch, wenn er sich als Student zusammen mit einem Freund für Buddhismus interessiert. All dies läßt sich als Versuch der Vergewisserung der eigenen Individualität interpretieren.

In seiner beruflichen Orientierung dominiert die Selbstbehauptungsstrategie der Besonderung durch Leistung. Herrn Fabien gelingt ein schneller Aufstieg vom Projektierungsingenieur in leitende Führungspositionen. Schon nach einem Jahr bekommt er die Verantwortung für den Teilabschnitt eines Projekts, nach einem weiteren dreiviertel Jahr wird er im Alter von 25 Jahren Projektleiter. *"Hab mich also ziemlich schnell mit Überstunden, mit allen möglichen Sondereinsätze und Sonderleistung, ziemlich schnell profiliert, war also nach einem Jahr schon Projektleiter, was also da schon ziemlich viel bedeutete, das war also schon an sehr viel Verantwortung gebunden, auch gehaltsmäßig, das ging ziemlich schnell nach oben"*. Herr Fabien versucht seine berufliche Karriere in der Art zu steuern, daß er durch die Demonstration besonderer Leistungen Chancen zur Profilierung in seinem beruflichen Umfeld nutzt. Der Inhalt der Arbeit ist dabei sekundär. Als vorrangige Motive erweisen sich extrinsische Gratifikationen: der schnelle Aufstieg auf der Karriereleiter, Kompetenzzuwachs und steigende Vergütung. Ein tieferliegendes, diese Arbeitsanstrengungen stimulierendes Motiv zielt jedoch darauf, die Erfahrung, daß ihm die *"bessere Welt"* durch äußere Umstände entzogen blieb, zu überwinden: *"Ich hatte also einen Wahn-*

sinns-Nachholbedarf, ich dachte, das alles, was ich in meiner Kindheit nicht hatte, das muß ich jetzt nachholen". Dementsprechend begreift er den beruflichen Alltag als einen existentiell aufgeladenen Kampfspielraum: *"Das ist also richtig Dschungel, knallhart jeder gegen jeden"*. Es zählt die beste Leistung, die aus rein eigennützigen Motiven verfolgt wird und auch auf Kosten anderer gehen darf: *"Also richtig den Kollegen in den Rücken gefallen, mich, wo es auch ging, profiliert und in den Vordergrund gedrängt"*.

Diese Identitätsvergewisserung der Besonderung durch Leistung bedarf immer neuer beruflicher Erfolge. Sie führt Herrn Fabien in einen sich selbst dynamisierenden Zirkel aus Selbstvergewisserung und Leistungserbringung, der kein Entkommen aus einem rastlosen Arbeitseinsatz erlaubt: *"Man wird noch mehr davon abhängig, von dem Erfolg, auch von dem materiellen Erfolg, weil man braucht das denn auch tatsächlich, um das alles aufrechtzuerhalten"*. Dementsprechend schwierig wird es für ihn, aus einer überdrehten Konkurrenz- und Erfolgsorientierung auszusteigen und sich von beruflichen Anforderungen zu distanzieren.

Daniel Fabien stellt einen Typ Manager dar, der - getrieben von sozialer Heimatlosigkeit - neue Absatzmärkte und Bezugsquellen erschließt. Das Entdecken und Durchsetzen neuer Möglichkeiten ist ihm zu eigen. Seine berufsbiographischen Interessen, wie berufliche Karriere und Erfolg, aber auch die hohe materielle Reproduktion, werden dominiert vom Bestreben nach Überwindung sozialer Benachteiligung. Die erworbenen Gratifikationen sind letztlich Formen der Selbstvergewisserung.

Die Dynamik seiner Identitätskonstruktion stößt jedoch an gesundheitliche Grenzen. Im Alter von neunundzwanzig Jahren hat er einen Gehörsturz und muß sich zwei Wochen stationär behandeln lassen. Ein Jahr später erleidet er in seinem Büro einen schweren Kreislaufzusammenbruch und wird mit Verdacht auf Herzinfarkt in die Intensivstation einer Klinik eingeliefert. Noch am selben Abend verläßt er jedoch auf eigene Verantwortung die Klinik und konsultiert mehrere Fachärzte, die ihn zwar weiterhin krank schreiben, ihm aber seines Erachtens nicht weiterhelfen können. In dieser für ihn aussichtslosen Situation unternimmt er Versuche der Selbstheilung durch Hatha-Yoga. Durch erste Erfolge motiviert, läßt er sich mit Hilfe von Yoga-Übungen und Shiatsu von einer Yoga-Lehrerin und Heilpraktikerin mit Erfolg behandeln.

Dieser Umgang mit der gesundheitlichen Krisensituation verweist darauf, daß Daniel Fabien mit strategischer Kreativität seine persönliche Autonomie gegenüber institutionellen Anordnungen zu behaupten weiß. Zugleich läßt ihn Yoga und Buddhismus in dieser gesundheitlichen Krisensituation seine erfolgsorientierte Selbstbehauptung im Beruf restringieren und wird zum Anlaß, die Divergenz zwischen seiner Lebenspraxis und einem 'guten Leben' zu bearbeiten. Angeleitet durch die Frage, "*wo bin ich im Moment, wer bin ich im Moment, [...] was kann ich im Moment*", macht er sich mit Hilfe von Yoga- und Meditationsübungen zum Gegenstand autobiographischer Thematisierung. Ansatzpunkt der Reflexion ist die gefährdete Körperlichkeit, die es durch praktische Erfahrungen zu analysieren gilt: "*Ja und das ist eben der Sinn dieser Übungen, wieder dazu zu kommen, zu diesem Teil, und ihn zu beobachten, ihn kennenzulernen und ihn zu erforschen*". Das Ziel ist ein Hineinhorchen in sich selbst und damit verbunden ein Streben nach einem höheren Bewußtsein von sich selbst: "*Der Weg ist eigentlich nur so: Versuch dich selber kennenzulernen!*" Die eigene Subjektivität und praktische Erfahrung bilden die Kriterien der Selbstbeobachtung und sichern so die eigene Handlungsfähigkeit.

Diese Form der Selbstthematisierung bleibt jedoch bei Herrn Fabien nicht auf die Krisensituation beschränkt, sondern wird zunehmend in den Alltag integriert. Er praktiziert regelmäßig am Morgen und am Abend eine Stunde Yoga- und Meditationsübungen und läßt sich in einem dreijährigen Kursus zum Yoga-Lehrer ausbilden. Die im Zuge dieser Praxis aufgebaute religiöse Orientierung differenziert die Welt mit Hilfe eines binären Schemas von "äußerlich" und "dahinter" in eine immanente und transzendente Größe. Dadurch wird die eigene Person von ihrer Abhängigkeit von der 'äußeren' Welt und von 'äußeren' Verhaltenserwartungen entlastet, da das Leben als eine zu akzeptierende Aufgabe interpretiert wird, die *jenseits* der "äußerlichen" Welt vorgegeben ist. "*Daß es ne andere Kraft gibt, daß es etwas Höheres gibt, also daß diese Welt hier nicht so das A und O ist und einen Zweck an sich, also einen (.), ja das ist uns vollkommen klar, daß da andere Kräfte am Wirken sind und daß wir nur Instrumenten sind*". Das Ziel der biographischen Reflexion ist es, über den Körper und das Bewußtsein hinaus zum "Bewußtseinszentrum" als Ort der Vereinigung mit dem Göttlichen, als das, was Menschen letztlich und eigentlich sind, vorzudringen.

Dadurch wird Herrn Fabien eine Form der Selbsterfahrung möglich, die ihm - entlastet von den dominanten Ansprüchen seiner Selbstbehauptungsstrategie - dennoch die Vergewisserung von Individualität ermöglicht. Er thematisiert dies als selbstverständliche Unmittelbarkeit des Anerkanntseins: "*Ja, ein Glück, ein Glück gibt, was man hier nicht kennt, was nicht von von diesseits ist, das Glück, das man hier ewig sucht, diese Liebe, diese, diese Wärme, dieses Gefühl, so geliebt zu sein*". Diese verinnerlichte Individualitätsvergewisserung enthält zugleich die Möglichkeit der Selbst-Distanzierung von äußeren Verhaltenserwartungen. Sie drückt sich unter anderem in einer veränderten Einstellung zum Konsum aus. Zwar übt Herr Fabien keinen asketischen Verzicht, doch deutet er den Konsum nicht mehr vorbehaltlos als Symbol sozialer Anerkennung. Sondern er sieht umgekehrt, in dieser Haltung eine Überlegenheit all jenen gegenüber, die sich von äußeren Gratifikationen im Alltag abhängig machen. Der Effekt der "Heilssuche" ist ein nahezu übersteigertes Selbstbewußtsein: "*Denn ein Mensch, der wirklich religiös ist, das heißt, der in sich glaubt, ja, glaubt auch an sich und weiß, daß ihm nichts passieren kann, und das gibt ihm Mut*".

Eine sinnstrukturelle Parallele zwischen der beruflichen und religiösen Orientierung zeigt sich gerade im persönlichen Streben nach Autonomie und Kompetenz. Sowohl im beruflichen Alltag als auch in der religiösen Praxis wird der Versuch erkennbar, über Qualifikationsbemühungen und Kompetenzaneignung Autonomie zu erlangen. Dem entspricht die Fähigkeit, komplexe Sachverhalte analytisch zu durchdringen, und - aufbauend auf einer selbstgewissen Überzeugung - mit analytisch abgeleiteten Handlungen die bezweckten Resultate zu erzielen. Weiterhin lassen sich insbesondere die hohen Ansprüche an die eigene Person beim Yoga als eine Ausweitung der Leistungsprinzipien auf die inneren Weltbezüge interpretieren. In diesem Sinne ist das Zusammenspiel von berufsbiographischer und religiöser Identität als ein Kompatibilitätsverhältnis zu verstehen. Die religiöse Praxis ermöglicht zwar eine Entlastung von der bis dahin verfolgten Selbstbehauptungsstrategie, ohne daß jedoch die an seine Person herangetragenen Ansprüche beruflichen und ökonomischen Handelns an sich in Frage gestellt werden. Entsprechend kann Herr Fabien sich in die Selbstthematisierung von Individualität retten, die hier nicht in eine "Verweigerung von Lebenspraxis" mündet, sondern in einer Art 'funktionalen Differenzierung' in einem komplementären Verhältnis zu von außen an ihn herangetragenen, ökonomischen Systemimperativen steht.

Gleichwohl findet sich auch eine gegenläufige Tendenz. Die Verbindung von Religion und Beruf besteht auch hier nicht nur in einem sich gegenseitig stabilisierenden Verhältnis. Für die Biographiekonstruktion von Herrn Fabien ist gerade die mit Hilfe von ostasiatischen Religionstechniken ermöglichte Abkoppelung der Reflexion auf Individualität von den Ansprüchen seiner bisher dominierenden Selbstbehauptungsstrategie, nämlich über Leistung sich seiner selbst zu vergewissern, konstitutiv. Diese strukturelle Entkoppelung beinhaltet aufgrund einer handlungsentlasteten Reflexion auf Individualität zumindest potentiell die Möglichkeit biographischer Lernprozesse. Diese religiös beeinflußte tendenzielle Fähigkeit zur Selbst-Distanzierung und zur reflexiv gesteuerten Abwandlung einmal gewählter Perspektiven kommt etwa zum Ausdruck, wenn er aufgrund eines grippalen Infekts eine anstehende Auslandsreise zu einem ausländischen Geschäftspartner absagt und, während er die Krankheit mit Naturheilpräparaten auskuriert, über den Konflikt von "Pflicht und Gefühl" reflektiert. So wird es Daniel Fabien möglich, neue Problemlösungen im Umgang mit einer destruktiven Leistungsorientierung zu finden und sich über eine vereinseitigte ökonomische Orientierung hinausgehend lebensweltlichen Verweisungen zu öffnen.

3. Konklusion

Bei Managern handelt es sich um eine gesellschaftliche Elitegruppe, die ihre Individualität mit den und gegen die Ansprüche des gesellschaftlichen Funktionssystems der Wirtschaft ausbilden müssen. Entsprechend der ökonomischen Systemimperative dominieren in den institutionalisierten Organisationsgeflechten der Wirtschaft abstrakte, kalkulierbare und depersonalisierte Interaktionen. Mit ihnen korrespondiert auf Seiten der Subjekte die Notwendigkeit, eine an instrumenteller Rationalität orientierte, berufliche Handlungskompetenz zu entwickeln. Daraus resultieren zwei spezifische Anforderungen an die Identitätskonstruktion. Zum einen erwächst durch die Zugehörigkeit zu mehreren Funktionssystemen die Notwendigkeit, die unterschiedlichen Anforderungen je individuell miteinander in Übereinstimmung zu bringen oder doch miteinander verträglich zu machen. Zum anderen besteht die Notwendigkeit der Selbst-Distanzierung von berufsspezifischen Anforderungen, da ihnen die Tendenz innewohnt, nicht nur bereichsspezifisch zu wirken, sondern die gesamte, nicht in beruflicher Tätigkeit aufgehende Lebenspraxis zu dominieren. Entsprechend sind Manager in besonderer Weise mit den allgemeinen Anforderungen moderner Selbstbehauptung konfrontiert. Sie müssen in der Lage sein, die unterschiedlichen systemischen Erwartungen, Unterstellbarkeiten, Rhythmen etc. zu habitualisieren und trotz der Vielfalt ihrer präskriptiven Rollen und der Disparität sozialer Anforderungen Eigenwerte ausbilden, um die eigene Individualität als Orientierungsbasis zu sichern (Hahn 1986).

Angesichts dieser Bedingungen moderner Identitätskonstruktion stellt sich für den Zusammenhang von Religion und Biographie die Frage, welchen Beitrag religiös motivierte Formen der Selbstthematisierung und Selbstbeobachtung zu einer Biographiekonstruktion leistet, die im Spannungsfeld von Multiinklusion in funktionale Teilsysteme und individueller Selbstverortung steht. Nach dem 'Verdampfen' eines die einzelnen Funktionsbereiche und Rollen in verbindlicher Weise übergreifenden Deutungsmusters scheint eine religiöse Semantik nur dann anschlußfähig zu sein, wenn sie in ihrer Form der Weltdeutung weder einen Absolutheitsanspruch formuliert, noch einen Anspruch auf die Durchrationalisierung der gesamten Lebensführung stellt, sondern ein Potential beinhaltet, das die Individualität des Einzelnen gegenüber den multiplen Ansprüchen der Gesellschaft sichert. Anhand der beiden hier dargestellten biographischen Rekonstruktionen zeigt sich, inwieweit religiöse Orientierungen dabei einen Zuwachs an Handlungsautonomie fördern.

Im Fall Heinrich Dörners - als Beispiel für eine christliche, institutionell vermittelte Form der Religiosität - kommt es zu einer biographischen Reflexion in der Art, daß die Anerkennung der Person durch die Einbindung in verbindliche, religiös legitimierte moralische Strukturen gesichert wird. Diese religiöse Orientierung läßt sich kennzeichnen als Form der *Entsubjektivierung*, in der Religion zum Garanten notwendiger Stabilisierungsleistungen wird. Nicht das Besondere der eigenen Lebensgeschichte wird bei dieser Form von Religiosität zum Gegenstand biographischer Reflexion, sondern die Abgleichung der Identität mit vorgegebenen moralischen Standards. Alle eigenen Interessen, deren Realisierung der übergreifenden Zielsetzung widersprechen, bleiben so ausgeklammert oder werden für irrelevant erklärt. Diese Struktur findet sich auch in der berufsbiographisch aufgebauten Orientierung, in der individuelles Handeln zur moralischen Plichterfüllung aufgewertet und damit die erfolgreiche Integration in eine moralisch gerechtfertigte Sozialordnung garantiert wird. Aufgrund seiner Orientierung an höheren Zielen bleibt es Heinrich Dörner auf diese Weise verwehrt, zu den vorgegebenen Bedingungen seiner gesellschaftlichen Existenz in Distanz treten zu können. Im Gegenteil, er erlebt den gegenwärtigen Strukturwandel und Prozesse der Säkularisierung als Gefährdung seiner Identität, auf die er nur mit erhöhter Selbstdiziplin zu reagieren weiß.

Im Fall von Daniel Fabien - als Beispiel für eine stärker individualisierte, ostasiatische Spiritualitätsform - findet sich dagegen eine biographische Reflexion in der Art, daß die religiöse Semantik vom wachsenden Druck der vereinseitigten Identitätskonstruktion entlastet. Sie unterbricht die durchgängigen Interdependenzen zwischen den einzelnen Lebensbereichen, und macht so potentiell den Gegensatz von System und Lebenswelt erfahrbar und bearbeitbar. Durch das Aufbauen von Distanz können Widersprüche zwischen dem Selbst und den beruflichen Anforderungen, aber auch zwischen dem Selbst und der Selbstbehauptungsstrategie der Besonderung durch Leistung wahrgenommen werden. Die so erfahrenen Widersprüche bilden die Grundlage für mögliche biographische Lernprozesse und sind somit von Bedeutung für die Kompetenz biographischer Selbststeuerung.

Die Fallrekonstruktionen zeigen weiter, daß Auswahl und Konstruktion religiöser Orientierungen nicht beliebig sind, sondern an die biographischen Konstruktionen jeweils spezifisch anschließbar sein müssen. Die individuelle Religiosität unterliegt dabei den Identitätsanforderungen der Moderne. Religiöse Orientierungen müssen in der modernisierten Moderne jedoch nicht zwangsläufig zu einer Lebensverweigerung durch den Verlust von Handlungsautonomie führen. Sie können durch Interdependenzunterbrechung auch Freiräume für biographische Reflexion schaffen, die potentiell zur Irritation anderer biographischer Sinndimensionen führen kann. Der Analyse des Zusammenhangs von Biographie und Religion kommt somit auch in gesellschaftstheoretischer Hinsicht eine Bedeutung zu, insofern es - wie beide Fälle zeigen - in der modernen Gesellschaft auch um das Problem der Bewahrung von Souveränität angesichts einer fortschreitenden Dezentrierung des Subjekts geht.

Anmerkungen

1 Den Hintergrund meiner Ausführungen bildet die im Rahmen des Graduiertenkollegs "Religion in der Lebenswelt der Moderne" an der Philipps-Universität Marburg von mir begonnene Untersuchung "Religion und sozialer Wandel". Darin gehe ich der Frage nach, welche Sinnmuster von Religiosität in den Biographiekonstruktionen von Managern vorzufinden sind, und welche Bedeutung sie für die nicht in berufliche Tätigkeit aufgehende Lebenspraxis haben.
2 Die Interviews wurden im Zeitraum von 1992 bis 1994 durchgeführt. Sie haben in der Regel zwei Stunden gedauert - das war die Vorabsprache -, manche jedoch drei oder vier Stunden. Der Text des aufgezeichneten Interviews bildet das Datenmaterial der Interpretation.
3 Alle Namen, sowie Orts- und Firmenangaben wurden geändert.
4 Den folgenden Falldarstellungen liegen aus einer extensiven Interpretation des Interviewmaterials erstellte Fallrekonstruktionen zugrunde, wobei diese hier nicht vollständig wiedergegeben werden können. Es werden lediglich Teilaspekte daraus thematisiert, die Interviewausschnitte haben rein illustrativen Charakter. An den Interpretationen der Interviews beteiligten sich TeilnehmerInnen des Graduiertenkollegs und der von Hans-Joachim Giegel geleiteten Projektgruppe "Biographie und Gesellschaft".
5 Zu den unterschiedlichen Dimensionen religiöser Praxis vgl. Daiber/Lukatis (1991:21f.). Sie wenden das Habermas'sche Konzept der Lebenswelt für die Bestimmung von Typen gelebter Religion an.
6 Zum Begriff "konventionelle" versus "reflexive biographische Steuerung" vgl. Giegel (1988).

Literatur

Bude, Heinz: *Deutsche Karrieren. Lebenskonstruktionen sozialer Aufsteiger aus der Flakhelfer-Generation*, Frankfurt/M. 1987.

Daiber, Karl-Fritz/Lukatis, Ingrid: *Bibelfrömmigkeit als Gestalt gelebter Religion*, Bielefeld 1991.

Giegel, Hans-Joachim: "Konventionelle und reflexive Steuerung der eigenen Lebensgeschichte", in: H.-G. Brose/B. Hildenbrand (Hg.), *Vom Ende des Individuums zur Individualität ohne Ende*, Opladen 1988, S. 211-241.

Giegel, Hans-Joachim/Frank, Gerhard/Billerbeck, Ulrich: *Industriearbeit und Selbstbehauptung. Berufsbiographische Orientierung und Gesundheitsverhalten in gefährdeten Lebensverhältnissen*, Opladen 1988.

Hahn, Alois: "Differenzierung, Zivilisationsprozeß, Religion. Aspekte einer Theorie der Moderne", in: *Kultur und Gesellschaft*, Sonderheft 27 der Kölner Zeitschrift für Soziologie und Sozialpsychologie (1986), S. 214-231.

Kaufmann, Franz-Xaver: *Religion und Modernität. Sozialwissenschaftliche Perspektiven*, Tübingen 1989.

Luckmann, Thomas: *Die unsichtbare Religion*, Frankfurt/M. 1991.

Luhmann, Niklas: *Funktion der Religion*, Frankfurt/M. 1982.

Luhmann, Niklas: "Die Ausdifferenzierung der Religion", in: Ders., *Gesellschaftsstruktur und Semantik. Studien zur Wissenssoziologie der modernen Gesellschaft*, Bd. 3, Frankfurt/M. 1989, S. 259-357.

Oevermann, Ulrich /Allert, Tilman /Konau, Elisabeth /Krambeck, Jürgen: "Die Methodologie einer objektiven Hermeneutik und ihre allgemeine forschungslogische Bedeutung in den Sozialwissenschaften", in: H.-G. Soeffner (Hg.), *Interpretative Verfahren in den Sozial- und Textwissenschaften*, Stuttgart 1979, S. 352-434.

Oevermann, Ulrich: "Die objektive Hermeneutik als unverzichtbare methodologische Grundlage für die Analyse von Subjektivität. Zugleich eine Kritik der Tiefenhermeneutik", in: Th. Jung/St. Müller-Doohm (Hg.), *"Wirklichkeit" im Deutungsprozeß. Verstehen und Methoden in den Kultur- und Sozialwissenschaften*, Frankfurt/M. 1993, S. 106-189.

Schelsky, Helmut: *Die skeptische Generation. Eine Soziologie der deutschen Jugend*, Frankfurt/M., Berlin, Wien 1975 (zuerst 1957).

Schütze, Fritz: "Zur Hervorlockung und Analyse von Erzählungen thematisch relevanter Geschichten im Rahmen soziologischer Feldforschung - dargestellt an einem Projekt zur Erforschung von kommunalen Machtstrukturen", in: Arbeitsgruppe Bielefelder Soziologen (Hg.), *Kommunikative Sozialforschung*, München 1976, S. 159-260.

Schütze, Fritz: "Biographieforschung und narratives Interview", in: *Neue Praxis - Kritische Zeitschrift für Sozialarbeit und Sozialpädagogik* 13 (1983), S. 283-293.

Weber, Max: "Die protestantische Ethik und der Geist des Kapitalismus, in: ders., *Die Protestantische Ethik*, hrsg. v. J. Winckelmann, Bd. 1, Gütersloh 1905/[7]1984, S. 27-277.

Sighard Neckel

Zwischen gläubiger Anpassung und habitueller Distanz

Ostdeutsche Pfarrer als Politiker
- zwei biographische Fallstudien[1]

1. Einleitung

Die beiden Pfarrer, über deren Lebensweg hier berichtet wird, leben in einer brandenburgischen Stadt, der ich den Namen Waldleben gegeben habe. Auch in dieser Stadt sind evangelische Pfarrer vor und nach der Wende im Herbst 1989 politische Akteure gewesen und noch heute in der Politik tätig. Was gerade diese beiden Fälle interessant macht, ist die Tatsache, daß sie die zwei kontrastreichsten sind, die ich in meiner Gemeinde vorgefunden habe. Der eine, ich nenne ihn Werner Radtke, ist heute 61 Jahre alt, der andere, ich nenne ihn Andreas Storkow, zählt 40 Jahre. Der eine, Radtke, entstammt einer Bauernfamilie, der andere, Storkow, wurde schon in einem Pfarrhaus geboren. Radtke war in der DDR nicht nur Landpfarrer, sondern auch ein Kirchenfunktionär der mittleren Ebene und stand in einer langjährigen Beziehung zur staatlichen Macht. Storkow dagegen gehörte in den achtziger Jahren zum Kreis jener christlichen Gruppen, die später die Bürgerbewegung getragen haben. Während Storkow heute Abgeordneter des Neuen Forums im Stadtparlament ist und bei den letzten Kommunalwahlen für das Amt des Bürgermeisters kandidierte, hat sich Radtke nach einer Phase am Runden Tisch wieder auf die Kirchenpolitik zurückgezogen. In dieser Funktion hat er heute mitunter Anfeindungen zu ertragen, die bis zum heimlich geäußerten Verdacht reichen, er sei Mitarbeiter der

Staatssicherheit gewesen - eine Vermutung, die sich nicht bewahrheitet hat.

Radtke und Storkow sind zwei Pfarrer unterschiedlicher Generationen und sozialer Herkunft, die politisch gegensätzliche Wege eingeschlagen haben. Auf den ersten Blick repräsentieren sie als Personen eine lokale Variante jener zwei Pole des politischen Verhaltens der evangelischen Kirche "zwischen Opportunismus und Opposition" (Pollack 1993a:252), das zur Zeit kontrovers diskutiert wird. Ein Kennzeichen dieser Debatte ist, daß es ihr nicht an schnellen Generalisierungen mangelt. Daher will ich die Personen, die ich im folgenden vorstellen möchte, nicht als Held oder Verräter, Judas oder Johannes präsentieren, sondern einfach als Fälle, deren Analyse vielleicht dazu beitragen kann, unser Wissen und unser Urteil zu differenzieren.

Die biographische Perspektive, die ich in meiner Deutung einnehme, will die impliziten Handlungsmuster von Pfarrern in Ostdeutschland entschlüsseln und jene sozialen Schichten der Person freilegen, aus denen sich ihre politische Praxis erst aufgebaut hat. Zeitgeschichte, sozialer Habitus und Konfession stellen dabei die entscheidenden Variablen dar.

Was das konfessionelle Bekenntnis betrifft, so muß nicht besonders betont werden, daß die politische Rolle von evangelischen Geistlichen der DDR in der historischen Kontinuität des deutschen Protestantismus steht. Der protestantische Weltbezug der christlichen Pflichten und die Subjektivierung des Glaubens haben den evangelischen Pfarrer in der deutschen Geschichte zwischen apolitischer Innerlichkeit, christlicher Segnung des Staates und politischer Opposition hin und her wechseln lassen. Wie auch immer das Verhältnis von Staat und Kirche theologisch aufgefaßt und praktisch gestaltet wurde - ob als Bündnis von Thron und Altar, als liberale Trennung von Glauben und Vernunft oder als "prophetisches Wächteramt" (Strohm 1984:354) einer gottverlassenen Welt gegenüber -, stets ist die geschichtliche Wirklichkeit der Ort der Bewährung des Glaubens gewesen, an der die evangelische Kirche in Deutschland oft genug dramatisch gescheitert ist. Verantwortung dafür trägt nicht zuletzt der

Ursprung des deutschen Protestantismus im Luthertum selbst, das mit seinem Dualismus von innerer Freiheit und äußerer Pflicht zum Gehorsam die politische Gesinnung der evangelischen Kirche ebenso prägte wie sein politisches Desaster "Theologien der Krisis" (Paul Tillich) gebar.

In dieser Tradition zwischen "Weltfrömmigkeit" (Helmuth Plessner), "deutschem Pastorennationalismus" (Ernst Wolf) und Bekennender Kirche steht auch das politische Handeln von Pfarrern in Ostdeutschland.[2] Die "protestantische Revolution", wie der Umbruch im Herbst '89 von evangelischen Christen wie Erhart Neubert (1990) deklariert und von katholischen Atheisten wie Karl Heinz Bohrer (1992) verspottet wurde, ist von Theologen und Pfarrern wie Friedrich Schorlemmer, Rainer Eppelmann, Richard Schröder, Wolfgang Ullmann, Joachim Gauck und vielen anderen maßgeblich getragen worden; und auch heute noch ist das protestantische Element in der ostdeutschen Politik deutlich erkennbar, von einem ordinierten Innenminister in Sachsen bis etwa zum Landtag des mehrheitlich atheistischen Brandenburg, wo fast ein Drittel aller Abgeordneten aus den Kreisen der evangelischen Kirche stammt (Stolpe 1992:51).

Ein lokaler Ausschnitt dieser politischen Verweltlichung des Protestantismus wird in Waldleben durch Personen wie Werner Radtke und Andreas Storkow repräsentiert. Beide eint der evangelische Glaube und eine katholische Sehnsucht - worauf ich am Ende zu sprechen komme. Vor allem jedoch dokumentieren ihre Lebenswege die verschlungenen Pfade, auf denen man in Ostdeutschland dazu kam, als Pfarrer Politiker zu sein.

2.

Der Lebensweg von Werner Radtke beginnt auf einem Bauernhof in Hinterpommern, wo er 1932 geboren wird - eine festgefügte, patriarchalisch-pietistische Welt, die zum Zeitpunkt von Radtkes Geburt gerade mit fliegenden Fahnen zum Nationalsozialismus überläuft.[3] Auch Radtkes Elternhaus ist evangelisch-deutschnational und von einer bäuerlichen Frömmigkeit geprägt, die jedenfalls die Mutter auf Distanz zum Nationalsozialismus gehen läßt. Sie vor allem versucht, ihren Sohn von der HJ fernzuhalten. Radtke war kein begeisterter Hitlerjunge, aber - so sagt er - *"das hinderte mich ja nicht daran, doch ein deutscher Junge zu sein."* Als solcher hielt er es nicht für möglich, daß die Rote Armee in Deutschland einmarschieren könnte, *"ja und dann marschierte sie ein und war siegreich, und Deutschland brach zusammen, und die tragenden Kräfte Deutschlands, die gab's nicht mehr."*

Das Jahr 1945 markiert in Radtkes Worten seine *"erste Wende"*, die er biographisch erlebt. Ohne sie, glaubt er, wäre er nie wirklich Christ und Pfarrer geworden. Nur durch den Zufall des Datums seiner Geburt entgeht er dem Volkssturm, dem Tod, der Deportation durch die Russen. Im Frühjahr 1945, als die Rote Armee das hintere Pommern erreicht, ist er erst 13 Jahre alt und damit ein Jahr zu jung, um noch Soldat werden zu müssen. Alle seine Freunde und Schulkameraden entkommen dem Schicksal nicht, weshalb er am Ende feststellen muß: *"Nur ich bin übriggeblieben."* Das eigene Land ohne die *"tragenden Kräfte"*, er selbst, wie er sagt, *"eine verkrachte Existenz"*, physisch gefährdet, seelisch erschüttert und im Gefühl mangelnder Bildung, weil er die Mittelschule nach sechs Klassen abbrechen mußte - in diesem "ontologischen Mangelzustand" (Bude 1987:58ff), der das gemeinsame Erlebnis einer ganzen, von Mitscherlich später "vaterlos" genannten Generation in Deutschland ist, befindet sich auch Werner Radtke, als er 1947 mit dem Rest seiner Familie flüchtet und Ostdeutschland erreicht.

Hier nun erfährt er seine persönliche Wiedergeburt, als er in Kontakt mit einem pietistischen Jugendkreis kommt, der ihm über Bibelstunden und Gebetsgemeinschaften vorlebt, einen neuen Anfang mit Jesus zu finden. In dieser Zeit der inneren Sammlung, die von der Abwesenheit des in Kriegsgefangenschaft geratenen Vaters begleitet ist, überwindet er die *"totale Leere"*, die er in sich empfindet, im pietistischen Glauben an die Bekehrung.

Bewußt sucht er Anschluß an freikirchliche und methodistische Gruppen. In ihnen reift sein Entschluß, sein Leben in den Dienst einer Kirche zu stellen, die sich als Gemeinschaft der Gläubigen versteht. Derweil scheitern die Bemühungen der Mutter, ihn wieder in die Schule eingliedern zu lassen, so daß er zunächst den Beruf des Bäckers erlernt, weil hier eine Lehrstelle frei war und er sich sattessen wollte. Nach kurzer Berufstätigkeit bewirbt er sich an einer Predigerschule, um schließlich in den Vikarskreis einer freikirchlichen Gemeinschaft aufgenommen zu werden.

"Da spielte ja auch die Sehnsucht dabei eine Rolle, man möchte auch theoretisch noch stärker zu Hause sein, in dem, was Glauben und kirchliches Wirken ausmacht." Radtke holt das Wissen, das ihm der Krieg verwehrt hatte, nun in seiner kirchlichen Ausbildung nach und realisiert einen Weg des kulturellen Aufstiegs, der in dieser Zeit nicht ganz untypisch für den Zugang zum Pfarrerberuf in ganz Deutschland ist. Zwar bleibt in Fortsetzung einer langen Tradition die Selbstrekrutierungsrate von Pfarrern aus den Pfarrhäusern weiterhin hoch[4], doch münden zunehmend Angehörige unterer und mittlerer Schichten in diese Laufbahn ein - Anfang der 50er Jahre mit einem kurzfristigen Anstieg gerade bei Theologen bäuerlicher Herkunft.[5]

Unterdessen vollzieht sich in der DDR die erste Welle des staatlichen Kampfes gegen die Kirche. Geistliche werden verhaftet, der Religionsunterricht in den Schulen verboten, die Jugendweihe als staatlicher Ritus der Konfirmation entgegengestellt. Massenhaft treten die Menschen aus der evangelischen Kirche aus, die in nur wenigen Monaten über 20 Prozent ihrer Mitglieder verliert. Am Ende der DDR wird die Zahl der evangelischen Christen von 81 Prozent der Bevölkerung im Jahr 1950 auf 23 Prozent geschrumpft sein.[6] Jetzt beginnt eine politisch bewirkte Entkirchlichung der Gesellschaft, die empirisch zu vollenden schien, was die dialektische Theologie der Krisis einst zum tragischen Ausgangspunkt ihres Bekenntnisses machte: "Der Ort des Glaubens ist menschlich gesehen leer" (Friedrich Gogarten).

Radtke gerät zunehmend in einen inneren Konflikt mit dem pietistischen Frömmigkeitstyp, der nach innen so weltlos wie nach außen bekennerhaft ist. In Zeiten äußerer Bedrohung seitens des atheistischen Staates scheint er sich durch den Glauben allein als Person nicht mehr ausreichend sicher zu fühlen. Auch hat mittlerweile seine ganze Familie die DDR verlassen, wodurch sich seine biographische Erfahrung "*übrigzubleiben*" noch einmal wiederholt. Dies ist der Hintergrund seiner Entscheidung, vom freikirchlichen Pietismus in die evangelische Landeskirche überzuwechseln. Zum zweiten Mal in seinem Leben ohne Schutz "*tragender Kräfte*" existieren zu müssen - dieser Erfahrung entgeht er, indem er zu der noch am stärksten organisierten Kirche flieht, die am ehesten in der Lage scheint, die existentielle Gefahr zu begrenzen. Der Glaube wird ergänzt durch die Institution, die ihm 1954 seine erste Pfarrstelle zuweist. Seither erlebt er die Kirche und ihren Bestand auch als Voraussetzung der Kontinuität der Person.

Als Werner Radtke seine erste Pfarrstelle antritt, wird Andreas Storkow als jüngstes von vier Kindern gerade geboren, im Pfarrhaus einer märkischen Kleinstadt, mitten im Ort gelegen. Storkows Vater, im Nationalsozialismus bei der Bekennenden Kirche, ist Superintendent und gehört der Synode Berlin-Brandenburg an, ein humanistisch gebildeter Mann, aber auch preussisch-unnahbar. Die Mutter: eine "*klassische Pfarrfrau*", sozial engagiert. Inmitten der zweiten staatlichen Repressionswelle gegen die Kirche am Ende der fünfziger Jahre erlebt Storkow seine Kindheit durchaus nicht als fortwährende Diskriminierung. Noch sind Reste einer intakten Volkskirche vorhanden, was auch dem Pfarrerssohn eine gewisse Ehrfurcht bei anderen sichert. Zwar leidet er in der Schule darunter, "*nicht ernstgenommen zu werden*", und es setzen ihm manchmal die Neulehrer zu, indem sie seine Bindung an einen unwissenschaftlichen Glauben verspotten; doch insgesamt kann er von seiner Kindheit berichten: "*Dieses Pfarrhaus war nicht so leicht zu verrücken.*"

Zurücksetzungen, die Storkow erfährt, lernt er erst mit der Zeit als Maßnahmen zu begreifen, die neben seiner Person auch seine Herkunft treffen. Dies ist sogar noch der Fall, als ihm trotz guter Noten der Besuch der Oberschule verwehrt wird. In all die

Schwierigkeiten, die man ihm bereitet, mischt sich stets das Gefühl, gerade hierdurch eine herausgehobene Stellung innezuhaben. Der junge Andreas findet im gleichen Maße Gefallen an seiner Besonderheit, wie ihm die Uniformiertheit der anderen schon ästhetisch zuwider ist. Das weiße Hemd, das er immer dann tragen muß, wenn seine Schulklasse gerade mal wieder im FDJ-Blauhemd paradiert, ist daher nicht etwa ein Zeichen des Makels, sondern auch Ausdruck des Stolzes, "*etwas anderes gewesen zu sein*".

Storkow selbst sagt, daß er oftmals in seinem bisherigen Leben ein "*Randsiedler*" war. Der Distanz gibt er den Vorzug vor dem Engagement, auch, weil nur für den biographische Ausflüge möglich sind, der sich nirgendwo festgelegt hat. Davon ist auch sein weiterer Lebensweg geprägt, auf dem er nach einer Intervention seines Vaters dann doch noch das Abitur erlangt. Ein naturwissenschaftliches Studium wird ihm abgeschlagen, woraufhin die Armee ihn sogleich zum Wehrdienst einzieht. Storkow verzichtet darauf, eine Verweigerung anzumelden, weil er sich nur so Aussichten verspricht, doch noch auf eine Universität zu gelangen: Mittlerweile hat er sich im Fach Psychologie beworben. Um die Chancen für ein Studium zu steigern, tritt er der FDJ bei, wird Sekretär seiner Kompanie und hält Reden, die das Wohlwollen der Politoffiziere erlangen. Neben das instrumentelle Motiv tritt auch ein habituelles. Im Kontakt mit der geistigen Trägheit der Truppe bemerkt er, "*wie hohl dieses System war*". Es reizt ihn, seine intellektuelle Überlegenheit zu beweisen, die jederzeit in den Dienst der Partei gestellt werden könnte, wenn er nur bereit wäre, dafür eine Entscheidung zu treffen.

Insgesamt erlebt Storkow eine Zeit, in der er innerlich nicht richtig weiß, welchen Weg er einschlagen soll. Der Grund hierfür dürfte sein, daß er sich im Zwiespalt jeweils unmöglicher Lebenswege befand. Eine bildungsbürgerliche Karriere ist ihm politisch verstellt, aber auch die politische Anpassung hat dort ihre Grenze, wo sie biographisch den Bruch mit dem eigenen Herkunftsmilieu bedeuten würde. In ihm dominiert der übermächtige Vater, der die moralischen Maßstäbe setzt und auch für die soziale

Selbstdefinition sorgt. Dieses Herkunftsmilieu ist schließlich dafür verantwortlich, daß sich Storkows innerer Abstand zum Staat DDR lange nicht in eine offene Dissidenz transformiert, weil dies zwangsläufig das Ende aller sozialen Ambitionen zur Folge hätte. Dreifach verhindert, seinem Leben als Bürger, als Kommunist oder Oppositioneller einen eindeutigen Sinn zu geben, bleibt übrig die biographische Figur des "*Randsiedlers*", der sich - wie Storkow häufig bemerkt - verschiedentlich "*ausprobiert*", um als Person nicht unkenntlich zu werden.

Am Ende seiner Armeezeit im Jahr '74 wird Andreas Storkow aus seinem inneren Dilemma von außen erlöst. Die Bewerbung für ein Psychologiestudium geht fehl, trotz aller Zugeständnisse, die ihr geschuldet waren. Jetzt bleibt nur noch Theologie übrig, ein "Notnagel", wie Storkow sagt, der sich damals nicht wirklich berufen fühlte: "Das war mehr so der Druck auch vom Elternhaus, man muß eigentlich was studieren ... Also Theologie." Die von außen veranlaßte Entscheidung wird durch das Konnubium komplettiert und besiegelt. Im Verlauf seines Studiums wird er die Tochter eines DDR-weit bekannten Pfarrers heiraten.

3.

Storkow kehrt damit nach einigen biographischen Schleifen erneut in die kirchliche Welt zurück, in der sich Werner Radtke schon Jahre zuvor langsam behauptet hatte. Anfangs davon überzeugt, daß auch die DDR nur ein vorübergehender Aufenthaltsort für den Gläubigen ist, stellt er sich mit der Mehrheit der evangelischen Kirche auf die historische Faktizität des sozialistischen Staates ein. Bis Anfang der sechziger Jahre beteiligte er sich nicht an den staatlichen Wahlen, danach zollt er der Obrigkeit jenen Tribut, der ihr aus seiner Sicht notwendigerweise zukommen mußte. Dem Faktischen entströmt bekanntlich eine normative Kraft, und so ist es keineswegs eine politische Überzeugung, die Radtke dazu bewegt, mit dem atheistischen Staat zu kooperieren.

Sowohl die theologische Rechtfertigung des Sozialismus wie den protestantischen Protest gegen ihn überläßt er gerne den anderen. Ende der fünfziger Jahre schloß er sich daher nicht dem Bischof Dibelius an, der einen letzten Versuch zur theologischen Delegitimierung der DDR-Obrigkeit unternahm. Auch seinem späteren Nachfolger Schönherr folgte er nicht, weil dieser unter "Kirche im Sozialismus" mehr als eine nur pragmatische Ortsbestimmung verstand.[7] "*Ich gehöre nicht zu denen, die so ganz deutlich einzuordnen sind, ich hatte eben meine Probleme, bis zuletzt.*" Am meisten mag er sich noch mit seinem pommerschen Landsmann Manfred Stolpe identifizieren, was auch damit zusammenhängen kann, daß dieser genau jene Probleme der öffentlichen Rechtfertigung hat, die Radtke für seine Person befürchtet.

Radtkes Scheu vor der Festlegung entstammt seinem impliziten Muster der persönlichen Handlungsregulation. Eine gleichsam natürliche Begabung für Organisationssoziologie verbietet ihm, durch zu starke Identifizierung jene notwendige Flexibilität zu gefährden, der gerade mittlere Funktionsträger immer bedürfen. Biographisch gestützt und motiviert wird dieses Muster durch seine Erfahrung, um der subjektiven Kontinuität willen auf die Konstanz der Institution Kirche angewiesen zu sein, was eben die äußere Anpassung an die weltliche Lage erforderlich macht.

Was jedoch im tiefsten Kern seine Anpassungsbereitschaft befördert, sind die persönlichen Chancen, die er damit realisiert. Immer wieder kommt Radtke darauf zu sprechen, wie schwer es für ihn doch gewesen sei, sich im geistlichen Stand zu bewähren. Das "*mangelhafte Schulwissen*" und die "*bescheidene theologische Ausbildung*", die er sich selbst attestiert, lassen ihn nach eigenem Bekunden im kirchlichen Dienst an die "*Grenze der Überforderung*" geraten. Von dem Wunsch getrieben, "*mit den anderen mitzuhalten*", nimmt er jede Gelegenheit wahr, in Pastoralkolleg und Sprachenkonvikt eine Fortbildung zu erhalten. So kann er die kirchliche Karriere als Prozeß einer inneren Vervollkommnung erfahren, der seinen "ontologischen Mangelzustand" der Nachkriegszeit auch in dieser Hinsicht nachträglich behebt.

Von hieraus entspinnt sich eine subtile Verbindung zum

Schicksal des Staates. Die zeitweilige Konsolidierung der DDR symbolisiert jenen Prozeß der Festigung und des langsamen Aufstiegs, den Radtke an sich selber erfahren hat. Die historische Koinzidenz staatlicher und persönlicher Stabilisierung stiftet eine basale Homologie der Erfahrung, ohne die eine Kooperationsbereitschaft auf Dauer nur erzwungen werden könnte. Davon aber kann bei Werner Radtke nicht die Rede sein. Seit den fünfziger Jahren führt er Gespräche mit der staatlichen Macht, die über das unabdingbar Notwendige hinausgehen, wenn man, wie er, den Kreiskirchenrat zu vertreten hatte. Der Kontaktwunsch der Mächtigen schmeichelt seinem Selbstwertgefühl und so tritt er, weil er hier *"interessante Gesprächspartner"* findet, auch den Christlichen Arbeitskreisen der Nationalen Front bei - einem staatlichen Einflußorgan, das die Systemopposition als eine Art theologische Abteilung des Staatssicherheitsdienstes betrachtet.

In seinem pastoralen Auftrag, den Radtke seit 1977 in einem Dorf bei Waldleben erfüllt, ist er dabei nach eigener Auskunft *"nie irre geworden"*. Dies hängt nicht zuletzt mit den Ursprüngen seines Bekenntnisses zusammen. Gefragt nach einem biblischen Motto, das für die eigene Person die größte Bedeutung besitzt, antwortet er ganz in der Tradition des pietistischen Glaubens seiner pommerschen Heimat: *"Jesus Christus, gestern und heute, und derselbe auch in Ewigkeit."* Sein weltliches Handeln kann diese letzte Gewißheit kaum erreichen noch irritieren. Der Glaube schließt sich ein in das Innenverhältnis des Menschen zu Gott, so daß als Akteur gehandelt werden kann, ohne daß das Bekenntnis eigentlich betroffen würde. Genau dies ist die konfessionelle Voraussetzung dafür, in der politischen Profanität anpassungsfähig zu sein.

So traditionalistisch die Form seines Glaubens ist, so exzentrisch kommen Radtke die kirchlichen Gruppen der politischen Dissidenz vor, auf die er seit Mitte der achtziger Jahre trifft. Zu diesem Zeitpunkt ist er mit der Organisation der Kirchentage befaßt, die zum Demonstrationsort der protestierenden Kirche von unten werden: *"Als Mann aus der Provinz war ich eigentlich der Meinung: Also, was wollen die eigentlich? Und hab' gedacht, die Berliner beschäftigen sich viel zu viel mit den Gruppen, und hätte sie am liebsten 'rausgeschmissen aus der Kirche. Die waren mir lästig, weil sie mich hinderten, meine Arbeit zu machen."*

Vor alle politische Wertung schiebt sich bei Radtke das Gefühl, mit der Arroganz eines großstädtischen Universitätsmilieus konfrontiert zu sein, das die bescheidene Wirklichkeit der überwiegend ländlichen Kirchengemeinden verachtet. Untrüglich spürt er, daß im gleichen Maße, wie der großstädtische Habitus einflußreich wird, die Bedingungen für die Stabilität der eigenen Position abnehmen werden. Die kirchlichen Auseinandersetzungen jener Zeit sind daher nicht einfach nur als ideologischer oder Glaubensstreit zu begreifen, sondern als *sozialer Konflikt* zwischen unterschiedlichen Generationen und sozialen Milieus.

Anschaulich wird dieser Umstand, wenn wir uns die biographische Position betrachten, in der sich Andreas Storkow mittlerweile befindet. Zum Berliner Kirchentag 1987, den Radtke als Störung der kirchlichen Ordnung erlebt, steuert Storkow aufsässige Predigttexte bei, die auf der Abschlußkundgebung verkündet werden. Dies ist der vorläufige Höhepunkt seines kirchlichen Engagements, das mit dem Theologiestudium Mitte der siebziger Jahre begonnen hatte. Im Studium vollzieht Storkow zunächst eine Entwicklung, die er als "*theoretische Annäherung an den Marxismus*" bezeichnet. Hier meint er, eine Systematisierung jenes Ideals der klassenlosen Gesellschaft zu finden, das er in der Bibel zum ersten Mal formuliert sieht. Die Heilige Schrift ist ihm vor allem ein visionäres Buch, weshalb er auf die Frage nach seiner wichtigsten Bibelstelle mit einem messianischen Bild von Jesaja antwortet: "*Wenn Wolf und Lamm gemeinsam weiden und das Kind am Loch der Natter spielt...*". Sein Hang zum Utopischen läßt auch seine Einstellung zur DDR nicht unberührt. Bei aller Kritik an der persönlichen Unfreiheit akzeptiert er den sozialistischen Staat doch als einen - unzulänglichen - Versuch, eine weltliche Annäherung an biblische Ideale zu finden. Eine bedeutsame Rolle spielt hierbei auch der väterliche Kontakt zu einem Professor für Marxismus-Leninismus an der Theologischen Fakultät, dessen "*Toleranz*" ihn nachhaltig beeindruckt hat - und von dem Storkow vielleicht bis heute nicht weiß, daß er seit 1958 unter dem Decknamen "Harry" als Informeller Mitarbeiter der Staatssicherheit geführt worden ist.

Eine weitere missionarische Prägung erhält Storkow im Predigerseminar Wittenberg, wo Friedrich Schorlemmer den jungen Theologen mit dem Gefühl entläßt, die Welt bewegen zu können. Voller Enthusiasmus tritt Storkow Anfang der achtziger Jahre seine erste Pfarrstelle an, die ihn in die schäbige DDR-Realität eines weit abgelegenen Stationierungsortes der Nationalen Volksarmee abstürzen läßt. Kalt erwischt von der unverhüllten Realität des Staatssozialismus legt er sich mit den Funktionären der Partei an, "*dümmlichen Bonzen*", deren "*Kleinkariertheit*" er mitunter auch auf der Kanzel lächerlich macht. Teile seiner Predigten stellt er im Schaukasten der Kirche aus, welcher daraufhin regelmäßig zerstört wird. Einen Höhepunkt erreicht sein täglicher Kleinkrieg, als junge Mädchen - Töchter von Offizieren - in seine Gemeinde kommen, die an der kirchlichen Arbeit, aber auch am jungen Pfarrer Interesse zeigen. Nach langen Unterhaltungen gibt er ihnen christliche Bücher mit, die von einem Vater zuhause verbrannt werden. Storkow vergleicht dies mit der Bücherverbrennung und schreit im Rat des Kreises die Funktionäre an. Wann immer er nun zur Staatsmacht zitiert wird, vertieft sich der Ekel, den er gegen die Genossen empfindet.

Erschöpft durch die ungeahnte Belastung des Pfarrdienstes und entnervt davon, neben dem Gemeinde- kein Privatleben mehr zu haben, verläßt er nach vier Jahren den unwirtlichen Ort seiner ersten theologischen Bewährung und tritt 1986 eine Stelle in der kirchlichen Fortbildung in Waldleben an. Nun ist es das Milieu der kirchlichen Opposition, auf das sich seine Arbeit ausrichtet. Ihr rechnet sich Storkow jetzt eindeutig selbst zu, ohne allerdings an Aktionen der Bürgerbewegung persönlich beteiligt zu sein.

4.

In dieser Situation erlebt Andreas Storkow das Jahr 1989, für ihn ein "*unheimlicher Aufbruch*", während Werner Radtke es zur selben Zeit als "*Verhängnis*" empfindet, daß ausgerechnet er dem Kreiskirchenrat vorsitzt und in dieser Funktion die Wende aushalten muß. Nicht, daß Radtke den politischen Umbruch nicht begrüßt hätte - davon kann keine Rede sein. Und doch fällt es ihm schwer, aus einer Rolle zu finden, die er sein halbes Leben lang eingeübt hatte. Radtke hat in seinem Leben gelernt, an Ordnung interessiert sein zu müssen, was ihm wichtig vor allem in Zeiten der Unordnung ist. Während der Wende bleibt er daher an der Seite des Staates. Seinen gleichsam sozialökologischen Ausdruck findet dies in den ersten Fürbittgottesdiensten, wo er nicht bei der Insurrektion im Kirchenschiff, sondern mit der SED-Sekretärin für Kirchenfragen gemeinsam am Fuße der Kanzel sitzt.

Zu seinen staatlichen Gesprächspartnern hält er solange Kontakt, bis diese wohl oder übel abtreten müssen. "*Plötzlich hörte Frau Schuster auf, Protokoll zu schreiben, was sie sonst sehr eifrig tat, und dann haben wir uns geeinigt, wir lassen's, das brach ja auch alles zusammen.*" Vom SED-Bürgermeister noch selbst um den Vorsitz am Runden Tisch gebeten, moderiert er die heikle Situation des Übergangs im Bestreben, "*Schlimmes zu verhüten*". Als Vorsitzender dieses Gremiums verkörpert er genau jenen Kompromiß einer kurzweiligen politischen Doppelherrschaft, den der Runde Tisch selbst darstellt.

Bei aller weltlichen Freude, in seiner alten Position gut in die neue Zeit gekommen zu sein, mischt sich eine tiefe Enttäuschung. Die Demokratie erfährt er als eine Lebensform, die einen starken Bedeutungsverlust der Kirche gegenüber Staat und Gesellschaft zur Folge hat. Als die Gesellschaft politisch noch unterdrückt war, wurde die Kirche beachtet. Seit die Revolution sie aus ihrer Rolle als Heimstatt der Opposition entlassen hat, ist die Kirche, und damit er selbst, politisch nicht mehr besonders gefragt. Jetzt nur noch eine von vielen anderen Gruppen, kommt ihr das zweischneidige Privileg von Verfolgung und Aufmerksamkeit nicht länger zu. Darunter leidet auch Radtke, dessen lebenslange Orientierung an der weltlichen Obrigkeit buchstäblich leer läuft, seit er von den neuen Machthabern keine regelmäßigen Gesprächseinladungen mehr erhält.

Die Folgen der Wende erschüttern auch eine geistliche Hoffnung, die er mit dem Umbruch verband. Radtke, der in seinem Herzen immer den pietistischen Glauben bewahrte, spürt, daß die Säkularisierung der DDR im neuen Deutschland nicht aufhören wird, sondern mit der Wende einen Auftrieb bekam. Seit jedermann für das Bekenntnis zum Glauben frei ist, nimmt seiner Wahrnehmung nach der Glaube eher ab. Jetzt erst lernt er die radikale Immanenz zu begreifen, die der Gesellschaft der DDR eigen war. Fortgeführt wird sie in seinem Empfinden durch die hedonistische Kultur des Westens, die ja auch die Pfarrhäuser längst schon erreicht hat. Pfarrer als "*Spontis in Jeans*", deren Eheleben nicht besser als das aller anderen ist, und Pfarrfrauen, die keine mehr sein wollen, zerrütten die sittliche Vorbildfunktion seines Standes. In diesem Zusammenhang erlebt er die Wende auch als Durchbruch eines Milieus in der eigenen Kirche, von dem er sich schon Mitte der achtziger Jahre nichts Heilbringendes versprach.

Am Ende spürt Werner Radtke, daß es die traditionelle Volkskirche, die er noch aus Pommern kannte, niemals mehr geben wird. Wie zu Zeiten der DDR wird er Angehöriger einer Minderheit bleiben, einer "*Armee ohne Soldaten*", wie er bemerkt, was ihn bisweilen auch dazu verführt, sich "*polnische Verhältnisse*" zu erträumen. In diesem katholischen Traum drückt sich sein heimlicher Wunsch aus, nach all den unbequemen Jahren zwischen Anpassung und Schurigelei endlich selbst Autorität über die Menschen zu haben. Macht ist etwas, was er durchaus bewundert. Auch das hat ihn subtil an die früheren Machthaber gebunden, und läßt ihn von den heutigen eher abschätzig sprechen.

Im persönlichen Glauben geht Werner Radtke heute wieder stärker auf die Innerlichkeit seiner pietistischen Anfänge zurück. Das unterscheidet ihn von Andreas Storkow, der seit dem Umbruch im Herbst einen Drang in die politische Öffentlichkeit hat.

Zwar bleibt er auch jetzt wieder ein "*Randsiedler*": Dem Neuen Forum, für das er seit Mai 1990 Abgeordneter ist, gehört er bewußt nicht als Mitglied an. Doch bietet ihm die protestantische Revolution eine günstige Gelegenheitsstruktur, sich abermals "*auszuprobieren*" - jetzt als Politiker und im Stadtparlament, wo er sich mit dem robusten Bürgermeister der SPD gern in persönliche Konflikte verwickelt. Hier fungiert er als moralisches Gewissen der Wende und fällt durch seinen außergewöhnlichen Stil auf: Als einer der wenigen spricht er leise, um sich Gehör zu verschaffen. Unablässig beklagt er das starke Gefälle zwischen den Utopien des Herbstes '89 und der Realität des politischen Alltags danach. Ihm versucht er dadurch zu entkommen, daß er auf politische Machtchancen freiwillig verzichtet. In Haushaltsberatungen oder Koalitionsverhandlungen die eigene Stimme politisch möglichst gewinnbringend einzusetzen - dabei würde sich Storkow "*schäbig vorkommen*", weil er dann strategisch denken müßte. Hierin ganz Protestant, gewinnt sein politisches Handeln Heiligung nicht durch die äußere Wirkung, sondern durch die innere Glaubensgesinnung. Politik ist Verkündigung, und so sieht er den Zweck seines politischen Amtes hauptsächlich im demonstrativen Aussprechen jener gemeinsamen Ziele aus den Zeiten der Wende, die die meisten schon wieder vergessen haben.

In der Lokalzeitung läßt er sich mit der Aussage zitieren: "*Ich will keine Politik aus der Hüfte, sondern tiefgründig an die Sache gehen*", was die Redaktion im schönsten DDR-Deutsch zutreffend mit dem Satz kommentiert: "*Seine persönliche Stärke sieht er auf der Ideenstrecke*". Das Muster seines politischen Handelns ist die moralische Selbsterfahrung, was ihn von anderen Politikern in Waldleben einerseits abhebt, andererseits seine alte Befürchtung nährt, "*nicht ernstgenommen zu werden*". Für Storkow wiederholt sich damit die Erfahrung der DDR, habituell in der Minderheit zu sein. Und wie früher tritt er dagegen mit einem Verhaltensstil an, den Thomas Mann (1973:172) einmal den "vertrotzten Individualismus" des deutschen Bildungsbürgertums nannte.

"Vertrotzt" ist dieser Verhaltensstil deswegen, weil sich in ihm innere Labilität mit dem Wunsch nach äußerer Festigkeit paart. Dies ist der Hintergrund dafür, daß auch Storkow eine katholische Sehnsucht hat, die ebenfalls in Polen beheimatet ist. An den Polen bewundert er ihren Stolz und ihre Selbstsicherheit. Das habe sie vor der ganzen peinlichen Anpassung bewahrt, die man bei den DDR-Bürgern bis auf den heutigen Tag erkenne. Was Storkow sich damit auch selbst wünscht, ist Entlastung vom protestantischen Selbstzweifel, die Dogma und Ritual im Katholizismus gewähren. Auf diese Art Gnade zu finden, ist dem Protestanten verwehrt, und auch dies ist ein Grund, weshalb sich Andreas Storkow in der Politik wiederfindet.

5.

Werner Radtke und Andreas Storkow bilden den Kontrast von gläubiger Anpassung und habitueller Distanz. Radtke handelt im Gefühl einer existentiellen Gefährdung und teilt damit eine Generationserfahrung der Nachkriegszeit. Die Fragilität seines sozialen Aufstiegs treibt ihn zur Kooperation mit der staatlichen Macht, die ihm bei aller Kritik zum Garanten der notwendigen Ordnungsleistungen wird, derer er persönlich bedarf. Konfessionell ermöglicht wird sein Verhalten durch jene Form protestantischer Verinnerlichung, in der ein weltloser Rechtfertigungsglauben gegen das profane Handeln isoliert bleibt. Der lutherischen Tradition des Gehorsams gegen die Obrigkeit korrespondiert der obrigkeitsstaatliche Traditionalismus, in dem die politische Herrschaft der DDR ausgeübt wurde. Allerdings kam der evangelischen Kirche hier nicht jene staatstragende Rolle zu, die sie in der Geschichte des deutschen Obrigkeitsdenkens immer besaß. Dieser Umstand läßt Werner Radtke von einer Gesellschaft träumen, in der sich kirchliche Autorität und autoritärer Staat verbinden.

Andreas Storkow hingegen hat für den Beruf des Pfarrers keine Glaubensgründe, sondern säkulare Motive, die in der Kontinuität seines sozialen Milieus liegen. Die kirchliche Tätigkeit erfüllt für ihn die Funktion, einen Individualismus zu sichern, durch den er der Welt gegenüber eine moralische Haltung einnehmen kann, ohne sich sozial zu gefährden. Sein implizites Handlungsmuster ist, sozialen Ausschluß in persönliche Distinktion zu verwandeln. Auch Storkow folgt dabei einer protestantischen Verinnerlichung, die allerdings vollständig verweltlicht ist. Sie offenbart sich in einer abstrakt bleibenden Moralität, die ihre Konkretion vor allem in der persönlichen Selbsterfahrung findet. Dadurch nicht zuletzt für seine biographischen Ausflüge frei, sucht er insgeheim nach einem dogmatischen Prinzip, das ihn von seiner selbstbezüglichen Innerlichkeit auch wieder erlösen kann.

Die impliziten Handlungsmuster von Werner Radtke und Andreas Storkow repräsentieren soziale Prinzipien, keine politischen. Sie dokumentieren, daß die Gesellschaft der DDR auch innerhalb der evangelischen Kirche soziale Milieus konservierte, die mit all ihren persönlichkeitsprägenden Eigenschaften westlich viel stärker zersetzt wurden. Die Reste des protestantischen Bildungsbürgertums haben sich die Rolle einer potentiellen Gegenelite der DDR durch einen sozialen Abstand gewahrt, der im Milieu der evangelischen Kirche am besten zu sichern war. Die Haltung dieses Milieus war moralisch, utopisch und elitär, doch nur in Maßen politisch. Gleichzeitig hat der sozialistische Staat, nachdem er die Kirche als Institution nicht mehr bedrohte, von jenen lutherischen Traditionen profitiert, die weltliche Herrschaft mit gläubiger Folgebereitschaft versorgen. Die Kooperation von Staat und Kirche stellte ein Ordnungsangebot dar, das jene annehmen konnten, die über die Mittel habitueller Distanz nicht verfügten. Diese unterschiedlichen sozialen Voraussetzungen für das politische Handeln von Pfarrern haben in der Geschichte der DDR jedoch nicht eine eindeutige Rollenverteilung zur Folge gehabt, in der Judas und Johannes einfach zu unterscheiden wären. So kann sich aus den hier geschilderten Lebenswegen auch eine politische Einsicht ergeben: Der politische Gegensatz von "Opportunismus und Opposition" in der evangelische Kirche der DDR läßt sich gewiß auf bestimmte Entscheidungen beziehen, nicht jedoch auf die Menschen, die sie zu treffen hatten.

Anmerkungen

1 Eine Kurzfassung dieses Beitrages erschien in der Zeitschrift "Merkur", 48. Jg. (1994). Das Material meiner Darstellung entstammt einer Gemeindestudie, die ich gemeinsam mit Helmuth Berking zwischen 1990 und 1993 in einer brandenburgischen Stadt durchgeführt habe; vgl. Berking/Neckel 1991, 1992, 1994; Neckel 1992a, 1992b, 1993.
2 Zur politischen Geschichte des Pfarrerstandes in Deutschland vgl. Dahm 1965; Strohm 1984.
3 Zur kulturellen Tradition und politischen Geschichte Pommerns vgl. die Berichte von Christian Graf von Krockow (etwa Krockow 1984).
4 Sie liegt 1950 bei den Pfarrern in Gesamtdeutschland bei 25 Prozent (vgl. Bormann-Heischkeil 1984; Kleßmann 1993).
5 Mit acht Prozent stellen Kinder von Landwirten nach denen von Geistlichen, Lehrern und mittleren Beamten die viertstärkste Zugangsgruppe für den Pfarrerberuf in dieser Zeit (vgl. Bormann-Heischkeil 1984: 154ff). Bis in die sechziger Jahre wachsen in der DDR der Unterschichtsanteil wie die Selbstrekrutierungsrate von Pfarrern stärker als westlich der Elbe an, wobei das eine mit der Abwanderung des Bürgertums, das andere mit der einsetzenden Diskriminierung von Christen im Bildungswesen erklärbar ist: Die kircheninternen Ausbildungsgänge wurden dadurch zum oft einzig verbleibenden Weg, eine höhere Bildung zu erlangen (vgl. Kleßmann 1993:34ff).
6 Insgesamt nimmt die Entwicklung der Mitgliedschaft in der evangelischen Kirche der DDR folgenden Verlauf: 1950 gehörten 81 Prozent der Bevölkerung der evangelischen Kirche an, 1964 60 Prozent, 1970 40 Prozent, 1988 noch 23 Prozent (Pollack 1993a:249, 254). 1993 gaben ca. 25 Prozent der ostdeutschen Bevölkerung an, Mitglied der evangelischen Kirche zu sein (Pollack 1993b:91).
7 Zur Kirchengeschichte der DDR vgl. insgesamt die - unterschiedlichen - Darstellungen bei Fulbrook 1990; Maser 1992; Stolpe 1992; Besier/Wolf 1992; Besier 1993; Pollack 1993a, 1993b.

Literatur

Berking, Helmuth/Neckel, Sighard: "Außenseiter als Politiker. Rekrutierung und Identitäten neuer lokaler Eliten in einer ostdeutschen Gemeinde", in: *Soziale Welt* 42 (1991), S. 283-299

Berking, Helmuth/Neckel, Sighard: "Die gestörte Gemeinschaft. Machtprozesse und Konfliktpotentiale in einer ostdeutschen Gemeinde", in: St.

Hradil (Hg.), *Zwischen Bewußtsein und Sein. Die Vermittlung "objektiver" Lebensbedingungen und "subjektiver" Lebensweisen*, Opladen 1992, S. 151-171

Berking, Helmuth/Neckel, Sighard: "Ostdeutsche Politikstile: Populist und Protestant", in: H. Berking/R. Hitzler/S. Neckel (Hg.), *Politikertypen in Europa*, Frankfurt 1994, S. 155-174

Besier, Gerhard/Wolf, Stephan (Hg.): *"Pfarrer, Christen und Katholiken." Das Ministerium für Staatssicherheit der ehemaligen DDR und die Kirchen*, Neukirchen 1992

Besier, Gerhard: *Der SED-Staat und die Kirche. Der Weg in die Anpassung*, München 1993

Bohrer, Karl Heinz: "Deutsche Revolution und protestantische Mentalität", in: *Merkur* 46 (1992), S. 958-964

Bormann-Heischkeil, Sigrid: "Die soziale Herkunft der Pfarrer und ihrer Ehefrauen", in: Greiffenhagen 1984, S. 149-174

Bude, Heinz: *Deutsche Karrieren. Lebenskonstruktionen sozialer Aufsteiger aus der Flakhelfer-Generation*, Frankfurt 1987

Dahm, Karl-Wilhelm: *Pfarrer und Politik. Soziale Position und politische Mentalität des deutschen evangelischen Pfarrerstandes zwischen 1918 und 1933*, Köln 1965

Fischer, Hermann: *Systematische Theologie. Konzeptionen und Probleme im 20. Jahrhundert*, Stuttgart 1992

Fulbrook, Mary: "Protestantismus und Staat in der DDR", in: *Sozialwissenschaftliche Informationen* 19 (1990), S. 143-152

Greiffenhagen, Martin (Hg.): *Das evangelische Pfarrhaus. Eine Kultur- und Sozialgeschichte*, Stuttgart 1984

Kleßmann, Christoph: "Zur Sozialgeschichte des protestantischen Milieus in der DDR", in: *Geschichte und Gesellschaft* 19 (1993), S. 29-53

Krockow, Christian Graf von: "Gutshaus und Pfarrhaus", in: Greiffenhagen 1984, S. 223-230

Mann, Thomas: "Deutschland und die Deutschen", in: ders., *Schriften zur Politik*, Frankfurt 1973, S. 162-183

Maser, Peter: *Kirchen und Religionsgemeinschaften in der DDR 1949-1989*, Konstanz 1992

Neckel, Sighard: "Das lokale Staatsorgan. Kommunale Herrschaft im Staatssozialismus der DDR", in: *Zeitschrift für Soziologie* 21 (1992a), S. 252-268

Neckel, Sighard: "Deutsche Abgrenzungskämpfe. Ein Bericht aus der brandenburgischen Industrieprovinz", in: *Merkur* 46 (1992b), S. 669-679

Neckel, Sighard: "Ostdeutscher Populismus. Analyse eines Kommunalpolitikers", in: ders., *Die Macht der Unterscheidung. Beutezüge durch den modernen Alltag*, Frankfurt 1993, S. 195-210

Neubert, Erhart: "Eine protestantische Revolution", in: *Deutschland-Archiv* 23 (1990), S. 704-713

Plessner, Helmuth: *Die verspätete Nation. Über die politische Verführbarkeit bürgerlichen Geistes*, Frankfurt 1974

Pollack, Detlef: "Religion und gesellschaftlicher Wandel. Zur Rolle der evangelischen Kirche im Prozeß des gesellschaftlichen Umbruchs in der DDR", in: H. Joas /M. Kohli (Hg.), *Der Zusammenbruch der DDR*, Frankfurt 1993a, S. 246-266 Pollack, Detlef: "Wertwandel und religiöser Wandel in Ostdeutschland", in: *Berliner Debatte INITIAL*, Heft 4 1993b, S. 89-96

Stolpe, Manfred: *Schwieriger Aufbruch*, Berlin 1992

Strohm, Theodor: "Pfarrhaus und Staat. Die politische Bedeutung des evangelischen Pfarrhauses", in: Greiffenhagen 1984, S. 329-356

Monika Wohlrab-Sahr

Das Unbehagen im Körper und das Unbehagen in der Kultur

Überlegungen zum Fall einer Konversion zum Islam

1. Einleitung

Die in der deutschen Soziologie seit mehr als 10 Jahren geführte Debatte um einen neuen Individualisierungsschub hat mit Verzögerung auch die Religionssoziologie erreicht (s. Gabriel 1992) und scheint für viele religiöse Phänomene einen geeigneten Interpretationsrahmen zu bieten. Die nachlassende Bedeutung des institutionalisierten Zusammenhangs von (konfessionell gebundener) Religion und Lebensführung, die vor allem bei den jüngeren Generationen verstärkt zu beobachtende Abkehr von institutionalisierter Religion überhaupt, die synkretistische Bricolage, die in neuen Formen der Spiritualität, aber auch unter dem Deckmantel alter konfessioneller Christlichkeit vielfach anzutreffen ist, sowie die starke Akzentuierung von Subjektivität und Selbstthematisierung in vielen neuen Formen der Religiosität - all dies scheint die Gültigkeit der Individualisierungsthese auch für den Bereich der Religion nachhaltig zu bestätigen.

Zusätzliche Bestärkung erfährt dieses Interpretament auch dadurch, daß der religiöse Markt heute Angebote aus aller Welt feilbietet, die entsprechende Abnahme bei westlichen 'Konsumenten' finden. Vor allem neue religiöse Bewegungen aus dem asiatischen Raum und diverse Spielarten des Buddhismus finden großen Anklang im Westen und sie werden - teils als gegenkulturelle Entwürfe, teils als Adaption bloßer Körper- und Entspannungstechniken - ins Repertoire der eigenen Lebensführung übernommen.

Während diese Formen asiatischer Religiosität mittlerweile in einer westlichen Mittelschichtskultur kaum noch als Fremdkörper wirken und mit einer individualisierten Lebensweise in vieler Hinsicht ausgesprochen kompatibel zu sein scheinen, verhält sich das mit einer weiteren nicht-westlichen Religion, mit dem Islam, anders. Lange Zeit ausschließlich als Religion großer Migrantengruppen in Europa präsent, findet zwar auch der Islam zunehmend Anhänger bei der einheimischen Bevölkerung.[1] Aber gerade die mit solchen Konversionen zum Teil einhergehende Übernahme bestimmter Formen der Lebensführung und der traditionellen islamischen Kleidung wirken für westliche Beobachter oft ausgesprochen befremdlich, stören sie doch den common sense darüber, was eine 'moderne', 'säkulare', 'individualisierte' oder 'emanzipierte' Lebensweise ausmacht, in empfindlicher Weise.

In einer widersprüchlichen Mischung schließen solche Formen der Konversion zum Islam einerseits an Pluralisierungstendenzen im Bereich von Religion und Kultur an, insofern die ins Globale erweiterte Angebotspalette genutzt und daraus eine individuelle Auswahl getroffen wird. Andererseits kollidiert die Art dieser Wahl an wesentlichen Punkten mit den kulturellen Selbstverständlichkeiten der eigenen Gesellschaft. In ihren äußeren Erscheinungsformen, ihrem Bezug auf die religiösen Schriften, ihrem Rekurs auf klare Lebensordnungen, vor allem aber in ihrer Definition des Geschlechterverhältnisses wirken Konversionen zum Islam in vieler Hinsicht geradezu als Gegenreaktion auf gesellschaftliche Individualisierungstendenzen und die damit einhergehende Unbestimmtheit der Lebensführung.

Der folgende Text stellt einen Versuch dar, solche ersten Eindrücke in einer genaueren Analyse zu präzisieren: anhand des Falles der Konversion einer deutschen Frau zum Islam sollen in einem exemplarischen Zugang mögliche Implikationen des Übertritts zur Religion einer fremden Kultur herausgearbeitet werden - im Hinblick auf seine biographische, soziale und kulturelle Logik.

2. Zur Definition von Konversion

Der Phänomenbereich, der damit zur Diskussion steht, ist die verbindliche Hinwendung von Personen, die aus einem kulturellen Kontext stammen, den man als "christlich-säkular"[2] bezeichnen könnte, zu Religionen aus fremden Kulturen. Der für diesen Vorgang landläufig verwendete Begriff der "Konversion" beinhaltet freilich noch keine angemessene Bestimmung des zugrundeliegenden Sachverhaltes.

Betrachtet man den lateinischen Begriff *convertere* - im Sinne von umwenden, verwandeln, verändern - stellt sich sofort die Frage, was es denn ist, das da verändert wird. Bei den Antworten, die in der Literatur zur Konversion auf diese Frage gegeben werden, lassen sich analytisch zwei Grundpositionen unterscheiden, die mit unterschiedlicher Akzentuierung bei den meisten Definitionsversuchen wieder auftauchen.

Die erste Position, die in theologischen und religionspsychologischen, aber auch in soziologischen Ansätzen lange bestimmend war, versteht diesen Wandel als *Bekehrung*, dementsprechend als radikalen *Wandel* der Person (s. dazu vor allem: James 1902) mit nachhaltigen Verhaltensänderungen, in der Regel ausgelöst durch ein erschütterndes Erlebnis. Das Modell für diesen Vorgang ist die Bekehrung des Saulus zum Paulus, entsprechende Beispiele lassen sich meist problemlos bei Konversionen zu pietistischen oder anderen fundamentalistischen Gruppierungen finden. Vor allem aber scheint sich an diesem Modell die Außendarstellung vieler Konvertiten zu orientieren, was dazu geführt hat, von der "Konversionserzählung" als eigenständiger kommunikativer Gattung zu sprechen (s. dazu Ulmer 1988; Luckmann 1987).

Eine zweite Position, die in vielen soziologischen Ansätzen erkennbar ist, bezieht sich eher auf den *Wandel der Deutungsmuster*, ausgelöst durch Erfordernisse sozialer Interaktion, und impliziert daher - sofern die Interaktionsverhältnisse sich ändern - prinzipielle Revidierbarkeit und Wiederholbarkeit.

Es ist unschwer zu erkennen, daß bei diesen Definitionsversuchen ähnliche Grundsatzfragen ausgetragen werden wie etwa in

Theorien über Identität, und wie auch dort bleiben über der Vereinseitigung der jeweiligen Position zentrale Fragen offen. Wo der Akzent auf einer *substantiell* verstandenen Identität und entsprechend auf Konversion als radikalem persönlichem Wandel liegt, bleiben viele religiöse Wandlungsprozesse in einem 'globalisierten' Kontext ausgeblendet und darüberhinaus bleibt die Analyse der Oberfläche religiöser Selbstdarstellung oft stark verhaftet. Wo - in einem allzu eng verstanden Sinn - allein der Wandel der Deutungsmuster in den Blick gerät, bleibt der Blick auf latente Kontinuitäten - trotz veränderter subjektiver Theorien - verstellt. Das eine scheint mir ebenso unbefriedigend wie das andere. In der Regel unterbleibt eine genauere Analyse, die klären könnte, *auf welcher Ebene* der Wandel stattfindet, wie sich der Wandel auf der symbolischen Ebene zum Wandel der Identität[3] verhält, und in welchem Verhältnis generell Wandel und Kontinuität stehen.

Walter Sprondel (1985) hat - im Anschluß an Thomas Luckmann - eine wissenssoziologische Definition von Konversion vorgeschlagen, die es erlaubt, Verbindungslinien zwischen beiden oben genannten Positionen zu ziehen. Danach beziehen sich Konversionen "auf radikale Veränderungen der '*Struktur*' subjektiver Weltsichten", in dem Sinne, daß sie "jene Elemente dieser Weltsicht betreffen, die alle anderen Inhalte in einer (meist hierarchischen) Struktur der Relevanz ordnen" (ebd.:551). Eine vollzogene Konversion bedeutet demzufolge nicht den vollständigen Austausch der Inhalte von Realitätsauffassungen, sondern die Neustrukturierung von neuen und alten Inhalten; und sie bezeichnet auch nicht jene Umbauten im subjektiven Wissensvorrat, bei denen die ordnungsstiftenden Dimensionen unberührt bleiben.

Bei dieser Definition bleiben die oben genannten Pole insofern verschränkt, als deutlich wird, daß das, was als "Struktur subjektiver Weltsicht" bezeichnet wird, eng verkoppelt ist mit dem, was man in einer anderen Terminologie als Struktur der Identität bezeichnen könnte. Gleichzeitig wird auf die *Neuordnung* von "Wissensbeständen" verwiesen und damit auch die Frage nach dem Verhältnis von Altem und Neuem aufgeworfen.

Konversionen - so Sprondel weiter - setzen die Existenz mehr oder weniger ausgearbeiteter Weltanschauungstheorien und entsprechender Trägergruppen voraus. Solche Weltanschauungsgruppen sieht er definiert durch die Verheißung des *einen Sinns*, der den Teilen der äußeren und inneren Welt ihren angemessenen Platz in einem "Ganzen" zuweist. Da alle diese Gruppen das gemeinsame Problem zu lösen haben, daß die zugesagte Ordnung zunächst nur eine verheißene ist, müssen sie das große Ziel ersetzen durch das "individuelle Erlebnis" der Ordnung der Welt, insbesondere der Einheit der Person.

Dann stellt sich aber das Problem der Objektivierung dieses individuellen Erlebens, dem damit der Rang einer unhintergehbaren Instanz zugesprochen wird. Diese Funktion, die Glaubwürdigkeit des Wandlungsprozesses verläßlich zum Ausdruck zu bringen, kommt nach Sprondel den Konversionserzählungen zu.

Dem ist hinzufügen, daß Konversionserzählungen nur ein Element in einer Reihe solcher Wandlungsnachweise darstellen. Eine vergleichbare Funktion erfüllen alle Elemente der Lebensführung, denen in der neuen Lebensordnung in irgendeiner Weise eine symbolische, paradigmatische Funktion zukommt. Wesentlich in diesem Zusammenhang sind offenbar die Annahme eines neuen Namens, das Tragen bestimmter Kleidung mit symbolischer Funktion, und darüberhinaus bestimmte Formen der Symbolisierung des Geschlechterverhältnisses.

3. Konversion als Paradigmenwechsel

Das, was Sprondel als "Struktur subjektiver Weltsichten" bezeichnet, kommt einem anderen, in der Wissenschaftstheorie verwendeten Begriff sehr nahe: dem des Paradigmas. Dieser Begriff bezeichnet bei Thomas S. Kuhn (^{2}1976, 1978) ursprünglich das, was aus einer Gruppe sonst unverbundener Menschen eine wissenschaftliche Gemeinschaft macht. Über den Besitz eines gemeinsamen Paradigmas beantwortet sich für Kuhn die Frage, wie sich eine verhältnismäßig unproblematische fachliche Kommunikation und relativ einhellige fachliche Urteile erklären lassen.

Kuhn verwendet den Begriff des Paradigmas, den er später entsprechend in "paradigm" und "exemplar" aufsplittet (Kuhn 1978), in einem doppelten Sinn: zunächst im übergeordneten Sinn einer *disziplinären Matrix* (paradigm), die alle Gegenstände einschließt, die für die Erkenntnisfunktion der Gruppe von besonderer Bedeutung sind. Und weiter im spezifischeren Sinn von *symbolischen Verallgemeinerungen, Modellen und Musterbeispielen* (exemplar), die der Gruppe bevorzugte Analogien oder gar eine Ontologie liefern. Paradigmen in diesem zweiten Sinn sind demnach konkrete Problemlösungen.

Ich halte den Begriff des Paradigmenwechsels für geeignet, die beiden oben genannten Definitionsversuche zu verschränken. Er bezeichnet den *Wandel eines Deutungsmusters*, der aber mit dem Wandel der Person insofern verbunden ist, als er für ein zentrales Problem der Biographie eine neue Lösung anbietet. D.h. die alte Problematik der Biographie wird auch nach der Konversion erkennbar sein. Erkennbar sein muß aber auch eine strukturell andere Form der Lösung.

Bereits in den 70er Jahren hat Kenneth Jones (1978) von Konversionsprozessen als "paradigm shifts" gesprochen. Aus der Tradition des sozialen Interaktionismus kommend, wandte er sich mit diesem Konzept vor allem gegen ein substantielles Verständnis von Identität. Über diesem Abgrenzungsversuch geriet Jones sein Konzept jedoch allzusehr in die Nähe bloßen situationsspezifischen Identitätsmanagements, so daß die Frage danach, wie sich der Wechsel des Paradigmas zur überkommenen Struktur der Identität verhält, letztlich unbeantwortet blieb.

Bei religiösen Konversionen handelt es sich aber nicht allein um Paradigmenwechsel, die ein Problem der *Biographie* auf eine neue Art beantworten. Religionen sind in den großen religionssoziologischen Entwürfen - etwa bei Weber - ja oft geradezu als paradigmatisch für die jeweilige *Kultur*, als Ausdruck der *Plausibilitätsstruktur einer Gesellschaft*, aufgefaßt worden. Insofern stellt sich die Frage, inwiefern Konversionen auch als "kulturelle" oder "soziale Paradigmenwechsel" betrachtet werden können, vor allem dort, wo es sich um Konversionen aus einem christlich-säkularen Kontext hin zu Religionen aus einem außerchristlichen Kontext handelt.

Gerade beim Christentum und beim Islam handelt es sich um Religionen, die nicht nur als Glaubenssysteme große Unterschiede aufweisen, sondern auch als Elemente der "grundlegenden Prämissen einer Zivilisation" (Eisenstadt 1987) stark differieren. Ein zentraler Unterschied liegt etwa im Grad der Ausdifferenzierung der Religion als funktionalem Teilsystem der Gesellschaft sowie im Grad der "thematischen Reinigung" anderer Teilsysteme von religiösen Inhalten. Beides ist - trotz aller interner Unterschiede - im Einflußbereich der christlichen Religionen wohl deutlich stärker ausgeprägt als in dem des Islam (vgl. Gellner 1985 u.a.). Insofern erscheint gerade bei Konversionen zum Islam die Frage relevant, inwieweit hier auch hinsichtlich dieser grundlegenden Prämissen ein Paradigmenwechsel stattfindet, wie dieser aussieht und wie er motiviert ist. Konkreter gefragt: Wie begründet sich der Bezug auf eine fremde Kultur/Religion? Was leistet die fremde Kultur, was die eigene nicht zu leisten in der Lage ist, bzw. was dort nicht (mehr) akzeptiert wird?

Denkbar ist also, daß mit der Konversion zur Religion einer fremden Kultur auch und vielleicht sogar in erster Linie *in sozialer Hinsicht ein Paradigmenwechsel* vollzogen wird, nämlich: weg von einer Gesellschaftsordnung, zu deren Strukturprinzip soziale Differenzierung und die Versachlichung, Rationalisierung und Individualisierung sozialer Verhältnisse gehören.

Insofern kann der Wechsel zur Religion einer fremder Kultur auch deshalb vollzogen werden, weil diese sich mit einem Gesellschaftsmodell und einer Lebensordnung zu verbinden scheint, die die eigene Kultur nicht mehr ohne Weiteres bereitstellt. Die Überlegungen, die Martin Riesebrodt (1990) am Beispiel verschiedener *fundamentalistischer* Bewegungen angestellt hat, daß es dabei nämlich in erster Linie um den Wechsel zu einem anderen - persönlich-patriarchalen - gesellschaftlichen Strukturprinzip gehe, könnten demnach auch erhellend sein für Prozesse religiöser Konversion. Insofern können Konversionsprozesse auch als Indikator für das Problematischwerden soziokultureller Realitäten angesehen werden.

Karl-Heinz Kohl (1987) hat - aus einer anthropologischen Perspektive - ähnliche Fragen am Beispiel des "kulturellen Überläufertums" europäischer Ethnologen zur Lebensweise der von ihnen beforschten "Wilden" untersucht. Es besteht insofern eine Parallele zum Phänomen der Konversion zu orientalischen Religionen, als auch hier der Wert der fremden Kultur immer aus der "Abstoßungskraft der eigenen Kultur" resultiert. Und noch eine weitere Parallele scheint mir angezeigt. Kohl interpretiert das "kulturelle Überläufertum" auf dem Hintergrund von Freuds Diagnose des "Unbehagens in der Kultur" als einem Signum der Moderne. Nämlich als einen Versuch, der mit der modernen Kultur verbundenen Unterdrückung von Affekten und Verdrängung von Triebregungen durch die Flucht in die vermeintlich naturnähere "Kultur der Wilden" zu entgehen. Mein empirisches Material aus Interviews mit deutschen Muslimen deutet auf eine Neuauflage eines "Unbehagens in der Kultur", allerdings unter verändertem Vorzeichen: als re-normierende Reaktion auf die De-Regulierungstendenzen der 60er und 70er Jahre im Bereich der Lebensführung und nicht zuletzt in der Ausgestaltung des Geschlechterverhältnisses. Dabei ist allerdings zu ergänzen, daß solche kulturellen Deregulierungen nur dort als persönlich problematisch erfahren werden, wo in der Biographie Fragen des Grenzverlusts ohnehin virulent sind.

Ich will diesen Zusammenhang im folgenden anhand des Falles der Konversion einer deutschen Frau zum Islam entfalten.

Bereits an dieser Stelle läßt sich jedoch festhalten, daß es sich bei der Konversion zum Islam, wie sie hier zur Debatte steht, um die westliche *Re-Konstruktion* einer islamischen Kultur, nicht um deren originäre Ausdrucksform handelt. Insofern bezieht sich alles, was im folgenden ausgeführt wird, auf die Sinnstruktur einer solchen *Aneignung fremder Kultur*, nicht auf den Sinn dieser Kultur selbst.

4. Das Unbehagen im Körper und das Unbehagen in der Kultur - Der Fall einer Konversion zum Islam[4]

4.1. Die Biographie

Die Probandin - nennen wir sie Brigitte Haltun, geb. Bergmeier - ist zum Zeitpunkt des Interviews 35 Jahre alt. Sie ist Ende der 50er Jahre geboren und stammt aus einer kommunistischen Arbeiterfamilie in Westdeutschland. Die Eltern gehören zunächst der verbotenen KPD an, die Mutter ist deshalb unter Adenauer eine Zeitlang im Gefängnis. Brigitte selbst ist von Jugend an in der DKP engagiert und noch zum Zeitpunkt der "Wende" in Ostdeutschland Parteimitglied. Mit dieser politischen Orientierung verbindet sich in der Familie ein starker normativer Anspruch: Brigitte soll einen "neuen Menschentypus" verkörpern: stark, gebildet und furchtlos.

Mit dieser Erziehung, die offensichtlich teilweise sadistische Züge trägt, geht gleichzeitig eine eigentümliche, ambivalent bleibende Ausgrenzung von Weiblichkeit einher. Brigitte wird nach Art eines Jungen erzogen. Sie kleidet und benimmt sich wie ein Junge und wird von den Nachbarn "Fritz" gerufen.

Vor allem der Vater legt Wert darauf, daß seine Töchter - in zwei Ehen sechs an der Zahl - und auch seine Ehefrauen kurze Haare tragen und sich kleiden wie Jungs. Einmal jedoch, als Brigitte anläßlich ihrer "Jugendweihe" ausnahmsweise einen Rock und dünne Strümpfe trägt, äußert sich der Vater auf eine ihr unangemessen erscheinende Weise über ihre schönen Beine.

Allerdings bekommt das Weibliche dann doch einen exterritorialen, illegitimen Platz zugewiesen: Der Vater hat - wie Brigitte Haltun berichtet - häufige Affären mit sehr feminin wirkenden Frauen. Mit Frauen, die außerdem im Alter seiner Töchter sind. Von Brigittes Mutter läßt er sich scheiden, als seine Geliebte zum zweiten Mal von ihm schwanger ist. Diese Frau ist fünf Jahre jünger als Brigitte.

Brigittes Biographie verläuft in vielerlei Hinsicht problematisch. Sie scheitert in der Schule und es gelingt ihr trotz mehrerer

Anläufe nicht, das Abitur nachzumachen oder eine Ausbildung abzuschließen. Mit 19 bekommt sie ein uneheliches Kind. In der Folge hat sie häufig wechselnde Beziehungen und eine länger andauernde, aber unglückliche Partnerschaft. Sie läßt insgesamt vier Abtreibungen vornehmen, und läßt sich schließlich sterilisieren.

Auch ihr Sohn hat in der Schule große Schwierigkeiten. Als er 14 ist, entdeckt Brigitte, daß er sich seit einem Jahr als Strichjunge verdingt. Dem Versuch einer Einweisung in ein Jugendheim entzieht sich ihr Sohn. Als er später von der Polizei aufgegriffen wird, weigert sie sich, ihn wieder mit nach Hause zu nehmen. Seitdem ist der Kontakt zu ihm gänzlich abgebrochen.

Im Alter von 31 Jahren beginnt Brigitte, die zu diesem Zeitpunkt in einer Fabrik am Fließband arbeitet und sich persönlich und gesundheitlich in einer Krise befindet, Arabisch zu lernen. Sie will eine möglichst fremde Sprache lernen und stellt sich vor, später vielleicht Dolmetscherin zu werden. Kurze Zeit später heiratet sie ihren Arabischlehrer. Ihr Mann ist Palästinenser und etwa 30 Jahre älter als sie selbst. Er ist Muslim, allerdings kein streng praktizierender.

Während eines Urlaubs in Ägypten beginnt Brigitte Haltun ein Kopftuch zu tragen, gelegentlich auch in der Zeit danach. Schließlich trägt sie es ständig, obwohl ihrem Ehemann daran nichts liegt. Ein Jahr nach der Eheschließung konvertiert sie zum Islam. Auf Betreiben ihres Mannes schließt sie eine Ausbildung als Kindergärtnerin ab. Sie hat immer noch vor, das Abitur nachzumachen und will versuchen, die Sterilisation rückgängig machen zu lassen. Ihr Mann ist mittlerweile Rentner. Angeregt durch seine Frau, beginnen er und andere Mitglieder der Familie, sich wieder stärker mit dem islamischen Glauben, aber auch mit der traditionellen islamischen Kleiderordnung auseinanderzusetzen. Frau Haltun schöpft ihre Sozialkontakte zunehmend aus der weitverzweigten Familie ihres Mannes, während alte Freundschaften mehr und mehr abbrechen.

4.2. Erste Interpretation der biographischen Daten

Bereits bei dieser knappen Darstellung der Lebensgeschichte Brigitte Haltuns fallen die Strukturlosigkeit der Biographie und Probleme im Umgang mit dem eigenen und mit dem anderen Geschlecht auf. Dieser Mangel an Struktur zeigt sich in fast allen Lebensbereichen: in den vergeblichen Bildungsbemühungen, der fehlgeschlagenen beruflichen Karriere und einer zerstörten Familie. Die Probleme im Geschlechterverhältnis beginnen bereits in der Beziehung zwischen Vater und Tochter: der Vater versucht offenbar aus seinen sechs Töchtern um jeden Preis Söhne zu machen, zeugt vielleicht auch so viele Kinder, um doch noch einen Sohn zu bekommen. Das Weibliche muß sich hier gewissermaßen untergründig Bahn schaffen, wenn es zum Zuge kommen will. An der Oberfläche gibt es nur das Männliche: "Fritz" und nicht "Brigitte". Die Vermutung liegt nahe, daß es auch mit der Abwehr von Inzestphantasien zu tun hat, wenn der Vater seine Töchter zu Jungs zu machen versucht. Auch die auffälligen Altersdifferenzen zwischen dem Vater und seiner zweiten Frau, sowie zwischen Brigitte Haltun und ihrem Mann, in denen sich Vater-Tochter-Verhältnisse offenkundig reproduzieren, deuten darauf hin, daß die 'Neutralisation der Sexualität' (Schelsky 1955: 88) in dieser Familie nur sehr unzureichend gelungen ist und Sexualität insofern untergründig - gerade in der Abwehr - ständig präsent gewesen sein dürfte.

Es fällt weiter auf, daß ein entscheidender Veränderungsprozeß in Brigittes Biographie mit der Heirat mit ihrem muslimischen Ehemann einhergeht. Damit verknüpft ist ein Kappen alter familialer und freundschaftlicher Bezüge - am einschneidensten vielleicht der Abbruch der Beziehung zu ihrem minderjährigen Sohn - und eine Abkehr von ihrer bisherigen Lebensweise. Und es verbindet sich damit die Perspektive eines "neuen Lebens", die mit der erfolgreich absolvierten Ausbildung erste Konkretion gewinnt und über die Phantasie, die Sterilisation vielleicht doch noch rückgängig machen zu können, den Charakter eines grundsätzlichen Transformations-*Projekts* annimmt. Der Austausch des sozialen Netzwerkes scheint dieses Projekt zu stabilisieren.

Während hier ein klarer Veränderungsprozeß zu beobachten ist, zeigen sich in anderer Hinsicht deutliche Kontinuitäten. Zunächst ist festzuhalten, daß die Befragte zu einem Zeitpunkt zum Islam wechselt, zu dem ihr bisheriges Glaubenssystem, nämlich der Kommunismus, mit dem Niedergang der DDR auch in Westdeutschland definitiv an sein Ende gekommen ist. Das Engagement in der kommunistischen Partei war aber vorher gewissermaßen das einzig stabile Moment in ihrer Biographie. Auch in inhaltlicher Hinsicht gibt es Parallelen zwischen alter und neuer Weltanschauung, etwa in der Betonung der Einheit der *umma* im Islam bzw. der *internationalen Solidarität* im Kommunismus. Und noch eine dritte Entsprechung ist erkennbar: ebenso wie in ihrem kommunistischen Elternhaus befindet Frau Haltun sich auch in ihrer aktuellen Situation als Muslima in Deutschland in einer *Minderheitensituation* mit entsprechenden - faktischen und unterstellten - Diskriminierungen. Sie schließt also auch in dieser Hinsicht an ein Moment ihrer früheren Biographie an. Insofern stehen auffällige *Veränderungsprozesse* - vor allem die Stabilisierung einer strukturlos wirkenden Biographie - und deutliche *Kontinuitäten* nebeneinander. Das genauere Zusammenspiel von Wandel und Kontinuität und damit auch die Logik des Konversionsprozesses, wird die genauere Textinterpretation erhellen müssen.

4.3. Textinterpretation

Die folgende Interpretation von Textausschnitten soll dazu dienen, die oben aufgeworfenen Fragen zu beantworten: Welches biographische Problem wird mit der Konversion beantwortet? Wie unterscheidet sich diese Antwort von früheren Formen der Problemlösung? Was leistet der Rekurs auf die fremde Religion und Kultur?

Die Interpretation wird sich vorwiegend auf Interviewpassagen beziehen, in denen die offen getragenen bzw. durch ein Kopftuch verdeckten Haare Thema sind, insofern dieses Element der islamischen Kleidung als eines der Symbole für die vollzogene Konversion angesehen werden kann.

Exkurs: Das Kopftuch als "Musterbeispiel"

In originär islamischen Kulturen kommen dem Kopftuch sicher sehr unterschiedliche Funktionen zu, und es transportiert insofern auch entsprechend verschiedene Bedeutungen (vgl. Colpe 1989). Symbolische - paradigmatische - Bedeutung erhält es wohl oft erst in der Abgrenzung gegenüber anderen Lebensformen. So etwa bei manchen Türkinnen in Deutschland im Zuge der Verarbeitung von Problemen der Migration (vgl. Schiffauer 1991). In anderer Weise gilt dies auch für deutsche Frauen, die zum Islam konvertieren. In diesen Fällen, in denen verschiedene Kulturen und Lebensordnungen aufeinandertreffen, kann das Kopftuch als Element der islamischen Kleidung zum "Paradigma" im Kuhnschen Sinn eines Musterbeispiels, einer symbolischen Verallgemeinerung werden. Nicht zufällig spitzen sich Diskussionen pro und contra Islam immer wieder auf einen Streit um das Kopftuch zu. Auch wenn Konvertitinnen diesen Streit als vordergründig abwehren, setzen sie sich selbst doch fast alle mit dieser Frage auseinander. Und die Versuche, für diese Kleiderordnung Argumente aus der eigenen kulturellen Erfahrung zu finden, zeigen, in welcher Weise das Kopftuch als "Musterbeispiel" fungiert. Es ist kein bloßes Appendix, sondern wird zur symbolischen Verallgemeinerung der *angeeigneten Kultur* und der für sie charakteristischen Geschlechterordnung. Es symbolisiert die in einem kulturellen Kontext gültigen Grenzziehungen und verweist damit gleichermaßen auf das Fehlen solcher Grenzen in der eigenen Kultur. Es markiert augenfällig den als notwendig angesehenen Abstand zwischen den Geschlechtern und gleichzeitig einen sozialen Unterschied zwischen ihnen; es signalisiert die Grenzen der Familie und damit auch den Einflußbereich des Ehemannes, indem es anderen Männern den Blick auf die unverhüllte Frau verwehrt.

Schließlich verweist das Kopftuch auf das *Fehlen* einer Grenze zwischen säkularem und profanem Bereich, indem es die Gültigkeit einer religiös begründeten Moral auch im Alltag anzeigt. All dies wirkt in sich als säkular verstehenden und auf Gleichheit zielenden Kulturen als Provokation. Insofern erschließt sich die Bedeutung der Konversion auch über die Analyse des Verhältnisses zwischen der Biographie und diesem Paradigma.

Die Textstelle, die nun interpretiert werden soll, ist im Nachfrageteil zur biographischen Erzählung plaziert. Brigitte Haltun erzählt vorher, welch ein "*toller Lehrer*" ihr Mann gewesen sei, und daß sie damals erstaunt darüber war, daß es noch jemand außer ihr gab, der "*solche Ideen*" gehabt habe. Diese Schilderung trägt Züge einer Konversionserzählung: auf einmal bringt jemand etwas zum Ausdruck, das als 'Unbehagen' lange vorher undeutlich vorhanden war.

Direkt im Anschluß daran kommt sie auf den "*freizügigen Sexualverkehr*" zu sprechen, der in ihren Kreisen früher üblich, eine "*Welle*" gewesen sei. Dem habe auch sie sich nicht entziehen können, wenn sie dazugehören wollte. Gleichzeitig signalisiert sie die innere Distanz, die sie bereits damals zu dieser Praktik gehabt habe. Sie identifiziert in diesem Kontext - aus der heutigen Perspektive als Muslima - ein Ereignis in ihrer Biographie, das ein Ausscheren aus dem Gruppenzwang zum "*freizügigen Sexualverkehr*" signalisieren soll. Irgendwann habe sie einmal 'nicht mehr gewollt', und sich ihre langen Haare zu Stoppeln geschnitten. Während des Interviews wird deutlich, daß dieses Ereignis für sie zum Beleg dafür wird, daß ihre heutige, veränderte Weltsicht auch einen Anhaltspunkt findet in früheren Verhaltensweisen, wenn ihr auch deren tieferer Sinn damals noch verschlossen war.

Auf die Bitte hin, genauer zu erzählen, wie es zum Abschneiden der Haare gekommen sei, beginnt sie:

"Ne, dat kam mir mal ein Tach ganz übel an, dat ich dann mir gesacht hab: Bist du eigentlich bescheuert?"

Die Einleitung macht deutlich, daß hier eine Entwicklung kulminiert, die sich bereits vorher angebahnt hat. Brigitte Bergmeier tritt in eine reflexive Beziehung zu sich selbst: das vernünftige Ich spricht mit dem unvernünftigen: "*Bist Du eigentlich bescheuert?*" Bereits zu Beginn wird hier ein Resümee gezogen. Die nachfolgende Erzählung muß nun zeigen, worin die Unvernunft besteht:

"Ich war wieder unterwegs gewesen, inner Stadt, wir, die ganze WG, bis auf die zwei, die auf die Kinder aufgepaßt haben, und waren auf der Rolle. Dann hatt ich halt einen abgeschleppt, dann wurd ich wach und bekuck mir den, ich hätt kotzen können. Ich mein', der sah gar nicht schlecht aus oder wat, ja? Ich hab' nur gedacht: was machst Du hier eigentlich?"

Die Szene beginnt mit der Schilderung einer habitualisierten Gruppenaktivität: "*wieder unterwegs... auf der Rolle*". Ein Vergnügen unter Erwachsenen, das die Suche nach Abenteuern einschließt. Brigitte Bergmeier ist dabei in der aktiven Rolle, im Grunde in der Rolle des 'Machos'. Nicht sie wird "*abgeschleppt*", sie 'schleppt' selbst 'ab'. Dabei sind Aktion und Evaluation deutlich voneinander geschieden. Sie schleppt abends einen ab, "*dann*" - morgens - wird sie wach und 'bekuckt' sich den. D.h. zur Nachtzeit, "*auf der Rolle*", war sie blind. Zur Tageszeit ist sie selbst eine andere, die die Distanz herstellt, die zum Betrachten nötig ist.

Ihre Reaktion auf diese Vergegenwärtigung bleibt noch in der Logik machistischen Verhaltens. Nachts schaut der Macho sich die Frau nicht so genau an, die er 'abschleppt'. Morgens - mit nüchternem Kopf - verachtet er sie vielleicht schon für ihre Bereitschaft, sich 'abschleppen' zu lassen. Sexualität und Verachtung liegen hier jedenfalls dicht beieinander.

Da ihr Liebhaber "*nicht schlecht aus(sah)*", muß sich der Ekel bei seinem Anblick auf etwas anderes beziehen. Möglicherweise erblickt sie in ihm nicht nur eine konkrete Person, sondern einen Typus: einen, der sich hat 'abschleppen' lassen. Die Vertauschung der Geschlechterrollen fände dann ihre Fortsetzung in der Verachtung des Mannes, der das mit sich machen läßt. Wenn ihre Abneigung sich nicht auf das Äußere des Mannes bezieht, kann sie entweder den Mann meinen, der seiner Rolle nicht gerecht wird. Oder sie kann sich generell auf das Setting richten, in dem das 'blinde' sexuelle Handeln sich vollzieht, und damit auch auf sie selbst.

Deutlich wird aber auch, daß es offenbar weder institutionelle Vorgaben gibt, die das Geschlechterverhältnis so regulieren, daß es zu einer derart negativen Bewertung nicht zu kommen braucht. Noch gibt es 'innere Regeln', die die Handlung verhindern oder die Partnerwahl so steuern könnte, daß sie keine nachträgliche Abscheu hervorriefe. Und es gibt offenkundig auch keine Form der Reflexivität, die in der Lage wäre, einen wie auch immer gearteten 'Ausgleich' zwischen spontanem Agieren und anschließender negativer Bewertung herzustellen.

Regeln kommen hier erst am nächsten Morgen als Moral ins Spiel. "*Was machst Du hier eigentlich?*" - eine vorwurfsvoll formulierte Frage, in der eine Instanz zum Zuge kommt, die dem Triebhaften, Unverantwortlichen die Leviten liest. Die Frage ist so gestellt, daß sie zufriedenstellend im Grunde nicht zu beantworten ist. Das 'blinde' Ausagieren von Sexualität kann vor der kritischen, fragenden Instanz nicht bestehen.

"und mußt auch noch bescheuert sein. So voller Stolz bezahlt frau ihre Rechnung selbst. Frau läßt sich doch nicht einladen. Das ist doch Schnee von gestern, ne. Wir ham unser eigenes Geld, und wenn hier jemand für beide bezahlt, dann bin ich dat, ne. Hab' ich gedacht: Du mußt doch so doof sein, ne. Na hab ich den rauskomplimentiert. (...) Dann hab ich mich vor den Spiegel gestellt. Ich hätt kotzen können. Ich hab gedacht: Bist du bekloppt oder was? Wozu soll dat führen, ne?"

Das, was Brigitte Bergmeier hier tut, ist offenbar nicht nur moralisch fragwürdig, sondern sie ist "*auch noch bescheuert*", dumm. Im Grunde müßte sie sich also auch aus eigenem Interesse anders verhalten. Denn sie bezahlt bei dem, was sie tut, die 'doppelte Rechnung'. Wenn sie sich hätte aushalten lassen, hätte sie ihr Handeln zwar trotzdem moralisch verurteilen können, sie wäre aber in gewisser Weise 'auf ihre Kosten' gekommen.

In der Selbst-Konfrontation vor dem Spiegel stellt sie die Frage nach den Konsequenzen ihrer Handlungen. "*Wozu soll dat führen"* ist eine Kombination aus: Wozu soll dat dienen? und: wohin soll dat führen? 'Wohin soll dat führen' fragt eine Instanz, die auf die fehlende Folgenkalkulation des Handelns verweist. 'Wozu soll dat dienen?' ist eine Formulierung, mit der erneut eine Rechnung aufgemacht wird: Was ist die Gegenleistung für die Sexualität, was ist der Zweck, für den die Sexualität das Mittel ist? Und hier kann man die Antwort bereits ergänzen: die Gegenleistung bleibt aus, die Sexualität wurde zu billig abgegeben, der Tausch bleibt ungerecht. Und diese Affären bringen sie zudem nicht an ihr erklärtes Ziel - eine vertrauliche Beziehung mit Familiencharakter - das zu erreichen sie offenkundig, ohne dies wirklich steuern zu können, stets die falschen Mittel einsetzt.

Interessant ist nun, welche Ursachen Brigitte Bergmeier heute - also nach ihrer Konversion - für diesen Zustand verantwortlich macht. Dazu etwas später im Interview:

"Und dann kam ich dann drauf"

Diese Einleitungsformel macht bereits deutlich, daß es sich bei dem, was nun erzählt werden soll, nicht um einen Bestandteil subjektiver Theorie handelt, mit dem sie seit eh und je ihre Erlebnisse erklärt. Erst später - "dann" - ist sie drauf gekommen. Insofern handelt es sich auch nicht um etwas, was ihr damals - morgens im Bett oder vor dem Spiegel - gewissermaßen blitzartig durch den Kopf geschossen wäre. Auf das, was sie hier zu erzählen ansetzt, ist sie erst später gekommen: im Zuge ihrer Konversion. Die folgende Erzählung muß nun ein doppeltes leisten: Sie muß sowohl auf früher Erlebtes und damit auch auf dessen Logik Bezug nehmen und es gleichzeitig re-interpretieren. Sehen wir uns die Erzählung an:

"weil, naja mein Outfit war so ziemlich, ziemlich herbe, durch das Taxifahren auch, ne. Ich, meistens eben Cowboystiefel angehabt oder Lederhose oder Cordhose oder Jeans, ne Lederjacke auf jeden Fall, ne Lederjacke und zwar ne dicke, ne, und immer 'n Messer dabei, ne. Und mein Auftreten war dann auch dementsprechend. So nach dem Motto: Hier komm' ich, komm mir keiner zu nahe, ne. Und dann hab ich mich gewundert, wieso, wenn ma dann irgendwo in ner Kneipe hocken, in diesen komischen Scenekneipen, diese Leute immer so an mich rankommen. Und dann kam ich dann drauf.

Und dann fiel mir auf: Ja Brigitta, wenn Du mit offenen Haaren rumläufst, muß es sein, ne."

Wieder beschreibt sie sich hier, wie schon oben, als 'Macho'. Sie ist gekleidet wie ein Mann, wie ein Rocker - Cowboystiefel, dikke Lederjacke, Messer in der Tasche. Auch von ihrem Auftreten her ist sie die, die die anderen auf Abstand hält: *"Komm mir keiner zu nahe."* Wie auch oben hat sie die maskuline Rolle.

Gleichzeitig wird jedoch noch eine andere Ebene erkennbar. Während sie sich zunächst in der aktiven Rolle der 'Abschlepperin' beschrieben hat, kommen nun die "Leute" an sie ran. Das heißt nun aber nicht, daß sie selbst *"abgeschleppt"* würde. Vielmehr scheint die Frage zu sein, warum sich, trotz ihres wenig einladenden Äußeren, Männer so in ihre Nähe begeben und sie damit so bedrängen, daß sie offenbar, ohne dies noch kontrollieren zu können, sie abschleppen *muß*?

Entscheidend bei der Beantwortung dieser Frage ist nun ein spezifischer Attributionsvorgang, in dem ihre heutige - veränderte - Perspektive auf das Geschehene erkennbar wird: Sie identifiziert nicht ein bestimmtes Verhalten - sei es ihres oder das anderer Personen - als Problem, sondern ein Moment ihrer *Erscheinung*, die offenen Haare. Die offenen Haare führen per se dazu, daß Männer an sie rankommen, und setzen dann automatisch den Kreislauf des 'Abschleppens' in Gang. Die offenen Haare, so kann man sagen, konterkarieren ihr resolutes, maskulines Auftreten, indem sie ein Moment unberechenbarer Weiblichkeit ins Spiel bringen. Gegen ihr manifestes Interesse an Distanz geschieht durch den Einfluß ihrer Haare etwas anderes, mit Folgen, die sie bei Lichte besehen nicht mehr gutheißen kann.

Damit begründet sie aus ihrer heutigen Sicht noch einmal das Abschneiden der Haare, das ursprünglich wohl eher ein vergleichsweise spontaner Ausdruck von Ekel und Frustration war: Brigitte verwies den Mann des Hauses, stellte sich vor den Spiegel und schnitt sich die Haare ab.

Betrachtet man diese Handlung genauer, so fällt zum einen auf, daß sie - ebenso wie die Sexualität - direkt am Körper ansetzt. Sie trägt fast den Charakter einer körperlichen Bestrafung.

Offenkundig ist aber auch, das diese Handlung das Problem, auf das sie gerichtet ist, nicht lösen kann. Sie kann nicht anstelle spontan eingegangener Affären eine vertrauliche, reziproke und langfristige Beziehung herstellen. *Eine* Funktion allerdings erfüllt diese Handlung doch: Sie löst - zumindest äußerlich - eine Ambivalenz auf. Das männliche, machistische Auftreten mit der Botschaft: Komm mir keiner zu nah, wird nun nicht mehr konterkariert durch etwas anderers. Etwas, für das als Statthalter das offene Haar steht, das eine "*Welle*" in Gang bringt, die Brigitte nicht mehr kontrollieren kann.

Brigitte Haltun kommt auf diese Episode noch an einer anderen Stelle im Interview zu sprechen, an der es um die Konversion und um das Kopftuch geht. Sie verknüpft dies mit einer weiteren Geschichte, einer Episode aus der Berufsschule. Auch hier glaubt sie zu bemerken, wie ihre Haare gegen ihr manifestes Interesse ein Eigenleben führen. Ausführlich schildert sie, wie die Haare in der Sonne glänzen und "*Jungs*" zum Träumen verführen. Auch hier kommt der Gesichtspunkt des ungleichen Tausches zum Tragen. Sie scheint es als eine Art Diebstahl zu empfinden, wenn ihre Mitschüler sich bei ihr Anleihen für erotische Phantasien holen. Wieder muß diesem Eigenleben der Haare ein Riegel vorgeschoben werden, diesmal nicht mehr spontan, sondern entsprechend ideologisch untermauert. Das Haar wird jetzt dezidiert als "*Sexsymbol*" bezeichnet, das vor den Augen fremder Männer verborgen werden muß. Was vorher die Schere besorgte, regelt jetzt das Kopftuch.

4.4. Zur Logik der Konversion

Die Analyse dieser beiden Textstellen beleuchtet erneut das Problem der Grenzziehung zwischen den Geschlechtern. Es wurde oben anhand der biographischen Daten die Vermutung aufgestellt, daß im vorliegenden Fall die Neutralisierung der Sexualität im Verhältnis zwischen Vater und Tochter mißlungen sein dürfte. Wenn diese Interpretation zuträfe, wäre die Bedrohung durch unkontrollierbare Phantasien, wie sie in den Geschichten von den Haaren immer wieder eine Rolle spielen, auch in der Familie latent stets vorhanden gewesen. Und auch das Problem, daß Brigitte Haltun sich ihres manifesten Auftretens nie ganz sicher sein kann, weil untergründig etwas anderes, unkontrollierbares passiert, wäre dann in der Familie bereits strukturell angelegt. Es läge dann bereits in den prekären Grenzen zwischen Vater und Tochter begründet, wenn Brigitte ihrem eigenen Auftreten nie recht trauen kann, und noch immer befürchten muß, daß ihr Körper ein unkontrollierbares Eigenleben führt und entsprechend sanktioniert werden muß. Ganz offenkundig ist dieses Problem nach wie vor virulent.

Damit verbindet sich ein weiteres Problem: die politisch motivierte Akzentuierung von Gemeinschaft und Solidarität in der kommunistischen Herkunftsfamilie war offensichtlich schon immer unterminiert durch massive Störungen (in der Ehegattenbeziehung) und einen latenten Mißbrauch dieser Gemeinschaft (zwischen Vater und Tochter), und insofern bestand offenkundig ein eklatantes Mißverhältnis zwischen ideologischem Programm und faktischem Verhalten. Ähnliche Beispiele für eine Sexualisierung von Abhängigkeitsbeziehungen innerhalb der politischen Gesinnungsgemeinschaft berichtet Brigitte Haltun auch aus ihrer Tätigkeit in der Jugendorganisation ihrer Partei.

Allerdings beschränkt sich das "Allgemeine" an diesem Fall nicht auf den Aufweis der Pathologien politischer Gesinnungsgemeinschaften. Vielmehr verbindet sich die Diffusion der Rollen und der damit verbundenen Grenzziehungen innerhalb der Familie hier mit einer generationsspezifischen Problematik. Gemeint sind damit vor allem die Ambivalenzen der sexuellen Liberalisierung in den 60er und 70er Jahren, wie sie primär für Frauen spürbar und von ihnen auch thematisiert wurden.

Die Akzentuierung formaler Gleichheit zwischen den Geschlechtern kann wohl generell als ein Charakteristikum dieser Zeit angesehen werden. Damit einher ging eine nachhaltige Liberalisierung der Sexualität, sowie die zunehmende Entkoppelung von Sexualität und Ehe sowie von Sexualität und Fortpflanzung (vgl. Tyrell 1988). Im Bereich der Sexualität waren aber auch die Ungleichzeitigkeiten des kulturellen Wandels am offensichtlichsten, wenn die Ent-Tabuierung der Sexualität umschlug in persönliche Entwertung und Verachtung. Eine solche ambivalente Verbindung ist vielleicht charakteristisch für das, was anfänglich tentativ als "christlich-säkulare" Kultur bezeichnet wurde: die 'Freisetzung' 'weltlicher' Bereiche aus christlicher Vorherrschaft bei gleichzeitigem Nachwirken christlich fundierter 'Moral', die eine endgültige 'Autonomie' der säkularisierten Lebensbereiche dann doch blockiert und Differenzen zwischen den Geschlechtern nachhaltig konserviert.

Dazu kommt, daß trotz aller Fortschritte in der Empfängnisverhütung viele Frauen es 'am eigen Leib' erleben mußten, wenn Sexualität unerwünschte Folgen zeitigte. Die vier Abtreibungen, von denen Brigitte Haltun erzählt, mögen zwar nicht das statistisch "Normale" sein, sind aber "normal" insofern, als sie die Individualisierung der Folgekosten der sexuellen Liberalisierung anzeigen. Nicht zuletzt an solchen biologischen 'Restbeständen' wurde die Ungleichheit der Geschlechter unterhalb der formalen Gleichheit am schärfsten erlebt.

Diese allgemeine Problematik einer Generation von Frauen, die einerseits an den sich neu eröffnenden Chancen sozialer Partizipation und persönlicher Lebensgestaltung teilhatten, die aber gleichzeitig die Widersprüchlichkeiten dieser 'Gleichberechtigung' erfuhren, reproduziert sich auch in dem vorliegenden Fall. Wenn auch - und das macht das Besondere des Falles aus - die weitgehende Auflösung der überkommenen Institutionalisierungen des Geschlechterverhältnisses und die zunehmende Ent-Tabuierung der Sexualität hier eine brisante Mischung mit einer persönlichen Problematik eingeht.

Aber noch etwas anderes - allgemeines - zeigt sich hier in zugespitzter Weise: die Schwächung intermediärer Institutionen und - was an deren Stelle treten könnte - ein Mangel an selbststeuernder Grenzziehung, werden am eigenen *Körper* gewissermaßen direkt erfahren. Das Fehlen äußerer Strukturierung wird unmittelbar körperlich ausagiert - über 'blinde' Sexualität und unerwünschte Schwangerschaften - und wird aufgrund des 'Preisverfalls' der Sexualität zusätzlich als massive persönliche Entwertung erfahren. Entsprechend zielt das anschließende korrigierende Handeln mit seinen radikalen Schnitten ebenfalls direkt auf den Körper: Haare werden abgeschnitten, Schwangerschaften abgetrieben, die Probandin sterilisiert.

Betrachtet man die Situation Brigitte Haltuns nach ihrer Konversion, so zeigt sich zunächst, daß das Problem der Grenzziehung nach wie vor virulent ist. Noch immer führen die Haare ein Eigenleben. Und immer noch muß dieses Eigenleben radikal gezügelt werden.

Dennoch findet dieses Problem mit der Konversion zum Islam und dem Tragen des Kopftuchs eine neue Lösung. Nicht zufällig handelt es sich dabei um eine Lösung, die über die Verhüllung ebenfalls direkt am Körper ansetzt. Wo soziale Regeln und Institutionen auf basale Weise außer Kraft gesetzt sind, muß offenbar der Körper selbst geschützt werden.

Es scheint, als wären die in der *eigenen* Kultur verfügbaren Institutionalisierungen im Bereich der Sexualität und des Geschlechterverhältnisses bereits zu reflexiv und kontingent geworden, als daß sie für die hier vorliegende Problematik eine Lösung bieten könnten. Insofern verstärken sich das Unbehagen in der eigenen Haut und das "*Unbehagen in der Kultur*" wechselseitig.

Nun wäre es denkbar, daß die kulturelle Ordnung des Islam hier gewissermaßen nur als äußerer Rahmen übernommen wird, ohne daß die Struktur des subjektiven Weltbildes dadurch wirklich verändert würde. Jedoch zeigt die Analyse des Interviewtextes, in welcher Weise die neue Symbolik auch zum Angelpunkt für persönlichen Wandel wird. Gerade in dem expliziten Verweis, die Haare seien ein "*Sexsymbol*", wird erkennbar, was ich - im umfasenderen Sinn des Kuhnschen Begriffs - als Paradigmenwechsel bezeichnen würde.

Indem Brigitte Haltun für ihr Erlebnis das kulturell und religiös fundierte Interpretament findet, das Haar sei ein "*Sexsymbol*" und müsse entsprechend vor den Augen der Männer verborgen werden, wird ihr biographisches Problem von der persönlichen auf eine andere Ebene transformiert. Es bekommt durch die Symbolisierung einen objektiven, generalisierten Charakter. Nicht sie *persönlich* braucht die Verachtung zu treffen, denn dem Frauenhaar *generell* haftet diese "symbolische" Bedeutung an. Die symbolische Ebene, die hier mit dem *Haar* und entsprechend mit dem *Kopftuch* ins Spiel gebracht wird, schafft in gewisser Weise einen Ersatz für die fehlende institutionelle Regulierung des Geschlechterverhältnisses. Sie entlastet von der Notwendigkeit körperlichen Ausagierens und persönlich-schuldhafter Zurechnung, aber auch von der Notwendigkeit der Selbststeuerung. Und sie stellt gleichzeitig das Verhalten in den Kontext einer persönlich-patriarchalen Gesellschaftsordnung: allein dem Ehemann, der zur Versorgung verpflichtet ist, ist der Blick auf das unverhüllte Haar gestattet.

Insofern kommt in dem Interpretament vom "*Sexsymbol*" und der notwendigen Verhüllung in verschiedener Hinsicht ein Paradigmenwechsel zum Ausdruck:

1. durch den Bezug auf eine eindeutige, religiös sanktionierte geschlechtstypische Symbolik wird eine individualisierte Zurechnung (im Sinne persönlicher Schuld oder persönlicher Verantwortung) vermieden. Ich bezeichne diesen Aspekt als *Ent-Individualisierung*.

2. durch den Rekurs auf ein persönlich-patriarchales Gesellschaftsmodell wird die Möglichkeit sexueller "Beraubung" ohne Gegenleistung ausgeschlossen. Ich bezeichne diesen Aspekt als *Re-Familialisierung* und *Re-Ökonomisierung* sozialer Verhältnisse.

Offensichtlich gestattet es in diesem Fall erst der Wechsel in ein anderes kulturelles Paradigma, die in verschiedener Hinsicht prekär gewordenen Grenzen zu sichern. Durch diesen Paradigmenwechsel findet außerdem die in der Biographie angelegte Problematik der ambivalent bleibenden Ausgrenzung von Weiblichkeit und Sexualität eine Lösung. Es gibt dafür *erlaubte* - nicht wie beim Vater illegitime - Territorien. Durch das Tragen des Kopftuchs wird weiter - zumindest äußerlich - ein Problem gelöst, das vermutlich gegegenüber dem Vater latent immer eine Rolle spielte: daß nämlich von Brigittes Körper etwas auszugehen scheint, das sie nicht intentional kontrollieren kann. Schließlich findet durch die Heirat mit dem alten Mann ein generelles Problem der Biographie eine Lösung: im Unterschied zum leiblichen Vater, der seiner Rolle nicht gerecht wurde, ist er ein 'guter Vater'. Mit der neuen islamischen Gemeinschaft verbindet sich zudem die Hoffnung auf die Einlösung eines Versprechens, das der Kommunismus nicht einzulösen vermochte: die Utopie einer neuen Gesellschaft.

Und wären nicht bereits biographisch irreversible Entscheidungen getroffen, könnte man meinen, die Geschichte begänne unter neuem Vorzeichen von vorne: Brigitte Haltun schließt doch noch eine Ausbildung ab, sie macht vielleicht doch noch das Abitur, sie bekommt vielleicht doch noch einmal ein Kind...

5. Schluß

In dieser Fallanalyse ergibt sich ein komplexes Bild der Wandlungsprozesse - aber auch der Kontinuitäten - die diese Form der Konversion begleiten. Ein Wandel findet zunächst offenkundig auf der Ebene der biographischen Identität statt, wobei es sich dabei *weniger* um einen *Transformationsprozeß* im eigentlichen Sinne handelt, als vielmehr um den erstmaligen *Gewinn einer biographischen Struktur*. Dieser Strukturgewinn vermittelt sich - das hat die Fallanalyse gezeigt, über die Übernahme einer Ordnung, die in der Ehe mit einem Muslim ihren Kern hat, von wo aus das Projekt der Re-Organisation des ganzen Lebens in Angriff genommen wird. Dabei knüpft diese Re-Organisation an zentrale biographische Problemlagen an - an die ambivalent erlebte Körperlichkeit, die Probleme des Geschlechterverhältnisses, die latent sexualisierte Beziehung zum Vater - und überführt sie in eine neue Lösung. Der Strukturgewinn vollzieht sich aber auch über eine neue symbolische Ordnung, die es erlaubt, die persönliche Problematik in eine generalisierende Perspektive zu transformieren und damit von persönlich-schuldhaftem Erleben zu entlasten.

Betrachtet man die zweite Ebene, auf der sich die Konversion abspielt, nämlich den Wechsel von der kommunistischen Subkultur zum Islam, so zeigen sich hier zahlreiche Kontinuitäten - in der Betonung der 'Gemeinschaft', in der Perspektive einer neuen, weltanschaulich fundierten und weltweit gedachten Gesellschaftsordnung etc. Ein wesentlicher Unterschied besteht jedoch darin, daß die kommunistische Subkultur insofern an die Regeln der 'christlich-säkularen' Gesamtkultur angekoppelt war, als sie ihren Mitgliedern letztlich keine besonderen Formen der Lebensführung anbieten oder abverlangen konnte. Insofern läßt sich der Wechsel vom Kommunismus zum Islam als Rückgriff auf eine ideologisch stärker fundierte Form der Lebensführung und in diesem Sinne als Prozeß der Fundamentalisierung betrachten.

Betrachtet man allein den Austausch der beiden 'Glaubenssysteme' Kommunismus und Islam, wäre von einem Paradigmenwechsel kaum sinnvoll zu sprechen. Die Rede von einem Paradigmenwechsel macht jedoch dann Sinn, wenn man die umfassendere kulturelle Ebene in Betracht zieht, auf die die Konversion Bezug nimmt. Wo die kommunistische Subkultur zwangsläufig Teil der westlichen Kultur mit ihren Individualisierungstendenzen und den Widersprüchen ihrer Liberalisierungs- und Angleichungsprozesse war, gelingt es durch den Islam erstmals, sich dieser kulturellen Logik zu entziehen. Die Stichworte 'Ent-Individualisierung', 'Re-Familialisierung' und 'Re-Ökonomisierung' sozialer Beziehungen benennen diesen Prozeß. Insofern läßt sich diese Form der Konversion als 'Ausstieg' aus der dominanten gesellschaftlichen Tendenz der Individualisierung mit ihrer Anforderungsstruktur und ihren subjektiven Folgekosten betrachten. Das "Unbehagen in der Kultur" und damit verschränkt das "Unbehagen im Körper" können hier offensichtlich nur durch einen "kulturellen und sozialen Paradigmenwechsel" bewältigt werden.

Anmerkungen

1 Leider sind zu dieser Entwicklung keine exakten Zahlen verfügbar, da der Übertritt zum Islam aufgrund der charakteristischen Nicht-Kirchlichkeit dieser Religion häufig nirgendwo aktenkundig wird.
2 Damit ist - wie der folgende Fall zeigen wird - nicht die Mitgliedschaft in einer christlichen Kirche gemeint, sondern lediglich der durch die Dominanz der christlichen Religion mit geprägte kulturelle Kontext.
3 Zum Verhältnis von Symbol und Erfahrung, Symbol und Selbst sowie Ideologie und Identität s. die Arbeiten des Anthropologen Peter G. von Stromberg (1985; 1990; 1991)
4 Für Hinweise bei der Analyse dieses Falles danke ich vor allem Hanns-Georg Brose, Heinz Bude, Günter Burkart und den Teilnehmern verschiedener Colloquien an FU und TU Berlin.

Literatur

Colpe, Carsten: "Kopftuch und Schleier: Was verbergen sie, was sprechen sie aus?" in: ders., *Problem Islam*, Frankfurt/M. 1989, S. 105-125.

Eisenstadt, Shmuel N.: "Webers Analyse des Islams und die Gestalt der islamischen Zivilisation", in: W. Schluchter (Hg.), *Webers Sicht des Islams*, Frankfurt/M. 1987, S. 342-362.

Freud, Sigmund: *Das Unbehagen in der Kultur*, Frankfurt/M. 1972 (zuerst 1930).

Gellner, Ernest: *Leben im Islam. Religion als Gesellschaftsordnung*, Stuttgart 1985.

James, William: *The Varieties of Religious Experience, The Gifford Lectures*, New York 1902.

Jones, R. Kenneth: "Paradigm Shifts and Identity Theory: Alternation as a Form of Identity Management", in: H. Mol (Hg.), *Identity and Religion*, Beverly Hills 1978, S. 59-82.

Kohl, Karl-Heinz: *Abwehr und Verlangen. Zur Geschichte der Ethnologie*, Frankfurt/M. 1987.

Kuhn, Thomas S.: *Die Struktur wissenschaftlicher Revolutionen*, Frankfurt/M. ²1976

Kuhn, Thomas S.: "Neue Überlegungen zum Begriff des Paradigma", in: ders., *Die Entstehung des Neuen. Studien zur Struktur der Wissenschaftsgeschichte*, Frankfurt/M. 1978, S. 389-420.

Luckmann, Thomas: Kanon und Konversion, in: A. Assmann/J. Assmann (Hg.), *Kanon und Zensur*, München 1987

Oevermann, Ulrich /Allert, Tilman /Konau, Elisabeth /Krambeck, Jürgen: "Die Methodologie einer "objektiven Hermeneutik" und ihre allgemeine forschungslogische Bedeutung in den Sozialwissenschaften", in: H.-G. Soeffner (Hg.), *Interpretative Verfahren in den Sozial- und Textwissenschaften*, Stuttgart 1979, S. 352-434.

Schelsky, Helmut: *Soziologie der Sexualität. Über die Beziehungen zwischen Geschlecht, Moral, Gesellschaft*. Hamburg 1955

Schiffauer, Werner: *Die Migranten aus Subay. Türken in Deutschland*: Eine Ethnographie, Stuttgart 1991.

Sprondel, Walter M.: "Subjektives Erlebnis und das Institut der Konversion", in: B. Lutz (Hg.), *Soziologie und gesellschaftliche Entwicklung. Verhandlungen des 22. Deutschen Soziologentages in Dortmund 1984*, Frankfurt/M., New York 1985, S. 549-558.

Stromberg, Peter G.: "The Impression Point: Synthesis of Symbol and Self", in: *Ethos* 13 (1985), S. 56-74

Stromberg, Peter G.: "Ideological Language in the Transformation of Identity", in: *American Anthropologist* 92 (1990), S. 42-56

Stromberg, Peter G.: "Symbols into Experience: A Case Study in the Generation of Commitment", in: *Ethos* 19 (1991), S. 102-126

Tyrell, Hartmann: "Ehe und Familie - Institutionalisierung und De-Institutionalisierung", in: K. Lüscher/F. Schultheis/M. Wehrspaun (Hg.), *Die "postmoderne" Familie. Familiale Strategien und Familienpolitik in einer Übergangszeit*, Konstanz 1988, S. 145-156

Ulmer, Bernd: "Konversionserzählungen als rekonstruktive Gattung", in: *Zeitschrift für Soziologie* 17 (1988), S. 19-33

Die Autorinnen und Autoren

Rainer Böhm, ev. Theologe und Soziologe
Pfarrer in einer evangelischen Kirchengemeinde in Bad Nauheim
  Uhlandstr. 13
  61231 Bad Nauheim

Prof. Dr. Michael Ebertz, Soziologe
Hochschullehrer an der Katholischen Fachhochschule
für Sozialwesen und Religionspädagogik in Freiburg
  Katholische Fachhochschule für
  Sozialwesen und Religionspädagogik
  Wölflinstr. 4
  79104 Freiburg

Prof. Dr. Alois Hahn, Soziologe
Hochschullehrer an der Universität Trier
  Universität Trier
  Fachbereich 4 - Soziologie
  Postfach 3825
  54286 Trier

Klaus Hartmann, Soziologe und ev. Theologe
Stipendiat des Graduiertenkollegs
"Religion in der Lebenswelt der Moderne" in Marburg
  Kochstr. 27
  04275 Leipzig

Isolde Karle, Theologin
Wissenschaftliche Mitarbeiterin an der Universität Kiel
Institut für Praktische Theologie
der Christian-Albrechts-Universität
Haus N 30a, Olshausenstr. 40
24098 Kiel

Dr. Armin Nassehi, Soziologe
Wissenschaftlicher Mitarbeiter an der Universität Münster
Westfälische Wilhelms-Universität Münster
Institut für Soziologie/Sozialpädagogik
Scharnhorststr. 121
48151 Münster

Dr. Sighard Neckel, Soziologe
Wissenschaftlicher Assistent an der Freien Universität Berlin
Institut für Soziologie
FU Berlin
Babelsberger Str. 14-16
10715 Berlin

Prof. Dr. Ulrich Oevermann, Soziologe
Hochschullehrer an der Universität Frankfurt/Main
Johann-Wolfgang-Goethe-Universität
FB Gesellschaftswissenschaften
Robert-Mayer-Str. 5
Postfach 11 19 32
60325 Frankfurt/M.

Dr. Albrecht Schöll, Soziologe
Wissenschaftlicher Mitarbeiter am Comenius-Institut in Münster
Comenius-Institut - Evangelische Arbeitsstätte
für Erziehungswissenschaft e.V.
Schreiberstr. 12
48149 Münster

Dr. Monika Wohlrab-Sahr, Soziologin und ev. Theologin
Wissenschaftliche Assistentin an der Freien Universität Berlin
Institut für Soziologie der Erziehung
FU Berlin
Arnimallee 11
14195 Berlin

Aus unserem Programm

Peter Stoeckl
Kommune und Ritual
Das Scheitern einer utopischen Gemeinschaft
1994. 208 Seiten

Menschen in Übergangsphasen ihres Lebens benötigen zur Bewältigung krisenhafter Unsicherheit eine Gemeinschaft. Die Analyse des Werdegangs einer der radikalsten und umstrittensten Gemeinschaften in der Folge der Studentenrebellion von 1968, der Kommune Friedrichshof (»Mühlkommune«), liefert exemplarische Erkenntnisse über Kommune, Sekte und Utopie als Übergangsphänomene der Jugendrebellion. »Erfrischend und ohne den Brustton neo-konservativer Belehrung informiert das Buch über Leben und Sterben eines Wohnexperiments, das im Sommer 1970 ungeplant entstand.« *die tageszeitung*

Ingo Mörth, Gerhard Fröhlich (Hg.)
Das symbolische Kapital der Lebensstile
Zur Kultursoziologie der Moderne nach Pierre Bourdieu
1994. 311 Seiten

Bourdieus Untersuchung »Die feinen Unterschiede« ist immer noch ein Schlüsselwerk zur Kulturtheorie der Gegenwart. In den Beiträgen dieses Bandes werden seine Befunde zu Kultur und sozialer Ungleichheit weiterentwickelt. Theoretisch geht es dabei um die These vom Verschwinden traditioneller Klassen und Schichten und die damit verknüpfte Herausbildung neuer Lebens- und Bewußtseinsformen. Empirisch ist zu klären, in welcher Weise Bourdieus Schlußfolgerungen aus seinen Untersuchungen im Frankreich der frühen sechziger Jahre auch heute für andere Kultur- und Zeiträume fruchtbar gemacht werden können.

Campus Verlag • Frankfurt/New York